세상 친절한
이슬람 역사

1400년 중동의 역사와
문화가 단숨에 이해되는

◈ Nouvelle histoire de l'islam ◈

세상친절한 이슬람 역사

존 톨란
John Tolan
지음

박효은
옮김

미래의창

하느님께서는 당신이 원하는 자에게 지혜를 주시니라.
그 지혜를 받는 자는 누구든지 진실로 넘치는 은혜를 받을 것이니라.
그러나 이성을 가진 자 외에는 그 뜻을 이해하지 못할 것이니라.
《코란》, 2장 269절

무슬림 지식인은 그가 속해 있는 사회를 선동하는 폭력적 역사를 다루는 학자가
아니고, 그 지배 계급의 권력 획득 전략을 무조건적으로 지지하지도 않으며,
'어느 시대, 어느 곳에서나 유효한' 흠잡을 데 없는 이슬람을 사색하는 사람도
아니다. 무슬림 지식인이 구체적이고 시급하며 명확한 역할을 수행하려면
이해관계를 초월해 사회 문제에 참여해야 하고, 엄격한 도덕적 규율을 지켜야
하며, '국가적' 분쟁과 편협한 시각, 그리고 호전적 종교 교리를 뛰어넘는 유일한
조직인 세계 학계로부터 자신의 실력을 인정받아야 할 것이다.
무함마드 아르쿤, 《이슬람 이성 비판 The critique of Islamic Reason**》**

"나리, 사람들은 우리 이야기 말고도 다른 숱한 이야기들을 다시 썼습니다.
일찍이 이 세상에서 일어났던 모든 일은 이미 수백 번 다시 쓰였고,
그 누구도 그 일이 실제로 일어난 일인지를 확인하려 들지 않았습니다.
인간들의 이야기가 너무도 빈번히 다시 쓰이는 바람에 사람들은 이제 자신들이
누구인지도 알지 못합니다."
밀란 쿤데라, 《자크와 그의 주인》

우리가 누구이며 어디에서 왔는지에 대한
물음에 답을 찾으며
우리가 남긴 수많은 과제를 풀어야 하는
전 세계 청년들에게.

들어가며

복잡하고 다양한 이슬람 세계로의 여정

이슬람이란 무엇인가? 이슬람에 대해 어느 정도 안다고 생각하는 이들에게 이 질문은 조금 엉뚱하게 들릴지도 모른다. 대다수가 알다시피 이슬람은 예언자 무함마드가 대천사 가브리엘로부터 받은 신의 계시를 집대성한 성서인 코란을 따르는 종교다. 또한 이슬람은 코란과 더불어 무함마드가 겪은 일련의 사건들과 언행(하디스 선집)에 토대를 둔 고유의 교리와 의례, 규율(샤리아sharia), 그리고 신념을 가지고 있다. 그런데 이슬람을 조금 더 가까이 들여다보면 문제가 복잡해진다. 무함마드가 등장한 때부터 지금까지 수많은 무슬림들이 서로 다른 방식으로 이슬람을 이해해왔기 때문이다.

무함마드 사후 그의 후계자가 될 칼리프 선출을 둘러싼 분쟁을 계기로 이슬람은 크게 수니파와 시아파로 나뉘었다. 그 후 이슬람은 정통파와 신비주의, 그리고 샤리아 4대 법학파로 분파되었고, 교리와 의례에서 무엇에 중점을 두는가에 따라 또 다시 여러 소수 종파로 갈라졌다. 그래서 아바스 왕조의 이슬람, 오스만 제국의 수피즘, 19세기 아랍 세계의 문화 부흥 운동 '나흐다', 이란 혁명을 일으킨 아야톨라 호메이니의 이슬람, 21세기 이슬람 페미니즘은 초창기 칼리프들이 경험하고 실천한 이슬람과 매우 다른 양상을 보인다. 이처럼 매우 다양한 교리와 의례를 가진 이슬람은 전 세계로 퍼져나갔고 수백 개의 다른 언어와 문화를 가진 이들의 종교로 자리매김했다.

이슬람은 종교일 뿐만 아니라 문화이자 문명이다. 여타 유럽어와 마찬가지로 프랑스어에서는 문명(서양, 비잔틴, 인도 등)과 종교(기독교, 불교, 힌두교)를 일컬을 때 서로 다른 단어를 사용한다. 그러나 '이슬람'이라는 단어는 종교와 문명을 동시에 가리킨다. 이슬람교는 인도를 비롯해 중국, 아프리카, 서방 세계까지 퍼져나갔고 현재 이슬람 신자 공동체 '움마umma'는 전 세계에 존재한다. 반면 수많은 이슬람 문명국에는 이슬람교뿐만 아니라 기독교, 조로아스터교, 힌두교, 유대교 등이 혼재한다. 따라서 이슬람의 미술, 건축, 사상, 문학은 이슬람교와 직접적으로 관련되지는 않는다. 프랑스어에서 종교로서의 이슬람은 소문자 'i'를, 문명으로서의 이슬람은 대문자 'I'를 사용하여 그 의미를 구분하긴 하지만, 이는 이론적으로만 유용할 뿐이다. 실제로는 논란만 일으키는 이 구분법은 공연히 혼란을 줄 수 있으므로 여기서는 사용하지 않겠다.

그렇다면 이슬람에 관한 책을 쓰고 있는 필자는 누구일까? 필자는 무슬림도, 신학자도 아닌 역사학자로서 이슬람의 역사를 다루고자 한다. 이슬람에는 너무나 많은 종교적 표현과 문화적 형태가 존재한다. 물론 그것은 기독교도 마찬가지다. 4세기 에티오피아 주교, 5세기 네스토리우스파, 18세기 캘리포니아의 프란치스코회, 21세기의 성공회 주교가 실천하고 경험하는 기독교에는 하늘과 땅만큼 엄청난 차이가 있다. 역사학자로서 필자가 추구하는 바는 영원히 변치 않는 진리가 아니라 끊임없는 변화다.

독일 인류학자 라인홀트 뢰플러Reinhold Loeffler는 이슬람을 이해하고 경험하는 방식이 얼마나 다양한지를 알아보기 위해 1980년대에 이란 자그로스산맥에 있는 한 마을을 연구했다. 결과는 어땠을까? 그토록 작은 마을에서도 이슬람은 매우 다양한 형태로 나타났다.

엄격한 율법주의를 따르는 이들이 있는 반면, 타인의 행복을 위해 헌신하는 행위로 이슬람을 실천하는 이들이 있었다. 그런가 하면 현 상황과 권력을 정당화하기 위해 이슬람을 이데올로기로 이용하는 경우도 있었다. 이 외에도 역동적인 적극적 행동주의와 내적인 신비주의, 극단적인 신앙심과 신의 자비를 구하는 겸손한 신앙심이, 철저한 전통주의와 현대적 개혁주의, 민간전승과 주술을 맹신하는 의식주의와 오직 코란만을 신앙의 유일한 기준으로 삼는 경전주의가 한 마을 안에 뒤섞여 있었다.[1]

어떤 한 시기에 단 하나의 마을에서도 이슬람의 개념이 이토록 다양하게 존재하는데, 15세기를 흘러온 이슬람의 역사를 하나의 줄기로 엮어내는 것이 가능한 일일까? 미국의 인류학자 클리포드 기어츠

Clifford Geertz는 모로코와 인도네시아의 이슬람을 비교하며 문화와 역사의 차이에 따라 같은 종교라도 달리 발전한다는 점을 논증하기도 했다.[2] 인류학자, 사회학자, 신학자, 아니면 평범한 신자, 그 누가 이슬람에 대해 말해줄 수 있을까?

대다수의 사람들은 편향된 시각으로 이슬람을 바라본다. 어떤 이들에게 이슬람은 폭력적인 종교이지만 다른 이들에게는 평화의 종교다. 어떤 이들에게 이슬람은 규범에 기반한 종교지만, 또 다른 이들에게는 지식에 바탕을 둔 종교 혹은 신이 베푸는 사랑의 신비를 좇는 종교다. 이슬람은 포도주를 금지했지만, 이슬람의 가장 위대한 시인들은 포도주를 찬양했다. 이슬람은 우상 숭배를 우려하여 인물화를 금지했지만, 매우 훌륭한 인물을 기리기 위해서는 초상화를 제작했다. 이렇듯 이슬람의 역사는 이슬람을 향한 우리의 편향된 시각을 보기 좋게 무너뜨린다. 그리고 이 책에서 마주하는 이슬람의 역사 또한 일견 단편적이고 불완전해 보일 수 있다. 역사의 흐름 속에 있는 이슬람의 복잡한 양상과 그 참모습을 보여주기 위해 필자가 일부 자료만을 선택적으로 취합했기 때문이다.

지금이야말로 '새로운 이슬람의 역사'가 필요한 시점이다. 최근 30~40년 동안 초기 이슬람에 대한 연구가 괄목할 만한 성과를 도출했음에도 일반 대중에는 거의 알려지지 않은 점을 무척 안타깝게 여겨왔다. 이 책에서 소개할 이슬람의 역사는 이슬람 전문가들에게는 그다지 새로울 것이 없겠지만, 적어도 이 책이 이슬람과 그 역사를 전혀 다른 시각으로 바라보게 해주는 출발점이 되어주리라 믿는다. 프랑스 사회에서 이슬람 문제는 대개 식민지 점령과 해방, 그리고 정교분리 사회에서 종교가 차지하는 위상과 관련되어 뜨거운 감자로 취급되어 왔다. 한편에서는 이슬람 전통주의의 부상을 두고 정당한 우려를 표하는가 하면, 다른 한편에서는 무슬림에 인종차별적 태도를 보이며 극우적 반이슬람을 지지한다. 책 한 권 쓴다고 해서 이런 논쟁이나 갈등이 종식될 리 만무하겠지만, 그럼에도 보다 냉정하고 깊이 있는 시선으로 이슬람의 역사를 다루어보고자 했다. 그리고 그 여정에 여러분이 동행해준다면 더할 나위가 없을 것이다.

차례

3부 ✦ 이슬람의 근대화

Nouvelle histoire de l'islam

1부

✦

이슬람의 창시

1장

코란과 무슬림 공동체의 탄생

읽어라! 만물을 창조하신 주님의 이름으로. 그분께서는 응혈 한 방울로 인간을 창조하셨느니라. 읽어라! 주님은 자비로우신 분. 그분께서는 붓으로 인간을 가르치셨으며 인간이 알지 못하는 것도 가르쳐주셨노라(코란 96:1-5).[1]

무함마드의 첫 번째 아내, 카디자 빈트 쿠와일리드Khadijah bint Khuwaylid는 남편을 담요로 감싸주었다. 무함마드는 겁에 질려 벌벌 떨면서 자신이 겪은 일을 아내에게 털어놓았다. 그가 기도와 명상을 하기 위해 메카 근처이 처라 동굴에 은거하고 있었을 때, 한 천사가 다가

19

와 말했다. "읽어라!" 무함마드는 자신은 읽을 줄 모른다고 대답했다. 그러자 천사는 그를 꽉 껴안았다가 풀어주더니 다시 말했다. "읽어라!" 무함마드는 이번에도 자신은 읽을 줄 모른다고 대답했다. 천사는 무함마드를 질식할 정도로, 두 번, 세 번 세게 껴안고는 이 장 도입부에 인용된 코란 96장의 첫 다섯 줄을 무함마드에게 계시했다.

무함마드는 자신에게 일어난 일을 아내에게 전하며 의견을 구했다. 두려웠던 것이다. 그러자 카디자는 이렇게 말했다. "걱정 마세요. 신은 당신을 저버리지 않을 거예요. 당신은 의로운 사람이니까요. 가난한 자들을 위해 베풀었고 진실한 데다가 어려움에 처한 이들을 외면하지 않았잖아요." 카디자는 무함마드를 진정시켰고 그렇게 무함마드의 첫 추종자가 되었다. 카디자는 조언을 구하기 위해 무함마드를 기독교인 사촌 와라카의 집으로 데려갔다. 와라카는 새로운 예언자 무함마드가 겪은 일들을 찬찬히 듣더니 그를 찾아온 천사가 모세에게 나타났던 그 천사임이 틀림없다고 결론 내렸다. 이슬람은 이렇게 탄생했다. 그리고 와라카는 이전의 다른 모든 예언자들처럼 무함마드 역시 사람들의 박해를 받고 결국 추방될 것이라고 경고했다.

신의 말씀 코란과 이슬람의 전승 하디스

이 일화는 무함마드의 언행을 기록하고 전승한 하디스hadiths의 주요 선집 중 하나인 사히흐 무슬림Sahih Muslim에 등장한다. 무슬림 이슬람 학자 이븐 알하자지Ibn al-Hajjaj는 9세기 중엽 이 하디스 선집을 편찬했다. 이 선집은 아바스 왕조(3장 참조) 시대에 최전성기를 이루었던 아랍 학문의 단면을 그대로 보여준다. 무슬림 이븐 알하자지는 무엇보다도 무함마드의 언행에 대한 전승을 채집, 연구하는 데 집중했다(각각의 하디스에는 신뢰성을 검증하는 연결고리인 '이스나드isnad'가 있어 전승의 계보를 파악할 수 있다). 사히흐 무슬림의 전승 계보를 보면, 무함마드는 자신이 겪은 일을 그의 세 번째 아내 아이샤Aisha에게 이야기해주었고 아이샤는 이를 우르와 이븐 알 주바이르Urwa ibn al-Zubayr에게 전했다. 이후 이 일화는 무함마드 빈 무슬림, 아킬 빈 칼리드 빈 아킬, 알 라이스 빈 사드, 마지막으로 압둘라 빈 우수프 알 투나이지에게 차례로 전해졌다. 무슬림 이븐 알하자지는 마지막 전승을 바탕으로 하디스를 편찬했다. 무함마드에게서 시작된 이 일화가 대략 200년 동안 7명의 전승자를 거쳐 무슬림 이븐 알하자지에게 전달된 것이다.

'이스나드'는 이슬람이 빌생하고 초기 200년간 아랍 사회에서 구전이 얼마나 활발하게 이루어졌는지를 여실히 보여준다. 무함마드와 그의 아내들에 대한 생생한 기억은 주변인들을 통해 보존 및 전승되었고, 후에는 세대에 걸쳐 무슬림들을 통해 전승되었다. 충실하게 이루어진 전승과 정직한 전승자들은 구전의 신빙성을 뒷받침해주었다. 물론 무슬림 이븐 알하자지와 하디스 연구를 창시한 현대 이슬람 학자들은 전승 연구의 어려움을 토로하기도 했다. 구전되는 수천 개의 이야기들 중에서 신뢰성이 높은 이야기와 낮은 이야기를 분류하기가 어디 쉬운 일이겠는가? 이슬람 연구에서 하디스와 떼려야 뗄 수 없는 《시라 라숨 알라Sirat rasul Allah(예언자의 생애)》는 무함마

드의 생애에 대한 또 다른 주요한 근거 자료로 활용된다. 무함마드
의 일대기를 다룬 이 전기는 이븐 이스하크Ibn Ishaq(704~767년)가 최
초로 편찬했으나, 현재는 이븐 히샴Ibn Hisham(무함마드 사후 200년이 지
난 833년 사망)이 편찬한 개정판만이 존재한다. 무함마드의 생애 기록
이 잘 전승되었다고는 하지만, 아바스 왕조의 학자들이 인정했듯이
후에 여러 다른 요소들이 덧붙여진 것 또한 사실이다.

　무함마드가 누구이며 최초의 무슬림 공동체는 어떤 모습이었는
지 어떻게 알 수 있을까? 1788년 영국 역사가 에드워드 기번Edward
Gibbon이 지적한 것처럼, 예언자의 예찬 너머 그림자를 들여다봐야
한다. 말하자면 수 세기 걸쳐 형성된 신성한 이야기에 가려진 한 남
자의 생애를 복원할 필요가 있다는 것이다. 이 지점에서 역사가들은
다른 종교적 위인들의 전기를 다룰 때와 마찬가지로 어려움을 맞닥
뜨린다. 역사적 사실과 신성한 이야기를, 한 인간으로서의 전기와 성
인으로서의 전기를 분리하기란 쉬운 일이 아닌 데다가 거의 불가능
에 가깝기 때문이다. 그러면 한 인간으로서 무함마드의 전기를 편찬
하는 일은 불가능할까?[2]

　이슬람 경전의 연대 추정과 그 구성이 학자들 사이에서 논쟁거
리이기는 하지만 최근의 연구에서는 무슬림 전승을 통해 중요한 부
분이 확인되었다. 무함마드 생전에 이미 일부 수라트(코란의 각 장)의
필사본이 존재했고 이후 3대 칼리프인 우스만(재위 644~656년)이 코
란의 성문화 작업을 지시했다는 것이다. 물론 이 판본이 우마이야
왕조 시대인 7세기 초에 완성되었다는 사실이 지적되기도 하지만,
무함마드 사망 이후 20여 년이 지난 시점, 그러니까 그의 아내들 중

상당수가 생존해 있을 때 편찬된 것만큼은 부정할 수 없다.[3]

　코란은 신의 말씀으로 여겨지며 코란에서 신은 자신을 일인칭 복수('나', '그'로 지칭할 때도 있지만 대개 '우리'라고 지칭한다)로 지칭하고 대개 무함마드를 이인칭 단수('너')로, 신자들을 이인칭 복수('오, 믿는 너희들')로 지칭한다. 코란에서 예언자는 무슬림들에게 신의 말씀을 전달하는 신의 사자이기 때문에 그의 생애에 대해서는 거의 언급되지 않는다. 실제로 무함마드를 '신의 예언자(라술 알라rasul Allah)'라 명명하고 그의 메카 설교 장면을 기록한 코란에서 무함마드의 이름은 단 네 차례밖에 등장하지 않는다. 설교를 하다가 메카 지배층의 박해를 받는 장면, 메디나로 피신하는 장면, 결혼하는 장면, 무슬림 공동체 수장으로서 정치적이며 군사적인 투쟁을 하는 장면이다. 그런 만큼 암시적으로 언급되거나 서술된 많은 사건들은 후대에 등장한 전승인 하디스와 시라를 통해서만 이해할 수 있다.

　이제 코란 96장에 서술된 최초의 계시로 돌아가 보자. 코란에는 이 계시가 어떤 상황에서 벌어진 것인지 아무런 설명이 없으며, 히라 동굴, 천사, 예언자 무함마드에 대한 어떠한 언급도 없다. 게다가 코란은 연대기순으로 구성되어 있지 않기 때문에, 이 최초의 계시는 코란의 첫 부분이 아니라 114개 수라트 중 96번째에 서술되어 있다. 이 계시를 받은 무함마드가 어떤 반응을 보였는지, 그의 첫 번째 추종자가 된 카디자가 어떤 역할을 했는지도 코란에는 명시되어 있지 않다. 심지어 카디자라는 이름은 코란에서 찾아볼 수 없다. 그런데 이 사건을 이해하려면 코란에 기댈 수밖에 없고 이때 반드시 전승을 활용해야만 한다. 대다수의 전승학자들이 무함마드가 받은 계시에 의견을 같이하지만 수백 개의 전승은 각기 다른 뉘앙스를 풍긴다. 실제로 수많은 사건들을 다루고 있는 수천 개의 초기 하디스는 서로 일관성이 없고 모순되는 부분들이 많다. 그래서 어떤 하디스는 무함마드와 그 부인들의 진술을 인용하고, 어떤 하디스는 무함마드의 생애에 매우 상반된 견해를 보인다. 6세기 아라비아 왕조와 전혀 다른 우마이야 왕조와 아바스 왕조 시기에 수집된 언행을 토대로 무함마드를 신적 존재로 표현한 하디스도 있다. 물론 아바스 왕조 학자들에게 신뢰할 만한 전승을 분류해내는 일은 어려운 일이었을 것이며, 21세기 학자들에게도 불가능에 가깝다.

코란은 예언자 무함마드가 20여 년간 신에게 계시를 받고 그것을 주변에 전파하며 겪은 일련의 사건들을 기록한 책이다. 무함마드는 610년경 첫 번째 계시를 받았고 세상을 떠나기 얼마 전인 632년경 마지막 계시를 받은 것으로 전해진다. 전승에 따르면 무함마드는 메카와 카바Kaaba 신전을 관리하는 지배 계급인 쿠라이시족 하심 가문 출신으로, 570년경 태어났다. 일찍이 부모를 여의고 고아로 자란 무함마드는 삼촌이자 씨족의 수장인 아부 탈리브Abu Talib를 도와 무역 일을 배웠고 후에 대상무역상이 되었다. 그 후 무함마드는 메카의 거상이었던 미망인 카디자에게 고용되어 595년경에 그녀와 혼인했다(당시 카디자는 40세, 무함마드는 25세였다).

첫 번째 계시를 받은 후, 무함마드는 메카에서 설교를 시작했고 622년에 메카 주민들의 박해를 피해 야스리브로 이주했다. 그때부터 야스리브는 예언자의 도시 알 마디나로 불렸고 이후 메디나로 이름이 바뀌었다. 코란 연구자들은 622년 이전의 메카 계시와 그 후의

메카의 카바 신전. 무함마드의 출신인 쿠라이시족 하심 가문은 카바 신전을 관리했다.

메디나 계시를 구분한다. 코란은 114개의 수라트, 6,236절로 구성되어 있으며 각 수라트의 길이는 3절에서 286절까지 매우 다양하다. 또한 일부 수라트에는 메카 계시와 메디나 계시가 섞여 있다. 코란이 무함마드의 언행을 얼마나 충실히 반영하고 있는지와 상관없이 코란은 초기 이슬람에서부터 전해진 유일무이한 중요 문서이며, 메카와 메디나에서의 무함마드와 그 부인들의 삶을 엿볼 수 있는 훌륭한 자료이기도 하다.

전승에 따르면, 처음으로 계시된 수라트에는 메카 주민들이 알라를 경배해야 하고 그가 인간에게 베푼 은총에 감사해야 한다는 내용이 서술되어 있다. 인간을 창조하고, 비를 내리고, 식물을 자라게 하고, 인간을 돌보며, 안전한 항구로 배를 이끄는 존재가 바로 유일신 알라라는 것이다. 그러므로 인간은 알라에게 감사하며 다른 신들이 아닌 오직 알라만을 경배해야 한다. 다른 존재를 알라와 함께 숭배하는 '쉬르크shirk(우상 숭배)'는 크나큰 죄악으로 코란에서 알라는 이를 강력히 금지한다(쉬르크를 행하는 자들을 '무쉬리쿤mushrikun', 즉 다신교도라고 부른다). 메카 주민들에게 알라는 창조주이자 카바 신전의 최고 신이었으며, 그의 딸이 코란 53장에 기록된 세 여신 라트, 우짜, 마나트다.

알라는 계시를 통해 메카 주민들과 새로운 계약을 맺었고 그들은 알라를 유일한 신으로 섬기며 보호를 받게 되었다. 흔히 '복종'으로 풀이되며 평화를 뜻하는 '살람salam'에서 파생된 '이슬람Islam'이라는 단어는 이런 배경에서 탄생했다.[4] 실제로 메카 주민들은 '종교'를 강요받지 않았다. 그들은 '이슬람'이라는 종교로 개종을 하지 않는 대신 코란에도 종종 등장하는 전능하신 주님Rabb(랍)의 보호를 구하기만 하면 되었다. 그래서 무함마드 생전의 아라비아반도에서는 다수의 유대인과 기독교인이 혼재했다. 그들에게 알라는 토라와 복음서의 유일한 신이었다. 코란은 '무으민muminun(진실한 신자들)'을 위한 것이었는데, 토라(모세를 통한 하느님의 말씀)와 복음서(예수를 통한 하느님의 말씀)의 계시를 각각 따르는 유대인과 기독교인을 일컫는 '성서의 백성들' 역시 무으민에 포함되어 있었다. 코란에는 신을 믿지 않는 자들에게 알라가 무함마드를 통해 이렇게 말하는 장면이 나온다.

말해라, 오 너희 믿지 않는 자들아! 너희가 믿는 것을 나는 믿지 않으며,

내가 믿는 것을 너희는 믿지 않으니 (······) 너희에게는 너희의 종교가, 나에게는 나의 종교가 있느니라(109:1-6).

코란에 등장하는 성경의 예언자들

코란에는 무함마드 이전의 예언자들도 등장하는데 모든 예언자들의 언행은 비슷하다. 신에게서 받은 계시를 백성들에게 전파하고 유일신 알라를 섬기도록 하며, 타인에게 겸손하고 친절한 태도를 보이라 가르치고, 불공정하고 파렴치한 언행을 삼가라고 명한다. 그리고 신의 경고를 듣지 않는 자들은 반드시 벌을 받게 될 것이라고 경고한다. 7장에는 이슬람의 예언자들인 노아, 후드, 살리흐의 경고가 상세하게 기록되어 있다. 예언자의 경고를 무시한 백성들은 신이 내린 끔찍한 형벌을 받는다. 코란에는 (후드와 살리흐를 제외한) 예언자들의 생애와 역할이 성경에 비해 대체로 간략하고 단순하게 서술되어 있으며, 그 이야기를 이미 알고 있는 사람들을 위한 것인 듯 매우 암시적으로만 표현되어 있다. 이는 그만큼 신의 메시지가 단순하고 일관되며 간결하다는 것을 보여주려는 의도로 보인다. 또한 코란은 그 메시지를 전하는 예언자들이 자신의 민족에게 박해를 받을 것이라고 예고한다. 그러면서 앞선 모든 예언자들 역시 자기 민족에게 박해를 받았다며 무함마드를 위로하고 예언자의 말을 귀담아듣지 않는 메카 주민들은 신의 노여움을 피하지 못할 것이라고 경고한다.

코란에는 아브라함의 일화가 등장한다. 어느 날 밤, 그는 별 하나를 보고 이렇게 말한다. "저 별이 나의 주님이란 말인가!" 그러고 나서 그 별이 사라지자 이렇게 말한다. "나는 사라지는 것을 좋아하지 아니합니다(6:76)." 곧이어 환하게 떠오른 달을 보고 아브라함은 그것을 주님이라 여기더니 달이 사라지자 이번에는 찬란하게 떠오르는 태양을 주님이라 여기며 모든 것 가운데 가장 큰 것이라 말한다. 그러나 그 태양마저 사라지자 아브라함은 큰 소리로 외친다. "오, 백성들이여! 나는 이제 너희가 숭배하는 신을 인정하지 않느니라. 나는 신실한 마음으로 오직 하늘과 땅을 창조하신 하느님께 얼굴을 돌리나니, 나는 이제 다른 신들을 믿는 너희들(무쉬리쿤)과 같지 않을 것이니라(6:78-79)."

아브라함은 자신의 아버지와 백성들에게 왜 우상을 숭배하는지 묻자 그들은 조상 대대로 내려온 전통을 버릴 수 없다고 대답한다. 그날 밤 아브라함은 우상들을 파괴했는데 이에 분노한 백성들은 아브라함을 불태워 죽이고자 했다. 그때 하느님이 말씀하신다. "불아! 식어라. 그리고 아브라함을 안전하게 하라(21:69)!" 그리고 하느님은 아브라함에게 아들 하나를 내려 주신 다음 그 아들을 희생 제물로 바치라고 명령하며 그를 시험에 들게 한다(37:100-111). 코란에는 그 아들이 누구인지 정확한 이름이 등장하지 않는다. 이 구절 바로 뒤에 이삭의 이름이 언급되는 만큼 창세기 22장에도 등장하는 이삭일까? 아니면 이스마엘일까? 초기 이슬람 신학자들은 그 아들이 이삭일 것이라고 의견을 모았지만, 10세기 이후부터 현재까지 대다수의 신학자들은 이스마엘일 것이라는 데에 무게를 두고 있다.

아브라함은 코란의 중심인물로 25개의 수라트와 245개의 절에 등장하는데, 그보다 더 많이 언급되는 유일한 인물이 모세다. 그러나 코란에는 모세에 관한 결정적인 이야기가 거의 등장하지 않는다. 단편적인 이야기와 누구나 다 알고 있을 법한 이야기에 살을 붙인 정도로 언급될 뿐이다. 코란에서 신은 무함마드에게 이렇게 말한다. "너 이전의 선지자들도 조롱을 당했으나 결국 조롱하던 자들은 조롱했던 것에 에워싸이고 말았노라(21:41)." 대개 무함마드 이전 예언자들(노아, 모세, 또는 아브라함)의 일화는 무함마드와 그의 이야기를 듣는 사람들에게 무함마드는 언제나 박해를 받았고 신이 늘 그의 곁을 지켜주었다는 것을 강조하기 위한 하나의 수단으로 사용될 뿐이다.

아브라함은 코란에 등장하는 예언자의 원형으로 무함마드의 본보기가 된다. 그렇지만 무함마드가 아브라함을 모범으로 삼아 처신한 것인지 코란이 아브라함을 무함마드의 모범으로 보이게끔 묘사한 것인지는 정확히 알 수 없다. 아마 둘 다일 것이다. 코란에는 아브라함을 지칭하는 '진정한 신자'라는 뜻의 '하니프hanif'가 8번 등장한다. 아브라함을 제외하고 '하니프'로 불리는 유일한 인물은 무함마드로, 두 예언자가 매우 밀접한 관계에 있음을 의도적으로 보여주려 한 듯하다. 이교도의 우상을 파괴한 아브라함은 '밀라트 이브라힘 Millat Ibrahim', 즉 아브라함의 종교라 불리는 신앙 공동체를 창시한다 (코란에서 네 번 언급된다). 코란은 무함마드를 아브라함과 동일시하면서 무함마드에 이교노를 물리칠 새로운 예언자라는 이미지를 부여하여, 같은 아브라함의 종교에서 출발한 기독교, 유대교와 비교해 이슬람의 존재감을 더욱 크게 부각시킨다.

오, 성서의 백성들이여, 너희는 어찌하여 아브라함에 대해 논쟁하느냐? 토라와 복음서는 아브라함 이후에 계시되었음을 너희는 알지 않느냐? 너희는 이미 알고 있는 것에 대해 논쟁하고 있지 않느냐 (……) 아브라함은 유대인도 기독교인도 아닌 하느님만을 경배한 신실한 무슬림이었으며 또한 여러 신을 숭배한 무리 중에 끼지 않았느니라(3:65-67).

이런 이야기들은 코란이 유대교와 기독교, 그리고 성서 시대 및 성서 이후 시대의 전승과 어떤 연결고리를 맺고 있는지 궁금하게 만든다. 코란에 등장하는 아브라함의 일화 중 일부분은 창세기에도 동일하게 등장하고, 또 어떤 부분은 성서 후기 시대 유대교 전승과 동일하다. 이 때문에 19세기에 아브라함 가이거Abraham Geiger와 같은 신학자들은 코란이 유대교 전승을 차용했거나 그 영향을 받았을 가능성이 높다고 주장했다. 그러나 일부 유대교 전승이 코란 이후에 등장했다는 사실에 비추어 볼 때, 누가 누구를 차용했는지는 중요한 문제가 아니다. 그보다는 그런 전승들이 종교의 장벽을 초월해 동일한 성서 해석 전통을 따랐다는 데 더 큰 의미를 두어야 할 것이다.[5]

예수 역시 코란에 등장하는 중요한 예언자 중 한 명이다. 하느님은 모세에게 토라를, 예수에게는 복음서al-Injil(알-인질)를 계시했다. 마리아와 그 아들 예수의 이야기는 코란의 여러 수라트에 분산되어 서술되어 있다. 코란에 따르면 아기를 잉태한 마리아의 어머니는 아기가 태어나면 아이를 하느님께 바치겠다고 결심했다(3:35). 마리아가 태어난 후에 하느님은 그녀를 순결하게 하셨고 세상 모든 여성들 위에 두셨다(3:42). 마리아는 한 은신처로 들어가 기도와 명상을 하며 살아갔는데, 그녀의 보호자인 즈카르야는 이따금 마리아를 보러 갔고 그때마다 그녀 옆에 음식이 놓여있는 것을 보고 놀라지 않을 수 없었다. 마리아는 그 음식을 신께서 내려주셨다고 설명했다.

그리고 바로 그곳에서 잘생긴 남자의 모습을 한 하느님의 영(전 승에 따르면 대천사 가브리엘로 추정된다)이 나타나 마리아에게 '성스러운 아들'을 낳을 것이라고 고지했다. 이에 마리아가 물었다. "저는 어떤 남자와도 접촉하지 않았고 부정을 저지른 적도 없는데 어찌하여 제가 아들을 가질 수 있겠습니까(19:20)?" 그러나 마리아는 곧 아기를 잉태하여 홀로 사막으로 들어갔고 하느님은 시원한 물을 마실 수 있는 샘과 식량으로 먹을 수 있는 대추야자를 마리아에게 내려주셨다. 마리아는 그곳에서 홀로 아기를 출산한 후 가족들에게 예수를 보여주었지만 가족들은 '정말 끔찍한 일을 저질렀다'며 아비 없는 아이를 낳은 마리아를 나무랐다. 그러자 아기 예수가 말했다.

나는 진실로 하느님의 종이다. 하느님께서는 내게 성서를 주셨고 나를 예언자로 삼으셨다. 그리고 내가 어디에 있든 내가 축복받도록 하셨고 내가 살아 있는 동안 예배를 드리고 자선을 베풀며 모친께 효도하라 하셨다. 그분께서는 내가 거만하지 아니하고 불행하지 않도록 하셨다. 그리고 내가 탄생한 날, 임종하는 날, 부활하는 날, 내게 평화가 있도록 하셨다 (19:30-33).

예수는 생물학적 아버지 없이 기적적으로 태어난 예언자다. 아랍어 이름에는 일반적으로 부계 혈통을 나타내는 이름이 함께 붙는데, 코

31

란에서는 예수를 '이사 이븐 마리암Isa ibn Maryam' 즉, 마리아의 아들 예수라고 부른다. 예수가 아버지 없이 태어난 어머니의 아들이기 때문이다. 따라서 이슬람에서 예수는 하느님의 영 또는 말씀으로 잉태된 것일 뿐 결코 하느님의 아들이 아니다. 코란에는 이렇게 적혀 있다. "하느님께서는 아들을 두어야 할 필요가 없노라. 하느님께 영광이 있으소서(19:35)!" 그런데 한 전승에 따르면, 어린 예수가 흙으로 새를 만들어 숨을 불어넣자(하느님의 허락하에) 새가 생명을 얻고 하늘로 날아갔다. 이 일화는 기독교의 사복음서가 아닌 코란에 영향을 준 기독교 외경에서 찾아볼 수 있는데, 성서 이후 시대의 기독교, 유대교, 이슬람 전통이 같은 배경을 공유한다는 사실을 다시금 시사한다.

코란에 따르면 하느님은 예수에게 한 권의 책, 복음서를 계시하셨다. 코란에서 예수는 '알-마시al-masih(메시아)'로 불리는데 이 호칭에는 예수를 공경하는 뜻이 담겨 있다. 그렇지만 코란이 예수의 죽음을 다루는 부분에서는 모순점이 발견된다. 코란에서 갓 태어난 아기 예수는 자신이 임종하는 날과 부활하는 날에 대해 말하는데, 이 장면은 예수 그리스도가 십자가에서 죽은 후 부활했다는 기독교 교리를 암시한다. 그리고 메디나 계시 중 하나인 코란 4장 〈수라트 니사아〉(여인의 장, 4:156-159)를 보면 하느님은 예언자를 배척한 일부 유대인들에게 고통스러운 벌을 준비했다고 서술되어 있다.

그러나 코란에 의하면 유대인들은 자신들이 예수를 죽였다고 주장했지만 실상 그들은 예수를 죽이지도, 십자가에 못 박지도 않았다. 이는 예수가 십자가에 못 박히지 않았다는 의미일까, 아니면 그저 예수를 죽인 것은 유대인이 아니라는 의미일까? 또 코란에 등장하는 '예수는 십자가에서 처형당해 죽은 것이 아니라 단지 그렇게 보였을 뿐'이라는 말은 무엇을 의미할까? 이후 등장한 모든 코란의 해석에서는 십자가에 못 박힌 것은 예수가 아니라 그와 비슷한 형상이었다는 주장이 이어진다. 한편, 코란의 또 다른 구절에서 예수는 매우 중요한 인물로 그려진다. "실로 예수의 재림은 심판이 가까이 왔음을 예고하는 것이라(43:61)." 이 구절은 예수가 최후의 날을 예고했다는 것을 의미하며 나아가 다수의 기독교인들이 말하는 것처럼 예수가 최후의 날에 중대한 역할을 하기 위해 이 세상에 다시 내려온다는 것을 암시하기도 한다.

무함마드를 속인 사탄의 속삭임

이제 다시 메카와 무함마드의 이야기로 돌아와 보자. 앞서 살펴본 메카 수라트에서 무함마드는 유일한 신으로서 하느님을 세상에 알리고, 백성들이 하느님을 경배하며 사회적 연대를 이뤄 하느님과 계약을 맺을 수 있도록 하려고 보내진 예언자다. 그런데 무함마드의 메시지를 받아들이지 않았던 메카의 쿠라이시족 대다수는 무함마드에게 비판과 조롱, 비난을 서슴지 않았으며 기적을 일으켜 보라고 그를 도발하기까지 했다. 사람들은 무함마드에게 주술사니 시인이니 조롱하며 비아냥대기 일쑤였다. 그리고 이런 상황을 지켜보던 하느님은 무함마드에게 신의 권능과 가버를 '선명한 표징'으로 보여수라고 명령했다. 그 과정 중에 무함마드가 예언자의 사명을 받은 지 5년째가 되던 해에 유럽 동양학계에서 '사탄의 구절'이라 일컫는 사건이 일어난다.

예언자가 겪은 모든 경험이 그렇듯 이 사건 역시 다양한 버전이 존재한다. 이슬람 역사학자 알 타바리al-Tabari에 따르면, 무함마드는 메카 주민들에게 53번째 수라트 '별들의 장'을 계시했고 19절에서 "너희는 라트와 우짜 우상을 보았으며 세 번째 우상 마나트를 보았는가"라고 말한다. 이에 이블리스Iblis(사탄)는 "이 우상들은 고귀한 신성을 지니고 있으며 그들에게 중재를 바랄 수 있다"고 무함마드에게 속삭인다.

무함마드는 이 메시지가 하느님에게서 온 것이라 착각해 이를 백성들에게 계시했다. 우상 숭배자들은 자신들이 모시는 우상이 무함마드를 통해 인정받은 것을 기뻐하며 계시가 끝날 때 무슬림들과 나란히 엎드려 머리를 조아렸다. 그러나 얼마 뒤 대천사 가브리엘이 무함마드를 찾아와 그 메시지는 하느님에게서 온 것이 아니라 악마에게서 온 것임을 알려준다. "실로 그것들은 너희와 너희 선조들이 붙인 이름들에 불과하며 하느님은 그것들에게 아무런 능력도 부여하지 않았느니라." 알 타바리는, 무함마드는 자신이 전하는 메시지를 듣고 메카 주민들이 자신을 지지해주길 바랐기 때문에 악마에게 속고 말았지만, 이내 그런 마음을 단념했다고 밝혔다.

이슬람은 노예와 여성을 억압하지 않았다?

무함마드와 그 신자들은 메카의 전통 종교를 거부한다는 이유로 박해를 받았다. 이로 인해 무함마드는 신자들을 데리고 메디나로 이주할 수밖에 없었으며, 이 사건은 코란에 상세하게 서술되어 있다. 중세 아랍 역사가 이븐 히샴에 따르면 무함마드는 박해를 피해 신자 중 일부를 기독교국 아비시니아로 보냈고, 그들은 무슬림들에게 피난처를 제공했다. 전승에 의하면 설상가상으로 619년에 무함마드의 첫 번째 부인 카디자와 무함마드의 삼촌이자 보호자 역할을 했던 아부 탈리브가 사망하여, 무함마드는 자신을 보호해주고 지원해줄 다른 누군가를 필요로 했다. 이븐 히샴은 무함마드가 620년에 메카에서 북쪽으로 약 340km 떨어져 있는 오아시스 도시인 야스리브에서 카즈라즈 부족 일원을 만났다고 전한다. 이때 카즈라즈 부족은 기존의 동맹국이었던 바누 아우스와 주도권을 두고 120년에 걸친 내전 중에 있었는데, 그들은 무함마드의 지도력에 감화되어 야스리브의 중재자가 되어달라고 요청했다. 이 요청을 받아들인 무함마드는 메카를 떠나 야스리브에 당도하였고 이를 전후로 약 70여 명의 무슬림이 야스리브로 향했다. 그러나 코란에는 무함마드가 메카의 백성들에게 추방당해 야스리브로 이주할 수밖에 없었다고만 서술되어 있다(47:13).

그렇게 무함마드와 그 신자들은 622년 메카에서 야스리브(후의 메디나)로 이주했다. 이슬람에서는 이를 '헤지라hegira'라고 부른다. 이 역사적 사건으로 622년은 이슬람력 원년이 된다. 이후 무함마드는 고립되고 멸시받는 설교자에서 '무하지룬muhajirun(무함마드와 함께 메디나로 이주한 무슬림들)'과 '안사르ansar(무하지룬에 도움을 제공한 메디나 주민들)'를 모두 아우르는 부족 동맹의 유력한 정치 지도자로 거듭난다. 헤지라부터 무함마드가 사망할 때까지, 그가 하느님에게 받은 계시를 엮은 메디나 수라트는 메카 수라트와 여러 면에서 차이를 보인다. 메디나 수라트는 메카 수라트에 비해 길이가 매우 길고 구성 또한 훨씬 복잡하며 메디나에서의 생활에 관한 구체적이고 세부적인 지침이 주를 이룬다. 물론 메디나 수라트에도 하느님이 보낸 영적 메시지가 포함되어 있지만 그보다는 무슬림 공동체 생활에 필요한 실질적인 의무와 책임이 대부분이다.

　메디나 수라트에 명시된 신자들(알무미눈al-Mu'minun)이 신앙생활에서 지켜야 할 의무를 살펴보자. 코란에는 신에게 드리는 예배를 뜻하는 '살라sala'라는 단어가 82번이나 등장한다. 신자들은 하느님을 생각하며 무릎을 꿇고 기도해야 한다. 또한 코란에 명시된 규칙에 따라 라마단(금식월)을 지켜야 하며(2:183-187), 가난한 이들을 돕는 자선세로서 '자카트zakat(이슬람 종교세)'나 '사다카sadaqa(자발적 희사)'를 의무적으로 납부해야 한다. 이렇게 걷힌 세금은 가난한 자, 채무자, 여행자, 포로, 그리고 '하느님의 길에 있는 자'를 위해서 사용된다(9:60).

　메디나 수라트에는 결혼, 이혼, 상속, 전투 중에 획득한 전리품의 분배에 관한 권고 사항과 규칙뿐만 아니라 신자들이 지켜야 할 여러 지침이 제시되어 있다. 코란에 제시된 이런 규칙들은 다양한 사회적이고 법적인 문제를 해결하는 데 사용되었고, 씨족으로 구성된 부족이 각 개인의 사회적·법적 지위를 결정했던 7세기 아랍 부족 사회에 자연스럽게 녹아들었다.

이제 코란에 명시된 노예에 관한 지침을 살펴보자.[6] 자카트는 전쟁 포로의 석방이나 몸값을 위해 사용될 수 있다. 노예를 석방하는 일은 일종의 신앙 행위로 하느님에게 용서받을 수 있는 지름길이었다. 이렇듯 코란은 신자들에게 자유를 갈망하는 노예들을 석방할 것을 독려하며 하녀들에게 간음 행위를 강요하지 말라고 명한다 (24:33). 또한 하느님이 볼 때, 노예나 신분이 자유로운 인간은 모두 동등한 존재이므로 주인은 노예를 따뜻하고 정의롭게 대해야 한다고 강조한다. 한편 코란은 노예제도의 존속을 인정하면서 노예가 사회적·법적으로는 낮은 위치에 있다고 말하며, 남성들은 첩으로 삼은 하인과 성관계를 가질 권리가 있다고 명시한다. 따라서 코란은 노예제 자체를 금지하기보다 노예제를 억제하고 명확한 규칙을 통해 노예제를 축소하는 방향을 제시했다고 할 수 있다.

코란에 명시된 여성의 지위에 관한 구절들 역시 노예제에 관한 구절과 맥을 같이한다. 여성이 도덕적 및 영적으로 남성과 동등하다는 것을 인정하고 이슬람 이전의 아랍 사회와 비교해 여성의 권리를 존중하면서도 여전히 가부장적 질서를 고수하기 때문이다. 성경의 창세기에는 하느님이 먼저 아담을 창조하고 아담의 갈비뼈 하나로 이브를 창조했다고 쓰여 있다. 그런데 코란에는 이렇게 쓰여 있다. "오, 사람들이여! 하나의 영혼nafs(나프스)으로부터 너희를 창조하시고 그로부터 그 짝zawj(주아즈)을 창조하시며 또한 그 둘로부터 많은 남자와 여자를 번성시킨 너희 주 하느님을 공경하여라(4:1)." 여기서 아랍어 '나프스'는 여성을, '주아즈'는 남성을 의미한다. 대다수의 주석학자들과 번역가들은 '영혼'은 아담을 '짝'은 이브를 지칭한다고 주장하지만, 코란에는 하느님이 맨 처음 창조한 것이 여성이고 그 뒤에 남성을 창조했다고 쓰여 있다.[7] 코란의 다음 구절들을 살펴보자. "남자나 여자나 믿는 자들은 모두 서로가 서로를 위한 보호자들이니라(9:71)." "나는 남녀를 불문하고 너희가 행한 어떠한 일도 헛되지 않게 할 것이니라. 너희는 서로 동등하니라(3:195)." 이렇듯 코란은 남성과 여성의 평등을 강조하는데, 심지어 아래 구절을 보면 코란이 성차별을 줄이려는 '포괄적 글쓰기'를 시도한 것처럼 보이기도 한다.

> 신께 순종하는 남녀와 신을 믿는 남녀와 진실한 남녀와 인내하는 남녀와 신을 두려워하는 남녀와 자선을 베푸는 남녀와 단식을 행하는 남녀와 정조를 지키는 남녀와 하느님을 염원하는 남녀에게 하느님은 관용과 크나큰 보상을 준비해두셨노라(33:35).

노예제와 마찬가지로 코란은 남녀차별의 악습을 단절하고 앞으로 나아가기 위한 새로운 길을 모색한다. 실제로 코란은 이슬람 이전 아랍 세계에 만연했던 여아 살해를 금지하고, 여성이 자신의 재산을 소유하고 상속받을 권리를 보장하며 다음과 같이 유산 상속 및 분배 방식을 제안한다. "딸에게는 아들에게 물려주는 재산의 절반을 물려주어라(4:7-11)."

코란은 남녀가 서로 사랑하여 혼인을 하는 것도 신이 주신 선물이라 말한다(30:21). 그리고 신자들에게 남편과 아내가 서로 사랑하고 존중해야 한다고 여러 차례 강조한다. 당시 다른 사회처럼 이슬람 이전 아랍 사회에서도 일부다처제가 있었지만 이슬람 사회에서는 지극히 제한적이고 소극적으로만 허용되었다. 코란 4장 3절에 따르면 남성이 혼인할 수 있는 여성의 수는 네 명으로 제한되어 있고 남편은 아내들을 모두 공정하고 공평하게 대해야 한다. 만약 그럴 수 있다는 확신이 서지 않으면 한 명의 아내만 두는 것이 낫다. 또한 65장에 따르면 부부가 이혼을 결심하고 실행에 옮기기까지 숙려 기간을 거쳐야 하고, 그 기간 동안 남편은 아내를 존중하고 필요한 경우 경제적인 지원을 보장해주어야 한다.

한편 코란은 신이 '아담의 자손들'에게 부끄러운 곳을 감추라고 옷을 주었으나 몸치장 중에 제일은 하느님에 대한 경외라고 강조한다(7:26). 그리고 신자들에게 검소와 절제를 실천할 것을 권면한다.

믿는 남성들에게 이르되, 시선을 낮추고 정숙하라 할지니 그것이 그들을 깨끗하게 하느니라. 하느님께서는 그들이 행하고 있는 모든 것을 아시느니라. 믿는 여성들에게 이르되, 시선을 낮추고 정숙하며 밖으로 드러내는 것 외에는 유혹하는 어떤 것도 보여서는 아니 되느니라. 또한 가슴을 베일로 가려 남편과 그녀의 아버지와 남편의 아버지와 그녀의 아들과 남편의 아들과 그녀의 형제와 그녀 형제의 아들과 그녀 자매의 아들과 여성 무슬림과 그녀가 소유하고 있는 하녀와 성욕을 갖지 못한 하인과 성에 대한 부끄러움을 알지 못하는 어린아이 외에는 드러내지 않도록 하여라 (24:30-31).

이는 여성에게 머리나 얼굴을 가리라고 요구하는 것도, 집 안에만 머물러야 한다고 강요하는 것도 아니다. 무함마드의 아내 카디자가 대상무역을 하는 거상이었고 무함마드가 애초에 카디자의 고용인이었던 것만 봐도 그렇다. 또한 여러 하디스마다 상당한 차이가 있기는 하지만, 움 와라카Umm Waraqa라는 여인이 무슬림들을 위해 메디나에 두 번째 모스크를 세웠고 무함마드가 그에게 예배를 인도하는 책무를 맡겼다는 일화는 본래 이슬람이 남녀평등을 지향한 종교였다는 것을 여실히 보여준다.

다양한 종교와 부족의 공존을 지향한 메디나 헌장

무함마드는 메디나에서 영적 지도자였을 뿐만 아니라 군대를 통솔하는 최고 사령관이기도 했다. 무함마드는 서로 대립하고 있던 메카의 무하지룬과 메디나의 안사르, 메디나로 이주해 온 비유대계 아랍 부족 바누 아우스와 바누 카즈라즈 부족, 무함마드의 예언자 역할을 인정하는 사람들과 이를 인정하지 않는 유대인 부족 동맹 등 여러 무리로 구성된 불안정한 동맹을 통솔하고 있었다. 이에 무함마드는 620년대에 무슬림들과 유대인들을 비롯해 다양한 종교와 부족들 사이의 평화로운 공존을 보장하는 협정 체결을 주도했는데, 이 협정이 바로 '메디나 헌장'이다. 이 협정 이후 메디나에 거주하는 아우프 부족 유대인들은 신자 공동체 '움마'의 일원이 되었고 무슬림과 동등한 대우를 받았다. 따라서 '움마'는 단순히 '무슬림' 공동체가 아니라 유일신을 믿는 종교 간의 평화로운 공존을 약속하는 일종의 규약이었다.

코란에서 말하는 '믿는 자들'이란 유대인, 기독교인, 무하지룬, 안사르에 관계없이 넓은 의미에서 창조주인 유일신을 믿는 사람들이다. 이런 맥락에서 프레드 도너Fred Donner와 같은 역사학자들은 무함마드의 종교를 일종의 에큐메니컬 운동•이라 평가하기도 했다.[8] 물론 코란은 그리스도의 성육신과 삼위일체에 관한 기독교 교리를 배척하고 유대인과 기독교인만이 천국에 들어갈 수 있다는 교리를 비판한다(2:111-112). 코란은 신을 경외하는 선량한 사람이면 누구든 구원받는 자들의 공동체에 들어갈 수 있다고 설파하기 때문이다. 이슬람에서 다양한 언어와 문화는 하느님이 내려주신 풍요로움이자 선물이다. 코란은 '서로 다른 언어와 서로 다른 피부색(30:22)'을 비롯해 '서로 다른 종족과 부족(49:13)'이 하느님께서 인간에게 주신 여러 증표 가운데 하나라고 강조한다.

또한 코란은 '종교는 강요되어서는 아니 된다(2:256)'고 말하며 신앙과 종교의 다양성은 오히려 신이 의도하신 바라고 다음과 같이 역설한다.

> 내가 너희 각자에게 법과 규범을 주었느니라. 만일 하느님께서 하나의 공동체(움마)를 두시려 했다면 그렇게 하셨을 것이니라. 그러나 하느님께서

• 교파, 교회의 차이를 초월하여 모든 기독교 교회를 통일시키고자 하는 운동(모든 각주는 옮긴이 주로, 이후부터는 생략).

는 그것으로 너희를 시험하려 하심이니 너희는 서로 선행을 쌓기 위해 경주하여라. 너희 모두는 하느님께로 돌아가느니, 그때 하느님이 너희의 차이를 밝혀 주시리라(5:48).

우리의 주님은 오직 하느님뿐이라고 말한 것 하나로 부당하게 고향으로부터 추방당한 이들이 있노라. 만일 하느님의 보호가 없었더라면 불신자들이 지배한 수도원도, 교회들도, 유대교 회당들도, 하느님을 염원하는 사원들도 파괴되었을 것이니라(22:40).

이 구절들을 보면 메디나 동맹군이 이슬람뿐만 아니라 유대교와 기독교의 성소를 지키기 위해 기꺼이 메카의 침략에 맞서 싸웠다는 것을 알 수 있다(2:190).[9]

코란은 유대인과 기독교인을 '믿는 자들'로 포용하는 동시에 적대시하기도 하면서 이중적 태도를 드러낸다. 메카 시대에 성서의 백성들은 서로를 동맹으로 인식하며, 유일신교를 재건하고 우상을 파괴하는 데 함께 힘을 모았다. 그때부터 그들은 때로는 동맹으로 때로는 적수로 서로를 견제했다. 그런데 여기서 짚고 넘어가야 할 것은 무슬림 공동체가 다양한 유대인 집단과 관계를 맺으며 각 집단과의 관계를 명확하게 규정했다는 점이다.[10]

먼저 압둘라 이븐 살람처럼 무함마드를 예언자로 인정한 메디나의 유대인들은 무함마드의 동맹으로 규정되었다. 다음으로 메디나 헌장에 언급된 유대인 부족은 유대인으로 남기를 바라며 무함마드를 예언자로 인정하지 않았기 때문에 '움마'의 일원으로 규정되었다. 무함마드를 조롱하거나 비판한 메디나 유대인들은 코란에서 강력한 비판의 대상이 되었다.[11] 마지막으로 적군인 메카 군대와 연합한 메디나 외곽의 부족들이 있었다. 유대인과 관련한 코란의 여러 구절을 이해하려면, 무슬림 공동체와 유대인 집단 간의 다층적 관계에 대한 배경지식이 있어야 한다. 유대인과 유대교에 대한 처우가 집단의 특성에 따라 달라진 것만 봐도 무함마드와 그의 활동에 대해 아라비아반도의 유대인들이 얼마나 다양한 반응을 보였는지를 짐작해볼 수 있다. 코란은 유대인을 선한 유대인과 악한 유대인으로 구분했고, 이런 이분법적 관점을 유대인의 역사에까지 투영했다.

코란은 무슬림, 유대인, 기독교인과 관계없이 '선을 행하는 자들'은 '주님으로부터 보상을 받을 것'이라고 강조한다(2:62). 그러나 코란에는 다른 유대인들이 자신의 예언자를 거부하고 그를 죽였다는 주제가 9차례나 등장한다.[12] 메카 수라트에 서술된 몇 가지 일화는 예언자가 자기 민족에게 어떻게 배척당했는지를 보여준다. 그리고 여기서 예언자를 배척한 민족은 무함마드의 메시지를 거부한 메카인들을 지칭하는 것처럼 보인다. 그러나 일부 메디나 수라트를 보면 맥락상 메카인들이 아닌 메디나의 유대인들이 예언자를 배척했다는 사실을 명확하게 알 수 있다.

신은 무함마드에게 코란의 계시를 거부하는 유대인들을 설득할 수 있는 근거를 마련해준다. 그 근거는 기독교의 반유대주의 논쟁을 통해 이미 상당한 설득력을 얻고 있었다. 먼저 유대인들이 시나이 광야에서 금송아지(2:91 참조)를 숭배했던 과거는 그들이 정말로 유일신만을 섬겼는가에 의문을 품게 한다. 또한 무함마드 이전의 예언자들에게 유대인들이 보였던 강력한 적개심은 그들이 왜 메카에서 온 예언자 무함마드를 배척했는지를 설명해준다.[13] 그런데 당대의 어떤 문헌에서도 메디나 유대인들이 예언자를 배척한 이야기나, 무함마드가 메디나에서 150km 떨어진 카이바르 지역의 유대인 부족과 동맹을 맺은 이야기를 찾아볼 수 없다.

무함마드에 대한 메디나 유대인들의 적개심과 배척의 이야기는 아바스 왕조 시대 역사서에서 비로소 발견된다. 메디나에서 받은 마지막 계시 중 하나라고 여겨지는 5장을 보면, 무슬림들은 유대인들과 함께 식사를 할 수 있고 무슬림 남성은 기독교인이나 유대인 여성과 결혼할 수 있다고 서술되어 있다(5:5). 따라서 유대인들은 메디나에서 계속 무슬림들과 공존했던 것으로 보인다. 또한 코란에서는 유대인을 지칭할 때, '야후드yahud(유대인이라는 뜻의 아랍어로 코란에 단 네 차례만 등장한다)'라는 단어보다 '바누 이스라엘(이스라엘의 자손이라는 뜻으로 코란에 40차례 등장한다)'이라는 단어를 훨씬 더 빈번하게 사용한다. 이로 미루어 보아 아라비아 부족사회에서 유대인들은 종교인이 아닌 하나의 부족이나 민족으로 간주되었을 가능성이 높다.[14]

무함마드와 그 신자들이 종교 의례의 중대한 변화라 할 수 있는 '키블라qibla(예배 방향)'를 변경한 이유도 메디나 유대인들과 겪은 갈등 때문이었다. 본래 무함마드와 신자들이 예배를 드리는 방향은 예루살렘 방향이었으나, 624년경 계시를 받은 무함마드는 예배의 방향을 메카의 카바 쪽으로 변경한다. 코란에 의하면 메카 주민들의 가장 중요한 예배 장소였던 카바는 솔로몬 왕의 성전보다 훨씬 먼저 지어진 것으로, 아브라함과 그의 아들 이스마엘이 유일신 하느님을 경배하기 위해 지은 최초의 신전이었다(2:124-127, 142-150).

많은 '위선자'들이 메디나 현장을 어지럽히는 와중에도 가장 위협적인 적은 역시 메카의 이교도들이었으며, 키블라를 변경하면서 메카의 적들을 물리치는 것은 더 시급한 일이 되었다. 아브라함과 이스마엘이 손수 지은 카바 신전을 유일신 알라에게 돌려드려려 했기 때문이다. 이후 무함마드의 군대와 이교도 군대는 여러 차례 전쟁에서 맞붙었는데, 역사적으로 기록된 중요한 전쟁으로는 바드르 전투(624년, 메카를 상대로 무함마드 연합군의 승리), 우후드 전투(625년, 무함마드의 부상으로 패배), 칸다크 전투(627년, 메디나 연합군의 승리)를 꼽을 수 있다. 그리고 마침내 전쟁에서 우위를 점한 무함마드는 628년에 메카와 후다이비야 조약을 맺었고 그때부터 신자들은 카바 신전을 순례할 수 있게 되었다. 그러나 이듬해에 쿠라이시 동맹군이 메디나를 공격하면서 메카와 맺은 평화협정은 산산조각 났다. 이븐 히샴에 따르면, 무함마드는 1만 명의 무슬림 군대를 이끌고 메카로 진군했고 항복을 이끌어냈다. 이후 무슬림들은 카바에 입성해 그곳에 있던 아라비아 신상을 모두 파괴했고 무함마드는 '사람들이 떼를 지어 하느님의 종교에 귀의하는 것'을 보게 되었다(110:2).[15]

코란에 등장하는 심판의 날은 어떤 모습일까?

유대교, 기독교, 그리고 조로아스터교와 같이 고대 종교에서 등장하는 최후의 날은 쿠란에서도 찾아볼 수 있다. 쿠란에는 심판의 날이 여러 차례 언급되어 있고 무함마드는 다가올 종말의 날에 대비해야 한다고 백성들을 깨우치는 경고자 역할을 한다. 코란은 최후의 날이 오면 나팔 소리가 울리고 죽은 자들이 무덤에서 나오며, 산들이 무너져 구름처럼 날아가고 하늘이 열리고 별들이 떨어지며 바다가 불타오를 것이라고 예고한다. 그리고 그날에는 모두가 두려움에 벌벌 떨게 될 것이라 경고한다.

> 태양이 뒤덮이는 때, 별들이 흩어지며 떨어지는 때, 산들이 사라지고 새끼를 밴 지 열 달이 된 암낙타가 보호받지 못하고 버려지며, 야생의 짐승들이 떼 지어 모이고 바다가 부글부글 끓어 넘쳐흐르며, 영혼들이 끼리끼리 합쳐지고, 산채로 매장된 여자아이가 질문을 받으니 어떤 죄악 때문에 살해되었는가에 대하여서라. 그리고 각자의 기록부들이 펼쳐지고 하늘이 벌거벗겨질 때, 지옥의 화염이 활활 불타오르고 천국 역시 가까이 다가올 그때에 모든 영혼은 그가 행한 것들을 알게 되리라(81:1-14).

코란은 각 구절마다 최후의 날을 묘사하며 두려움을 준다. 피할 수 없는 최후의 날이 다가오고 있지만 그날이 정확히 언제인지는 오직 하느님만이 알고 계신다. 그러면 무함마드가 최후의 날을 최초로 언급한 유일한 예언자일까? 그렇지 않다. 일부 기독교 역사가들에 따르면 예수 역시 유대인 설교자로서 최후의 날을 경고한 바 있다. 7세기에도 많은 유대인과 기독교인들, 그리고 조로아스터교인들은 최후의 날에 대해 강력한 두려움과 희망을 동시에 품고 있었다.[16] 무함마드와 무슬림들 역시 다가올 최후의 날을 기다렸을 것이다.

방치될 수밖에 없었던 무함마드의 시신

무함마드의 생애 말기와 그의 죽음, 그리고 초대 칼리프인 아부 바크르Abu Bakr의 후계자 계승에 관한 이야기는 다수의 하디스와 시라에 서술되어 있다. 이와 관련해서는 이미 많은 연구가 이루어졌고 가장 최근에는 스티븐 슈메이커와 엘라 우아르디가 이 주제로 연구를 진행했다.[17] 시라에 따르면, 무함마드는 사망하기 며칠 전 무덤에 있는 망자들에게 이렇게 말했다.

> 오, 이 무덤에 잠들어 있는 너희에게 평화가 있기를. 지금 살아 있는 사람들보다 더 나은 곳에 있는 너희들을 축복하노라. 재앙은 까마득한 밤의 조각들처럼 속히 지나가니, 마지막 재앙이 첫 재앙을 뒤따라가고, 마지막 재앙은 첫 재앙보다 더욱 고통스러우리라.[18]

이븐 히샴이 무함마드에게 들었다는 이 전언 때문에 무함마드의 죽음 이후 무슬림 공동체는 갈등하고 분열하게 된다. 무함마드는 말년에 병으로 고통받았고 아이샤의 집에 머물며 요양했다. 전승에 따르면 무함마드는 아이샤의 무릎에 머리를 기댄 채 632년 6월 8일 죽음을 맞았다. 아이샤는 무함마드가 죽기 직전 대천사 가브리엘에게 이제 비로소 하느님을 만날 준비가 되었노라고 소리친 후 이내 잠잠해졌다고 전했다. 그런데 후에 2대 칼리프가 되는 우마르 이븐 알 하탑Umar ibn al-Khattab은 무함마드의 죽음을 믿지 않았다. 그는 시나이 산에서 40일을 머물다 다시 돌아온 모세처럼, 무함마드도 다시 살아 돌아와 그가 죽었다고 말한 이들의 손발을 절단할 것이라고 주장했다. 이에 아부 바크르는 이렇게 대답했다. "오 사람들이여! 무함마드를 경외하는 이는 그가 죽는다는 것을 알고 있느니라. 그러나 하느님을 경외하는 이는 하느님은 살아계시며 영원히 죽지 않는다는 것을 알고 있느니라."[19] 그리고 아부 바크르는 이렇게 말했다.

> 무함마드는 한 선지자에 불과하며 그 이전 선지자들도 모두 세상을 떠났노라. 만일 그가 죽거나 살해당한다 해도 너희가 그에게 돌아설 수 있겠느냐? (3:144)

우마르를 비롯한 군중들은 이 구절을 들은 적이 있었는지 기억하지 못했으나 무함마드가 정말로 죽었다는 것만큼은 분명하게 깨달았다. 그런데 무함마드의 죽음을 믿지 못했던 사람은 우마르뿐만이 아니었다. 코란에서는 심판의 날이 곧 다가올 것임을 예고했고 무함마드의 측근들 중 일부는 무함마드가 살아있을 때 그날이 올 것이라고 생각했기 때문이다(무함마드 자신 역시 그렇게 생각했을 것이다). 무함마드가 생전에 자신의 후계자를 미리 지목하지 않은 이유도 여기에서 찾을 수 있을 것이다.

이 지점에서 전승은 여러 갈래로 갈라진다. 어떤 전승에서는 무함마드가 아부 바크르를 후계자로 지명했다고 주장하고, 어떤 전승에서는 무함마드가 후계자로 지목한 사람은 알리Ali였으나 그가 부당하게 후계자의 자리를 빼앗겼다고 주장한다. 한편 시라에는 메디나의 안사르가 자신들 중 한 명을 무함마드의 후계자로 선출하려 했으나, 아부 바크르와 우마르에게 설득당해 아부 바크르가 후계자가 될 수 있도록 그를 지지하게 되었다고 기록되어 있다. 알리의 측근들은 이에 분개하며 무함마드의 사촌이자 사위인 알리가 무함마드의 적법한 후계자라고 주장하지만, 신자들의 분열을 원치 않았던 알리는 결국 아부 바크르가 후계자가 될 수 있도록 그에게 힘을 실어 준다.

후계자 계승에 대한 논쟁이 이어지는 동안 사람들은 무함마드의 시신을 아이샤의 침대에 둘 수밖에 없었다. 다수의 기록에 따르면 무함마드는 사망 후 2~3일이 지난 후에야 매장되었다. 왜였을까? 후계자 계승을 둘러싸고 갈등이 불거지는 바람에 시신에 신경 쓸 겨를이 없어서였을까? 아니면 우마르를 비롯한 몇몇 사람들이 무함마드의 죽음을 믿지 못하고 그가 부활할 것이라고 기대해서였을까? 일부 하디스에 따르면, 사람들은 무함마드의 시신에서 부패의 징후가 넝성하게 드러나고 나서야 그를 매장하기로 했다.[20] 무함마드는 월요일에 사망한 것으로 전해지지만, 그를 매장하기로 결정한 날이 화요일이었는지, 수요일이었는지, 아니면 목요일 밤이었는지는 정확히 알려진 바가 없다. 이제 남은 문제는 매장할 장소를 결정하는 것이었다. 아부 바크르는 무함마드의 전언이라며 예언자는 자신이 죽은 바로 그 장소에 묻혀야 한다고 주장했다. 그러자 사람들은 곧바로 아이샤의 침대를 치우고 그 자리에 무함마드를 매장할 무덤을 팠다.[21]

예언자 무함마드의 일생은 이렇게 막을 내렸고 그때부터 이슬람의 성립과 그 내부 갈등이 새로운 장이 열리기 시작했다.

2장

우마이야 왕조와 제국의
종교가 된 이슬람

4대 칼리프에 즉위한 알리는 얼마 후 아이샤가 이끄는 반군의 도전에 직면하게 된다. 무함마드의 미망인 아이샤는 낙타를 타고 철로 판금한 가마 위에서 열띤 연설로 병사들의 사기를 북돋웠다. 그러나 그녀가 탄 가마를 향해 화살이 빗발처럼 쏟아졌고, 아이샤의 낙타를 끌던 병사들은 그녀의 눈앞에서 죽어갔다. 알리의 군대는 마침내 아이샤가 타고 있던 낙타의 다리를 잘라 쓰러뜨렸으며, 아이샤는 알리에게 결국 항복했다. 이것이 바로 656년 11월 7일 이라크 바스라에서 벌어진 낙타 전투다. 무함마드 사후 24년 만에 이 첫 번째 '피트나fitna(내전)'로 무슬림 공동체는 분열되고 말았다. 권력을 잡고자 친

이들은 정복한 영토의 지배권을 주장했고 무함마드를 이을 후계자이자 이슬람 교리의 수호자임을 자처했다. 이 때문에 부족 간에 분쟁이 끊이지 않았고 새로운 제국은 점차 분열되어 갔다.

630년 무함마드가 메카를 함락하고 부족들을 다시 통합했음에도 불구하고, 분열은 그의 생전에 예고되어 있었다. 632년 무함마드가 사망하자 그가 중재한 여러 부족들은 다시 갈라지기 시작했다. 먼저 메카 주민들은 630년에 무함마드가 규합한 쿠라이시족과 무하지룬(무함마드와 함께 메카에서 메디나로 이주한 무슬림)으로 분열되었고, 메디나의 안사르 역시 아우스 부족과 카즈라즈 부족으로 나뉘었다. 무함마드의 후계자 자리를 노리던 아부 바크르를 비롯해 우마르, 알리, 그 외 많은 이들의 개인적 욕망도 분열을 부추겼다.

이런 상황 속에서 656~661년에 1차 피트나가, 680~692년에 2차 피트나가 벌어졌고 무슬림 공동체는 결국 사분오열되고 말았다. 또한 부족 간의 갈등으로 이슬람은 수니파와 시아파, 카와리지파로 분파되었으며, 1차 피트나가 종식된 후 마침내 우마이야 왕조(661~750년)가 창건되었다. 우마이야 왕조의 역대 칼리프들이 쌓은 주요한 공적으로는 코란의 신성화, 무슬림과 '딤미dhimmi(이슬람의 보호 아래 종교적, 문화적 자유를 누리는 비무슬림 집단)'를 구분하는 법적 기준 확립, 다양한 분야(화폐, 건축 등)에 이슬람 상징 도입, 무함마드의 예언자 역할 강조, 이슬람의 종교적 우월함을 강조하기 위한 교리 강화 등을 꼽을 수 있다. 이슬람의 방향성이 종교와 문화로 선명하게 드러난 시기가 바로 우마이야 왕조 시대였다.

정통 칼리프의 시대,
무함마드를 계승한 네 명의 후계자들

이슬람 초기 수십 년간 무함마드의 교우들과 그 후계자들이 구축한 새로운 권력은 무서운 속도로 확대되었다. 무함마드가 사망한 지 100년도 지나지 않아 이들은 인더스강에서 피레네산맥까지, 즉 오늘날 아프가니스탄에서 파키스탄까지 동서로 7,500km, 포르투갈에서 모로코까지 남북으로 3,500km에 이르는 영토를 정복하여 하나의 제국을 건설했다. 무함마드 사망 후, 아부 바크르(재위 632~634년)는 무슬림 공동체를 이끌어 갈 후계자로 선출되었다. 무함마드 사후에 편찬된 사료에 따르면, 당대의 자료에서는 입증된 바가 없지만 칼리프라는 칭호를 처음으로 사용한 인물이 아부 바크르였다. 칼리프에 오른 아부 바크르는 무엇보다도 무함마드 사후에 반란을 일으킨 아랍 부족들을 통합해 자신의 권위를 확보하고자 힘을 쏟았다.

634년, 아부 바크르의 뒤를 이어 우마르 1세Umar I(재위 634~644년)가 2대 칼리프로 즉위했다. 우마르 1세가 이룬 가장 눈에 띄는 업적은 대대적인 정복 사업이었다. 그는 페르시아와의 오랜 전쟁으로 쇠퇴한 비잔틴 제국으로부터 현재의 팔레스타인과 시리아 지역을 빼앗았고, 이후 비잔틴 제국을 상대로 연전연승을 거두었다. 마침내 636년 8월, 우마르 1세는 야르무크(현재의 시리아) 전투에서 비잔틴 제국을 완전히 무너뜨리며 다마스쿠스(634년), 안티오키아(637년), 예루살렘(638년)을 차례로 정복했다. 또한 우마르의 군대는 636년 유프라테스강 변에서 벌어진 카디시야 전투에서 페르시아 군대를 격파하고, 사산 왕조 페르시아의 수도 크테시폰을 함락하면서 이라크 전역을 손아귀에 넣었다. 한편 639년 12월 우마르 1세는 아므르 이 븐 알-아스 장군을 파견해 641년에 알렉산드리아를 점령하며 이집트를 정복했고, 이듬해에는 리비아의 해안 도시 트리폴리까지 장악했다. 우마르 1세는 644년에 사망할 때까지 재위하는 10년 동안 동서로는 현재의 리비아에서 아프가니스탄까지, 남북으로는 아제르바이잔에서 예멘에 이르는 지역을 아랍의 영토로 만들었다.

644년 11월 3일, 우마르 1세는 메디나에 있는 예언자의 모스크에서 새벽기도를 인도하고 있었다. 그때 카디시야 전투에서 포로로 잡혀 메디나로 압송된 피루즈 나하반디Piruz Nahavandi가 우마르 1세를 칼로 찔렀다. 수니파 사료에서는 피루즈 나하반디가 도망친 후 자살했다고 전하고 있으나, 시아파 전승에서는 알리가 그를 보호해 주었고 천신만고 끝에 이란 중부의 도시인 카샨으로 피신시켰다고 전한다. 그곳에는 일부 시아파 추종자들이 '바바 슈자 알딘Baba Shuja al-Din(용맹스러운 신자)'이라는 명예로운 호칭을 부여한 그의 능묘가 세워져 있다. 나하반디에 대한 수니파와 시아파의 평가 역시 극명하게 엇갈린다. 수니파 전승은 그가 사산 왕조를 멸망시킨 우마르 1세에게 복수하고자 했던 페르시아 출신 조로아스터교인이라 전하고, 시아파 전승에서는 그가 무함마드의 적법한 후계자인 알리를 따르는 신실한 무슬림으로서 알리의 후계자 자리를 찬탈한 우마르 1세를 제거했다고 전한다.

칼에 찔려 부상을 입은 우마르 1세는 사망하기 전, 자신의 뒤를 이을 후계자 후보 6명을 지명했다. 그중 우스만 이븐 아판Uthman

예언자의 모스크. 우마르 1세는 예언자의 모스크에서 새벽기도를 인도하던 중 칼에 찔려 사망했다.

ibn Affan과 알리가 포함되어 있었다. 그러다가 결국 우스만이 후계자로 선출되자 알리 지지자들 사이에서는 불만이 터져 나왔다. 우스만은 메카의 최고 권력 집단인 우마이야 가문 출신이었고, 630년에 무함마드를 지지하기 전까지 이슬람을 맹렬하게 반대했기 때문이다. 새롭게 선출된 칼리프 우스만은 정복 전쟁을 이어갔고 광대한 제국을 통치하기 위해 자신의 가문 출신 인물들을 요직에 배치했다. 그는 사촌 압둘라 이븐 아미르Abdullah ibn Amir와 무아위야Muawiya를 각각 바스라와 시리아 총독으로, 입양된 형제 압둘라 이븐 사드Abdullah ibn Saad를 이집트 총독으로 임명했다. 한편 행정은 대체로 예전 페르시아와 비잔틴 제국의 관리들에게 위임했다.

한편 우스만은 재위 중 코란의 성문화를 지시했다. 여시하기 알 타바리에 따르면, 아부 바크르는 무함마드의 코란 암송자였던 자이드 이븐 타빗Zayd ibn Thabit에게 코란의 전체 텍스트를 기록하게 했다. 자이드는 그중에서도 무함마드의 미망인이자 아부 바크르의 딸인 아이샤가 보관하고 있던 필사본을 활용했다. 한편 무함마드의 또 다른 측근들이 기록한 필사본 역시 존재했다. 6장에서 살펴볼 여행가 이븐 바투타는 14세기 이집트에서 알리가 수기로 작성한 코란을 발견하기도 했다.[1] 우스만은 코란의 표준화 작업에 착수하면서 이슬람 제국의 단일성과 제국의 지도자로서 자신의 권위를 확립하려 했다. 그는 자이드 이븐 타빗에게 단 하나의 코란 정본만을 남겨두고 다른 판본은 모두 파기하라고 명하고는 메디나에서 이렇게 호소했다. "무함마드를 따르는 이들이여! 무슬림을 하나로 묶어줄 표준화된 코란을 만들기 위해 하나로 뭉칩시다!"

하지만 그와 반대로 무슬림 공동체는 크게 분열되기 시작했다. 일부 무슬림들은 우스만이 무함마드의 메카와 메디나 측근들보다 무함마드에 반대했던 우마이야 가문 출신 인물들을 더 우대하는 것을 탐탁지 않아했다. 또 어떤 무슬림들은 우스만이 아닌 알리가 적법한 후계자라며 우스만이 칼리프로 선출된 것을 인정하지 않았다. 그리고 결국 이라크와 이집트에서 반란 세력이 봉기했다. 이집트 반란군은 메디나로 출정해 우스만의 집을 포위했고, 656년 6월 17일 우스만은 반란군에게 살해당했다.

우스만 사망 이튿날인 656년 6월 18일, 혼돈과 불안에 휩싸인 무함마드의 모스크에서 우스만을 살해한 반란군들이 참석한 가운데 새로운 칼리프를 선출하기 위한 회의가 열렸다. 이번에는 알리가 칼리프로 선출되었다. 그러나 우스만의 사촌이자 막강한 권력을 지닌 무아위야가 수장으로 있는 우마이야 가문에서 곧바로 이의를 제기했다. 무함마드의 메카 출신 측근들인 탈라 이븐 우바이드 알라, 주바이르 이븐 알아왐, 그리고 무함마드의 미망인 아이샤 역시 후계자 선출에 반기를 들었다. 그들은 알리가 우스만의 암살자를 처벌하지 않았다는 이유를 내세워 암살의 배후에 알리가 있다며 그를 매도했다. 알리에게 반대하던 세력은 메디나에서 군대를 집결시켜 이라크로 진군했고, 알리의 군대를 상대로 낙타 전투를 벌였으나 결국 승전보를 울린 것은 알리였다. 이 전투에서 패배한 탈라 이븐 우바이드 알라와 주바이르 이븐 알아왐은 처형당했고, 아이샤는 알리의 관용 덕분에 메디나로 송환되었다.

그때부터 우마이야 가문의 무아위야가 선봉장으로 나서 알리를 상대로 반란을 일으켰다. 그의 어머니 힌드라는 무슬림들에게 잔혹하기 짝이 없는 인물로 알려져 있다. 힌드라는 우후드 전투에서 무함마드의 삼촌이자 무슬림 군대를 지휘했던 함자가 사망했다는 소식을 듣고 그 시체를 찾아내 배를 가르고 간을 꺼내 씹어 먹었다고 한다. 무아위야의 아버지 아부 수피얀Abu Sufyan은 무함마드에 맞서 메카의 반대 세력을 이끌었던 인물이었다. 그러나 630년 메카가 함락되고 아부 수피얀과 무아위야는 결국 이슬람으로 개종했다.

657년 6월, 무아위야와 알리의 군대는 시핀(시리아 라카 부근의 유프라테스강 변)에서 맞부딪쳤다. 그러나 결정적인 국지전도 치르지 못한 채 양측의 많은 병사들이 죽음을 맞았다. 알 타바리에 따르면, 657년 7월 29일에 무아위야는 심리전을 펼치기 위해 병사들에게 코란을 창끝에 매달고 코란의 구절을 외치라고 명령했다. 코란을 존중하는 무슬림들끼리 전쟁을 해서는 안 된다는 메시지를 전하기 위함이었다. 알리의 군대는 이에 어떻게 대응할지 의견이 갈렸으나 결국 휴전 협정을 승인했다. 그런데 휴전에 반대했던 부리는 알리가 우스만 살해에 가담했기 때문에 적과 타협했다고 결론 내렸다. 알리는 이에 동의하지 않았지만 이미 분열은 심화되었다. 그중 일부는 알리를 배신하고 진영을 이탈했는데, 이들을 '카와리지khawariji(무리에서 나간 자들)'라 부른다. 카와리지파 일부는 무함마드가 설파한 메시지를 최후까지 지킬 수호자를 자처했고, 임박한 심판의 날을 기다리며 무함마드가 강조한 기도와 금욕의 삶을 충실하게 따르는 신자는 자신들뿐이라고 주장했다.

시리아에 기반을 둔 무아위야는 이집트를 장악했고 이후 성지인 메카와 메디나로 세력을 확장하는 데 성공했다. 한편 661년 1월 26일 쿠파 모스크에서 기도를 드리고 있던 알리는 한 카와리지파 신자에게 살해당했다. 이슬람 전통에서 '라시둔rashidun(올바르게 인도된 자들)'이라 불린 정통 칼리프들 중 마지막 칼리프인 알리 역시 두 전임 칼리프, 우마르 1세와 우스만처럼 반대파에 의해 마지막 순간을 맞았다. 알리가 사망하자 쿠파에서는 알리와 파티마의 장남인 하산이 후계자로 지목되었다. 예루살렘에서는 무아위야가 자신의 측근들에게 충성 맹세를 받아낸 뒤, 예루살렘에서 다수를 차지하고 있는 기독교인들에게 존중을 표시하기 위해 그리스도의 수난 성지인 골고다와 겟세마네를 방문했다. 그후 무아위야는 하산이 있는 이라크 쿠파로 진군했는데, 하산은 무아위야가 제안한 협상에 응하여 칼리프직을 양도하고 메디나로 돌아갔다.

우마이야 왕조의 수립

분열과 분쟁이 끊이지 않는 가운데, 시리아 총독이었던 무아위야 1세가 권력을 잡고 자신이 적법한 후계자임을 주장하고 나섰다. 그는 자신이 속한 우마이야 가문을 비롯해 메카와 메디나 출신 인물들을 요직에 기용하고 토착 엘리트 집단 및 부족 민병대와 동맹을 맺어 자신의 지위를 공고히 하려 했다. 무아위야 1세와 우마이야 가문의 군사 엘리트 집단은 국가 운영, 재판, 세금 징수, 화폐 주조에 있어 비잔틴 제국과 시리아의 기존 체계를 그대로 따랐고, 이 체계에 적응하며 점차 토착화했다. 일례로 비잔틴 제국의 다마스쿠스 총독이었던 만수르 이븐 사르순은 다마스쿠스에서 우마르 군대에 항복하고 도시를 넘겨주었으나, 칼리프들의 통치하에 도시의 총독으로서 자신의 지위를 유지했다. 알 타바리에 따르면, '알 루미al-Rumi(비잔틴인)'인 그의 아들 사르준 이븐 만수르Sarjun ibn Mansur는 그의 뒤를 이어 칼리프의 서기로 일했고 우마이야 왕조의 시리아 재정 행정의 수장이 되었다. 그러므로 무아위야 1세 통치기에 시리아는 사실상 이슬람 제국과 분리된 비잔틴 지역의 일부라 할 수 있었다. 이 지역은 다수의 기독교인들이 거주하고 유대인도 상당수 있었던 곳으로, 그리스어, 시리아어, 아랍어 등 다양한 언어들이 사용되었다.

메카아 가까운 도시 타이프에는 댐에 '믿는 자들이 총사령관(아미르 알 무미닌(Amir al-Mu'minin), 하느님의 종 무아위야'라는 문구가 새겨져 있다. 이로 미루어 보아 우마이야 왕조 때부터 칼리프의 별칭으로 '아미르 알 무미닌'이 사용되었던 것 같다. 이 칭호는 당시 코란을 따르는 사람들뿐만 아니라 유일신교에 속하는 유대교와 기독교의 '믿는 자들'까지 폭넓게 아우른 이슬람의 에큐메니컬 사상을 보여준다. 실제로 아르퀼프라는 갈리아 출신 주교는 예루살렘 순례 중에 무아위야 1세를 만났다. 그는 무아위야 1세가 옛 유대교 사원이 있던 터에 '기도의 집orationis domum'을 짓도록 허락했다고 전하며, 무아위야 1세를 기독교인에 상당히 우호적인 사라센의 왕 '마비아(무아위야)'라고 평가했다.[2] '기도의 집'이라는 표현은 이교도의 사원이라는 표현보다 훨씬 더 기독교 교회에 우호적인 표현이었다. 그래서 당시 다수의 기독교인들은 아랍의 새로운 지도자들이 기독교로 개종할지 모른다는 희망을 품고 있었다.

앞서 보았듯이 무아위야 1세는 행정 및 재정 분야만이 아니라 군사 분야에서도 시리아 기독교인들의 지원을 받았다. 특히 무아위야 1세의 주요 병력은 4~5세기에 시리아에 정착한 바누 칼브라는 아랍 부족이었는데, 이들 중 대다수는 8세기까지 합성론 내지 단성론 기독교 신앙을 유지했다. (합성론이란 그리스도의 신성한 본질과 인간의 본성을 구분하는 양성론이 아닌 예수의 신성과 인성은 완전한 일체로서 복합된 단일성을 갖는다고 주장하는 교파.) 무아위야 1세는 이 부족의 기독교인 부족장 바달 이븐 우나이프 알 칼비와 동맹을 맺었고, 그의 딸 마이순 빈트 바달과 결혼해 훗날 후계를 잇는 야지드 1세Yazid I(재위 680~683년)를 낳았다. 바달 부족의 남성들은 우마이야 왕조의 중추

700년경 우마이야 칼리파국

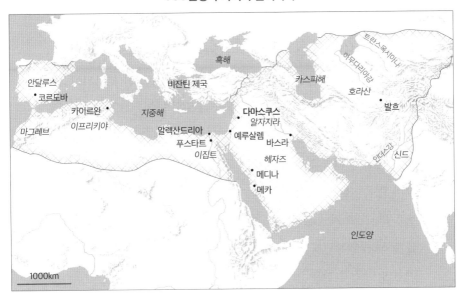

여할을 하는 바누 칼브 군대를 통솔했다. 무아위야 1세는 심지어 기독교인들 사이에서 일어난 교리 분쟁에도 개입했는데, 실제로 그는 659년 6월 합성론 기독교인들과 마론파 기독교인들 사이에서 일어난 교리 논쟁에 참여했다. 또한 무아위야 1세는 679년에 지진으로 에데사 대성당이 파괴되자 성당의 재건을 명령했으며, 당시 기독교 문헌에 따르면 병든 자기 딸을 치유하기 위해 한 기독교 성자에게 세례를 부탁하기도 했다.[3]

무아위야 1세의 권력 구조에서 부족과 씨족은 여전히 중요한 비중을 차지하고 있었다. 하지만 비잔틴 제국과 사산 왕조를 따라 일부 행정 및 조세 체계가 국가 독점 형태로 바뀐 것도 무아위야 1세

때였다. 한편 무아위야 1세는 군대를 재편하기 위해 새로운 병영도시 암사르amsar를 건설해 상비군을 두고 내외부의 적들에게 대항할 원정군을 파견했다. 또한 함대를 구축해 선왕들이 손에 넣지 못했던 해상 권력까지 거머쥐었다. '믿는 자들의 총사령관'인 무아위야 1세는 '하느님의 길'을 가기 위한 투쟁의 횃불을 밝혔는데, 정복 전쟁을 통해 자신의 지위에 정당성을 부여하고자 했다. 그가 아나톨리아에서 비잔틴 군대와 전쟁을 치르는 동안 무아위야 1세 군대의 장군 우크바 이븐 나피는 이집트에서 마그레브로 원정을 떠나 카이르완(현재의 튀니지)에 새로운 암사르를 세웠다. 무아위야 1세는 군사력 증강을 통해 무엇보다도 후계자로서 정당성을 획득했을 뿐만 아니라 우마이야 왕조의 기틀을 마련하는 데 크게 기여했다.

무아위야 1세는 세습 왕조를 세울 목적으로 자신의 아들 야지드를 후계자로 지명했다. 680년 5월 6일 무아위야 1세가 사망하고 야지드 1세가 왕조의 수도 다마스쿠스에서 칼리프로 즉위했지만, 누구도 그를 인정하지 않았다. 기독교인 아랍 부족 출신 어머니를 둔 야지드 1세는 기독교인 행정관 사르준 이븐 만수르와 기독교 시인 알아크탈al-Akhtal을 친구이자 심복으로 가까이 두었다. 그들은 궁정 안뜰에서 세속 음악을 들으며 포도주를 마시곤 했다. 물론 이런 일화는 야지드 1세를 비방하는 이들의 입에서 시작된 것이지만, 이슬람의 발상지인 헤자즈 지역*과 완전히 다른 환경에 있던 시리아 우마이야 왕조의 복잡하고 다양한 문화 융합을 보여주는 사례이기도 하

---

* 메카와 메디나를 비롯한 이슬람 성지가 분포하고 있는 지역

다. 그리고 이 모든 것의 결과로, 아바스 왕조 역사가들이 '2차 피트나'라 부르는 내전이 벌어지게 된다. 메카에 있던 알리와 파티마의 차남인 후세인 이븐 알리Husayn ibn Ali가 야지드 1세에 대한 충성 맹세를 거부하고, 믿는 자들의 총사령관은 바로 자신이라고 선언한 것이다.

후세인은 이라크인들을 포섭하기 위해 지지자들과 쿠파로 향했다. 하지만 쿠파에서 멀지 않은 카르발라에 당도했을 때, 야지드 1세의 사촌이자 이라크 총독 우바이드 알라 이븐 지야드Ubayd Allah ibn Ziyad가 지휘하는 우마이야 군대를 맞닥뜨렸다. 680년 10월 10일 우마이야 군대는 후세인의 야영지를 습격했고 수세에 몰린 후세인과 그 지지자들은 전투 끝에 전멸했다. 카르발라에서 일어난 이 참극으로 수니파와 시아파(무함마드의 혈족인 알리와 그 자손만이 칼리프의 자격을 가진다고 주장하는 종파)는 돌아올 수 없는 강을 건너고 말았다. 이후 카르발라에 있는 후세인의 부덤은 시아파의 성지가 되었고, 시아파는 후세인의 비극적인 죽음을 추모하기 위해 매년 시아파 최대의 종교 행사인 '아슈라Achoura'를 엄수한다.

카르발라 참극에서 후세인과 그 지지자들은 참수되었고 그 머리는 다마스쿠스에 있는 야지드 1세에게 보내졌다. 일부 성인 전기는 참수된 후세인의 머리가 말을 했다고 하며, 어떤 전기에서는 눈부신 빛기둥이 하늘에서 내려와 후세인의 머리를 환하게 비추었다고 전한다. 후세인의 사망 소식을 들은 야지드 1세가 어떤 반응을 보였는지에 대해서도 역사가들에 따라 의견이 갈린다. 수니파 전승은 야지드 1세가 슬퍼하며 깊이 후회했다고 전하는 반면, 시아파 전승은 잔인하게 후세인을 살해하고 칼리프의 자리를 강탈한 야지드 1세가 경쟁자의 죽음을 기뻐했다고 전한다. 후세인은 시아파에게 있어 누구보다도 중요한 숭배의 대상이지만, 수니파 무슬림 중에서도 그의 비극적인 죽음 때문에 그를 존경하거나 동정하는 이들이 제법 많다. 후세인의 참수된 머리가 매장된 묘지에 대해서도 여러 설화가 존재하는데, 그의 머리가 매장되어 있다고 주장하는 도시는 무려 9개나 되며 각 도시는 경쟁적으로 후세인을 기리는 순례지를 조성했다.

그런데 카르발라 참극으로 내전이 종식되기는커녕 상황은 더욱 악화일로를 걸었다. 아브드 알라 이븐 알 주바이르Abd Allah ibn al-Zubayr 는 메카에서 야지드 1세에 반대하는 세력을 규합한 후, 새로운 칼리프 선출을 위한 '슈라shura(칼리프 선출을 위해 열리는 지도자 평의회)'를 열 것을 촉구했다. 이에 야지드 1세는 군대를 파견해 메디나를 점령하고 메카를 포위했다. 이 군대에 속한 칼브 부족 출신 병사들은 십자가와 성 세르지오의 가호를 구하며 전쟁에 임했다. 그러나 우마이야 군대는 683년 11월 야지드 1세가 전쟁에서 낙마로 사망했다는 소식을 듣고 시리아로 돌아갔으며, 아브드 알라 이븐 알 주바이르는 스스로를 칼리프라 칭하고 이집트와 이라크의 충성 맹세를 받아냈다. 야지드 1세의 후계자로 지목된 그의 아들 무아위야 2세Muawiya II 는 시리아 일부 지역에서만 겨우 권위를 인정받았을 뿐이었고 그나마도 재위 1개월 만인 684년에 사망했다. 같은 해 우스만의 사촌 마르완 1세Marwan I가 칼리프직을 계승했으나 고령인 탓에 통치를 오래 할 수 없었으며, 685년에 자신의 아들 아브드 알 말리크Abd al-Malik를 후계자로 지명하고 사망했다.

685년 4월 아브드 알 말리크는 칼리프로 즉위했다. 그는 비잔틴 제국과 휴전 협정을 맺고 이집트에서 반란을 진압했으며, 카와리지파, 시아파, 이븐 알 주바이르 지지자들이 분열한 틈을 노려 691년에 마침내 이라크까지 장악하는 데 성공했다. 곧이어 그는 헤자즈로 군대를 파견해 메디나를 함락했고, 692년에는 수개월에 걸쳐 메카를 포위한 끝에 메카 군대의 항복을 받아냈다. 한편 이븐 알 주바이르와 그의 추종자들은 692년 10월부터 11월까지 전투를 벌였으나, 이븐 알 주바이르가 전투 중에 사망하면서 2차 피트나가 종식되었다. 아브드 알 말리크는 자신의 권위를 확립하며 우마이야 왕조의 전성기를 이끌었다.

예루살렘은 어떻게 세 종교의 성지가 되었을까?

이븐 알 주바이르를 꺾은 해, 아브드 알 말리크는 예루살렘 성전이 있던 폐허에 이슬람 세계 최초의 기념비적 건축물인 '바위의 돔'을 세웠다. 앞서 보았듯이 무함마드와 그 추종자들의 기도 방향은 본래 예루살렘 방향이었다. 하지만 아브라함과 그의 아들 이스마엘이 손수 지은 카바 신전이 예루살렘의 성전보다 더 오래되고 유서 깊은 신전이라고 알려지면서 기도 방향은 메카의 카바 방향으로 변경되었다. 유대교 전승에 따르면 예루살렘 성전은 기원전 10세기에 솔로몬 왕이 지은 것으로 이후 유대교 신앙의 중심지가 되었다. 그러나 기원전 586년, 신바빌로니아 왕국의 네부카드네사르 2세가 유다왕국의 수도 예루살렘을 가차 없이 무너뜨렸고 그곳에 있던 유대인들을 대거 포로로 잡아 바빌론으로 강제 이주시켰다(바빌론 유수). 그렇게 50여 년이 지난 후, 사산 왕조 페르시아가 신바빌로니아 왕국을 점령했고 포로로 잡혀 온 유대인들을 본국으로 돌려보내며 유대인들은 예루살렘을 되찾고 다시 성전을 세울 수 있었다. 그러나 서기 70년에 티투스 장군이 이끄는 로마 군대에 의해 예루살렘 성전은 또 다시 완전히 파괴되었다. 로마 제국에 반란을 일으킨 유대인들의 재봉기를 막기 위해 유대인의 정신적 구심점을 파괴해버리고, 그 자리에 제우스 신전을 세운 것이다. 예루살렘 성전을 파괴할 당시 로마군은 성전의 서쪽 담장 하나만을 남겨두었는데, 이것이 유대인들의 성지로서 지금까지도 기도와 명상을 수행하는 '통곡의 벽'이다.

예루살렘 성전 파괴 이후 수십 년에 걸쳐 쓰인 복음서에 따르면 유대교 성직자들은 이 성전에서 설교하는 청년 예수의 모습을 보고 그의 지혜와 지식에 놀랐으며, 예수는 성전을 더럽히는 환전상을 성전에서 몰아냈다. 예수는 십자가에 못 박혀 죽음을 맞기 며칠 전에 자신을 배척한 이들에 대한 형벌로 이 성전이 파괴될 것이라고 예언했다. 325년경 최초의 기독교인 황제였던 콘스탄티누스 1세가 제우스 신전을 파괴하라고 명령한 이후, 예루살렘 성전이 있던 성전산*은 폐허로 남아 유대교의 옛 언약(구약)을 상징하는 장소로 남게 되었다. 한편 콘스탄티누스 1세는 그로부터 300m 떨어진 지점에 성묘

• 예루살렘 성전의 터이며 현재 통곡의 벽, 알 아크사 모스크, 바위의 돔이 세워져 있다. 유대교, 이슬람교, 기독교 세 종교의 성지로 여겨진다.

예루살렘의 통곡의 벽. 로마군이 예루살렘의 성전을 파괴하고 남은 서쪽의 벽으로, 오늘날에도 많은 유대인들이 이곳에서 기도와 명상을 수행한다.

교회를 건립하게 했다. 그곳이 예수가 십자가형을 당하고 무덤에 매장되었다가 사흘날에 부활한 종교적 사건의 무대였기 때문이다.

로마 제국, 이교도, 기독교 권력에 의해 예루살렘 성내 거주를 금지당한 유대인들은 낮에 잠시 통곡의 벽에서 남몰래 기도하고 되돌아가야 했다. 그러다 614년에 사산 왕조 페르시아가 예루살렘을 정복하면서 유대인들을 다시 예루살렘으로 돌아올 수 있게 했고 이때부터 유대인들은 유대교 성전의 재건 계획을 세우기 시작했다. 그런데 629년 비잔틴 제국의 헤라클리우스 황제가 예루살렘을 침공해 사산 왕조 페르시아를 몰아냈고, 유대인들은 다시 예루살렘에서 추방되었다.

전승에 따르면 칼리프 우마르 1세는 637년에 예루살렘을 점령하고 곧이어 예루살렘 성전 터에 모스크를 짓게 했으며, 661년에 무아위야 1세는 이 모스크에서 아랍 장군들로부터 충성 맹세를 받았다. 그리고 바로 그날 무아위야 1세는 예루살렘의 여러 기독교 성지를 순회하며 자신이 기독교인들을 보호할 것임을 공개적으로 선언했다.

예루살렘 성전 터가 상징하는 바를 잘 알고 있던 아브드 알 말리크는 성전 터에 있는 잔해들을 치우고 그곳에 이슬람 사원으로 바위의 돔을 짓게 했다.[4] 금박을 입힌 돔 지붕에 화려한 모자이크로 장식된 사원의 모습을 보면 비잔틴 건축 양식에서 영향을 받았음을 한눈에 알 수 있다. 그러나 예수와 성인들의 이미지로 장식되어 있는 교회와 달리 바위의 돔에는 인간의 형상을 한 이미지가 없다. 대신 바위의 돔에는 식물 문양과 코란의 구절들이 아라비아 문자로 새겨져 있다. 당시 건축가들은 코란의 신성한 구절들을 감탄이 나올 만큼 아름다운 시각적 오브제로 구현하려 했던 것으로 보인다. 예루살렘을 점령한 지 54년이 지날 무렵, 이슬람은 다윗과 솔로몬, 그리고 예수의 정당한 후계자가 유대인도, 기독교인도 아닌 바로 무슬림이라는 명확한 메시지를 보여주고자 했다.

성전에 새겨진 코란의 구절에서 이슬람이 기독교와는 완전히 다르며 훨씬 우월한 종교임을 암시하는 초기 근거 중 하나를 확인할 수 있다. 그중에서도 가장 눈에 띄는 것은 '비스말라bismallah(알라의 이름으로)'와 다양한 버전의 '샤하다shahada(이슬람 신앙을 고백하는 문구)'이다. 샤하다에는 이슬람 신앙 고백의 원칙이 들어있는데, 하느님의 유일성과 무함마드의 중요성을 강조하는 것으로 무함마드의 이름이

바위의 돔. 아브드 알 말리크는 예루살렘의 성전 터에 바위의 돔을 건축하여 무슬림들의 자긍심을 고취하고자 했다.

10번이나 등장한다. 또한 여기에는 당시 예루살렘의 주류이자 경쟁 관계에 있던 비잔틴 제국의 국교인 기독교를 이슬람과 명확하게 차별화하려는 의도가 엿보인다. 그래서 '마리아의 아들, 예수'라는 말이 세 번 등장하며, 특히 다음 구절에서는 이슬람이 기독교와 완전히 다른 종교라는 것을 부각하려는 의도가 명확하게 드러난다.

오, 성서의 백성들이여! 너희 종교의 선을 넘지 말 것이며 하느님에 대해 진실 외에는 말하지 말라. 실로 마리아의 아들, 메시아 예수는 하느님의 사자일 뿐이며, 하느님께서 마리아에게 주신 그분이 말씀이자, 그분에게서 나온 영이니라. 그러므로 하느님과 그분의 사자들을 믿되 '삼위일체'를 말하지 말지어다. 그래야 너희가 복을 받을 것이니라, 하느님께서는 홀로 유일한 분이시니, 그분에게는 아들이 있을 수 없노라(4:171).

사원에 새겨진 코란 구절에는 신의 사자rasul 또는 예언자nabi로 불리는 무함마드의 이름이 5번 등장한다. 이는 무슬림 공동체를 위해 심판의 날을 주관하는 자가 무함마드이고 '하느님의 종교din는 이슬람'이라는 것을 강조하기 위한 표현이다. 기독교나 유대교보다 우월한 종교라는 것을 드러내기 위해 '이슬람'이라는 표현을 최초로 사용한 것도 이때부터로 추정된다. 예루살렘 성전산에 바위의 돔이 위치하고 그 근방에 성묘교회가 세워진 점을 고려했을 때, 바위의 돔에 새겨진 이 문구들은 예수의 진정한 계승자가, 유일한 진짜 하느님 곁에 가짜 신을 세운 기독교인이 아니라 무슬림이라는 주장을 명백하게 보여주기 위한 장치였을 것이다.

　한편 아브드 알 말리크는 칼리파 승계 이후에도 처음으로 주화에 '알라의 이름으로, 무함마드는 신이 보낸 예언자'라는 문구를 새겨 무함마드가 하느님의 사자임을 명확히 드러낸 이븐 알 주바이르의 반란에 맞서 싸워야 했다. 하지만 그는 692년까지 무함마드의 생애와 업적이 고스란히 남아있는 성도인 메카와 메디나를 장악하지 못했기 때문에 어쩔 수 없이 예루살렘에 더욱 집중할 수밖에 없었다. 아브드 알 말리크가 예루살렘 성전이 있던 터에 이슬람과 무함마드에 영광을 돌리는 바위의 돔을 세운 이유도 종교적으로는 예루살렘의 유대인들과 기독교인들에게, 정치적으로는 메카와 콘스탄티노플의 경쟁자에게 자신의 권력과 무함마드의 후계자로서 정당성을 드러내기 위해서였을 것이다.

바위의 돔은 형태적으로도 기능적으로도 모스크라 할 수 없다. 사원의 내부 한 가운데에는 바위를 다듬어 만든 제단이 있다. 여러 유대교 전승에 따르면 이 바위는 아담이 창조된 장소이자 아브라함이 희생 제물을 바친 장소다. 무함마드의 천상여행에 관한 기묘한 전설을 다루고 있는 여러 문헌에도 이 바위가 등장한다. 무함마드가 날개 달린 암말 부라크를 타고 한밤중에 메카에서 예루살렘으로 넘어온 뒤, 이 바위에 올라 천국을 보았다는 것이다. 그러나 이 전설이 아브드 알 말리크 시대에 존재했다는 증거는 어디에도 없고, 그것이 바위의 돔을 짓는 데 영감을 주었다는 증거는 더더욱 없다. 한편 하디스에 근거하면 기독교와 유대교처럼 이슬람 역시 심판의 날에 닥칠 비극을 두려워했다. 여기에 이슬람 내부의 갈등과 비잔틴 제국과의 경쟁이 더해지면서 이슬람 세계는 종말의 날에 대한 더 큰 두려움과 희망을 품게 되었고, 바위의 돔은 한층 더 큰 의미를 갖게 되었다.

시나이의 아나스타시우스라는 한 기독교 수사가 성전산의 바위의 돔 건축 현장을 찾았다가 경악스러운 장면을 목격했다는 일화는 바위의 돔의 종교적 상징성을 잘 보여준다. 그는 사라센 사람들이 성전산에 주님의 성전을 재건하고 있다는 소식을 듣고 건축 현장을 찾았다가 한밤중에 악마들이 공사에 가담하고 있는 것을 보았다고 주장했다.[5] 또한 일부 성경학자들은 심판의 날이 임박하면 바위의 돔이 무너지고 예수가 재림할 것이라고 주장하기도 했다. 이렇게 6세기 동안 폐허로 남아 있던 예루살렘 성전 터에 세워진 바위의 돔은 그 위치가 갖는 상징성으로 인해 유대교, 기독교, 이슬람 세 종교 모두의 성지가 되었다.

아브드 알 말리크는 자기 아들 왈리드 1세Walid I(재위 705~709년)에게 칼리프직을 승계했다. 왈리드 1세는 선친의 유지를 받들어 메디나에 있는 무함마드의 집터에 대규모 모스크를 건립하고 그 안에 무함마드의 묘석을 세웠다. 또한 우마이야 왕조의 수도인 다마스쿠스에 각종 시설이 집약된 복합 단지와 거대한 모스크를 세웠고(706~715년), 예루살렘 성전산 바위의 돔 옆에 알 아크사 모스크를 증축했다(715년). 그로부터 3세기가 지난 후, 아브드 알 말리크와 그의 후계자 왈리드 1세가 걸어간 길에 대해 이집트 지리학자 알 무카다시al-Muqaddasi는 자신의 삼촌과 이런 대화를 나누었다고 한다.

언젠가 삼촌에게 그런 말을 한 적이 있었다.

"왈리드 1세가 다마스쿠스에 거대한 모스크를 세우면서 이슬람 제국의 재정을 흥청망청 낭비하는 대신, 도로와 저수조를 보수하고 요새를 재건했다면 더욱 현명하고 역량있는 지도자라는 평가를 받지 않았을까요?"

그러자 삼촌은 내 말이 틀렸다며 이렇게 설명했다.

"당시 기독교인들의 땅이었던 샴(시리아)에는 알쿠마마al-Qumama(성묘교회)를 비롯해 룻다, 에데사 같이 명성이 자자한 아름다운 교회들이 들어서 있었단다. 왈리드 1세는 여기서 중요한 무언가를 깨달았고 무슬림들이 자긍심을 가질 만한 모스크를 짓고자 했지. 그리고 후에 그 모스크는 규모나 역사 면에서 세계적인 건축물이 되었단다. 아브드 알 말리크는 무슬림들이 성묘교회의 장엄하고 웅장한 둥근 지붕을 볼 때 마음이 흔들리지도 모른다는 생각에 바위의 돔을 짓고자 했고, 그의 아들이자 후계자인 왈리드 1세는 아버지의 뜻을 고스란히 이어받아 알 아크사를 세우고 선왕의 뒤를 이어 왕조의 전성기를 이끌었단다."[6]

이슬람만의 경전과 화폐를 만든 아브드 알 말리크

바위의 돔을 세우고 4년이 지난 696년, 아브드 알 말리크는 이슬람 제국을 차별화하기 위해 또 한 번 중대하고 상징적인 결단을 내린다. 바로 화폐 개혁이다. 이전까지 그의 전임 칼리프들은 쇠퇴한 옛 왕조의 황제(사산 왕조의 호스로 1세, 비잔틴 제국의 헤라클리우스 황제)나, 페르시아 혹은 비잔틴 황제의 모습으로 칼리프를 새기고, 페르시아(디르함)와 비잔틴(디나르) 주화의 명칭과 가치를 그대로 모방한 주화를 사용했다.

아브드 알 말리크 역시 집권 초반에는 전임 칼리프들의 화폐 정책을 그대로 이어받아 호스로 1세Khosrow I의 초상화를 새긴 은화 디르함을 주조했다. 이 은화는 주로 칼리파국 동쪽 지역(사산 왕조 페르시아가 점령했던 지역)에서 유통되었고, 비잔틴 주화(금화 디나르, 구리 동전)와 우마이야 모조 주화는 주로 서쪽 지역에서 유통되었다. 이후 694년 아브드 알 말리크는 다마스쿠스에서 비잔틴 황제의 모습을 새겨 넣은 주화가 아닌, 칼을 차고 서 있는 칼리프 자신의 이미지를 새겨 넣은 금화 디나르를 주조했다. 주화의 테두리에는 '하느님 외에 신은 없으며 무함마드는 하느님의 사도'라는 문구까지 새겨 넣었다. 이는 이슬람 역사에서 '샤하다'를 공적인 영역에 사용한 주요 사례 중 하나로 꼽힌다. 또한 아브드 일 말리크는 비잔틴 주화 뒷면에 새겨진 십자가의 가로축을 지워버림으로써 기존 주화의 형태는 유지하면서도 기독교의 상징을 제거하려 했다.

695~696년에는 주화의 뒷면에 주조 장소(다마스쿠스)와 히즈라력 주조 연도(76년), 그리고 '비스말라' 문구를 새겨 넣었다. 비잔틴 황제의 이미지는 칼리프의 이미지로, 기독교의 십자가는 무슬림의 '비스말라'와 '샤하다'로 대체되었다. 이렇게 다양한 형태의 주화가 존재했다는 사실은 당시 칼리파국이 다양성을 인정하는 사회였으며 아브드 알 말리크가 전임 칼리프들의 화폐 정책을 그대로 이어갔음을 보여준다. 그는 사산 왕조 페르시아와 비잔틴 제국의 전통을 그대로 따르면서도 주화에 드러나는 문구를 변경하여 이슬람의 존재감을 드러내려 했던 것이다.

아브드 알 말리크는 여기서 그치지 않고 696년 대대적인 화폐 개혁을 단행했다. 그는 주화에 군주의 이미지를 새기는 대신 오직 아라비아 문자로 된 문구를 새긴 주화를 주조했다. 그는 주화 앞면 중앙에는 '하느님 한 분 외에 신은 없다'라는 문구를, 주화의 테두리에는 '무함마드는 신이 보낸 예언자이며 그를 보내실 때 하느님의 말씀과 진리의 종교를 함께 보내셨나니, 제 아무리 무쉬리쿤이 활개를 쳐도, 그 모든 것을 이겨낼 수 있으리라'는 문구를 새겼다. 또한 주화 뒷면 중앙에는 '한 분이신 하느님, 영원하신 하느님, 낳지도, 태어나지도 않으신 분'이라는 문구를, 그 테두리에는 '비스말라'와 히즈라력 주조 연도(77년)를 새겼다. 이로써 인물의 이미지 없이 한눈에 '이슬람'을 인식할 수 있는 주화가 탄생했고, 비잔틴과 페르시아의 상징이 새겨진 주화는 종언을 맞았다. 이슬람 제국의 주화에 새겨진 문구는 하느님이 세운 종교로서 이슬람의 진리와 하느님의 사자 무함마드의 중대한 역할을 강조하며 이슬람이 다른 모든 종교를 압도할 것이라고 역설한다. 주화의 문구를 보면 다른 종교 중에서도 특히 기독교인을 '다신교도(무쉬리쿤)'로 폄하하는데, 하느님은 낳지도 태어나지도 않으신 분이라는 문구를 명확하게 새겨 넣음으로써 기독교의 중요 교리인 성육신을 단호히 배척한다. 바위의 돔을 세운 이유와 맥을 같이하는 화폐 개혁은 이슬람이 타종교에 비해 훨씬 우월한 종교이며 공동체라는 점을 강력하게 주장한다.

이슬람 발전에 기여한 아브드 알 말리크의 또 다른 주요한 업적은 코란의 최종 정본을 완성한 것이다. 그는 가장 신뢰할 수 있는 코란 정본을 만들기 위해 그의 경호 책임자이자 이라크 총독 알 하자즈 이븐 유수프al-Hajjaj ibn Yusuf에게 필사본을 모두 결집시키고 이본異本을

아브드 알 말리크 시대의 주화

불태워버리라고 명령했다. 그리고 아라비아어의 동형어나 동음이의어를 쉽게 구분할 수 있도록 철자기호를 도입해 철자법 개혁을 단행했다. 가장 오래된 코란 필사본은 단순하고 간결했지만, 이후 필경사들은 아라비아 문자를 아름답게 쓰는 글씨체를 개발해 칼리파국 고위층을 위한 화려한 수사본을 제작했다. 이로써 '성서의 백성들'에 속하는 유대인이 토라를, 기독교인이 복음서를 가졌다면, 무슬림들은 자신들만의 경전인 코란을 갖게 되었다.

무슬림과 기독교인의 복잡 미묘한 관계

우마이야 왕조 시기를 연구하는 역사가들은 우마이야 왕조 동안, 그리고 그 이후에도 무슬림이 기독교인보다 소수였다는 사실을 간과하곤 한다. 심지어 왕조 권력의 중심지였던 시리아에서도 무슬림보다 기독교인의 수가 압도적으로 많았다. 칼리프들 역시 기독교 행정관과 기독교 부족 출신 아랍인(특히 바누 칼브 부족)들과 매우 가까운 관계를 유지했으며, 어머니나 아내가 기독교인인 경우도 종종 있었다. 아라비아반도에서 건너온 무슬림 정복자들의 수는 50만이 되지 않았던 반면, 정복한 영토의 기독교 인구는 2,000만 내지 3,000만 명이었다는 사실을 감안하면 당연한 일이 아니었겠는가?

여러 칼리프처럼 그 부하들 역시 대개 기독교인 측근들이나 기독교인 가족 구성원들과 가까운 관계를 맺고 있었다. 칼리프 아브드 알 말리크의 형이자 이집트 총독인 아브드 알 아지즈Abd al-Aziz는 많은 교회 건축을 허가했는데, 이에 대해 한 콥트파 역사가는 아브드 알 아지즈가 기독교인에 대해 특별한 애정을 갖고 있었기 때문이라고 설명했다. 이라크 총독 칼리드 알 카스리(744년 사망) 역시 자신의 기독교인 어머니를 위해 교회를 세웠다. 당시 이슬람과 기독교, 두 종교 간의 벽은 생각보다 훨씬 더 낮았다. 일례로 다일람*의 요한이라 불린 네스토리우스교의 한 수도사는 아브드 알 말리크의 딸을 병에서 낫게 해주었고 아브다 알 말리크는 그에 대한 감사의 표시로 수도사에게 교회와 수도원을 세울 수 있는 권리를 부여했다.

또한 한 성인 전기를 보면 기적을 행하는 것으로 명성이 자자했던 메소포타미아의 기독교 성인 테오도라(698년 사망)에게 축복을 받기 위해 무슬림들도 찾아왔다고 한다. 이런 사례는 이슬람 문헌에서도 확인되는데, 아라비아 시인 자리르는 8세기 초에 기독교 수도원을 방문해 그곳에서 병을 고쳤다고 한다. 이렇듯 타당한 근거가 뒷받침된 나수의 이슬람 문헌들을 보면 당시 종교 간 경계가 매우 희미했다는 사실을 알 수 있다. 실제로 시리아의 은수자 요한은 에데사의 주교 야곱에게 편지를 보내 악마에 씌어 고통받고 있는 한 무슬림에게 기독교 사제가 기도를 해줄 수 있는지 물었고, 이에 주교는 당연히 가능하다고 말하며 그 누구라도 하느님의 은총을 받을 수 있다고 대답했다.[7] 이렇듯 시리아에 중앙정부를 둔 우마이야 왕조 시대에 기독교인과 무슬림의 삶은 복잡하게 얽혀 있었고, 시골, 도시, 시장, 축제 등 일상생활에서 서로 어울리며 살아갔다.

* 카스피해 남서 연안에 있는 산악지대의 옛 이름

680년경 한 시리아 사제는 무슬림과 결혼한 기독교인 여인에게 성체성사를 거부했다. 사제는 그녀가 무슬림과 결혼함으로써 성체를 받을 자격을 잃었고 더 이상 기독교인이 아니라고 판단했기 때문이다. 그런데 이 소식을 들은 그녀의 무슬림 남편은 사제를 찾아가 아내에게 성체를 주지 않으면 죽여버리겠다고 협박했다. 이에 그 사제는 에데사의 주교 야곱에게 의견을 구했으며 주교는 신중하게 대답했다. 교리적으로 볼 때, 그 여인은 이교도와 결혼함으로써 교회법을 위반했기 때문에 더 이상 신자 공동체에 속해 있을 수 없었다. 따라서 그 여인을 교회에서 받아들이지 않는 것은 당연했고 사제가 성체성사를 거부한 것은 적절한 조치였다. 그러나 주교의 생각은 달랐다. 주교는 그 여인을 가혹하게 대하면 결국 배교하고 이슬람으로 개종할지도 모른다는 의견을 전달했다. 주교는 그녀를 교회에서 포용하는 편이 더 나은 해결책이라고 말하며, 여인이 회개를 하면 성체를 받고 신자 공동체에 남아있을 수 있도록 조치하라고 조언했다.

당시 사제에 대한 살해 위협으로 이 사건이 크게 두드러졌을 뿐, 기독교와 이슬람 공동체는 시시때때로 이런 문제에 부딪혔다.[8] 장례 예식 또한 골칫거리였는데, 부모가 기독교인, 유대인 혹은 조로아스터교인일 때 무슬림 자녀는 어떤 장례 의식을 따라야 했을까? 기독교도 마찬가지로 장례식에 '이교도'가 참여하는 문제에 대한 대답을 내놓아야 했다. 법학자들의 의견은 다양했지만 유족들이 고인을 기릴 수 있게 하는 것이 우선이라는 대답이 주를 이루었다.

딤미, 보호인가 차별인가?

아브드 알 말리크는 이전까지 칼리파국의 행정 언어였던 그리스어와 페르시아어의 사용을 금지하고 이슬람 제국의 모든 행정 언어를 아랍어로 통일했다. 그는 또한 '딤미(보호받는 백성)'라 불리는 이들이 자신의 종교를 공개적으로 드러내는 것을 금지했다. 종교적으로나 법적으로 우월한 무슬림과 성서의 백성들에 속한 유대인과 기독교인 등을 법적으로 구분한 것이다. 그래서 딤미는 이슬람의 보호를 받았으나 여러모로 차별을 당할 수밖에 없었다. 코란에는 무슬림이 정복한 영토의 민족들에게 '지즈야jizya(인두세)'를 요구할 수 있다고 언급되어 있다(9:29). 그러나 지즈야가 딤미에게 부과되는 세금으로 제도화된 것은 우마이야 왕조부터였다. 이집트와 시리아의 기독교인들이 이슬람 사회에서 여러 제약들을 받게 된 것도 아브드 알 말리크와 그의 후계자인 왈리드 1세의 통치 시기부터였다.

무슬림과 기독교인의 관계에서 흔히 언급되는 우마르 협정은 우마르 1세가 시리아의 기독교인들과 체결한 협정으로, 기독교인들은 일련의 제한 조치를 지켜야만 했다. 새로운 교회나 수도원의 건축 금지, 무슬림이 아닌 아이들에게 코란 교육 금지, 무슬림의 복장이나 터번 착용 금지, 무기 소지 금지 등이 그 내용이었다. 이런 제한 조치들 중 상당수는 기독교를 공개적으로 드러내는 것을 제한하거나 금지하는 데 목적을 두고 있었다. 따라서 종교행렬, 교회 외부에 십자가 설치, 교회의 타종 등도 금지되었다.[9] 이슬람 전승에서는 이 협정을 이슬람 제국의 영토를 넓힌 위대한 장군이자 2대 칼리프인 우마르의 공적으로 칭송하지만, 이 협정이 이슬람 제국 초창기에 기독교인과 유대인의 지위를 제한할 목적이었다는 것은 의심할 여지가 없다. 그러나 이러한 제한 조치가 법문의 형태를 띠게 된 것은 훨씬 뒤의 일로, 8~9세기에 와서야 우마이야와 아바스 왕조의 칼리프들과 법률가들은 딤미의 지위를 정의하고 제한했다.

딤미는 이슬람의 지배를 받아들이는 대신 지즈야를 비롯한 각종 세금을 납부하며 이슬람 지배계층으로부터 생명과 재산, 종교의 자유를 보장받았다. 또한 딤미가 토지를 소유할 경우 무슬림보다 훨씬 비싼 카라즈kharaj(토지세)를 납부해야 했다. 그러나 딤미에 대한 제한 조치가 일관되지는 않았다. 실제로 많은 교회와 유대교 회당이 이슬람 칼리파국에 지어졌고, 의복에 대한 제한 조치는 중구난방으로 적용되었으며, 많은 기독교인과 유대인들이 무슬림 왕족들의 측근으로서 영향력을 행사했다. 다만 아브드 알 말리크를 비롯해 왈리드 1세와 그의 후계자들이 무슬림과 딤미 간 종교·법·사회적 경계를 구축하고 강화하려 했다는 것만큼은 부정할 수 없다. 따라서 우마이야 왕조와 아바스 왕조는 '이슬람 제국'이었다기보다 다종교, 다문화 제국이었다고 할 수 있다.

우마이야 왕조 내내 시리아를 비롯해 팔레스타인, 이집트에는 기독교인들의 수가 압도적으로 많았지만, 비무슬림에 대한 생명과 재산의 안전을 보장하는 딤미 제도의 대가로 기독교인들은 사회적·경제적 차별을 받을 수밖에 없었다. 이런 상황 속에서 무슬림 여성과 혼인하고자 하는 남성, 정략결혼을 피하려는 여성, 종교 때문에 가족과 단절된 청년, 재정적 압박을 받는 사람 등 기독교인들은 저마다의 이유를 갖고 이슬람으로 개종을 선택했다. 그래서 우마르 2세는 딤미가 지즈야를 납부해야 하는 날, 이슬람으로 개종하면 지즈야를 면제해주도록 명령했다.[10] 그럼에도 불구하고 딤미에게 부과되는 세금은 특히 극빈층에게 막대한 부담을 안겨주었다. 가장 풍부하게 관련 문헌을 남긴 11세기 이집트를 살펴보자. 당시 1인당 지즈야는 대략 1.7디나르였는데, 이집트 직공의 약 2주 치(12일) 급여에 해당하는 금액으로 그나마 감당할 수 있는 수준이었다. 그러나 노동자(행상인 등)에게는 약 19주 치(132일) 급여에 해당하는 금액이었기 때문에 감당하기 너무나 벅찬 수준이었다.[11] 이집트 기독교 연대기인《알렉산드리아 총대주교 역사》에 따르면, 8세기에 다수의 이집트 기독교인은 지즈야 납부를 피하고자 이슬람으로 개종했다.[12] 그러나 칼리파국이 나날이 이슬람화되어도 수 세기 동안 무슬림은 여전히 수적으로 열세였다.

우마이야 시대에 탄생한 지하드의 양면성

지하드jihad의 개념과 그에 대한 법 해석이 발전한 것도 역시 우마이야 왕조 때였다.[13] 코란에는 지하드 및 그와 연관된 단어가 35번이나 등장하지만 전쟁과 관련된 단어는 단 10번밖에 등장하지 않는다. '신의 길을 가기 위한 투쟁'의 뜻을 담고 있는 지하드는 대개 평화적으로 이루어진다. 따라서 코란은 무슬림들에게 설교를 통해 이교도들은 상대로 '대지하드'를 실행하라고 명한다(25:52). 코란에서는 특정한 적군에 맞서기 위해 무함마드가 원정을 떠나는 장면에서만 전쟁이라는 단어를 사용한다. 아라비아반도를 넘어 이슬람 세력을 확대하려는 목적의 전쟁은 코란의 어느 구절에서도 등장하지 않는다.

코란은 전쟁에 대해 이중적이다. 어떤 구절에서는 무슬림에게 오직 평화로운 방법으로 신앙을 전파하라고 명하면서도, 다른 구절에서는 방어를 위해서는 불가피하게 전쟁을 치를 수밖에 없다고 말한다. 또 어떤 구절에서는 이교도 적들을 무슬림의 힘으로 굴복시키기 위해 전쟁을 해야 한다는 호전적인 입장을 드러내기도 한다. 이처럼 코란의 여러 구절을 보면 무함마드 시대부터 초기 무슬림 공동체 내에서도 전쟁에 대한 의견이 분분했음을 알 수 있다. 실제로 코란에는 적군을 공격하기 위해 원정을 떠나는 구절이 있지만 그 원정에 참여를 거부하는 구절도 있다.

그런데 무함마드 사망 이후 하디스 선집을 바탕으로 이슬람 교리가 형성되고, 정복 전쟁으로 이슬람이 기독교나 유대교보다 우월하다는 차별화가 진행되면서 지하드의 개념이 변화하기 시작했다. 여타의 주제들과 마찬가지로 이슬람 전승은 지하드에 관해 매우 다양한 관점을 드러낸다. 일부 하디스 편집자들은 무슬림과 비무슬림 간의 관계를 전투적인 시각으로 바라본다. 그들은 무함마드가 그저 무슬림만을 위해 보내진 예언자가 아니라 전 세계 모두를 위해 보내진 예언자이므로, 이슬람의 영역(다르 알 이슬람Dar al-Islam)을 확장하고 전 세계가 이슬람의 종주권을 인정할 때까지 지하드(하느님의 길을 가기 위한 투쟁)를 지속해야 한다고 주장한다.

이 지점에서 이슬람은 세계를 이슬람법이 지배하는 '다르 알 이슬람'과 이교도의 법이 지배하는 '다르 알 하릅Dar al-Harb'으로 이분한다. 코란에는 언급되어 있지 않은 이런 이분법이 통용되기 시작한 것도 우마이야 왕조 때부터였다. 코란 해석학자들은 코란이 지하드에 모순적인 입장을 갖는 이유를 무함마드가 계시받을 당시의 특수했던 전후 상황으로 꼽는다. 코란에서 비폭력을 권하는 구절은 무슬림 공동체의 세력이 약해 무력으로 저항할 수 없었던 메카 시대 계시에 포함되어 있다. 반면, 무력으로 이슬람을 확장해야 한다고 주장하는 구절은 무슬림들의 세력이 강해지고 공동체를 규제할 수 있는 새로운 규범을 수립하면서 이전의 계시를 폐기한 메디나 시대 계시에 포함되어 있다. 이런 해석이 제시된 것 또한 우마이야 왕조 때였는데, 당시 이슬람 세계의 확장을 위해 정복 전쟁을 지지하던 이들이 코란의 구절에서 전쟁을 위한 명분을 찾으려 했기 때문이다.

2차 피트나가 막을 내린 후 우마이야 왕조의 칼리프들은 비잔틴 제국을 상대로 정복 전쟁을 재개했다. 마그레브로 진출한 우마이야 군대는 카이르완에서 베르베르 부족을 비롯해 비잔틴 군대를 상대로 전쟁을 치렀고, 698년에 하산 이븐 알 누만 장군이 카르타고 전쟁에서 비잔틴 군대를 격파하면서 아프리카에서 비잔틴 군대를 완전히 몰아냈다. 그러나 전쟁은 거기서 끝나지 않았다. '알 카히나(여사제)'라고 불리는 베르베르의 여왕, 디햐의 군대가 맹렬하게 저항했기 때문이다. 하산 장군은 항전 의지를 굽히지 않은 알 카히나 군대에 쓰라린 패배를 당했고 결국 키레나이카로 도주했다. 이후 양측은 5년여간 전쟁을 이어갔고 전세는 점차 무슬림 군대에게 유리하게 돌아갔다. 그리고 군력을 증강한 하산 장군은 가베스에서 베르베르의 군대를 완전히 궤멸했다. 일설에 따르면 알 카히나는 적에게 붙잡혀 능욕당하느니 차라리 목숨을 끊기로 하고 자결했다고 한다.

수년에 걸쳐 대다수의 베르베르 부족이 칼리파국에 복속되었고 이슬람 제국은 대서양까지 세력을 확장했다. 711년 지휘관으로 임명된 베르베르 부족 출신 타리크 이븐 지야드는 서고트 왕국의 왕위 계승 문제를 둘러싼 혼란을 틈타, 지브롤터(타리크의 산Jabal Tariq에서 와전되어 나온 지명) 해협을 건너 이베리아반도에 발을 내딛었다. 타리크 이븐 지야드는 과달레테 전투에서 로데리크 왕과 격돌해 대승을 거둔 뒤 서고트 왕국을 멸망시켰다. 이후 몇 년에 걸쳐 이슬람 군대는 이베리아반도의 대부분을 점령했고, 719년에는 피레네산맥을 넘어 프랑크 왕국의 나르본까지 정복했다. 이외에도 우마이야 군대는 711~713년에 동쪽의 신드(현재의 파키스탄)를, 710~730년에는 트란스옥시아나(사마르칸트 및 부하라 포함)를 정복했다. 717~718년에는 콘스탄티노플을 포위했지만 정복하지는 못했다.

우마이야 왕조 말기의 사상적 모순

8세기 전반 우마이야 왕조는 피레네산맥에서 히말라야에 이르는 광대한 제국을 건설했다. 당시 이슬람 제국은 이슬람교로 통치하는 칼리프에 복속된 거대한 민족과 문화와 언어의 집합체였다. 이슬람 제국의 종교적이며 제국주의적인 사상은 화폐, 기념비적 건축물(바위의 돔, 다마스쿠스의 대모스크) 등 다양한 방식으로 표현되었다. 왈리드

2세(재위 734~744년)는 723~724년에 암만에서 동쪽으로 80km 떨어
진 요르단 사막에 쿠세이르 암라 궁전을 건설했고, 궁전 벽화에 등
장하는 인물과 형상을 통해 이슬람의 제국주의적 사상을 고스란히
드러냈다. 궁전의 방 벽에 그려진 프레스코화에는 일상의 장면들(농
부, 동물, 직공, 목욕하는 사람 등)이 묘사되어 있다.[14]

접견실 벽에는 우마이야 왕조 칼리프들에게 패배한 6명의 왕이
두 줄로 배치된 거대한 프레스코화가 그려져 있다. 상대적으로 더
중요하다고 여겨지는 왕들이 앞줄에 배치되어 있고 그들의 이름과
칭호가 머리 위에 아라비아어와 그리스어로 쓰여 있다. 6명의 왕들
중 4명은 비잔틴 제국의 '카이사르', 사산 왕조의 '호스로', 아비시니
아의 왕 '느구스', 서고트 왕국의 '로데리크'로 확인되며, 나머지 두
명은 여러 요소들을 고려했을 때 중국의 황제와 돌궐의 카간으로 추
정된다. 벽화 속 왕들은 경의를 표하는 듯 손을 내밀고 있다. 비잔틴
과 페르시아 양식이 혼재된 이 벽화에서 그들은 자신들이 통치하던
왕국의 왕관을 쓰고 있으며 칼리프를 굳게 믿고 의지한다. 여기서
정치적 메시지가 명확하게 드러나는데, 이제부터 우마이야 칼리파
국이 비잔틴과 페르시아의 전통과 문화를 이어갈 계승자이며, 이전
의 제국들처럼 우마이야 칼리파국 역시 세계를 자신의 지배권에 두
겠다는 것이다.

이슬람 문명이 시행착오를 겪으며 발전해가던 중에 왈리드 2세
는 왕조의 언어로 그리스어와 페르시아어를 사용했다. 자연스러운
선택이었지만 그의 후계자들은 이 언어를 버리고 새로운 언어를 선
택했다. 또한 그는 그토록 갈망하던 칼리프 자리에 올랐지만 통치력

은 크게 인정받지 못했다. 일각에서는 그가 호화로운 궁전에서 매일 술을 마시며 방탕한 생활을 했다고 비판했다.[15] 744년 이라크에서는 아바스 가문이 반란을 일으켰고 왈리드 2세는 이에 맞서 싸웠으나 결국 피살당했으며, 그의 후계자 중 누구도 동쪽 시방의 패권을 되찾지 못했다. 750년 아바스 반란군에 의해 다마스쿠스의 우마이야 왕조는 결국 멸망했고 왈리드 2세가 지은 궁전은 폐허로 남게 되었다.

일부 역사가들은 우마이야 왕조의 칼리프들을 이슬람의 진정한 창시자라고 평가한다. 오늘날 이슬람의 핵심 요소로 인정되는 샤하다, 딤미 제도, 건축, 미술, 화폐에 적용된 이슬람 고유의 상징어가 우마이야 왕조 때 처음 시작되었기 때문이다. 다른 아브라함의 종교와 다르며 훨씬 더 우월한 종교임을 나타내는 용어, '이슬람' 역시 우마이야 왕조의 이데올로기와 프로파간다의 산물이다. 우마이야 왕조의 칼리프들은 대서양에서 히말라야산맥에 이르는 거대한 영토를 정복하고 제국을 이루어 오랜 기간 통치했다. 이런 우마이야 왕조의 업적이 없었다면 이슬람은 지금처럼 많은 국가에 뿌리내리지 못했을 것이다. 이슬람이 전 세계를 아우르는 종교가 되고자한 포부를 품은 것은 그때부터였으나, 결국 철저히 아랍만의 종교로 남고 말았다. 비아랍인을 이슬람으로 개종시키는 것보다 기독교인 아랍 부족을 우마이야 왕조에 편입시키는 편이 훨씬 쉬운 선택이었기 때문이다. 하지만 이런 선택 때문에 740년대에, 특히 이라크 지역에서 반란군들이 기승을 부렸고 단 몇 년 만에 우마이야 왕조는 멸망하고 말았다.

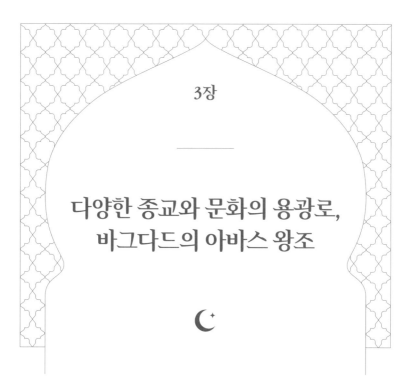

3장

다양한 종교와 문화의 용광로, 바그다드의 아바스 왕조

바그다드에 수도를 둔 아바스 왕조의 칼리프 알 마문al-Mamun은 꿈에서 아리스토텔레스와 대화를 나누었다. 알 마문이 아리스토텔레스에게 선善이 무엇인지 묻자, 그는 이렇게 대답했다. "지식인들이 말하는 것이 선이지요." 칼리프는 다시 물었다. "그게 다입니까?" 그러자 철학자는 또 이렇게 대답했다. "사람들의 의견이 선이지요." 그러자 칼리프는 또다시 물었다. "그게 다입니까?" 그리고 아리스토텔레스는 이렇게 말했다. "그 외의 다른 모든 것들은 그저 헛소리일 뿐이지요."

10세기 말엽, 서지학자 이븐 알 나딤Ibn al Nadim은 칼리프 알 마문이 그리스 철학과 과학 문헌의 아랍어 번역 사업에 착수한 이유가 이 꿈에서 영감을 받았기 때문이라고 주장했다. 그러나 아바스 왕조 시대에 최초로 번역 사업에 착수한 칼리프는 그의 증조부 알 만수르al-Mansur였다. 그는 그리스어, 페르시아어, 시리아어, 산스크리트어로 된 철학과 과학 문헌을 아랍어로 번역하는 대대적 사업을 후원했고, 알 마문은 선대의 사업을 그대로 이어갔다. 알 마문 재위 기간에 번역 사업은 화려하게 꽃을 피웠으며, 그 덕분에 아바스 왕조의 수도 바그다드는 전 세계 지성과 문화의 중심지로 떠올랐다. 알 마문의 꿈에 등장했던 아리스토텔레스는 선을 결정하는 최상의 심판자가 이성임을 강조했다. 즉 이성이 전통이나 관습에 우선한다는 것이다. 알 마문은 이를 근거로 정치와 종교에서도 전통이나 이슬람법보다 이성이 중시되어야 한다고 주장했다. 특히 그는 합리주의를 이슬람의 교리로 선언하며 이와 반대되는 교리를 지지하는 이들을 배격했다. 이렇게 알 마문은 합리주의 신학을 내세우며 종교적 정통성을 지키는 최후의 보루로서 칼리프의 권위를 공고히 하려 했다.

우마이야 왕조의 쇠퇴와 아바스 가문의 역성혁명

우마이야 왕조는 이슬람의 변화를 꾀하며 성서의 백성들에 속하는 다른 종교들을 압도하고 이슬람을 세계 최대의 종교로 부상시키려고 했다. 그래서 우마이야 왕조는 고유한 사상을 내세우며 이슬람의 보편성을 강조했다. 하지만 왕조의 권력 기반은 메카의 쿠라이시 부족 출신 아랍 남성들이었고, 그중에서도 시리아 기독교인 아랍 부족의 지원을 받는 우마이야 가문 출신에게 쏠려 있었다. 이런 모순 때문에 특히 군대나 행정에서 불공정한 대우를 받은 비아랍인 이슬람 개종자들은 이슬람에 온전히 편입되지 못했고 지속적으로 반란을 일으켰다. 그 와중에 사산 왕조 페르시아의 중심지였던 이라크와 이란에 기반을 둔 아바스 가문은 '역성혁명'을 일으켰고 결국 우마이야 왕조를 무너뜨렸다.

사산 왕조 페르시아는 오늘날의 이란, 이라크, 걸프만 국가, 코카서스 3국 일부 및 중앙아시아에 이르는 광대한 영토를 차지하고 있었다. 우마이야 왕조 때만 해도 온갖 민족과 언어와 종교가 뒤섞인 이 지역에서 무슬림은 극소수였다. 우마이야 왕조에 대해 극렬한 반발이 일어난 곳도, 두 번의 중요한 내전인 낙타 전투(656년)와 카르발라 전투(680년)가 벌어진 곳도 이 지역이었다. 이후 쿠파의 우마이야 왕조 총독들이 이 지역에서 왕조의 권력을 간신히 유지하기는 했지만, 시아파를 비롯해 카와리지파, 조로아스터교와 같은 반대 세력은 우마이야 왕조에 지속적으로 저항했다. 설상가상으로 무슬림과 동등한 대우를 받기를 바라며 이슬람으로 개종한 비아랍계 주민 마왈리Mawali 역시 개종한 뒤에도 차별이 계속되자 왕조의 반대 세력에 합세했다. 이렇게 아바스 가문의 역성혁명은 아부 알 아바스 압둘라Abu al-Abbas Abdullah를 중심으로 다양한 집단이 동맹을 맺으면서 시작되었다. 알 아바스는 예언자 무함마드의 삼촌의 후손으로, 무자비하게 적을 제거했기 때문에 '도살자'를 뜻하는 알 사파흐al-Saffah라는 명칭으로 더 널리 알려졌다

이슬람 전승에서 3차 피트나라고 부르는 전쟁은 본래 우마이야 가문 내에서 벌어진 내전이었으나 이내 왕조에 대한 반란으로 바뀌었고, 이는 결국 '아바스 가문이 일으킨 역성혁명'의 도화선이 되었다. 744년 3차 피트나가 발발하면서 한 해에 네 명의 칼리프가 등장하고 사라졌다. 먼저 우마이야 왕조 11대 칼리프인 왈리드 2세는 사촌 마르완에게 피살당했고, 이후 야지드 3세가 칼리프로 즉위했으나 뇌종양으로 사망했다. 그는 사망 직전 동생 이브라힘을 차기 칼리프로 임명했지만, 마르완 2세Marwan II(재위 744~750년)가 반란을 일으켜 이브라힘을 몰아내고 새 칼리프로 등극했다. 그러나 마르완 2세는 광대한 영토의 권력을 장악하는 데 실패했고 이집트와 시리아에서 일어난 반란까지 진압해야 했다.

이라크와 이란의 시아파는 680년 카르발라 전투에서 전사한 후세인의 죽음 뒤에 우마이야 가문이 있었다며 왕조의 정당성을 절대로 인정하지 않았다. 이에 후세인의 손자 자이드 이븐 알리가 740년 쿠파에서 반란을 일으켰지만 전투 중에 사망하고 말았다. 이후 반란 세력은 예언자 무함마드의 출신 부족인 쿠라이시족의 하심 가문을 중심으로 다시 동맹을 규합했으며, 그 중심으로 아바스 지파(무함마드의 삼촌 중 한 명인 알 아바스의 후손들)가 떠올랐다.

746년에는 마왈리였던 아부 무슬림Abu Muslim이 호라산(이란 북동부의 주)에서 우마이야 왕조에 반대하는 봉기를 일으켰다. 시아파의 분파인 이스마일파와 12이맘파(무함마드의 첫 번째 후계자 알리와 그의 자손 11명을 이맘으로 인정하는 시아파의 한 분파)가 이맘*으로 인정한 자파르 알 사디크Jafar al-Sadiq('진실한 사람'이라는 뜻)는 당시 어느 편에도 서지 않으며 권력 투쟁과 거리를 두었다. 그래서 아부 무슬림이 그에게 자신을 지지해달라는 서신을 보냈을 때, 그는 이맘이라는 지위를 이용해 반란에 가담하는 것은 부적절하다며 아부 무슬림의 서신을 불태워 버렸다.

그럼에도 반란 세력은 점점 더 커져갔고 반란군까지 조직되었다. 749년 쿠파를 장악하는 데 성공한 반란군은 아부 알 아바스를 새 칼리프로 선출했다. 그는 우마이야 왕조를 타도하기 위해 하심 가문을 비롯해 카와리지파, 시아파, 마왈리로 구성된 거대 연합군을 결성했다. 750년 1월 25일, 티그리스강 북부 지류인 대★자브강에서 아부 무슬림이 이끄는 아바스 반란군과 우마이야 왕조군이 맞붙었고, 그 결과 아부 무슬림이 승리를 거두었다. 마르완 2세는 이집트로 피신했지만 결국 아바스 반란군에게 붙잡혀 처형당했다. 아바스 반란군은 다마스쿠스를 점령한 뒤 우마이야 왕궁을 약탈하고 칼리프들의 무덤을 훼손했다. 이때 우마이야 왕족들은 모두 학살되었으나 칼리프 히샴의 손자인 아브드 알 라흐만 1세Abd al-Rahman만 간신히 살아남아, 이베리아반도의 코르도바로 피신하여 후우마이야 왕조를 개창했다(4장 참고).

그때부터 이슬람 세계의 무게중심은 아바스 반란군이 정복한 사산 왕조 페르시아의 옛 영토인 동쪽으로 이동했다. 751년 7월, 아부 무슬림과 그의 티베트 동맹군은 탈라스(현재의 키르기스스탄 서북부) 전

91

투에서 중국 당나라를 상대로 승리를 거두고 중앙아시아로 진출했다. 이를 계기로 아바스 왕조는 중국의 제지 기술자들을 포로로 잡아 제지술에 눈부신 발전을 이루었다. 쉽고 저렴하게 생산할 수 있는 종이는 파피루스와 양피지의 단점을 메우며 그 자리를 빠르게 대체했다. 한편 알 사파흐와 그의 후계자들은 페르시아계 바르마크 가문 출신 인물들을 와지르wazirs(재상)로 임명하고 측근에 두었다. 아무다리야강 유역 발흐 지역에 기반을 두었던 바르마크 가문은 이슬람 도래 이전에는 불교를 믿던 가문이었다. 그 덕분에 이 가문이 관리하고 있던 아프가니스탄 북부의 불교 사원 '나바 비하라Nava Vihara'는 왕조 내내 번창했고 순례자들로 북적거렸다. 2001년 탈레반이 폭파해버린 세계 최대 크기의 기념비적인 불상이 7세기에 이 지역에서

바미안 석불. 2001년 탈레반의 폭파로 인해 현재는 불상의 자리만 남아있다.

축조되었던 바미안 석불이다.

8세기 초에 바르마크 가문은 이슬람으로 개종했다. 이 가문 출신인 칼리드 이븐 바르마크Khalid ibn Barmak는 아바스 역성혁명에 가담했고 이후 칼리프의 고문, 와지르, 지역 총독 등으로 임명되어 아바스 왕조의 번영에 기여했다. 알 사파흐와 그의 후계자들은 제국의 통치를 위해 페르시아 문화와 행정에 정통했던 칼리드 이븐 바르마크에게 의지했고, 그 아들들을 비롯한 바르마크 가문 인사들은 칼리프가 맡긴 임무를 충실하게 수행했다. 또한 바르마크 가문은 아랍과 페르시아 문화 융합에 앞장서며 부유한 세도 가문으로서 시인과 학자를 후원했다. 바르마크 가문에 적대감을 가진 세력 또한 존재했는데, 이에 대해서는 후술할 것이다.

페르시아를 계승한 아바스 왕조의 수도 바그다드: 알 만수르 시기

아바스 왕조의 초대 칼리프 아부 알 아바스의 사망 후, '알 만수르'라는 별칭으로 널리 알려진 그의 형 아부 자파르Abu Jafar(재위 754~775년)가 2대 칼리프로 등극했다. 하지만 시아파 세력은 이에 반대하며 실망감을 드러냈다. 만수르는 시아파가 아바스 왕조의 역성혁명에 크게 기여하기는 했지만, 아바스 가문의 권력 세습에 방해가 된다고 여겨 반대파를 숙청하기로 마음먹었다. 역사학자 알 마수디(896~956년)는 만수르의 어머니 살라마Sallama가 만수르를 임신했

800년경 아바스 칼리파국

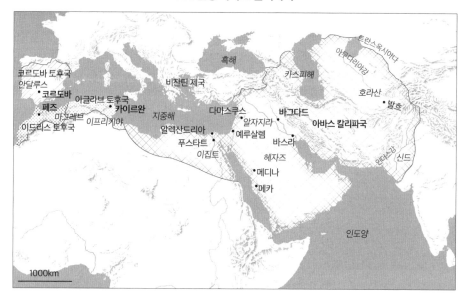

을 때 꾸었던 꿈으로 그의 운명을 예견했다. 살라마는 꿈속에서 자신 앞에 엎드려 포효하는 사자 한 마리를 보았고 그 사자 앞에 다른 사자들이 엎드리는 광경을 보았다고 한다. 따라서 그 사자, 즉 만수르는 다른 왕들을 굴복시키는 운명을 타고났다는 것이다. 실제로 만수르는 사나운 사자처럼 경쟁자로 보이는 인물들을 잔인하게 제거했다.

그는 우선 아바스 왕조의 혁명 성공에 큰 공을 세운 페르시아계 장군 아부 무슬림을 숙청한 뒤, 호라산으로 군대를 파견해 반란을 진압했다. 또한 만수르는 시아파 이맘 자파르 알 사디크에게도 박해를 가하며 메디나에 있는 그의 집을 불태우기까지 했다. 그래서

765년에 자파르가 65세를 일기로 사망하자 시아파 일각에서는 만수르가 그를 독살했을 것이라고 의심하기도 했다. 당시만 해도 시아파와 수니파는 크게 반목하지 않았다. 실제로 자파르는 시아파 이맘으로서 시아파 교리를 완성하는 데 결정적인 역할을 한 것은 물론이고, 아부 하니파, 말릭 이븐 안나스와 같은 수니파의 4대 법학파에도 큰 영향을 미쳤다. 그로 인해 자파르는 수니파와 시아파를 막론하고 거의 모든 무슬림들의 존경을 받았으며, 메디나 바키 묘지에 있는 그의 무덤은 추후 이슬람의 순례지가 되었다. 그러나 그의 영묘를 비롯해 다른 성자의 무덤들은 1926년 와하브파에 의해 파괴되고 말았다(9장 참조).

만수르는 예언자 무함마드의 친족인 아바스 가문이 사산 왕조 페르시아를 잇는 정당한 계승자라는 정치적 이데올로기를 구축했다. 조로아스터교 교리와 페르시아 문화의 영향력이 여전히 건재했던 시기에 칼리프에 즉위한 만수르는 조로아스터교 교리를 수용하며, 아바스 왕조가 사산 왕조 페르시아와 같은 영광스러운 고대 제국을 계승했다는 점을 강조했다.[1] 그 일환으로 만수르는 사산 왕조 페르시아의 수도 크테시폰에서 35km 떨어진 티그리스에 원형도시를 세우고 그 중심에 거대한 모스크와 왕궁을 건축해 다마스쿠스를 대신할 새로운 수도로 삼았다. 그곳이 바로 바그다드였다. 그는 왕조의 정통성을 내세우기 위해 페르시아 문헌의 번역 사업에도 관심을 기울였다(페르시아어보다 비중은 적었지만 그리스어 문헌의 번역 사업도 전개했다). 그중에서도 그가 특히 관심을 기울인 분야는 점성술이었다. 사산 왕조 페르시아의 왕들은 자신의 집권이 신의 뜻이며 천체의 움직임을 통해 이를 입증할 수 있다고 자부했고, 왕궁의 점성술사들은 천체를 통해 아바스 가문의 운명을 점치는 데 주력해야 했다.

한 페르시아 전승에 따르면, 조로아스터교의 창시자인 조로아스터는 온갖 학문과 언어를 주제로 1만 2,000권의 저서를 남겼다. 그러나 알렉산더 대왕이 페르시아를 정복(기원전 331년)하면서 페르시아 제국의 도서관을 약탈해 대부분의 책들을 알렉산드리아로 가져갔고 나머지는 전부 불태웠다. 그 덕분에 알렉산드리아는 의학을 비롯해 천문학과 여러 학문 연구의 중심지가 되었지만, 페르시아인들은 그리스인들이 고대 페르시아의 학문적 결실을 약탈해 간 바람에 그만큼의 지적 자산을 잃었다고 생각할 수밖에 없었다. 따라서 사산 왕조 페르시아의 왕들은 그리스어 문헌들을 팔라비어(중세 페르시아어)로 번역하는 사업에 착수하면서 그리스인들이 '약탈한' 페르시아의 학문적 결실을 되찾을 것이라고 천명했다. 이 이야기는 신의 뜻을 받았다고 자부하는 사산 왕조 페르시아가 페르시아 문명을 예찬하기 위해 창조해낸 일종의 신화라 할 수 있다. 하지만 실제로 후기 고대 그리스 사상은 이집트를 비롯해 바빌로니아, 인도, 페르시아 학풍에서 유래한 학문의 집약체라 해도 과언이 아니다. 그리고 헬레니즘 세계에서 그리스어가 학문과 문화의 언어였던 것처럼, 아바스 왕조의 만수르와 그 후계자들의 지원 정책 덕분에 아랍어가 그 자리를 차지할 수 있게 되었다.

이렇듯 만수르는 과학과 철학 저술의 번역 사업을 후원한 선대의 정책을 그대로 이어나가며 번역 사업을 통치의 핵심으로 삼았고, 그의 후계자들까지 이 정책을 계승하면서 아랍어는 명실공히 과학과 철학의 언어로 자리매김했다. 물론 아바스 왕조가 번역 사업을 최초로 실행한 것은 아니었다. 그리스어를 아랍어로 번역할 뿐만 아니라, 시리아어로 번역하거나 그리스어 혹은 시리아어를 아랍어로 번역하는 사업은 이슬람 초창기에 이미 추진된 바 있었다. 그리고 당시 일부 네스토리우스교 수도원은 학문과 번역의 중심 역할을 하기도 했다. 이후 아바스 왕조 내내, 그리스어 문헌을 아랍어와 시리아어로 번역하는 사업은 지속적으로 진행되었다. 동시에 바그다드에서는 왕조의 칼리프들과 그 측근들의 후원 아래 과학 및 철학(특히 기독교 관련 종교 문헌) 문헌의 아랍어 번역 운동이 대대적으로 일어났다.

한편 칼리프 만수르는 수도 바그다드의 한복판에 세운 모스크에서 금요일마다 설교를 했고, 금욕적인 생활을 하며 포도주는 입에도 대지 않았다. 역사학자들에 따르면 그는 아무런 장식도 없는 왕궁의 작은 방에서 거적 몇 개만을 깔고 생활했다고 한다. 이처럼 만수르는 전임 칼리프들과 달리 매우 검소하고 엄격한 삶을 살았다.

포도주를 즐기고 비무슬림을 포용하다
: 알 마흐디와 하룬 알 라시드 시기

알 만수르는 임종하기 전, 자신의 아들 무함마드 알 마흐디al-Mahdi(재위 775~785년)를 후계자로 지명했다. '심판의 날에 무슬림 공동체를 인도하는 메시아 같은 자'를 의미하는 알 마흐디라는 별칭은 시아파를 포용해야 한다는 의미로 그의 아버지 만수르가 지어준 것이었다. 실제로 알 마흐디는 아랍인들(특히 쿠라이시 가문)에게 특권을 부여한 우마이야 왕조와 달리 이슬람으로 개종한 비아랍인 마왈리를 포용하는 정책을 펼쳤다. 그는 다양한 인물들을 요직에 기용했는데, 특히 페르시아 출신 인물들을 총독과 장군으로 기용하며 탕평 인사를 펼쳤다. 알 마흐디의 와지르였던 야히아 이븐 칼리드(칼리드 이븐 바르마크의 아들)는 알 마흐디의 탕평 인사에서 핵심적인 역할을 했다.

비무슬림에 대한 포용 정책이 실행되자, 특히 이란과 이라크에 거주하던 기독교인들과 조로아스터교인들은 지즈야 납부를 피하기 위해 대거 이슬람으로 개종했다. 또한 이 시기에 무슬림들은 시아파와 수니파를 막론하고 이슬람 교리를 설파했는데, 당시 많은 기독교인과 무슬림들이 시리아어, 아랍어 또는 그 외 언어로 남긴 변증적이고 논쟁적인 글에 그 흔적이 남아있다.[2] 칼리프가 임명한 테오필루스라는 한 마론파(동방 가톨릭 교파) 점성술사는 기독교 교리에 근거해 점성술을 옹호하는 글을 쓰기도 했다.

반면 알 마흐디의 측근이었던 네스토리우스교 총대주교 티모테오 1세Timothy I는 자신의 교회를 지키고 기독교를 수호하는 데 앞장섰다. 그는 총대주교청을 바그다드로 옮기고 여러 교회를 재건하기 위해 칼리프로부터 허가를 받아냈다. 그는 특히 법 해석이라는 중요한 직무를 집행하면서 교회에 대한 재판권이 자신에게 있다는 것을 강조했다. 그때부터 교회와 총대주교는 종교적 문제뿐만 아니라 민사적 문제(혼인, 상속, 이웃 간의 분쟁 등)에 개입해 기독교인들을 재판했다. 이에 총대주교는 팔라비어로 된 법조문을 시리아어로 번역했고 교회법과 사산 왕조 페르시아의 민법을 바탕으로 독자적인 최고 법을 만들었다. 이처럼 딤미 제도가 확립되기까지는 오랜 과정을 거쳐야 했는데, 그 과정에서 기독교를 비롯해 유대교와 조로아스터교 지도자들이 중심적인 역할을 수행했다.

티모테오 1세 이전에도 기독교 지도자들은 비슷한 상황에 놓인 적이 있었다. 아랍 정복자들에 의해 사산 왕조가 몰락한 630년대에 기독교 주교들은 기독교인들에 대한 권한이 자신들에게 있다며, 이슬람법과 딤미의 법적 지위가 확립되기 전까지 기독교인들에 대한 자신들의 법적 권한을 확보하고자 했다. 그때부터 주교들은 사산 왕조의 법 제도로 다뤄야 하는 문제들을 재판해야 했기 때문에, 티모테오 1세의 전임 주교들은 이전 주교들과 교회 평의회에서 내놓은 법 해석을 이미 멸망한 사산 왕조의 법 전통과 융합하는 작업을 해야만 했다.

782~783년경 알 마흐디는 티모테오 1세와 궁정에서 종교를 주제로 토론을 벌였다고 한다. 당시 총대주교의 기록에 따르면, 알 마흐디가 먼저 총대주교에게 삼위일체 교리에 대해 질문을 던졌다. "삼위일체 교리는 다신교를 인정하는 것이 아닙니까? 어떻게 유일한 신이 셋일 수 있습니까?" 총대주교는 칼리프와 이슬람을 존중했고 무엇보다도 무함마드를 아랍인 최고의 현자(총대주교는 무함마드를 예언자가 아니라 현자라고 표현했다)라고 칭송하며 큰 존경심을 드러냈다. 총대주교는 무함마드가 분명 삼위일체의 진리를 이해했을 것이라고 주장했다. 그리고 예수가 예언자이자 하느님의 말씀이며 영이라고 주장하는 기독교 교리를 반박할 때 이슬람에서 주로 인용하는

코란의 구절(4:171)을 도리어 무함마드가 삼위일체를 이해하고 있었다는 증거로 내세웠다. 그는 하느님의 예언자이자 하느님의 말씀, 그리고 영이라는 세 가지 요소가 코란에 언급된 것은 무함마드가 삼위일체의 진리를 이해하고 있었다는 것을 반증한다고 주장했지만 알마흐디를 설득하기에는 역부족이었다. 앞서 인용한 코란의 바로 다음 구절에서는 '삼위일체설을 말하지 말라'며 삼위일체 교리를 분명하게 배척하기 때문이다.

알 마흐디는 티모테오 1세에게 성경에 관한 자신의 견해를 피력했다. "성경에서는 무함마드의 탄생을 예고하지 않았습니까? 요한복음에서 말하는 보호자, 즉 파라클레토스(이슬람 학자들은 이 단어가 '빛나는'의 뜻을 가진 페리클레토스에서 유래했으며 무함마드를 상징한다고 주장했다)는 무함마드가 아닐까요? 이사야도 나귀를 탄 예언자(예수) 뒤에 낙타를 탄 예언자(무함마드)가 올 것이라고 말하지 않았습니까?(이사야서 21장 7절)" 두 사람의 의견은 팽팽하게 대립했고 티모테오 1세는 우화를 들어 알 마흐디를 설득하려 했다. "캄캄한 방 안에 반짝이는 진주 하나가 떨어져 있다고 상상해보십시오. 누구나 그 진주를 집으려고 애를 쓰겠지만, 누군가는 돌멩이를 집고 누군가는 유리 조각을 집을 것입니다. 그리고 오직 진리만이 누가 진짜 진주를 집었는지를 알아볼 수 있게 해줄 것입니다. 그러니 우리가 죽은 뒤에야 신의 진리로서 유대인, 기독교인, 무슬림 중 누가 옳았는지 알아볼 수 있겠지요."

두 사람의 토론에서 특히 눈에 띄는 대목은 서로가 상대방이 믿는 종교의 지식을 활용했다는 것이다. 기독교 총대주교는 코란을 인용했고 이슬람 칼리프는 토라와 복음서를 인용했다. 철학적 전통에서 비롯한 합리적 논거를 제시하는 부분 또한 놀랍다. 알 마흐디는 티모테오 1세에게 아리스토텔레스의 《토피카》를 시리아어에서 아랍어로 번역해줄 것을 요청하기까지 했다. 아리스토텔레스의 저술들은 무슬림들이 기독교인, 유대인, 조로아스터교인들과 종교적 토론을 벌일 때 없어서는 안 될 도구이자 수사학의 기본이었다. 또한 알 마흐디는 마니교 교리를 반박하기 위해 반드시 필요했던 우주론에 관련된 서적들의 번역 사업도 실행했다. 그의 와지르였던 야히아 이븐 칼리드Yahya ibn Khalid 역시 과학자들의 든든한 후원자가 되어 주었는데, 그는 인도에서 약용 식물을 들여왔고 인도인 의사 만카를 고용해 인도 의학 서적을 아랍어로 번역하도록 했다.

바그다드 궁정의 호화로운 생활과 아바스 왕조의 학문적 중흥기는 알 마흐디의 아들이자 후계자인 하룬 알 라시드Harun al-Rashid(재위 786~809년)의 재위 기간에도 계속해서 이어졌다. 아바스 왕조의 서기 또는 관리를 뜻하는 '카팁katib'은 문학을 비롯해 역사, 민속지학, 과학 등 다방면에 걸쳐 풍성한 지식을 보유하고 있었고, 이렇게 다양한 분야의 지식을 바탕으로 인간 사회의 여러 면면을 아우르는 문학 장르인 '아다브adab'가 시작되었다. 카팁과 궁정의 신하들을 위한 교본에는 그들이 습득해야 하는 수많은 지식과 기술이 상세하게 기술되어 있었다. 또한 그들은 온갖 분야를 다루는 백과사전 같은 저술들을 통해 다양한 문화를 접했다.

이 시기에 궁정 시인들은 자신의 재능을 꽃피웠는데, 그중 이슬람과 아라비아의 가장 위대한 시인으로 꼽히는 아부 누와스Abu Nuwas

(815년경 사망)는 아바스 왕조 문화의 황금기를 장식했다. 아부 누와스는 청년 시절에 베두인족으로부터 이슬람이 창시되기 이전부터 존재했던 모든 아랍시를 배웠으며 외우고 있었다. 하지만 후에 그 모든 시들을 잊고 궁정의 화려한 생활과 고상한 문화, 포도주와 사랑을 통해 느낄 수 있는 기쁨을 예찬하는 새로운 스타일의 시를 지었다고 한다. 칼리프 알 라시드가 궁정 시인과 와지르인 자파르(야히아 이븐 칼리드의 아들)를 궁정으로 불러들여 벌였던 연회와 그들이 바그다드에서 겪은 한밤의 모험은 《천일야화》에도 등장한다. 전해오는 이야기에 따르면 하룬 알 라시드는 자신의 규방에 무려 2,000명의 무용수를 두었고 24명의 아내와 첩이 있었으며 그 사이에서 많은 자녀들을 얻었다.

하룬 알 라시드의 누이 울라야 빈트 알 마흐디Ulayya Bint al-Mahdi는 학식이 뛰어나기로 유명했고 무엇보다도 시와 음악에서 특출한 재능을 뽐냈다. 울라야는 궁정의 위대한 시인들과 자웅을 겨룰 만큼 실력이 뛰어났지만 자신의 재능을 공개적으로 드러낼 수 없었다. 칼리프인 알 마흐디가 그녀에게 공주로서 품위를 지킬 것을 강조했기 때문이다. 그래서 그녀는 왕궁의 사적인 연회에서나 자신의 재능을 펼쳐 보일 수 있었다. 어떤 면에서 공주는 노예보다도 자유롭지 못했다. 노래와 음악, 시를 배운 많은 노예들은 오히려 대중 앞에서 자신의 재능을 마음껏 드러낼 수 있었기 때문이다. 울라야는 당대의 다른 시인들과 마찬가지로 포도주와 사랑을 예찬했다. 또한 그녀는 기도와 코란 낭독에 열성을 다했지만 생리를 하는 동안에는 기도에 참석할 수 없다는 이유로 포도주를 마셨다. 그리고 신이 무언가를 금지할 때는 그것을 보상할 수 있는 무언가를 함께 주신다며 자신의 행동을 정당화했다.

하룬 알 라시드 이외에 다른 칼리프들도 포도주를 즐겼다. 일례로 아바스 왕조의 왕자인 아브드 알라 이븐 알 무타즈Abd Allah ibn al-Mu'tazz는 포도주와 도취에 대해 상세한 글을 남겼다. 또한 바그다드 주변에 있는 기독교 수도원들은 그곳에서 생산하는 포도주로 명성을 떨쳤으며, 아바스 왕조 고위층뿐만 아니라 기독교인과 무슬림에게 일종의 선술집 역할을 했다. 이슬람 성직자들은 이런 관습에 대해 수시로 비판의 목소리를 냈지만 소용없었다. 파티마 왕조 시대에 활동한 문학가 알 샤부슈티al-Shabushti(998년 사망)가 쓴 《수도회서》에는 연회를 위해 수도원으로 모여든 아바스 왕조 고위층의 모습이 자주 묘사된다.[3] 지리학자 이븐 하우칼Ibn Hawqal은 이슬람 세계에 존재하는 모든 포도원들을 정리한 목록을 작성했으며,[4] 의학자 아부 자이드 알 발키Abu Zayd al-Balkhi(850~934년)는 포도주의 상섬을 신체적·심리적·사회적으로 분석한 장문의 글을 남기기도 했다.[5]

그러나 이슬람 전통주의자들은 이런 관습을 탐탁지 않게 여겼다. 그들은 예언자 무함마드와 그 신자들이 포도주를 엄격하게 금지했다는 사실을 상기시키며 술을 마시는 자들은 내세에서 가혹한 형벌을 받을 것이라고 경고했다. 울라마ulama(이슬람 법학자)들은 궁정의 타락상에 불만을 드러냈지만 그렇다고 정치와 군사 지도자로서 칼리프의 역할을 위협하지는 않았다.

칼리프 알 라시드는 비잔틴 제국을 정복하기 위해 원정대를 이끌었고 이를 '지하드', 즉 성전聖戰으로 규정했다. 그러면서도 그는 비잔틴 제국과 경쟁관계에 있는 기독교 '프랑크 왕국'과 우호적 외교관계를 맺었다. 그가 프랑크 왕국의 새 황제가 된 샤를마뉴 대제에게 알 아바스라는 이름의 흰 코끼리를 포함한 호화로운 축하 선물을 보내 엑스라샤펠(프랑크 왕국의 수도) 왕궁을 떠들썩하게 했다는 일화는 유명하다. 알 라시드는 메카로 9번 성지 순례를 떠나기도 했으며, 그의 아내 주바이다 역시 수차례 메카 성지 순례(하즈hajj)를 했고 빈곤한 순례자들을 돕기 위해 후원금을 마련하기도 했다.

무타질라 학파와 이븐 한발의 첨예한 대립 : 알 마문 통치 시기

알 라시드 통치 말기에 반란과 갈등이 거듭되며 왕조는 혼돈에 빠져들었다. 803년 복잡한 정치적 이해관계가 얽히자, 알 라시드는 바르마크 가문 출신의 마지막 와지르이자 술벗이던 자파르를 투옥한 뒤 처형했다. 알 라시드는 죽음을 앞두고 두 아들 알 아민al-Amin과 알 마문을 불러놓고 알 아민을 후계자로 지명하며, 아민에게 마문을 그 다음 후계자로 삼을 것을 확약받았다. 그러나 809년에 알 라시드가 사망하자 알 아민(재위 809~813년)은 알 마문이 아닌 자신의 아들에게 칼리프직을 승계했다. 이에 반발한 알 마문이 바그다드를 파괴하면서 반란을 일으켜 4차 피트나가 발발했다. 페르시아 군대의 지원을 받은 알 마문(재위 813~833년)은 결국 이복형 알 아민을 살해하고 칼리프 자리를 차지했다. 그는 권력을 강화하고 칼리프 직위 승계의 정당성을 확보하고자 했는데, 앞선 칼리프들이 그랬듯이 정복 전쟁인 '지하드'를 활용했다. 알 마문의 군대는 아나톨리아를 침공하며 비잔틴 제국에 선전포고를 했으며, 반(反)비잔틴 사상이 새로이 출현한 것도 바로 이 시기였다.

알 마문의 최측근이자 뛰어난 지식인이었던 알 자히즈(al-Jahiz)는 동물학을 비롯해 수사학, 민족지학과 관련된 활발한 저술활동을 펼쳤다. 그는 고대 그리스의 철학자와 과학자는 높이 평가했지만 철학과 과학의 연구를 금지한 비잔틴인, 기독교인, 반지성인을 비판했다. 그러면서 아리스토텔레스를 비롯해 갈레노스, 유클리드 같은 위대한 그리스 사상가들은 기독교인도, 비잔틴인도 아니었다는 점을 강조했다. 또한 그는 어떤 철학자라도 삼위일체와 성육신 같은 비합리적 기독교 교리를 받아들일 수 없을 것이라고 주장했으며, 기독교가 과학을 등한시한 것만 봐도 기독교인들의 비합리성이 드러난다고 단언했다. 힝간에시는 갈레노스 사망(기원후 210년) 이후 기독교가 그리스인의 삶에 뿌리를 내리면서 그리스 의학 연구의 명맥이 끊겨 버렸다고 이야기했는데, 실제로 '기독교인들은 학문 연구를 일종의 죄악으로 여겼다'는 기록도 있다.[6]

알 마문의 측근이었던 지식인들은 비잔틴 제국이 아닌 이슬람 제국이 진정한 그리스인의 후예라고 주장했다. 그들은 기독교인이라고 해서 전부 반지성인이 아닐뿐더러 기독교인 번역가를 비롯해 의사, 과학자가 바그다드뿐만 아니라 다른 지역에도 다수 존재한다는 사실을 잘 알고 있었을 것이다. 그럼에도 불구하고 그들이 그런 주장을 내세운 이유는 비무슬림들을 '반지성인'으로 폄하함으로써 이슬람과 칼리파국의 지적 우월성을 드러내기 위함이었다. 그렇지만 칼리프는 칼리파국에 있는 여러 교회의 지도자들을 존중하는 관행은 그대로 이어갔다. 알 마문은 이집트를 여행할 때 시리아 정교회 총대주교인 텔마레의 디오니시우스와 동행하기도 했다.

818년 알 마문은 시아파 중 12이맘파의 8대 이맘인 알리 알 릿다Ali al-Ridha를 자신의 후계자로 지명했다. 메디나 출신의 알리 알 릿다는 799년에 아버지인 무사 알 카딤이 사망한 후, 이맘의 자리에 올라 '파트와Fatwa(어떤 행동이 이슬람법에 저촉되는지를 해석하는 권위 있는 이슬람 판결)'를 발행했고 아버지에게 배운 하디스를 전수하고 가르쳤다. 알 마문의 전임 칼리프였던 알 라시드는 무슬림들이 시아파 이맘을 방문하거나 그의 가르침을 따르는 것을 금지했지만 소용없는 일이었다. 이에 알 마문은 오히려 시아파와 손을 잡는 것으로 전략을 수정했고 자신의 아들들 대신 시아파 이맘 알리 알 릿다를 후계자로 지명했다.

알 마문은 자신의 의중을 드러내기 위해 아바스 왕조의 상징인 검은색을 시아파의 초록색으로 바꾸었다. 또한 '이슬람의 후계자'로 알리를 지명한 것을 기념하는 주화를 발행하기도 했다. 그는 이러한 전략을 통해 수니파와 시아파 간의 뿌리 깊은 갈등을 종식하고 백성들의 신뢰를 얻고자 했으나, 바람과 달리 오히려 시아파 세력은 더욱 확장되었고 수니파 고위층의 반감 역시 더욱 커져갔다. 아바스 가문은 결국 알리의 폐위를 선포하고 반란을 일으켜 알 마문의 삼촌인 이브라힘 이븐 알 마흐디를 칼리프로 추대했다. 그런데 알 마문이 반란군을 진압하려고 준비하는 동안 알리 알 릿다가 갑작스럽게 사망했다. 알 마문은 알리가 '포도 과다 섭취'로 자연사했다고 말했지만, 일각에서는 사태를 무마하려 한 알 마문에 의해 그가 독살당했다고 주장했다. 한편, 시아파 측에서는 부당하게 살해당한 알리 알 릿다를 순교자로 간주했으며 이란에 묻힌 그의 묘지는 후일 마슈하드(순교자의 땅)라는 종교 도시로 변모했다. 정치적 걸림돌이었던 알리가 제거된 후, 알 마문은 시아파의 상징색인 초록색을 버리고 아바스 왕조의 검은색을 다시 내걸며 삼촌 이브라힘을 압박했다. 819년 결국 이브라힘은 투항했고 칼리프직에서 내려와 작곡과 가창에 몰두하며 여생을 보냈다.

알 마문은 이슬람의 여러 학파 중에서도 무타질라 학파를 지지했다. 무타질라 학파의 위대한 지식인이자 이슬람 최초의 철학자로 평가받는 알 킨디al-Kindi는 아리스토텔레스의 사상을 처음으로 이슬람 교리에 적용했다. 그는 철학 사상을 바탕으로 기독교의 삼위일체 교리를 반박했으며, 비잔틴인들과 기독교인들의 비합리성을 비판했을 뿐만 아니라 이슬람 교리에 합리주의를 적용하는 것에 반대하는 무슬림들까지 못마땅하게 여겼다. 이 장 초입에 소개한 알 마문의 꿈 이야기로 돌아가 보자. 그의 꿈속에서 아리스토텔레스는 이성이 전통보다 우위에 있다고 단언했다. 그렇기에 알 마문은 하디스를 중요시하는 전통주의자 집단인 '아흘 알 하디스Ahl al-Hadith'의 교리를 배척한 무타질라 학파를 지지했다.

알 마문 시대에 활동한 대표적인 전통주의자는 신학자 아흐마드 이븐 한발Ahmad ibn Hanbal이다. 그는 하디스 모음집인《무스나드Mus-nad》를 편찬하며 하디스 전승이 신빙성을 판단하기 위해 이스니드

(전승의 연결고리)를 적용했다. 그래서 그는 하디스를 '샤히흐Sahih(가장 신빙성이 높은 전승)', '하산Hasan(신빙성은 높으나 전달 과정에 약간의 결점이 있는 전승)', '다이프Da'if(신빙성이 매우 빈약한 전승)'로 구분했다. 이븐 한발과 그의 동료들은 무타질라 학파의 합리주의 신학에 반대하며 코란은 창조된 것이 아니라 영원불멸한 하느님의 말씀이라고 주장했다. 따라서 그들에게 이슬람 교리와 법 해석의 기반이 되는 것은 논리나 비무슬림의 관습이 아닌 하느님의 말씀과 신빙성이 높은 하디스였다. 그러나 알 마문은 신학자들을 통제하고 권력을 강화하려는 의도로 무타질라 학파를 지지했고, 827년에는 코란이 신에 의해 창조되었다는 '창조된 코란설'을 공인했다.

알 마문과 무타질라 학파는 코란이 영원불멸하다고 믿는 것은 '쉬르크', 즉 파계 행위로서 유일신 외의 피조물을 숭배하는 우상 숭배와 다름없다고 단언했다. 게다가 833년 알 마문은 일종의 충성 서약인 '미흐나mihna'를 제정했다. 알 마문은 관료, 학자, 성직자들이 무타질라 학파의 창조된 코란설에 공개적으로 동의를 표하는지 여부에 따라 그들의 충성심을 평가했고, 이 시험에 통과하지 못한 관료들을 법적으로 심판했다. 특히 이븐 한발은 이 서약을 거부하다 투옥되는 등 심한 박해를 받았는데, 이에 굴하지 않고 전통적인 교리를 고수한 이븐 한발의 강인하고 신실한 태도는 오히려 그의 명성을 더욱 높였다. 855년 그는 75세를 일기로 세상을 떠났고 그의 무덤은 숭배의 장소이자 성지가 되었다.

이븐 한발의 제자들은 그의 이름을 따 수니파 사법학파(마드합madhhab)중 하나인 한발리파를 발전시켰다. 오늘날 한발리파가 내세우는 주장 중 일부가 이븐 한발의 뜻을 왜곡하고 있다고는 해도(특히 이 책의 3부에서 다룰 사우디아라비아의 와하브파), 한발리파는 수니파 중 가장 엄격하다는 평가를 받는다. 성인의 유해를 숭배하거나 신비주의를 실천하는 수피교에서도 이븐 한발은 모범적인 인물로 존경받으며, 수피즘 전승은 이븐 한발을 가장 위대한 수피 성인 중 한 명으로 꼽는다.[7]

그가 저술한 법 해석 관련 문헌을 보면 그가 특히 무슬림과 비무슬림 간의 관계에 큰 관심을 가졌다는 것을 알 수 있다. 실제로 그는 무슬림이 비무슬림에게 코란을 가르쳐서는 안 된다고 말했지만, 성서의 백성들이 비가 내리게 해달라고 무슬림과 함께 기도해도 되는지를 묻는 질문에는 그렇게 해도 된다고 대답했다. 그리고 그는 가족 간에 종교가 다른 경우, 무슬림은 비무슬림 가족에게 무슬림에게만 사용하는 아랍어(앗살람 알라이쿰As-salam Alaykum)로 인사하기보다 페르시아어로 인사할 것을 권상했다. 무슬림 남편이 기독교인 아내에게 포도주를 마시거나 집안에 십자가를 들이는 것을 금지할 수 있는지를 묻는 질문에는 남편이 아내에게 그런 일을 하지 못하도록 금지할 수 있지만, 아내 역시 남편의 요청을 거부하거나 남편의 의사에 관계없이 자신의 뜻에 따라 행동할 수 있는 자유가 있다고 대답했다. 다른 법학자들 또한 '무슬림은 비무슬림에게 살람Salam(평화를 뜻하는 아랍어 인사)이라고 인사를 건넬 수 있을까?', '무슬림은 비무슬림과 악수를 해도 될까?', '무슬림은 비무슬림과 함께 식사를 해도 될까?'와 같은 질문들에 답을 해야 했는데 그에 대한 의견은 모두 제각각이었다.

쇠락의 길로 접어든 아바스 왕조

833년 알 마문은 비잔틴 제국을 상대로 지하드를 벌이기 위한 원정대를 꾸렸다. 그런데 원정대가 비잔틴 제국의 영토로 진격하던 중 알 마문이 갑작스럽게 사망하는 일이 벌어진다.

8월의 어느 날, 아나톨리아 지역의 무더위 속에서 알 마문은 강물에 몸을 담갔고 신선한 대추야자와 생선을 먹었다고 한다. 그런데 얼마 후 알 마문을 비롯해 그의 동생 알 무타심al-Mutasim과 동행인들은 발열과 복통을 호소했다. 시간이 흐르고 그날 저녁 알 마문은 사망하게 된다. 일각에서는 그의 동생 알 무타심이 그를 독살했다는 의심의 눈초리를 보냈으며, 미흐나에 반대했던 이들은 알 마문이 신성을 모독했기 때문에 신의 형벌을 받았다고 주장했다. 이후 알 무타심이 스스로 칼리프임을 선언하자 알 마문의 아들 알 아바스al-Abbas를 지지하는 세력은 이에 반감을 드러냈다. 그러나 삼촌에게 반기를 드는 것을 원치 않았던 알 아바스는 그를 칼리프로 인정했다. 알 무타심은 바그다드에서 자신의 세력을 강화하기 위해 많은 튀르크 출신 노예를 용병으로 훈련시켜 군대를 조직했다. 또한 그는 바그다드에서 북쪽으로 100km 떨어진 티그리스강 유역의 사마라로 천도를 결정하며 왕조를 탈바꿈하겠다는 의지를 드러냈다.

알 무타심이 튀르크 노예 출신 용병을 중심으로 권력을 재편하면서 아바스 왕조의 권력구도는 근본적으로 변화하기 시작했다. 알 무타심의 뒤를 이어 칼리프에 즉위한 알 무타와킬al-Mutawakkil(재위 847~861년) 역시 사마라를 근거지로 삼아 통치를 행하며 반란을 무력으로 진압하고, 비잔틴 제국과 전쟁을 치르기 위해 튀르크 출신 장성들과 노예 용병들에게 힘을 실어주었다. 그러나 재위 말기에 튀르크 출신 장성들의 권세가 갈수록 강해지면서 갈등이 불거졌고, 그는 결국 튀르크 군대의 암살 음모에 의해 살해되었다. 이후 튀르크 군대는 왕조를 장악하면서 칼리프들을 통제하기 시작했다. 게다가 1258년에 바그다드가 몽골에 함락되고 사실상 아바스 왕조 최후의 칼리프 알 무스타심al-Mustasim이 몽골군 사령관 훌라구에게 살해당하면서 아바스 왕조의 명맥은 끊기고 말았다.

이 시기에 칼리프들은 수니파 종교 지도자이자 토후국의 왕들이 충성을 맹세한 왕으로서 대우를 받기는 했지만, 바그다드와 칼리파국 영토 전체에서 실권을 장악한 것은 튀르크 군대 장성들이었다. 861년에서 870년까지 튀르크군의 뜻에 따라 5명의 칼리프가 차례로 즉위했으나 튀르크군의 내부 권력 다툼으로 줄줄이 죽어나갔다. 이런 내전의 회오리 속에서 칼리프의 권력은 크게 위축되었고 마그레브와 이베리아반도는 한동안 아바스 왕조의 통제에서 벗어나게 되었다. 칼리프직을 이어받은 알 무타즈는 868년에 아흐마드 이븐 툴룬을 이집트 총독으로 임명했으나, 그는 사실상 이집트를 독립적으로 통치했다. 또한 토후국의 왕들은 튀르크계, 아프리카계, 페르시아계로 나뉘어 각자의 궁을 세우고 독자적인 왕조를 수립했다. 그렇게 이슬람 세계를 이끌었던 아바스 왕조는 찬란했던 역사를 뒤로하고 빛바랜 영광의 뒤안길로 사라져갔다.

다양한 종교의 용광로였던 아바스의 바그다드

9~10세기에 아바스 왕조는 혼란 속에 빠져 있었지만 바그다드는 여전히 학문과 문화의 중심지로 명성을 떨쳤다. 칼리프 알 무타와킬은 미흐나를 폐지하며 이슬람 교리와 코란의 창조설에 관한 논쟁을 금지했다. 그는 또한 학문 연구 활동에 후원을 아끼지 않았다. 알 무타와킬이 임명한 의학자 후나인 이븐 이스하크Hunayn ibn Ishaq는 아바스 왕조 때 바그다드에서 활동한 위대한 지식인 중 한 명으로 꼽힌다. 유프라테스강 유역의 기독교 집안에서 약사의 아들로 태어난 이븐 이스하크는 바그다드로 이주해 그리스어를 배웠고 천문학을 비롯해 철학, 수학, 점성술, 의학에 관한 수많은 문헌을 시리아어와 아랍어로 번역하는 작업에 매진했다. 또한 그는 네스토리우스파 기독교인으로서 《70인역》(히브리어 성경을 그리스어로 옮긴 최초의 번역본)을 아랍어로 번역했고 아담의 창조부터 알 무타와킬 시대를 망라한 세계사를 집필하기도 했다.

그는 성상 숭배에 매우 비판적인 입장을 내세워 그로 인해 기독교인 동료 일부와 갈등을 빚기도 했다. 어느 날 이븐 이스하크는 알 무타와킬과 면담을 하고 있었는데, 그의 기독교인 동료들은 칼리프 앞에서 성상에 침을 뱉어보라고 그를 부추겼다. 결국 성상에 침을 뱉은 그는 네스토리우스파 교회의 총대주교뿐만 아니라 칼리프의 분노를 샀다. 그는 이 일로 형장을 맞은 뒤 6개월 간 투옥되었고 자신의 도서관을 비롯해 모든 재산을 몰수당했다. 이처럼 당시 기독교인들은 내부의 갈등을 해결하기 위해 교묘한 방식으로 칼리프를 이용하기도 했다.

알 무타와킬의 측근이었던 또 다른 위대한 학자 중 한 명은 알리 이븐 야히아 이븐 알 무나짐Ali ibn Yahya ibn al-Munajjim이었다. 그는 기독교인인 후나인 이븐 이스하크에게 이슬람으로 개종할 것을 권하는 서한을 보낸 것으로 유명하다. 이븐 알 무나짐은 페르시아 학자 가문 출신으로 그의 조부는 조로아스터교인이었으며 알 만수르의 점성술사였다. 그의 부친 역시 알 마문의 점성술사였고 후에 이슬람으로 개종했다. 다방면으로 박학다식했던 그는 특히 음악에 조예가 깊었으며, 알 무타와킬 뿐만 아니라 그의 후계자들과도 돈독한 관계를 유지했다. 이븐 알 무나짐은 이븐 이스하크로부터 번역 작업을 요청받으면서 그와 친분을 맺기 시작했다. 그는 서간체 형식으로 이븐 이스하크에게 '증거'라는 논설문을 보내 무함마드가 하느님의 예언자이며 코란은 하느님의 말씀이라는 것을 보여주려 했다. 그러나 이븐 이스하크는 알 무나짐의 의견을 정면으로 반박하는 답신을 보냈다. 그는 무함마드가 하느님의 예언자라는 증거는 어디에도 없으며 코란이 창조될 수 없다는 주장은 합리적으로 증명된 바가 없다고 항변했다.

이븐 이스하크가 특히 관심을 가졌던 분야는 의학이었다. 그는 856년에 쓴 한 서신에서 자신이 알고 있는 갈레노스의 논문 129편을 인용했고, 그와 동료들이 그중 상당수를 아랍어로 번역한 덕분에 이슬람 세계는 그리스 의학 유산을 자신들의 것으로 만들 수 있었다. 이븐 이스하크와 동시대에 활동한 알리 이븐 랍반 알 타바리Ali ibn Rabban al-Tabari는 그리스, 페르시아, 인도의 전통 의학 지식을 담은 의

113

학 백과사전《지혜의 낙원》을 850년에 편찬했다. 그는 이 백과사전에서 하룬 알 라시드 재위 기간에 아랍어로 번역된 산스크리트어 문헌을 바탕으로 인도의 의료 전통을 상세히 설명했다. 한편 약리학에 관한 부분에서는 대부분 페르시아어에서 유래한 용어들을 소개했는데, 이런 지식의 반석 위에서 수많은 이슬람 학자들은 의학 이론, 임상 의학, 또는 약제에 관한 학문 연구에 매진했다. 그리고 987년 이븐 알 나딤Ibn al-Nadim은 아랍어로 번역된 174개 문헌(대부분 그리스어에서 아랍어로 번역)을 포함해 430개의 의학 문헌 목록을 열거한《피흐리스트Fihrist(목록)》를 아랍어로 집필했다. 이처럼 중세 시대를 통틀어 아랍어로 쓰인 의학 논문은 수천 개에 이를 것으로 추정되며, 이를 통해 9세기 중엽에 이론과 임상을 막론하고 다양한 전통 의학이 융합된 진정한 아랍 의학이 탄생하게 되었다.[8]

　다양한 언어 및 종교적 배경을 가진 수많은 이슬람 학자들은 9세기에서 10세기까지 아바스 왕조의 학문과 문화를 부흥시켰다. 바그다드의 이슬람, 기독교, 유대교 지도층은 철학과 신학에 관한 논쟁을 벌이면서 자신들의 종교 공동체를 운영하기 위한 법을 제정하려 했다. 전승에 따르면 우마르 1세는 유대인 공동체의 운영을 유대인의 정치적 수장 '엑자일아크Exilarch'에게 위임했다. 이들은 9세기에 바그다드에 정착했고 유대교 학자(가온Gaon)들의 지원을 받으며 아바스 칼리파국 뿐만 아니라 다른 지역에서도 유대인들에게 상당한 권한을 행사했다. 그들은 기독교 지도자들과 마찬가지로 유대인 공동체를 대표해 궁정에서 열리는 철학과 신학에 관한 논쟁에도 적극적으로 참여했다.[9]

당대 유대인 학자들 중 가장 널리 알려진 인물은 사디아 가온 Saadia Gaon(882~942년)으로, 나자프에서 20km 떨어진 유프라테스강변의 유대교 수라 아카데미 원장이었다. 그는 아랍어를 구사하는 최초의 유대인 신학자이자 철학자로, 934년에《신앙과 견해에 관하여》라는 책을 출간해 유대교의 진리는 합리주의 철학을 통해 증명될 수 있다는 종교 사상을 정립했다. 그는 이슬람 신학자들을 상대로 유대법은 폐지된 적이 없으며 유대인은 성서를 왜곡한 적이 없다고 강변했다(일부 무슬림들은 유대교에서 성서를 왜곡했기 때문에 성경을 신뢰할 수 없다고 주장한다). 또한 그는 최초로 히브리어 성경을 아랍어로 번역했다. 이슬람에 대한 해박한 지식을 바탕으로 번역된 성경은 아랍어를 사용하는 유대인 공동체뿐만 아니라 이슬람과 기독교 아랍 지식인들 사이에 널리 알려졌다. 또한 그는 구전 율법을 경전으로 인정하지 않고 오직 토라만을 권위 있는 경전으로 인정하는 카라이트 유대교를 이단으로 규정하며 그들을 상대로 학문적 투쟁을 벌이기도 했다.

유대교와 기독교 법학자들은 종교적 전통과 관습을 재정비해 딤미의 생활방식에 적합한 새로운 법을 만들어야 했다. 비잔틴 제국과 사산 왕조에서 차용한 법체계가 붕괴되면서 기독교 교회의 주교와 총대주교는 종교 문제만이 아니라 민사적 문제까지 판결해야 했기 때문이다.[10] 이로 인해 그들의 재판권과 권력은 더욱 강화되었으며, 이슬람법과 그 법체계가 점차 확립되었던 것도 이 시기다.[11] 그래서 아바스 왕조 때 정립된 이슬람법에는 이슬람의 원칙(코란과 하디스)과 아라비아를 비롯한 페르시아, 로마 기독교, 유대교의 관습과 전통이 융합되어 있었다. 또한 고대 그리스 철학에서 큰 영향을 받은 이슬람 신학은 이 시기에 기독교 및 유대교 교리와 경쟁하고 대립하면서 발전해갔다.

이슬람은 타종교와 어떤 관계를 맺어야 할까? 이슬람의 원칙과 법은 어떻게 제정해야 할까? 이슬람의 종교와 법의 원칙을 확립하는 데 있어 이성과 전통은 어떤 역할을 할까? 앞서 보았듯이 이런 문제들은 종교 간 첨예한 갈등을 불러일으켰고 여러 칼리프들은 직접 개입해 갈등을 해결하려 했다. 알 마문은 미흐나를 제정해 이성과 합리주의를 내세운 반면, 알 무타와킬은 미흐나를 폐지하고 전통을 우선시했다. 두 칼리프뿐만 아니라 다른 여러 이슬람 지도자들도 이런 신학적 논쟁에 종지부를 찍어보려 했지만 모두 허사였으며, 오늘날까지도 여전히 해결하지 못한 과제로 남아있다.

수니파의 사법학파 창시자인 네 명의 학자 역시 아바스 왕조 때 활동했다. 하나피파의 창시자 아부 하니파Abu Hanifa는 쿠파에서 활동한 페르시아 출신 신학자이자 법학자였다. 알 만수르는 그를 이슬람법의 재판관인 카디qadi로 임명하려 했지만 그가 거부했고 결국 투옥되어 767년 옥사했다. 말리키파의 선조 말릭 이븐 아나스Malik ibn Anas (796년 사망)는 메디나 출신 법학자로 전통주의자였다. 샤피이파의 창시자 알 샤피al-Shafii는 팔레스타인 출신으로 메디나로 건너와 말리크 이븐 아나스 문하에서 공부한 뒤 알 마문 시대에 바그다드에서 활동하다가 820년에 이집트 카이로에서 사망했다. 현재까지도 그의 무덤은 이슬람 성지로 숭배된다. 마지막으로 한발리파의 창시자 이븐 한발은 바그다드에서 왕성한 학문적 성과를 이뤄냈다.

네 명의 학자들은 서로의 이론을 반박하지 않았지만 모두 아바스 왕조의 칼리프들과 갈등을 빚으며 투옥되는 등 우여곡절을 겪었다. 수니파의 법학파가 네 개로 나뉘고 법학자와 신학자들의 의견이 서로 다른 것만 봐도 '피크흐Fiqh', 즉 이슬람법 해석이 얼마나 다양하게 이루어질 수 있는지, 포괄적인 이슬람 율법 '샤리아'가 사실상 얼마나 실효성이 없는 법인지를 알 수 있다. 더욱이 '샤리아'라는 말은 코란에 단 한 차례 등장할 뿐이며 하디스에는 거의 등장하지 않는다. 샤리아라는 말은 본래 칼리파국에서 아랍어를 사용하는 유대인과 기독교인들이 '예언자가 수립한 법체계'를 지칭하기 위해 사용하던 말이었다.[12] 그러다 이슬람 법학자들과 신학자들은 법학자의 법 해석을 뜻하는 피크흐와 구분하기 위해 신의 계시에 의한 절대적인 법을 지칭하는 샤리아라는 말을 사용하기 시작했다. 샤리아라는 말이 거쳐 온 역사를 보기만 해도 유대인, 기독교인, 무슬림이 지적·종교적으로 얼마나 깊이 얽혀 있었는지, 샤리아가 예언자 무함마드 시대부터 불변하는 절대적인 법이라는 주장이 얼마나 터무니없는 것인지 단번에 알 수 있다.

예언자 무함마드의 언행을 담은 하디스가 본격적으로 편찬되기 시작한 것도 아바스 왕조 때였다. 앞서 언급했듯이 이븐 한발은 무함마드와 그 교우들의 언행을 기록한 하디스를 수집해 전승의 연결고리(이스나드)를 설정하고 신뢰도에 따라 이를 분류했다. 9세기 후반에 수니파의 6대 하디스 선집이 편찬되었고 그중 하나가 1장에서 언급된 무슬림 이븐 알 하자지의 하디스 선집이다. 시아파의 4대 하디스 선집은 수니파 선집보다 2세기가 늦은 10세기에서 11세기에 편찬되었다. 그 때문에 이슬람 전통주의자들은 시아파 하디스 선집의 신뢰도에 의심을 품기도 한다. 물론 시아파의 일부 하디스에는 무함마드와 그 교우들의 언행이 충실히 기록되어 있지만, 어떤 하디스에는 무함마드의 시대가 아닌 우마이야 왕조와 아바스 왕소 시대의 흔적이 고스란히 드러나 보이기 때문이다. 이런 경우 유대교나 기독교에서 유래한 전승인 '이스라일리야트Isra'iliyyat'가 다수 포함되어 있다. 또 어떤 하디스에는 아바스 왕조 내에서 벌어진 칼리프 제도, 법체계, 관습에 관한 논쟁이 기록되어 있는데, 자신들의 주장을 뒷받침해줄 무함마드 언행이 기록된 전승이 필요했기 때문이다. 심지어 필요한 전승이 발견되지 않으면 그런 전승을 꾸며내기도 했던 것으로 추정된다.

이 때문에 무타질라 학파를 위시한 일부 이슬람 학자들은 하디스 전체를 인정하지 않았다. 그중에서도 바그다드 출신 이슬람 학자 이븐 쿠타이바(828~885년)는 여러 하디스 간에 명백히 드러나는 모순을 비판하는 저술을 남겨 하디스를 신뢰하지 않는 자들의 지지를 얻었다. 역사학자 이븐 이스하크(768년경 사망)는 구전 전승을 바탕으로 《시라 라술 알라Sirat rasul Allah(예언자의 생애)》 또는 간단히 《시라Sira》라고 불리는 무함마드의 일대기를 편찬했다. 이븐 이스하크가 편찬한 원본은 현재 존재하지 않으며 이븐 히샴의 개정판만이 존재한다(이븐 히샴이 828년 내지 833년 사망한 것으로 추정되므로 무함마드 사후 2세기가 지난 후에 개정된 판본이다). 이븐 히샴은 예언자 무함마드의 생애를 단순히 연대순으로 나열하기보다 다양하지만 때로는 서로 모순되는 여러 전승을 집대성했다. 그리고 여기서도 기독교인, 유대인,

조로아스터교인과 경쟁하고 교류하는 과정에서 영향을 받은 요소들이 발견된다.

일례로 무함마드가 기적을 행할 수 있었는가에 대해 코란과 하디스는 서로 상반된 이야기를 한다. 코란에서 무함마드는 기적을 행해보라고 도발하는 사람들에게 자신은 신의 예언자일 뿐, 기적은 하느님만이 행할 수 있다고 대답한다. 그리고 자기 이전의 예언자들은 그들의 백성을 설득하지 않고 기적을 행했다고 덧붙였다. 반면 여러 하디스에서 무함마드는 기독교의 예언자들처럼 기적을 행하며 자신이 하느님의 사자임을 증명한다. 이븐 히샴이 편찬한 하디스에 소개된 시리아의 기독교 수도자 바히라Bahira의 일화를 살펴보자. 어느 날 메카에서 출발한 대상 행렬에서 바히라는 삼촌 아부 탈리브를 따라온 12살의 어린 무함마드를 마주치고는, 그가 복음서에 언급된 하느님의 예언자라는 것을 직감한다. 대상 행렬이 앞으로 나아가자 구름은 어린 무함마드를 따라가 그늘을 만들어주었고, 그가 나무 아래 앉으면 가지들이 움직여 햇볕을 가려주었다. 하디스에 기술된 이런 이야기들은 이슬람이 기독교의 연장선상에 있으며 기독교의 완성된 형태가 바로 이슬람이라는 것을 보여주려는 의도적인 설정이라 할 수 있다.

앞서 언급한 것처럼 아바스 왕조 말기에도 무슬림은 기독교인에 비해 여전히 수적으로 열세였고 두 종교 간의 상호 교류와 접촉은 지속적으로 이루어졌다. 아바스 왕조는 우마이야 왕조처럼 세계에서 기독교 인구가 가장 많이 분포하고 있는 영토를 다스렸다. 이 영토의 인구는 비잔틴 제국이나 유럽의 기독교 소양국 인구보다 훨씬 더 많았다. 지리학자 이븐 하우칼Ibn Hawqal(988년 사망)에 따르면, 메소포타미아 북부 도시 에데사에는 300개 이상의 교회와 수도원이 있었으며 주민의 대다수는 기독교인이었다. 당시의 여러 문헌들을 보면, 무슬림들이 기독교 사제에게 세례를 받거나 자녀들에게 세례를 받게 했다는 사실을 알 수 있다. 그렇다고 해서 무슬림들이 이슬람에서 기독교로 개종을 한 것은 결코 아니었다. 당시 무슬림들은 그저 세례 의식을 통해 악령으로부터 자신과 자녀를 지킬 수 있다고 믿었을 뿐이다. 이후 12세기 중엽에 기독교 주교 장 드 마르드는 무슬림 자녀와 기독교 자녀가 함께 세례를 받는 것은 금지했지만, 무슬림 자녀들에게 축성되지 않은 물로 십자가 없이 '요한의 물세례'를 주는 것은 허용했다. 그러나 당시 기독교는 무슬림에게 세례를 해주면서도 그들을 기독교인으로 개종시키지는 못했다.[13]

앞서 지리학자 알 무카다시가 지적한 것처럼, 우마이야 왕조 때 아브드 알 말리크와 왈리드 1세는 각각 예루살렘과 다마스쿠스에 웅장한 모스크를 건립하여 당시 수많이 세워져 있던 교회들을 압도하려 했다. 이런 경향은 아바스 왕조까지 이어져 칼리프들은 새로운 교회와 유대교 회당 건축 금지, 비무슬림의 무슬림 복장 착용 금지, 무슬림에 대한 존중 등 타종교에 대해 여러 제한 조치를 실행했다 (그러나 이런 조치들은 거의 유명무실화되었다). 한편 알 마문의 측근이자 당대 뛰어난 지식인 중 한 명으로 꼽히는 알 자히즈는 기독교의 '비합리성'을 비판했다. 그는 기독교인들이 코란을 읽고 코란에 기독교에 대한 오류가 있다고 지적하는 것을 무척 불쾌해했다. 그는 또한 바그다드에서 기독교인들이 무슬림들보다 더 나은 대우를 받는 것을 개탄스러워했다.

실제로 당시에는 무슬림 남성들이 기독교인 여성과 혼인하는 사례가 많았을 뿐만 아니라(그래서 칼리프의 어머니가 기독교인인 경우가 많았다), 많은 기독교인들이 비서관, 시종관, 의사, 천문학자 등 궁정의 요직을 차지했다. 또한 기독교인 상인들은 부를 축적하며 풍요로운 생활을 누렸고 무슬림들에게도 좋은 대우를 받았다. 물론 기독교인을 향한 알 자히즈의 비판에 악의적인 의도가 전혀 없었다고는 말할 수 없다. 그리고 이 대목에서 오늘날 이민자들을 곱지 않은 시선으로 바라보는 유럽의 일부 극우 정치인들이 떠오르는 것도 사실이다. 그럼에도 한 가지 분명한 것은 당시 무슬림이라고 해서 언제나 좋은 대우를 받았던 것은 아니며 반대로 기독교인이라고 해서 언제나 차별을 당했던 것은 아니라는 점이다.

신비주의를 실천하는 수피즘의 등장

아바스 왕조가 종교적 논쟁과 정치적 갈등에 휩싸여 있을 때, 종파를 막론하고 일부 무슬림들은 이런 상황에 환멸을 느끼고 금욕과 기도를 통해 신과 하나가 되는 신비적 합일 체험을 추구했다. 이런 신비주의 사상을 실천하는 이들을 일컬어 '수피Soufis'라고 하는데, 그들이 청빈을 상징하는 수프Suf, 즉 양모로 짠 옷을 입은 것에서 유래했다. 그들은 바그다드 궁정의 화려하고 사치스러운 생활을 비판하며 금욕적이고 청빈한 생활이야말로 무함마드와 그 동료들이 추구했던 이상이라고 주장했다. 또한 그들은 이슬람의 전통 율법을 존중하면서도 형식에 얽매이는 것을 거부했고 코란의 신비주의적 해석을 강조했다.

수피파 지도자들은 평생 동안 존경과 숭배를 받았고 사후에도 그들의 무덤은 숭배의 장소이자 성지로 여겨졌다. 수피파를 대표하는 성인으로는 이라크 바스라 출신의 라비아 알 아디위야Rabia al-Ad-awiyya(801년 사망)가 있다. 라비아는 분명 역사 속의 실존 인물이지만 그녀에 대한 역사적 기록은 많이 남아 있지 않으며 전해지는 기록들이나 이야기들도 과장된 것으로 의심되는 경우가 많다. 그럼에도 불구하고 라비아가 수피즘의 태동을 알린 상징적인 인물인 것만큼은 분명하다.[14] 피리 연주자였던 라비아는 신의 사랑을 체험한 뒤 수많은 남성들의 구애를 거절하고 오로지 신만을 사랑하고, 신을 향한 수많은 사랑의 시들을 남겼다.

전해오는 한 이야기에서 라비아는 한 손에 횃불을, 다른 한 손에는 물동이를 들고 저잣거리에 나타났다. 사람들이 그녀에게 무슨 일이냐고 묻자 이렇게 대답했다고 한다. "하늘을 향해 천국에는 불을 지르고 지옥에는 물을 쏟아부어 불을 끄려고요. 천국과 지옥이 모두 사라져 버리도록 말이에요. 그래야 인간들은 천국에 대한 희망도, 지옥에 대한 두려움도 없이 오롯이 신만을 바라보며 그분을 사랑할 테니까요." 그녀는 이슬람 신비주의 영성을 창시한 인물로 존경받았으며 가잘리를 비롯해 아브드 알 카디 알 질라니, 이븐 아라비, 루미와 같이 11세기에서 13세기에 활동한 위대한 신비주의 철학자들에게 커다란 영감을 주었다. 또한 수피파의 위대한 성녀로서 그녀의 전설적인 행적들은 인도네시아에서 튀르키예를 거쳐 이집트에 이르기까지 설화를 비롯해 소설, 노래, 영화의 단골 소재가 되었다.

아바스 왕조는 거듭된 위기와 민란을 겪으며 결국 무너지고 말았다. 물론 870~900년에는 이집트를 비롯해 시리아와 헤자즈에서 세력을 되찾기는 했지만 실권을 쥐고 있던 것은 칼리프가 아닌 튀르크 출신 와지르였다. 그때부터 아바스 왕조는 격렬한 내전의 소용돌이 속에 휩싸였다. '일일천하 칼리프'로 알려진 압둘라 이븐 알 무타즈는 908년 12월 17일 아침에 와지르에 의해 칼리프로 임명되었다가 같은 날 저녁 권좌에서 내려와야 했다. 그는 튀르크 출신 장성들의 압박을 피해 몸을 숨겼으나 12일 후에 발각되어 결국 교살당했다. 그리고 이듬해 11월 시아파 이맘인 압둘라 알 마흐디가 이프리키야(현재의 튀니지)에 새로운 왕조를 세우며 스스로를 칼리프라 칭했다. 이어서 929년 코르도바 토후국의 총독이었던 아브드 알라흐만 3세Abd al-Rahman III도 칼리프를 자처했다. 이렇게 튀니지의 파티마 왕조, 코르도바의 후우마이야 왕조, 바그다드의 아바스 왕조가 각각 들어서면서 이슬람 세계에는 세 명의 칼리프가 병존하게 되었고 이와 같은 상황은 아바스 왕조가 멸망하는 1258년까지 지속되었다.

세 칼리파국이 병존한 1000년경의 이슬람 세계

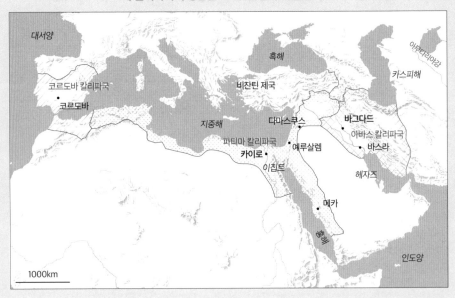

대서양

아랄다리아강

흑해

카스피해

코르도바 칼리파국

비잔틴 제국

• 코르도바

지중해

다마스쿠스 •

바그다드

파티마 칼리파국

• 예루살렘

아바스 칼리파국

카이로 •

• 바스라

이집트

헤자즈

• 메카

홍해

인도양

1000km

4장

세 칼리파국으로 분할된
이슬람 세계

1047년 8월 어느 날, 파티마 왕조의 젊은 칼리프였던 18세의 알 무스탄시르al-Mustansir는 금은보화로 장식된 말을 타고 수도 카이로를 떠나 나일강으로 향했다. 그는 빽빽하게 도열한 기병대에 둘러싸여 있었고 그 옆으로는 시종들이 그의 권력을 상징하는 장검을 비롯해 잉크병, 금실과 보석으로 장식된 파라솔을 들고 그를 따랐다. 기병대 뒤로는 낙타와 나귀를 타거나 걷고 있는 한 무리의 사람들로 행렬이 이어졌다. 칼리프의 행렬은 카이로 한복판을 가로질렀고 지나는 길마다 유대인, 기독교인, 수니파와 시아파 무슬림 백성들은 그 앞에 머리를 조아렸다.

마침내 칼리프의 행렬은 나일강 유역에 도착했다. 칼리프에게 창이 주어졌고 불어난 강물을 저장하고 있는 댐에 그 창을 던졌다. 댐을 방류해 평야에 물을 대라는 신호였다. 그렇게 며칠간의 축제가 시작되었다. 사람들은 물이 들어온 평야에서 뱃놀이를 했고 밤늦도록 잔치를 벌였다. 이 이야기는 페르시아 출신 여행가 나시르 쿠스라우가 이집트를 여행하고 남긴 기록의 일부로, 여기서 눈에 띄는 대목은 이슬람에 관한 언급이 전혀 없다는 것이다. 파티마 왕조의 칼리프는 이슬람에 의존하는 대신 파라오 시대부터 시작된 유구한 전통을 중시했던 것으로 보인다. 이는 온갖 종교가 뒤섞여 있는 이집트에서 백성들로부터 정당성을 지닌 군주로 인정받기 위한 하나의 방편이었을 것이다.

파티마 왕조는 언제, 어떻게 시작되었을까? 909년 시아파의 한 이맘이 이프리키야(현재의 튀니지)에 파티마 왕조를 개창했으며, 969년에는 이집트를 정복하고 카이로를 수도로 삼았다. 한편 929년 다마스쿠스의 우마이야 왕조의 후손인 아브드 알 라흐만 3세는 스스로를 칼리프라 칭하며, 이베리아반도의 코르도바를 수도로 후우마이야 왕조를 창건했다. 그렇게 9~10세기 이슬람 세계에는 바그다드, 카이로, 코르도바에 각각 왕조를 개창한 세 명의 칼리프가 병존하게 되었다. 그때부터 이슬람 세계는 정치적으로 분열되었지만, 그렇다고 세 칼리파국 간에 인적·물적·사상적 교류까지 단절된 것은 아니었다. 정치적 분열과 대립에도 불구하고 이슬람 세계 곳곳에서는 오히려 상당히 유사한 문화가 형성되었고 괄목할 만한 지식의 진보가 이루어졌다. 또한 유대인을 비롯해 기독교인, 그 외의 종교인들이 종교를 초월해 이슬람 세계의 문화와 지식을 풍요롭게 하는 데 기여했다.

코르도바, 카이로, 바그다드에서 실현된 종교와 문화의 공존은 때로 '실낙원'이나 '관용의 문화'로 표현될 정도다. 이 시기는 그야말로 '콘비벤시아Convivencia', 즉 관용과 공존의 이상이 실현된 시기였다. 19세기 유럽에서 반유대주의를 겪은 유대인들은 무슬림, 기독교인, 유대인이 종교와 문화를 초월해 함께 살아갔던 당시의 사회상을 동경했다. 또한 기독교, 이슬람, 유대교 문화가 섞인 독특한 문화유산을 고스란히 간직하고 있는 스페인은 그 덕분에 20세기부터 관광대국으로 거듭났다. 콘비벤시아의 정신이 실현되었던 시기는 오늘날에도 이슬람이 얼마나 관용적인 종교인가를 보여주기 위해 종종 회자된다. 그러나 수많은 과거가 미화되듯 콘비벤시아의 시대 역시 과거에 대한 망각과 진실이 뒤섞여 있다.

이집트를 중심으로 꽃핀 시아파의 파티마 왕조

아바스 왕조의 권위를 부정한 파티마 왕조는 9세기 초엽 이프리키야에 파티마 칼리파국을 세우고, 9~12세기 동안 마그레브 지역과 서아시아 일부를 지배했다. 파티마 왕조는 시아파 중에서도 이스마일파에 속한 왕조였다. 765년 바그다드에서 시아파 이맘 자파르 알사디크가 사망한 후, 본래 후계자로 지목되었던 그의 장남 이스마일이 요절하자 대다수의 시아파 무슬림들은 지금 무사Musa를 후계자로 인정했다. 그러나 시아파의 일부 무슬림들(이들은 훗날 시아파의 한 분파인 이스마일파가 된다)은 장자 상속 계승 원칙에 따라 이스마일의 후손이 후계자가 되어야 한다고 주장했다. 9세기에서 10세기에 걸쳐 이스마일파는 수니파 지도층에게 빈번히 박해를 당하면서도 일부 지역(특히 예멘)에서 세력을 과시했고 마그레브 전역에서 활발한 포교활동을 펼쳤다. 특히 이스마일파 지도자 중 한 명인 우바이드 알라Ubayd Allah는 마그레브 지역에 자신의 추종 세력을 파견해 베르베르 쿠타마(현재의 알제리) 부족의 정치적 지지를 이끌어냈다.

909년 우바이드 알라는 베르베르족의 도움으로 마그레브를 차지하고 있던 아글라브 왕조를 전복시키고 카이르완(현재의 튀니지)에 새로운 나라를 세우는 데 성공했다. 그 후 그는 '마흐디(이슬람의 메시아)'로서 혈통과 신탁을 내세워 자신이 파티마 왕조 최초이자 전 이슬람의 유일한 합법적 칼리프임을 천명했다. 그리고 언젠가 바그다드의 아바스 왕조를 무너뜨릴 것이며 파티마 왕조의 이름으로 금요 예배를 올리게 될 것이라고 호언장담했다. 사실상 마그레브 지역의 다른 지도자들도 독립적으로 통치를 했지만 그들은 칼리프보다 낮은 지위인 '아미르Emir(칼리프가 임명한 총독 또는 장군)'로 불렸다. 이렇게 아바스 왕조의 라이벌인 파티마 왕조가 탄생했다.

916년 우바이드 알라는 이프리키야 해안에 새로운 요새 도시를 건설했다. 그는 이 도시를 수도로 삼고 '마흐디의 도시'라는 뜻의 마흐디아라 칭했으며 상업도시로 융성시켰다. 그는 마그레브와 시칠리아를 정복하기 위한 전쟁에 착수했는데, 전 세계를 지배하고자 했던 파티마 왕조는 반드시 동방을 정복해야 했다. 따라서 파티마 왕조는 이집트를 표적으로 삼았고 914~925년 동안 이집트를 집요하게 공격했다. 969년 마침내 칼리프 알 무이즈al-Muizz는 자우하르Jawhar 장군이 이끄는 군대를 파견하여 이집트를 정복했다. 당시 파티마 군대는 아말피(나폴리 남동쪽 지역)의 신생 해양 세력과 손을 잡았고 그들은 선박으로 파티마 군대에 식량과 목재를 조달해주었다.

이집트를 정복한 자우하르 장군은 푸스타트(642년에 아랍인 장군이 이집트를 정복하며 건설한 도시) 근처에 '승리자'라는 뜻의 새로운 도시 카이로를 건설했다. 그때부터 카이로는 파티마 왕조 권력의 중심지가 되었다. 칼리프 알 무이즈는 971년에 카이로로 천도했다. 또한 그는 전임 칼리프 세 명의 유해가 안치되어 있는 석관까지 옮겨오며 파티마 왕조 전체를 카이로로 이전했다. 전 세계를 재패하고자 했던 파티마 왕조의 야심은 이집트에서 멈추지 않았다. 알 무이즈는 메디나와 메카의 시아파 무슬림들을 포섭하여 그들이 권력을 잡도록 지원하고 파티마 칼리파국의 종주권을 인정하게 만드는 데 성공했다. 그렇게 파티마 칼리파국은 왕조의 위엄을 세우고 자신들의 정당성을 증명하는 데 반드시 필요했던 이슬람의 가장 성스러운 도시 두 곳을 장악하게 되었다.

카이로는 시아파의 도시로서 처음에는 베르베르족이 다수를 차지하고 있었고, 푸스타트에는 주로 기독교인, 수니파 무슬림, 유대인이 살고 있었다. 파티마 왕조의 칼리프들은 종교를 막론하고 모두에게 폭넓게 관용을 베풀며 존경과 지지를 받았다. 한편 막강한 군대를 거느리며 권력을 강화한 파티마 군대의 핵심에는 쿠타마 부족이 있었다. 일 무이즈의 후계자인 일 아지즈al-Aziz는 978년 다마스쿠스를 함락하며 시리아를 정복한 다음 983년 알레포까지 진출했는데, 그는 튀르크 노예들을 군대의 또 다른 핵심축으로 만들어 쿠타마 부족을 견제했다.

996년 알 하킴al-Hakim은 아버지 알 아지즈의 뒤를 이어 칼리프직에 올랐다. 독실한 시아파 무슬림이었던 그는 금욕적인 생활을 하며 의복도 간소하게 입었고 백성들이 자기 앞에서 절하는 것을 금지했다. 스스로를 메시아라 주장한 알 하킴은 이슬람 원년 400년(1009년)이 가까이 오는 만큼 수니파 무슬림과 기독교인, 유대인이 대거 시아파로 개종하기를 바랐다. 그는 그 바람을 관철하기 위해 수니파 무슬림과 타종교 신자들을 강압적으로 통치했다. 알 하킴은 유대인과 기독교인에게 무슬림과 구별되는 의복을 입을 것을 강제했고 예루살렘의 성묘교회를 포함해 교회와 회당을 파괴했다. 또한 이슬람 초기 세 명의 칼리프를 포함한 예언자 무함마드의 동료들을 파문했고 수니파 법관들과 의사들을 경질하기도 했다. 이는 대대로 내려오는 딤미에 관한 정책을 위배할 뿐만 아니라 선대 칼리프들이 행한 실용적 관용 정책을 거스르는 행위로, 많은 백성들의 강력한 반발을 샀다.

또한 알 하킴은 엄청나게 많은 아프리카 흑인 노예를 사들여 제3의 군대를 조직함으로써 기존의 튀르크와 쿠타마 군대를 견제하려 했다. 칼리프의 지시였는지는 알 수 없으나 1020년 흑인 노예 부대는 푸스타트를 약탈했으며, 도시의 주민들은 튀르크와 쿠타마 군대의 지원을 받아 질서를 되찾았다. 그런데 공교롭게도 이 사건 직후 알 하킴이 사망했다. 항간에는 그가 암살을 당했으며 나아가 그의 누이인 시트 알 물크Sitt al-Mulk가 그를 독살한 것이라는 소문이 돌았다. 그녀가 알 하킴의 아들인 알 자히르al-Zahir가 안정적으로 군대를 장악할 수 있도록 두 달 동안이나 알 하킴의 사망 소식을 감추었기 때문이다. 알 하킴의 추종자들은 그가 죽은 것이 아니라 은둔해 있는 것이고 언젠가 마흐디, 즉 메시아로 재림할 것이라고 믿었다. 이는 후에 드루즈교로 발전하게 되었고 이들은 종교적 소수자로 박해받았는데, 현재에도 레바논을 비롯해 중동 지역에 여전히 존재하고 있다. 칼리프직을 승계한 알 자히르와 그 후계자들은 알 하킴 이전의 칼리프들처럼 다시금 딤미들에 대한 실용적 관용 정책을 펼쳤고, 파티마 왕조는 11세기 내내 셀주크 튀르크와 유럽 십자군이라는 새로운 시련에 맞서야 했다. 이에 대해서는 5장에서 상세히 다룰 것이다.

969년 파티마 왕조가 이집트를 정복하고 1171년 살라 알 딘Salah al-Din이 아이유브 왕조의 초대 술탄으로 즉위하면서, 파티마 왕조가 멸망할 때까지 카이로는 2세기 동안 파티마 왕조의 수도이자 문화적·경제적 요충지였다. 지리학자 알 무카다시는 '예전에 화려했던 바그다드는 이제 폐허가 되었다'고 하면서 '오늘날의 카이로는 옛 바그다드의 영광을 재현하고 있으며 이슬람 세계에서 이보다 더 웅장한 도시는 없다'고 기록했다.[1]

970~972년 알 무이즈는 카이르완의 모스크를 본떠 카이로에 '가장 빛나는 사원'이라는 뜻의 알 아자르 모스크를 건립했다. 수니파가 다수를 차지하는 이집트의 이 모스크 안에는 현재 이슬람 세계에서 규모가 큰 대학 중 하나로 꼽히는 신학대학이 있다. 또한 모스

크 안에는 마흐디아의 궁전을 본떠 지은 두 개의 궁전이 있는데, 그곳에서는 민간 또는 종교 행사를 할 수 있다. 그 밖에도 도서관, 학술원을 비롯한 칼리프들의 무덤 등이 모스크 안에 조성되어 있다.

당시 칼리프는 파티마 왕조의 중추로, 궁정에서 칼리프를 알현할 때는 몇 시간 동안 여러 의례를 거쳐야만 했다. 그동안 칼리프는 흰색 의복을 정제한 상태로 왕좌에 앉아 있었고 접견실의 커튼이 올라갈 때도 거의 몸을 움직이지 않았다. 일부 장군들과 관리들만이 접견실에 들어올 수 있었으며 그들은 칼리프에게 경의를 표하기 위해 그의 앞에 엎드려 땅에 입을 맞추었다. 그들 중에서도 칼리프의 최측근들만이 그의 손과 발에 입을 맞출 수 있었는데, 칼리프는 가벼운 손짓으로 그들이 표하는 경의에 화답했다. 그 외에 다른 사람들은 접견실의 문턱에만 입맞춤할 수 있었다.

이렇듯 궁전에서 치러지는 의례는 소수의 카이로 고위층만이 경험할 수 있었다. 그러나 칼리프는 백성들을 위한 축제를 벌여 카이로의 모든 백성들이 왕조의 호화로운 모습을 볼 수 있게 해주었다. 이슬람의 큰 축제가 있을 때마다 그는 카이로에서 출발해 푸스타트 거리를 지나며 두 도시의 중요한 건축물들을 둘러봤다. 이슬람 신년 축제를 할 때면, 군대를 비롯한 장군과 부하들, 코란을 낭독하는 사람들, 칼리프의 권력을 상징하는 물건(잉크병, 장검, 파라솔)을 들고 있는 신하들에게 둘러싸인 칼리프가 백성 앞에 모습을 드러냈다. 이 행렬이 잠시 멈추면 여러 고위 관리들은 칼리프에게 다가가 그의 발치에 입을 맞추며 경의를 표했다. 그들이 저마다 어떤 위치에 있는지를 잘 살펴보면, 어떤 군대가 또는 어떤 인물이 칼리프의 총애를

알 아자르 모스크. 도서관과 학술원, 궁전과 칼리프를 알현하는 접견실이 마련되어 있었다. 현재에는 가장 큰 이슬람 신학대학 중 하나가 알 아자르 모스크 안에 있다.

받는지 알아볼 수 있었다. 또한 명목상으로 우위에 있는 칼리프와 그보다 아래에 있는 와지르 간의 권력 구도도 눈치챌 수 있었다.

　행차가 끝나갈 즈음이면 칼리프는 그를 따라온 백성들에게 새해의 날짜가 찍힌 주화와 선물을 나누어 주었다. 이 장 초입에서 본 것처럼 파라오 시대부터 나일강의 방류를 기념하는 축제는 기독교 시대에도, 이슬람 시대(파티마 왕조 시대)에도 계속 이어졌다(그러나 20세기에 나일강의 범람을 막는 아스완 댐이 건설되면서 이 축제는 폐지되었다). 칼리프들은 이런 축제를 비판하고 배척하기보다 계속 이어나가며, 무슬림과 시아파에게 과거의 파라오들처럼 나일강과 이집트를 지배하는 군주로서의 모습을 보여주는 편이 낫다고 판단했다.

지중해와 홍해를 끼고 있는 이집트는 파티마 왕조 시대에 세계 무역의 거점으로 성장해나갔다. 게다가 나일강의 축복으로 관개용수가 풍부하고 토지가 비옥해 농업이 발전하면서 당시 이집트는 이슬람 세계에서 가장 번영한 지역 중 한 곳으로 부상했다. 국가의 통치자였던 파티마 왕조(969~1171년)의 칼리프들과 아이유브 왕조(1171~1250년)의 술탄들은 무역이 자국에 가져다주는 이익을 분명히 인식하고 과도한 세금을 부과하지도 통행을 제한하지도 않았다. 이에 대해 한 역사학자는 당시의 지중해야말로 진정한 '자유 무역 지대'였다고 평가했다.[2]

푸스타트 유대교 회당의 게니자Geniza(회당의 문서고)에서 발견된 유대인 상인들의 서신은 모로코와 포르투갈의 대서양 연안과 인도 항구 도시들을 오가며 무역을 한 이집트 무역상의 활동을 보여준다. 이집트 무역상들은 인도에서 향신료(후추, 계피, 생강 등)를 구입한 다음 이를 홍해의 이집트 항구 도시들로 보냈다. 그중 한 곳이 쿨줌(현재의 수에즈)으로, 그곳에서 대상隊商들은 상품을 카이로 항구까지 운송하거나 상이집트의 아이자브 항구까지 운송했고, 거기서 사막을 건너 아스완까지 간 다음 나일강을 따라 내려갔다. 대상들이 인도에서 들여온 상품들은 카이로 항구에서 배에 실려 지중해에 면한 로제타나 다미에타, 또는 알렉산드리아 항구로 운송되었다. 그리고 이 상품들은 다시 지중해 항구에서 배에 실려 팔레스타인, 키프로스, 비잔틴 제국, 마그레브 지역, 유럽으로 수출되었다.

이집트에서 생산되는 상품 역시 수출 품목 중 하나였는데, 그중 가장 중요한 품목은 아마포(직물의 재료)였다. 아마포는 가공되지 않

푸스타트의 유대교 회당. 회당의 문서고인 게니자에는 편지, 상업 문서 등 중요한 역사적 사료가 보관되어 있다.

은 채로, 또는 직물의 형태로 수출되었다. 지중해 연안의 다른 도시들과 마찬가지로 직물 산업은 이집트에서 가장 큰 비중을 차지하는 산업이었다. 카이로 경제 활동 인구의 대다수가 어떤 형태로든 직물 산업에 관여하고 있었기 때문이다. 직물로 제작한 의복, 담요, 쿠션, 카펫 등은 각 가정의 부의 척도였다. 그렇다고 모두가 직물 산업에 종사했던 것은 아니다. 게니자에서 발견된 문서들을 보면 이집트에는 염색업자, 세탁업자, 진주에 구멍을 내는 직공, 목탄 제조업자 등 265개에 달하는 수공업이 존재했던 것으로 추정된다. 이런 가내 수공업자 중 다수는 유리제품, 금이나 은으로 만든 장신구 등의 수출품을 제작했다. 이집트에서는 식료품도 생산되었는데, 가장 많이 생산되는 식료품은 설탕이었다. 또한 알렉산드리아 같은 항구 도시에서는 비스킷, 염장한 생선과 같이 항해에 필요한 식품을 생산하는 등 다양한 경제 활동이 이루어졌다.

주로 튀니지, 시칠리아, 이집트 상인들의 것으로 알려진 게니자의 서신들로 미루어볼 때, 무역상들은 서로 활발히 소통하면서 팔레스타인, 키프로스, 콘스탄티노플, 이베리아반도, 시칠리아, 마그레브 지역에 이르기까지 매우 광범위한 지역을 누비며 활동했다는 것을 알 수 있다. 이집트인, 무슬림, 기독교인 무역상은 인도의 말라바르 해안에서도 활동했다. 무슬림을 비롯해 이집트인, 예멘인, 페르시아인 공동체는 무역상들이 서로 만나는 중국과 동아프리카 등지의 여러 항구 도시에 정착했다. 파티마 왕조는 909년 시아파 칼리파국이 수립된 직후 우호적 동맹을 맺은 아말피 공화국과 이탈리아 무역상들이 왕조가 관리하는 항구를 사용할 수 있도록 허가했다. 이집트의 새로운 지배자들은 아말피 무역상들에게 적잖은 세제 혜택을 제공하며 동맹국에 감사를 표했다. 아말피 무역상들은 밀, 목재, 아마포, 포도주, 과일을 이탈리아에서 마그레브 지역으로 수출했고, 이프리키야에서는 올리브 오일, 밀랍, 금을, 이집트에서는 향신료와 금을 수입해갔다.

시아파 계열의 이스마일파가 수립한 파티마 왕조에서 시아파는 기독교인과 수니파보다 수적으로 열세였다. 알 하킴의 통치 기간을 제외하고 이집트의 술탄들은 유대인을 비롯해 기독교인과 수니파 무슬림들에게 광범위한 자치권을 부여했다. 1000년 무렵 전성기를 맞은 파티마 칼리파국은 모로코에서 시작해 시리아와 예멘에 이르는 광대한 영토를 다스린 반면, 아바스 왕조는 분열된 수니파 이슬람 세계에서 종이호랑이로 전락하고 있었다. 그리고 929년에는 코르도바의 아브드 알 라흐만 3세 역시 칼리프를 자처하며 코르도바 칼리파국을 수립했다.

코르도바에서 왕조의 불씨를 살린 후우마이야 왕조

929년 1월 16일 다마스쿠스 우마이야 왕조의 후손 아브드 알 라흐만 3세는 아바스 왕조도, 파티마 왕조도 인정할 수 없다며, 자신을 '믿는 자들의 총사령관'이자 칼리프라 칭하고 후우마이야 왕조를 개창했다. 후우마이야 왕조가 이베리아반도의 대부분을 지배했던 것은 756년부터였다. 아바스 역성혁명으로 우마이야 왕족이 몰살당하는 가운데서 유일하게 살아남은 칼리프 히샴의 손자 아브드 알 라흐만 1세(재위 724~743년)는 이베리아반도로 피신해 코르도바를 수도로 삼고 왕조를 수립했다. 그 이후로 우마이야 가문은 아바스 왕조의 통제권에서 벗어나 7대에 걸쳐 이베리아반도를 통치했다. 그러나 왕조의 통치력이 미치는 곳은 코르도바 주변뿐이었고 칼리프의 칭호를 쓰지도 않았다. 금요 예배의 설교 '쿠트바Khutba'에서 아바스 왕조의 칼리프들은 우마이야 왕조의 적이자 파괴자로 규정되었다. 아브드 알 라흐만 3세 역시 통치 초기인 912~929년까지는 아미르라는 칭호를 썼다. 그러나 후에 그는 스스로를 칼리프라 칭하며 자신이 왕조의 합당한 후계자임을 주장했고, 아바스 왕조와 파티마 왕조 칼리프의 권위를 부정했다. 더욱이 이런 주장은 마그레브의 파티마 왕조를 상대로 벌인 전쟁을 정당화할 수 있는 근거가 되었다.

이베리아반도(아랍어로 알 안달루스al-Andalus)는 우마이야 왕조가 대대적 정복 전쟁을 통해 얻은 결과물의 일부였다. 우마이야 왕조가 711~791년에 이베리아반도의 대부분을 정복하고 나아가 나르본까지 진출할 수 있었던 것은 시리아인이 포함된 베르베르족 군대 덕분이었다. 그리고 정복한 도시의 주민들과 투항 조건을 협상했던 것도 또 다른 결정적인 이유였다. 우마이야 군대는 주민들에게 토지와 재산의 소유권, 종교의 자유, 합당한 법적 자치권을 인정해주었고, 주민들은 새로운 무슬림 지도자의 권위를 인정하고 세금 납부를 약속했다.

우마이야 왕조 정복 시기에 기록된 희귀 문서들 중에서 이런 사실을 뒷받침하는 증거를 찾을 수 있다. 714~716년 이베리아반도의 2대 총독 아브드 알 아지즈 이븐 무사Abd al-Aziz ibn Musa와 무르시아 지역의 서고트족 영주 테오도미르Theodomir가 맺은 협정이 바로 그것이다. 테오도미르는 새로운 무슬림 통치자들에게 여러 농산물을 공물로 바치고, 1인당 1디나르의 연간 인두세를 납부할 것이라고 서약했다. 그는 또한 아브드 알 아지즈의 적들을 돕거나 지지하지 않겠다고 맹세했으며 그 대가로 아브드 알 아지즈는 기독교를 믿을 권리를 포함해 테오도미르와 그 신하들의 자유를 보장해주었다. 그렇게 테오도미르는 기독교 서고트 왕이 통치하던 때와 별반 다름없는 권한을 유지할 수 있었다. 더불어 귀족이든, 소작농이든 노예든, 테오도미르 통치하에 있던 모든 백성들도 이전과 다름없이 살아갈 수 있었다. 이전보다 더 나아진 것도, 더 나빠진 것도 없었던 것이다. 이슬람 정복자들은 다른 영토에서 그랬던 것처럼 이베리아반도에서도 정복한 지역의 권력자들과 구두로든 서면으로든 이런 형태의 수많은 협정을 맺었던 것으로 추정된다. 또한 이븐 무사는 서고트 왕국의 공주(서고트의 마지막 왕 로데리크의 미망인이었다는 설과 그의 딸이었다는 설 등이 있다)와 혼인하면서 자신의 권력과 정당성을 강화하려 했으며, 테오도미르는 자신의 딸을 시리아의 군인 아브드 알 자바르 빈 하탑Abd al-Jabbar Bin Khattab과 결혼시켰고 빈 하탑은 테오도미르로부터 영토의 일부를 상속받았다.

이슬람 정복자들은 유대인과도 종교의 자유를 보장하는 협정을 맺었다. 서고트의 왕들은 유대인의 자유를 제한하고 그들을 차별하는 정책을 시행했으며 심지어 세례를 받을 것을 강요했기 때문에, 유대인들은 이슬람을 두 팔 벌려 환영했다. 더구나 서고트 왕국의 유대인 차별 정책은 온전히 실행되지 못했고 일부 주교들은 왕국의 반유대 정책이 너무 가혹하다며 비판의 목소리를 높이기도 했다. 그래서 이슬람 세력이 서고트 왕국을 몰락시켰을 때, 이베리아반도의 모든 유대인들은 오히려 안도의 한숨을 내쉬었다.

750년 우마이야 왕조의 왕자 아브드 알 라흐만 1세가 19살이 되던 해, 그의 가족 대부분은 아바스 역성혁명으로 살해당했다. 그러나 알 라흐만은 베르베르족 출신 어머니 덕분에 모로코 네프자 부족의 도움을 받아 모로코 지중해 연안으로 피신할 수 있었다. 이후 그는 네프자 부족, 베르베르 부족, 아바스 혁명에서 피신해 온 우마이야 장성 등 여러 지지자들을 규합해 이베리아반도의 코르도바를 수도로 삼고 스스로를 아미르라 선언했다. 그리고 그는 이베리아반도의 기독교인 여성 훌랄Hulal과 결혼했다. 그렇게 코르도바는 추방된 우마이야 가문의 새로운 터전이 되었고 아미르는 그곳을 다마스쿠스와 같은 수도로 만들고자 했다.

알 라흐만 1세는 코르도바에 785~786년에 걸쳐 거대한 모스크를 건축하기도 했다. 건축가들은 고대의 건축물이 있던 폐허에서 수집한 기둥, 주두柱頭, 돌들을 사용해 사방 75m² 정사각형에 가까운 모스크를 세웠다. 건물 내부에는 과실수가 식재된 안뜰과 기도실을 배치했으며, 건물의 한가운데에는 거대한 말발굽 모양의 아치가 올라간 돌기둥 숲을 설계했다. 전해오는 이야기에 따르면 이베리아반도로 망명 올 수밖에 없었던 아바르 알 라흐만은 이 '돌기둥 숲'을 보며 다마스쿠스의 종려나무 숲을 떠올렸다고 하며, 말년에 자신과 처지가 비슷해 보이는 종려나무를 보며 아래와 같은 시를 짓기도 했다.

> 루사파 한복판에 서 있는 저기 저 종려나무 가족들이 있는 숲에서 떠나와 머나먼 서쪽에 싹을 틔웠구나
> 너도 나처럼 고향을 떠나왔구나 가족들과도 친구들과도 헤어진 지 오래되어 생면부지의 땅에서 너 홀로 자라났구나
> 나도 너처럼 고향을 떠나 멀리까지 왔노라 [3]

아브드 알 라흐만이 새로 건축한 모스크의 방향을 보기만 해도 그가

코르도바 모스크의 돌기둥. 아브드 알 라흐만은 이 돌기둥 숲을 보며 다마스쿠스의 종려나무 숲을 떠올렸다.

얼마나 고향을 그리워했는지 짐작해볼 수 있다. 그는 모스크에서 기도를 드릴 때 메카를 직접 향하지 않고 남동쪽 방향, 즉 다마스쿠스에서 메카를 바라보는 방향으로 기도를 드릴 수 있도록 모스크를 설계하라고 명했다. 이는 코르도바를 우마이야 왕조의 옛 수도와 동일시하려는 상징적 행위였을 것이다. 10세기 말엽 아브드 알 라흐만의 후손들이 모스크를 더욱 크게 확장하면서, 이 모스크는 바그다드의 모스크를 제외하고 세계에서 가장 큰 모스크가 되었으며 돌기둥 숲은 훨씬 더 압도적인 풍경을 자랑하게 되었다.

　당시 코르도바는 다마스쿠스나 바그다드같이 화려하고 세계적인 수도들에 비해 존재감이 미미했지만, 이슬람 세계의 주요한 도시로 거듭나고 있었다. 아브드 알 라흐만 1세의 증손자 아브드 알 라흐만 2세Abd al-Rahman II(재위 822~852년)는 코르도바를 아랍 문화의 중심지로 만들기 위해 화려한 궁전을 세우고 예술가, 시인, 음악가들이 모여들게 했다. 코르도바를 대표하는 예술가 중 한 명으로 꼽히는 음악가이자 시인 지르얍Ziryab은 바그다드 궁정에서 활동하다 코르도바로 이주해왔고, 오래지 않아 코르도바의 문화적 아이콘이 되었다. 젊은이들이 그의 옷차림을 비롯해 말투와 습관까지 따라할 정도로 그의 영향력은 대단했다. 그렇게 코르도바에 모여든 아랍 예술가들은 라틴 기독교인 예술가들에 버금가는 독창적인 문화를 발전시켰다.

그러나 한편으로 폴 알바레 같은 기독교인 작가들은 기독교 청년들이 라틴어는 정확하게 읽고 쓸 줄도 모르면서 너 나 할 것 없이 아랍어로 세속시를 짓는다며 한탄했다. 이슬람 세력이 이베리아반도를 정복한 지 불과 한 세기 만에 이베리아반도는 문화 및 언어적 측면에서 이슬람화되었고, 그때부터 아랍어는 다양한 문화와 종교를 가진 코르도바에서 가장 많이 통용되는 언어가 되었다. 더불어 이베리아반도의 기독교인들이 더 이상 라틴어를 사용하지 않게 되면서 다양한 기독교 서적들이 아랍어로 번역되었다. 839년 코르도바에서 열린 기독교 사목 평의회에서는 기독교인과 비신자 간에 혼인 건수가 크게 증가한 것에 우려의 목소리를 높였다. 기독교인들이 이슬람으로 개종하는 건수도 점점 늘어갔다. 다만 당시의 구체적인 인구 통계자료가 존재하지 않기 때문에 서아시아에서와 마찬가지로 이베리아반도에서 누가, 언제 이슬람으로 개종했는지, 기독교인보다 소수였던 무슬림이 어떤 시점에 기독교인의 수를 압도하게 되었는지는 정확히 알 수 없다.

이렇게 7세기 중반에서 8세기 중반에 이베리아반도는 문화와 언어적 측면에서 이슬람화되어 갔고, 기독교인과 무슬림이 인구의 다수를 차지했으며 유대인은 소수만 존재했다. 이런 상황에서 종교 간의 갈등뿐만 아니라 민족 간(이베리아반도 출신, 베르베르족, 아랍인, 아프리카와 동유럽에서 수입된 노예) 갈등도 빈번히 일어났다.

10세기 코르도바의 한 무프티Mufti*는 크리스마스 축제에 참여해 기독교인들과 선물을 교환하거나, 그들과 새해 또는 하지와 동지를 함께 보내는 무슬림들을 비판했다. 그러나 그런 관습은 이미 널리 퍼져 있었기 때문에 그의 비판을 귀담아듣는 이는 없었다. 심지어 때로는 칼리프들조차 성 요한 축일에 참여해 기독교인들이 준비한 경마 등을 관람했다. 파티마 왕조의 칼리프들처럼 후우마이야 왕조의 칼리프들 역시 기독교 축제에 참여함으로써 이슬람 세력과 기독교인이 원만한 관계를 유지하고 있다는 것을 보여주려 했다. 이런 종교 간 화합 정책은 우마이야 왕조의 혼맥에서도 엿볼 수 있는데, 우마이야 왕조 다수의 칼리프들은 기독교인 여성과 결혼했으며 이 여성들은 후에 아미르와 칼리프의 모친이 되었다.

929년 아브드 알 라흐만 3세는 스스로 칼리프라 칭하며 아바스 왕조와 파티마 왕조의 권위에 정면으로 맞섰다. 912년에 즉위한 알 라흐만 3세는 수도와 그 주변 지역에 대한 통제권을 강화했고 지방 세력을 규합해 반란을 진압했다. 그에게는 코르도바와 가까운 마그

●　이슬람 율법에 내해 구속력 없는 의견을 제시일 차격을 가진 이슬림 법힉지

레브 지역에 시아파 파티마 왕조가 존재한다는 것 자체가 커다란 위협이었기 때문에 칼리프를 자임하며 세력을 강화했고, 우마이야 왕조의 정당성과 수니파의 정통성을 이어받은 투사의 이미지를 내세웠다.

알 라흐만 3세는 코르도바에서 8km 떨어진 곳에 안달루시아의 베르사유라 할 수 있는 신도시, 메디나 아자하라('빛나는 도시'라는 뜻)를 건설했다. 그는 도시의 왕궁에 예술가들과 시인들을 초대해 호화로운 연회를 열고 그들과 함께 포도주를 마셨으며, 유럽 기독교 왕국(독일 왕국, 이탈리아 왕국)에서 온 외교 사절이나 비잔틴의 황제 콘스탄티누스 7세가 보낸 특사를 맞이하기도 했다. 알 라흐만 3세는 신하들 중에서도 특히 기독교인 서기(카팁) 라비 이븐 자이드Rabi ibn Zayd를 신임했고 그를 독일 왕국과 콘스탄티노플에 특사로 파견했다. 다른 두 칼리파국과의 경쟁에서 우위를 점하려면 기독교인 황제들과 동맹을 맺는 것이 유리할 것이라고 판단했기 때문이다.

또한 알 라흐만 3세는 자신의 주치의이자 외교관이었던 유대인 학자 하스다이 이븐 샤프루트Hasdai ibn Shaprut를 콘스탄티노플에 사절로 보냈다. 그는 콘스탄티노플에 머물면서 고대 그리스 약학자 디오스코리데스가 저술한 약초학의 명저《약물에 대하여》의 필사본을 구해 아랍어로 번역했다. 알 라흐만 3세는 955년 레온 왕국의 기독교인 왕 오르도뇨 3세Ordono III와 화의 조약을 맺을 때도 하스다이 이븐 샤프루트를 특사로 보냈다. 958년에는 오르도뇨 3세의 후계자인 산초 1세가 비만으로 말을 탈 수 없다는 이유로 폐위되자 그를 왕비와 함께 코르도바로 망명할 수 있도록 도왔다. 이때 하스다이 이븐 샤프루트는 코르도바로 온 산초 1세의 비만을 치료해주었고 산초 1세는 레온 왕국으로 돌아가 다시 왕국을 통치할 수 있게 되었다. 이렇게 코르도바 칼리파국은 기독교와 이슬람 왕국들 사이에서 때로는 경쟁하고 때로는 화합하며 왕조의 명맥을 이어갔다.

961년 10월 15일, 아브드 알 라흐만 3세가 사망했고 그의 아들 알 하캄 2세al-Hakam II(재위 961~976년)는 부왕이 이웃 왕국들과 평화로운 관계를 다지며 이룩한 부강한 왕조를 계승했다. 알 하캄이 즉위하자 북쪽의 기독교 왕국(레온 왕국, 카스티야 왕국, 아라곤 왕국)을 비롯해 독일 왕국, 비잔틴 제국의 축하 사절단이 메디나 아자하라로 모여들었다. 철학과 과학에 조예가 깊었던 알 하캄은 동양에서 많은 아랍어 서적들을 사들였고, 그리스어와 라틴어 서적들을 아랍어로 번역하는 사업을 펼쳤다. 그는 하스다이 이븐 샤프루트와 비서 루브나Lubna에게 칼리파국의 도서관 운영을 위임했다. 루브나는 본래 알 라흐만 3세의 기독교인 노예였으나, 그녀의 명석함과 박식함을 알아본 알 하캄은 그녀를 노예에서 해방시켜 준 뒤 학술원에서 교육받게 하고 자신의 비서(카티바Katiba)로 고용했다. 알 하캄은 코란의 필경사이자 수학자, 과학자, 시인이었던 루브나를 카이로, 다마스쿠스, 바그다드로 보내 다양한 서적들을 구입해 오도록 했다.

976년 알 하캄이 사망하자, 그의 아들이자 후계자인 히샴 2세 Hisham II(재위 976~1009년)는 겨우 11세의 나이에 칼리프로 즉위했다. 나바라 왕국 출신의 기독교인이었던 그의 모친은 어린 아들을 대신해 와지르였던 알 만수르가 섭정을 하도록 했다. 이후 몇 년 만에 알 만수르는 어린 칼리프를 유폐하고 통치권을 완전히 넘겨받았다. 그는 엄격한 울라마들의 환심을 사기 위해 칼리프의 도서관에 소장되어 있던 과학 및 철학 서적들을 모두 불태워 버렸는데, 그중 루브나가 공들여 수집한 책들도 있었다. 알 만수르는 국정 운영을 위해 새로운 왕궁을 지었고 그곳은 왕조 권력의 핵심이 되었다. 반면 어린 칼리프는 메디나 아자하라의 화려한 궁전에 갇혀 하루하루 쇠약해져 갔다. 알 만수르는 군대에 대한 지배력을 강화하기 위해 모로코를 포함한 북쪽의 기독교 왕국으로 원정을 떠났으며, 981년에 스페인어로 신에 의한 승리자라는 뜻의 '알만조르Almanzor'라는 칭호를 얻었다.

알만조르는 57차례의 정복 전쟁을 벌였는데 특히 레온 왕국과 카스티야 왕국을 집요하게 공격했다. 그는 기독교 왕국 초토화 정책을 실현하기 위해 지하드, 즉 성전의 이데올로기를 앞세웠다. 특히 기독교 국토회복운동(레콩키스타Reconquista)의 상징적 의미를 지닌 산티아고 데 콤포스텔라를 습격해 기독교 세력에 큰 충격을 주었다. 또한 교회의 종을 코르도바로 가져와 모스크를 밝히는 램프로 만들어 기독교인들에게 커다란 모욕을 주었다. 이교도의 소음이 진정한 믿음의 빛으로 바뀌었음을 상징적으로 보여주려 한 것이다. 그러나 많은 희생이 따르는 침략 전쟁은 오래가지 못했다. 알만조르는 전쟁을 이용해 코르도바에서 자신의 권력을 공고히 하려 했을 뿐, 다른 영토를 침략해 이슬람 세력을 확대하려는 의도를 갖고 있지는 않았다. 게다가 그는 '위엄 있는 왕'이라는 뜻의 말리크 카림Malik Karim이라는 칭호를 스스로에게 부여했지만, 칼리프의 칭호까지 욕심내지는 않았다. 알만조르는 1002년 권력의 정점에 올랐던 해에 이베리아반도 북부의 라리오하 원정에서 돌아오던 중 병에 걸려 사망했다.

후우마이야의 분열과 타이파의 난립

알만조르는 생전에 아들인 아브드 알 말리크Abd al-Malik가 자신의 뒤를 이어 왕조를 통치하고 권력을 승계할 수 있도록 모든 노력을 기울였다. 알 말리크는 부왕의 뜻을 받들어 이베리아반도 북부에 기독교 왕국을 정복하려 했으나 병에 걸려 1008년 33세의 나이로 요절했다. 그의 갑작스러운 죽음으로 동생 산줄Sanjul이 권력을 차지하기 위해 형을 독살했다는 소문이 돌기도 했지만, 결국 산줄은 형의 뒤를 이어 왕위에 올랐고, 그 때문에 왕조 내부의 분란은 끊이질 않았다. 결국 후우마이야 왕조는 분열되었으며 수많은 타이파Taifas(이슬람 공국)가 난립했다. 후우마이야 왕조가 힘겹게 지켜온 왕조의 화합은 산산조각 나버렸고 아랍인, 베르베르인, 사칼리바(슬라브족 혹은 동유럽 출신의 노예와 그 후손들), 물라디(기독교에서 이슬람으로 개종한 이베리아반도의 무슬림과 그 후손들) 등 여러 부족 간의 갈등과 균열이 다시 고개를 들었다. 1031년경 코르도바 칼리파국에는 대략 30개의 타이파가 난립했으며 세이야 타이파와 같은 일부 타이파는 힘이 약한 이웃 타이파의 영토를 정복하며 세력을 확장해갔다.

한편 타이파 간 정치적·군사적 경쟁과 갈등은 오히려 문화의 번영이라는 결과를 가져왔는데, 많은 타이파의 군주들이 시인, 음악가, 악사를 후원하며 경쟁적으로 문화를 발전시켰기 때문이다. 이 시기에는 특히 훌륭한 아랍어 시와 히브리어 시가 다수 등장하면서 문화와 지식의 황금기를 구가했다. 이베리아반도의 여러 언어로 쓰인 시들은 경쟁과 융합을 거치며 다양한 형식이 뒤섞인 새로운 형식의 시를 탄생시켰다. 이런 시들은 아랍 세계 전역에서 큰 인기를 얻었으며 오늘날에도 여전히 많은 이들에게 사랑받고 있다. 게다가 이런 시들은 오크어로 쓰인 궁정시의 발달에도 영향을 미쳤다. 한 역사학자에 따르면 1064년 아라곤 왕국이 바르바스트로를 점령했을 때, 프로방스 기사들의 손에 들어온 엄청난 전리품과 포로 중에는 기사들을 매료시킨 많은 여가수들이 포함되어 있었다고 한다. 아키텐 공작기욤 8세 역시 이 원정에 참여해 여가수들을 데려왔다. 그의 아들 기욤 9세가 최초의 음유시인 트루바두르Troubadour가 된 것은 우연이 아니었을 것이다. 아버지가 데려온 여가수들의 입에서 흘러나온 안달루시아의 서정적인 노래들이 그가 위대한 음유시인이 되는 데 영향을 주지 않았겠는가?

칼리파국이 분열되면서 무슬림의 타이파와 북부의 기독교 왕국간 종교와 군사 대립이 격화했다. 코르도바의 학자 이븐 하즘Ibn Hazm (994~1064년)은 1050년경 이슬람 과학과 신학에 관한 논문《피살Fisal》을 발표하며 유대교, 기독교, 비전통적 이슬람을 과격하게 비판해 곳곳에서 탄압을 받았다. 실제로 헤지라 초기에 일부 무슬림들은 기독교인들과 유대인들이 종교 계율을 지키지 않고 성서를 변질시켰다며 그들은 비난했다. 이븐 하즘은 성경 변질론의 근거를 마련하기 위해 토라와 복음서를 깊이 있게 연구한 최초의 학자였다. 이븐 하즘은 토라와 복음서에서 내용의 모순뿐만 아니라 비논리적이거나 불경스러운 구절을 찾아내 유대인들과 기독교인들이 신에게 받은 계시를 변질시킨 증거라고 주장했다. 일례로 창세기나 복음서에 등장하는 일부 구절은 동일한 사건을 다루고 있음에도 지리상, 시간상, 계보상의 차이가 있다. 그는 이런 구절들을 자신의 주장에 대한 근거로 내세웠으며 복음서에서는 걷고, 먹고, 화내는 등 하느님을 인간처럼 묘사한 구절들을, 유대교의 토라에서는 불경스러운 구절들을 찾아냈다. 토라에 등장하는 선택된 백성의 조상들은 패륜적 행동을 서슴지 않았다. 아브라함은 이복 누이와 결혼했고, 야곱은 처제와 동침했으며, 솔로몬은 아내들에게 이끌려 우상 숭배에 빠졌다. 이븐 하즘은 이 모든 것이 성서가 변질되었다는 증거라고 주장하면서 유대인이나 기독교인들이 그런 변질된 성서를 비판 없이 받아들이는 것만 봐도 그들에게 도덕성, 비판의식, 합리성이 결여되어 있다는 것을 알 수 있다고 강변했다.

이븐 하즘의 부친은 코르도바 알 만수르 왕궁의 관리였기 때문에 그 역시 정치적으로 중요한 자리를 차지했을 것이라 생각할 수 있지만, 그는 칼리파국이 해체된 후 일선에서 물러나 학문 연구에 매진했다. 이븐 하즘은 이베리아반도의 가장 걸출한 작가 중 한 명으로 꼽히며 왕성한 작품 활동과 함께 명성을 떨쳤고 시, 역사, 법학, 철학, 과학, 신학 등 다양한 분야를 넘나들며 다작을 남겼다. 오늘날 가장 많이 읽히고 널리 알려진 작품은 사랑에 관한 연구서인《비둘기의 목걸이》로, 문필가로서도 왕성한 작품 활동을 하며 이슬람 문화와 학문 연구에도 크게 기여했다. 그러나 이 시기에 칼리파국의 정세는 급격히 불안정해졌고, 혼돈에 휩싸인 이베리아반도의 무슬림들은 군사 및 종교적으로 이교도들과 맞서 싸워야 했다. 1000년경 알만조르에게 약탈을 당하고 수모를 겪었던 이베리아반도 북부의 기독교 왕국들이 약소국으로 전락한 타이파에 반격을 시작했기 때문이다. 이에 대해서는 다음 장에서 상세히 살펴볼 것이다.

이슬람 세계의 정치적 분열과 문화적 번영

코르도바 칼리파국은 정치적으로 큰 혼란을 겪으면서도 학문과 문화적으로는 번영했다. 학자를 양성하는 교육기관의 설립과 군주들의 적극적인 지원 덕분이었다. 특히 10~11세기에 코르도바의 문화와 학문은 찬란한 꽃을 피웠다. 이 시기에 활동한 위대한 학자들 중한 명인 알 마수디al-Masudi는 천문학, 신학, 법학의 경계를 넘나들며 40여 권의 저작을 남겼고 역사와 지리학을 집대성한 그의 작품들은 여전히 그 가치를 인정받고 있다. 특히 연대순으로 집필한 세계사《통보와 개정의 서》는 이슬람 세계의 역사를 주로 다루고는 있지만 서방의 '프랑크 왕국'에서 중국에 이르기까지 방대한 지역에 걸친 역사를 망라해 훌륭한 학술 자료로 인정된다. 이 외에도 그는 30권으로 된 역사와 지리 백과사전《세계사》를 집필하기도 했다. 그 시대의 또 다른 위대한 역사학자 알 타바리는 무려 30권으로 된 코란 해설서를 비롯해 천지창조부터 당대까지의 세계사를 다룬《예언자들과 왕들의 역사》를 저술했다. 이외에도 수학자, 천문학자, 물리학자, 약학자, 역사학자였던 알 비루니al-Biruni(973~1050년)는 아시아의 스텝에서 마그레브와 이베리아반도에 이르기까지 모든 분야의 지식을 망라한 《인도의 책》을 저술했다.

의학 분야는 어땠을까? 앞서 보았듯 아바스 왕조 초기에 칼리프들은 그리스어, 페르시아어, 시리아어, 산스크리트어로 된 의학 서적의 번역 사업을 추진했으며, 이후 직접 의학 서적을 집필하는 학자들이 점점 더 많아졌다. 물론 의학 이론 분야는 여전히 고대 그리스 의학의 영향하에 있었지만 임상 분야는 계속해서 발전해 갈레노스의 오류를 수정할 수 있는 수준까지 이르게 되었다. 실제로 아랍의 히포크라테스라 불리는 페르시아 출신 의학자 아부 바크르 무함마드 알 라지Abu Bakr Muhammad al-Razi(925년 또는 935년 사망 추정)는 엄청난 양의 의학 서적을 집필했는데, 그가 남긴 저술 184편 중 무려 61편이 의학에 관련된 저술이었다.

철학자이자 자유로운 사상가이기도 했던 알 라지는 바그다드 병원의 원장을 지내기도 했다. 거기서 그는 천연두와 홍역의 진단법을 개발했고 백내장 수술을 여러 차례 집도했다. 고대 의학 문헌에 정통했던 그는 자신이 고대 그리스 의학을 뛰어넘었다고 자부했다. 실제로 그는 수천 년간 축적된 고대 그리스 의학 지식을 완전히 자신의 것으로 습득한 후, 자신만의 고유한 학문적 성취를 이루며 과학과 의학 발전에 크게 기여했다. 그가 적용했던 당대의 '최신' 의학은 고대 그리스 의학보다 훨씬 더 진보한 것으로, 그의 의학 서적에는 이런 자부심이 고스란히 드러나 있다. 그는 질병에 대한 상세한 설명과 함께 과거에 의사들이 행했던 치료법을 소개하는 데서 끝나지 않고 자신이 개발한 새로운 치료법을 제시했다. 이는 수많은 임상 경험을 통해 과거의 의학 이론을 확인하거나 반박하며 얻은 결과물이었다. 따라서 그는 임상 경험을 토대로 갈레노스 이론(궤양 치료를 위해 동맥에 상처를 내고 그것을 치유하는 방식 등)의 허점을 발견하고 지적했지만 매번 반론에 부딪혔다.

당대 의학 이론 분야의 가장 뛰어난 저작 중 하나는 단연 이븐 시나Ibn Sina(980~1037년)의 《의학전범》이었다. 그의 저술은 당대에는 감히 견줄 만한 책이 없을 정도로 훌륭하다는 평가를 받았으며, 수 세기 동안 인도와 옥스퍼드 의대에서 가장 많이 사용되는 의학 교재가 되었다. 이븐 시나는 알 라지와 달리 임상 경험을 전혀 하지 않은 순수한 이론 의학자였다. 그럼에도 불구하고 《의학전범》은 간결하고 읽기 쉬운 문체로 의학을 진정한 합리적 학문으로 다루었다는 점에서 매우 높은 평가를 받았다. 이븐 시나는 이 책에서 논리학의 원칙을 적용해 질병과 증상, 그에 대한 치료의 연관관계를 보여주려 했다.

이븐 시나는 신학에도 조예가 깊었는데, 특히 아리스토텔레스의 철학과 코란에 계시된 진리 간에 어떤 연관성이 있는지를 밝히고자 했다. 그가 가장 큰 관심을 가진 문제 중 하나는 코란이 하느님을 믿는 자들에게 약속한 감각적 쾌락에 대한 문제였다. 기독교와 이슬람에서는 죽은 자들이 세상 끝나는 날 부활한다고 말하며, 지옥에 떨어진 자들은 육체적 형벌을 받을 것이라고 경고한다. 실제로 코란에는 그들이 지옥의 화염과 연기에 휩싸일 것이라고 적혀 있다(55:35). 그런데 코란은 특이하게도 대다수의 기독교 문헌과 달리 지옥의 고통보다 천국의 쾌락을 묘사하는 데 훨씬 더 많은 부분을 할애한다.

그런 쾌락은 기독교 금욕주의자들에게는 상상할 수 없는 것이다. 이슬람이 말하는 천국에는 젖과 꿀과 포도주가 흐르는 강, 화려한 궁전, 산해진미, 하느님의 백성들에게 약속된 천국의 영원한 처녀 '후리Houris'와의 육체적 쾌락이 준비되어 있다. 대다수의 이슬람 성서 해석학자는 육신의 부활과 코란에 등장하는 천국의 감각적 쾌락은 있는 그대로 받아들여야 하는 진실이라고 말한다. 반면 일각에서는 그것을 일종의 은유로 봐야 한다고 주장하는데, 형언할 수 없는 천국의 행복을 최대한으로 표현하기 위한 하나의 방편이라는 것이다.

그리스 철학을 지지하는 신학자들에게 이는 무엇보다도 중요한 문제였다. 신플라톤주의 철학에서는 육신을 영혼의 감옥으로 여겼다. 따라서 현자는 자신의 영혼을 육신의 욕망에서 해방시키고자 하는 사람이며, 사람이 죽어 육신에서 영혼이 빠져나갈 때 진정한 해방이 이루어진다고 봤다. 그렇다면 기독교와 이슬람에서 한 목소리로 말하는 육신의 부활은 어떻게 봐야 할까? 신플라톤주의의 관점에서 볼 때, 이는 달갑지 않은 특이한 현상일 뿐이며 영혼이 또다시 육신에 속박되는 최악의 상황일 뿐이다. 그런데 감각적 쾌락과 번뇌에서 벗어나기 위해 살아생전 고군분투했던 현자의 영혼이 천국에서 산해진미와 육체적 쾌락을 통해 보상받는다는 것을 어떻게 받아들일 수 있겠는가?

이븐 시나는 이슬람에서 말하는 천국의 행복은 실재하는 것을 있는 그대로 묘사한 것이라는 주장을 명백하게 배척하지 않으면서도, 형언할 수 없는 천국의 지복을 인간이 이해할 수 있는 언어로 설명하기 위해 육체적, 감각적 쾌락으로 은유했다는 데 무게를 실었다.

그래서 이븐 시나는 그런 은유 뒤에 숨어있는 진리를 파악하려 했다. 그는 《회귀에 관한 서Lettre concernant le retour》에서 "인간의 진정한 행복과 대척점에 있는 것은 육체에 갇힌 영혼이다. (……) 또한 육체적 쾌락은 진정한 쾌락이라 할 수 없다. 영혼이 육신으로 되돌아오는 것은 영혼에게 형벌이나 다름없다"고 주장했다.[4]

이븐 시나는 육체의 부활은 자연스러운 것이 아니며 불가능하다는 것을 증명하기 위해 과학적이고 철학적인 논거를 발전시켰다. 그렇다고 해서 이븐 시나가 코란이 전하는 메시지를 훼손했다고 볼 수는 없다. 그는 코란이 있는 그대로의 진리를 전달하기보다 인간에게 쉽게 메시지를 전달할 수 있는 효율적인 방식을 선택했다며 코란을 예찬했다. 예언자들은 최고의 선을 전파하기 위해 최대한 많은 사람들을 설득해야 했고 그 수단으로서 천국에서 경험하게 될 육체적 쾌락을 제시했다는 것이다. 이븐 시나는 부활한 육신이 영적인 기쁨만을 누릴 수 있다고 말하는 기독교 교리의 모순을 비판하며 그런 교리야말로 비논리적이고 비효율적이라 주장했다. 다시 말해 그는 기독교가 신자들에게 오직 영적인 기쁨만을 약속하기 때문에 이슬람만큼 효율적으로 신자들을 끌어모으지 못한다고 생각했다.

이븐 시나는 자신의 주장을 뒷받침하는 근거로 이슬람 특권층(하사Khassa)과 평민(암마Amma)이 경험하는 천국이 다르다는 점에 주목했다. 그는 1030년경 집필한 《생존에 관한 서Livre de la survie》에서 이슬람 특권층이 천국에서 누리는 최상의 기쁨이란 신의 진리 속에서 능동적 이성과 보편적 이성이 영혼과 합일을 이루는 상태라고 주장했다. 반면 그는 신의 율법을 존중하지만 지적인 쾌락을 느낄 줄 모

154

르는 이슬람 평민들은 코란에서 말하는 감각적 쾌락을 상상으로 경험한다고 주장했다. 그들은 오로지 그런 쾌락만을 이해하고 느낄 수 있기 때문에 그것이 비록 상상이라 할지라도 실제로 먹고 마시고 사랑을 나눈다고 느낄 만큼 강렬한 쾌락을 경험한다는 것이다. 이븐 시나는 두 입장을 절충하면서 코란에 오류가 없다는 점과 금욕을 강조하는 신플라톤주의의 논리적 타당성이라는 두 마리 토끼를 잡으려 했다.

그러나 법학자이자 신학자이며 수피파 지도자였던 아부 하미드 알 가잘리Abu Hamid al-Ghazali(1058~1111년)는 이븐 시나의 주장에 동의하지 않았다. 바그다드 니자미야 학교(마드라사madrasa)의 교수였던 그는 수피파가 실천하는 '신비주의적 체험'이 사변적 신학이나 이성을 강조하는 그리스 철학, 또는 이스마일파가 주장하는 메시아의 재림보다 훨씬 우월하다고 주장했다. 이슬람 법 해석(피크흐)과 수피즘의 원칙을 융합한 토대 위에 이슬람 교리와 신앙의 실천을 총망라한 그의 대작《종교학의 부활》은 이슬람 중세 시대에 가장 많이 읽힌 책 중 하나였다. 또한 알 가잘리의 또 다른 저서《귀중한 진주La Perle Précieuse》에서는 무슬림의 영혼이 죽는 순간부터 부활과 심판에 이르는 영혼의 여정을 묘사했다. 그는 신학적이거나 논증적인 설명이 아닌 전승된 이야기들을 거의 그대로 차용해 우화 형식으로 무슬림들에게 교훈과 감동을 주려 했다.

또한 그는 다른 글에서 부활의 순간에는 영혼이 육신으로 돌아온다고 주장했다. 특히《신앙에 있어서의 절제Moderation in Belief》에서 자신이 신학적 토론을 하는 목적은 '의심하는 자들에게서 의심을 거두고, 부정하는 자들에게서 부정을 거두는 데 있다'고 강조했다.[5] 그는 내세의 개념을 두고 이븐 시나와 정반대의 입장을 취하면서 《철학자들의 의도》에서 제목 그대로 철학자들의 주요한 논리를 소개했다. 이 책은 어떤 면에서 볼 때 사변철학의 논리는 논리학이나 자연과학 분야의 논리만큼 견고하지 못하다는 《철학자들의 모순》의 서문이라 할 수 있는데, 그는 《철학자들의 의도》에서 사변철학은 오직 계시를 통해서만 성립될 수 있다고 주장했다.

알 가잘리가 이븐 시나의 사상을 일부 비판하기는 했지만(특히 육신의 부활을 부정한 부분), 두 신학자는 이성은 불완전한 도구이며 이슬람의 핵심은 이슬람 율법과 코란이라는 데에는 의견을 같이했다. 또한 그들은 지식인과 평민은 지적 능력에 차이가 있으므로 각 계층에 따라 이슬람을 접하는 방식이 달라야 한다고 주장했다. 그들은 철학자와 명상가의 지적 능력이 교리를 수용하고 율법을 따르는 평범한 신자의 지적 능력보다 훨씬 우월하다고 여겼다. 한편 알 가잘리는 내세에 육체적 형벌이나 보상을 받는다고 말하는 코란의 구절을 은유적으로 해석해야 한다는 이븐 시나의 주장은 단호하게 배척했다. 물론 알 가잘리 역시 글자 그대로 해석할 수 없는 코란의 구절들(형체가 없는 신)이 분명 존재하며 어떤 구절들(신의 손이나, 걷는 신을 암시하는 구절)은 은유적으로 해석할 필요가 있다는 데에는 동의했다. 그러나 내세에서의 육체적 형벌과 보상에 관한 구절에 대해서는 이븐 시나와 의견을 달리했다. 알 가잘리는 신이 육신을 부활시킬 수 있으며 코란에 묘사된 천국은 있는 그대로의 진리라고 믿었고, 수피즘을 옹호하여 수피즘이 바그다드의 지식인과 종교 지도자들에게 수용되는 데 크게 기여하기도 했다. 이후 그보다 20살 어린 아브드 알 카디르 알 질라니Abd al-Qadir al-Jilani는 오늘날 방글라데시에서 서아프리카까지 이르는, 세계적으로 가장 널리 전파된 수피 교단 중 하나인 카디리야 교단을 창시했다.

코르도바 칼리파국에서는 다른 학문 분야와 마찬가지로 신학 분야에서도 다양한 학문 활동이 왕성하게 이루어졌다. 당시의 이슬람은 현재 우리가 생각하는 경직되거나 획일적인 이슬람과는 거리가 멀었다. 오히려 그 시대에 이슬람 철학과 교리는 지금보다 훨씬 더 다양하고 풍성했다. 그 당시 이븐 시나는 '무슬림들을 위해 신을 명확하게 규명하려는 사람'이었을 것이다.[6]

천문학자이자 수학자, 철학자, 신학자인 아시르 알 딘 알 압하리Athir al-Din al-Abhari(1265년경 사망)는 신을 '필연적 존재'로 규정한 아리스토텔레스와 이븐 시나의 사상을 계승·발전시켜 《지혜의 안내서Guide de la sagesse》를 발표했다. 이 책은 14세기부터 20세기 초까지 전 이슬람 영토의 마드라사에서 이슬람 신학의 교본으로 사용되었으며, 이를 증명하듯 이 책의 필사본, 개정본, 번역본, 해설서 등이 800여 편 이상 존재한다. 이처럼 10세기 동안 마드라사에서 가르쳤던 이슬람 신학은 이슬람 철학과 서로 경쟁하고 보완하며 발전해 갔다.

2부

이슬람의 확장

5장

외세의 침략과
이슬람 세계의 재편
11~13세기

앞서 보았듯 1000년경 이슬람 세계는 인종과 문화적으로 풍부한 다양성을 띠었다. 비록 정치적 혼란을 겪으며 칼리파국이 분열되었지만, 학문과 문화가 번영했고 다양한 언어와 문화가 공존했다. 이후 수 세기 동안 프랑크족(십자군 원정에 참전한 유럽 기독교인), 몽골족 등 여러 민족의 침략으로 이슬람 세계에 혼란이 가중되었으며, 이슬람의 토대는 뿌리째 흔들렸다. 먼저 1099년 제1차 십자군 전쟁으로 이슬람 왕조가 지배하고 있던 성스러운 도시 예루살렘이 점령당하면서 이슬람 세계는 큰 충격에 빠졌다. 이후 1258년 몽골군의 바그다드 침략으로 이슬람 세계는 본격적으로 내리막길을 걷기 시작했다.

그럼에도 불구하고 이 시기에 몽골족은 튀르크족과 마찬가지로 대거 이슬람으로 개종했고, 그 덕분에 이슬람이라는 종교는 중앙아시아와 인도까지 뻗어나갈 수 있었다.

튀르크와 이슬람의 역사적 만남

이슬람 초기에 여러 튀르크계 민족들은 이란 북부에서 현재의 몽골 국경까지 펼쳐진 너른 스텝을 누비며 살아갔다. 이후 8세기에 우마이야 왕조에 이어 아바스 왕조가 이 지역을 정복하면서 튀르크인들은 이슬람 세력의 지배하에 놓이게 되었다. 이때 일부 튀르크인들은 포로로 잡혀 '다르 알 이슬람(이슬람이 지배하는 영토)'에서 노예가 되었고 또 다른 튀르크인들은 자신들이 사는 곳에서 페르시아 선교자와 수피를 접하며 이슬람으로 개종했다.

985년경 튀르크계 오구즈족 지도자 셀주크Seldjouk가 현재의 카자흐스탄 지역에서 이슬람으로 개종하면서 튀르크족의 이슬람화라는 역사적인 전환이 이루어졌다. 이후 셀주크 가문은 1030년대에 서쪽으로 진출해 이란의 호라산 지역을 정복했고 1050년에는 셀주크의 손자인 투으룰Tughril이 이스파한을 점령하며 수도로 삼았다. 1055년 투으룰은 바그다드에 입성해 시아파 부와이흐 왕조의 지배를 받던 칼리프 알 카임을 해방시켜주었으며, 그로부터 술탄의 칭호를 부여받았다. 그때부터 아바스 왕조의 칼리프들은 종교적이고 상징적인 권위만을 갖게 되었고 셀주크 제국의 지도자들을 자신의 대리자로 인정하며 실권을 넘겨주었다.

이후 셀주크 제국은 기독교 비잔틴 제국과 시아파 파티마 왕조를 '신앙의 적'으로 규정하고 수십 년에 걸쳐 서쪽으로 세력을 확장해 나갔다. 숙부 투으룰의 뒤를 이어 2대 술탄에 오른 알프 아르슬란 Alp Arslan('용맹한 사자'라는 뜻, 재위 1064~1072년)은 파티마 왕조를 상대로 전쟁을 벌였고, 기세를 몰아 1064년 현재의 아르메니아와 조지아 지역을 정복했다. 아르메니아의 수도 아니를 점령한 알프 아르슬란은 1068년부터 비잔틴 제국의 아나톨리아를 공격하기 시작했으며, 아나톨리아 동부에서 벌어진 만지케르트 전투에서 비잔틴 제국의 로마누스 4세를 상대로 큰 승리를 거두었다. 이 승리를 발판으로 셀주크 제국은 수십 년에 걸쳐 아나톨리아 영토 대부분을 정복하고 식민지화했다. 알프 아르슬란은 거기서 멈추지 않고 중앙아시아 스텝까지 세력을 확장하려 했으나, 1072년 11월 아무다리야강 변(현재의 투르크메니스탄과 우즈베키스탄 사이의 국경)에서 피습을 당하여 사망하고 말았다.

알프 아르슬란은 생전에 자신의 아들 말리크 샤 1세 Malik Chah I(재위 1072~1092년)를 후계자로 지명해놓았고, 술탄에 즉위한 말리크 샤 1세는 에게해에서 투르크메니스탄에 이르는 광대한 영토를 정복하며 셀주크 제국의 전성기를 견인했다. 셀주크 왕조는 반시아파 정책을 수립해 일부 공직에서 시아파를 배제했는데, 이는 셀주크 제국이 파티마 왕조를 상대로 벌이는 전쟁을 정당화하는 방편이기도 했다. 한편 시리아 총독이었던 말리크 샤 1세의 동생 투투쉬 1세 Tutush I는 1077년에는 알레포를, 1079년에는 디미스쿠스를 장악하는 데 성공했다. 셀주크 제국은 1073~1098년에 예루살렘을 두고 파티마 칼리파국과 수차례 전쟁을 벌였지만, 예루살렘은 결국 1099년 제1차 십자군 원정대의 손에 들어가고 말았다.

셀주크 제국은 파티마 왕조가 쇠락해진 틈을 타 시리아의 패권을 장악해갔다. 이후 파티마 왕조의 영토가 이집트에 국한되면서 칼리프 알 무스탄시르al-Mustansir는 점차 실권을 잃게 되었다. 설상가상으로 누비아와 튀르크 군벌들 간에 벌어진 알력 다툼이 내전으로 번져 카이로는 큰 혼란에 빠졌다. 알 무스탄시르는 내전을 수습하기 위해 1073년 아크레 총독 바드르 알 자말리Badr al-Jamali에게 지원을 요청했다. 이에 아르메니아 노예 출신의 장군인 바드르는 1073년 겨울에 군대를 이끌고 이집트에 입성해 반란을 진압하며 튀르크 군벌을 궤멸시켰다. 알 무스탄시르는 바드르의 공로를 인정해 그에게 '아미르(총사령관)'의 칭호를 주었고 그때부터 파티마 왕조의 전권은 바드르에게 이양되었다. 파티마 왕조의 칼리프는 아바스 왕조의 칼리프처럼 종교적이고 상징적인 권한만을 갖게 되었으며, 실권을 쥔 바드르는 재정개혁을 추진하고 군대와 행정부를 재편했다.

셀주크 제국의 등장으로 서아시아의 이슬람 세계에는 다양한 문화와 언어가 조화롭게 공존했다. 군과 행정 분야에서는 튀르크어가, 궁정과 문화 분야에서는 페르시아어가 주로 사용되었고, 코란 강독과 예배에서는 신성한 언어로 여겨지던 아랍어가 사용되었다. 셀주크 제국이 장악한 아나톨리아에는 유대인을 비롯해 그리스인, 시리아인, 아랍인, 조지아인, 아르메니아인, 페르시아 출신 무슬림, 쿠르드인, 튀르크인, 아랍인, 수니파와 시아파가 한데 어우러져 있었다.

이처럼 다양한 공동체들은 서로의 정체성을 뚜렷하게 구분하려 했지만(특히 공동체의 고위층은 민족 공동체 간에 일정한 경계를 구축하고 그것을 지키려 했다), 민족 간 교류와 혼인은 지속적으로 이루어졌다.

기독교를 포함한 그리스 문화와 언어는 아나톨리아에 큰 영향을 주었다. 그리스 병사들은 셀주크 군대를 위해 싸웠고 그리스 출신의 장인, 건축가, 예술가들은 기독교 교회뿐만 아니라 새로운 튀르크 지도자들을 위해 자신의 재능을 아낌없이 공유했다. 또한 많은 기독교인 여성들은 튀르크인과 결혼해 자신들의 문화와 언어를 후손들에게 물려주었다. 그 덕분에 양쪽의 언어와 문화를 체득한 그들의 후손들은 다양한 문화가 혼재하는 사회에 안정적으로 뿌리를 내릴 수 있었다. 셀주크 제국의 술탄들 역시 대부분은 그리스 여성들을 아내로 삼았는데, 후에 이 여성들은 술탄의 어머니가 되었다. 그리고 대개 이 여성들은 기독교 신앙을 버리지 않았다.

셀주크 제국의 술탄들은 매우 화려한 궁정에서 호화로운 생활을 누렸으며, 튀르크와 페르시아 문학뿐만 아니라 종교기관(특히 수피파 수도원 '자위야Zawiya')과 과학 분야에도 지원을 아끼지 않았다. 이븐 시나의 제자였던 오마르 카이얌Omar Khayyam은 의학자, 수학자, 천문학자로서 말리크 샤 1세 통치 기간에 활약했다. 오마르 카이얌은 말리크 샤 1세로부터 이스파한 천문대의 건축과 운영을 위임받았으며, 그곳에 머물며 천문 관측을 바탕으로 역법을 개정했다. 또한 그는 페르시아 4행시 '루바이'를 수백 편 남기기도 했는데, 그 시들은《루바이야트》라는 제목의 시집으로 출간되었다.

말리크 샤 1세는 1092년 11일에 37세를 일기로 사망했다. 일찍

165

에서는 그가 반대파에게 독살당했다는 설이 돌기도 했다. 말리크 샤 1세의 죽음은 그의 동생과 네 아들들의 권력 투쟁으로 이어지면서 셀주크 제국은 분열되고 말았으며, 그의 아들들은 각자 공국을 세우고 내전을 벌였다. 또한 말리크 샤 1세의 통제가 사라지자 군소 토후국이 난립하기 시작했고, 설상가상으로 튀르크인, 아랍인, 아르메니아인 지도자들도 지방 권력을 장악하며 셀주크 제국은 극심한 혼란과 분열의 시대로 진입했다.

무자비한 십자군의 이슬람 원정

1098년 튀르크 지도자, 수니파 아랍 토후, 파티마 칼리파국, 그리고 아르메니아 왕이 각축전을 벌이던 서아시아에 뜻밖의 새로운 강자가 나타났다. 아랍어로 '이프란즈Ifranj'라 불리는 라틴 기독교인 프랑크족이었다. 시리아 역사학자 이븐 알 아티르Ibn al-Athir(1160~1233년)는 프랑크족의 등장을 아래와 같이 서술했다.

프랑크족이라는 새로운 세력이 출현한 것은 1085년의 일이었다. 이슬람 세계에 큰 영향을 끼친 그들은 이슬람 세계를 공격하면서 영토 일부를 정복했다. 이후 그들은 톨레도를 비롯해 이베리아반도의 여러 도시들을 점령했고 1091년에는 시칠리아까지 정복했다. (……) 프랑크족은 더 멀리 세력을 확장하고자 했으며, 1097년 마침내 시리아로 진군했다.[1]

이븐 알 아티르는 이프란즈가 이베리아반도에서 팔레스타인에 이르기까지 수차례의 정복 전쟁을 벌일 수 있었던 이유로 이슬람 세력의 분열을 꼽았다. 실제로 스페인 북부 기독교 왕국들은 이슬람 토후국들이 쇠락해진 틈을 타 세력을 확장해갔다. 시칠리아 역시 11세기에 이슬람 토후들 간의 내분으로 분열되었고, 이때 노르망디 출신의 백작 루제루 1세Roger I는 일부 이슬람 토후들과 동맹을 맺고 경쟁세력과 전쟁을 벌여 30년(1061~1091년)만에 시칠리아섬 전체를 정복했다. 또한 제1차 십자군 원정대는 서아시아의 영토들을 정복하기 시작했으며, 1099년 7월 마침내 예루살렘을 함락했다. 이렇게 이슬람 세력은 기독교 세력의 공격을 받으며 날이 갈수록 침몰해갔다.

앞서 보았듯 11세기에 코르도바 칼리파국은 내전을 거듭하며 타이파라는 군소 왕국으로 분열되었고, 이베리아반도 북부의 기독교 왕국들로부터 빈번하게 침략받았다. 그중에서도 레온-카스티야 왕국의 알폰소 6세는 1085년에 칼리파국이 혼란해진 틈을 타 서고트 왕국의 옛 수도였던 톨레도를 정복했다. 후술하겠지만 톨레도의 멸망을 지켜본 일부 타이파의 무슬림 왕들은 베르베르계 무라비트 왕조의 술탄에게 지원을 요청했고, 그 덕분에 기독교 왕국의 정복 전쟁은 한동안 소강상태에 접어들었다. 이슬람 세력이 지배하던 시칠리아에 군소 타이파가 난립한 것도 이 무렵이었다. 그러나 어떤 타이파도 시칠리아를 통일하지 못했고 각각의 타이파는 여러 지역 세력에게 지원을 요청했다. 그중 시라쿠스의 아미르인 이븐 알 툼마는 1061년 벌어진 전쟁에서 이탈리아 남부에 정착한 노르망디 백작 루제루 1세의 지원을 받았다. 1071년 루제루 1세의 그의 형 로베르 기스카르는 팔레르모를 포위 공격하여 이듬해에 정복했고, 이후 1091년에 시칠리아 전역을 장악하는 데 성공했다. 그들은 경쟁구도에 있는 일부 아미르들과 동맹을 맺으며 강력한 무슬림 권력자들을 자신의 편으로 끌어들였다.

시칠리아의 노르만 왕들은 무슬림들을 기독교로 개종시키는 것에 크게 관심이 없었다. 그저 예전 이슬람 세력이 기독교인들에게 그랬듯 무슬림들에게 '딤미' 제도를 동일하게 실행했으며, 무슬림과 유대인은 지즈야(노르만 왕들은 명칭까지 아랍어 그대로 사용했다)를 납부해야 했다. 이베리아반도 출신 여행가 이븐 주바이르Ibn Jubayr는 1184~1185년에 시칠리아를 방문했고 당시 무슬림들의 생활상을 기록했다. 그는 시칠리아에서 만난 무슬림들이 어려운 처지에 있으면서도 강인한 생존력으로 꿋꿋이 살아가는 모습에 감동과 측은지심을 느꼈다고 기록했는데, 당시 무슬림들의 지위가 무척이나 애매했던 것처럼 보인다.

반면 이븐 주바이르는 시칠리아의 왕이 무슬림들을 참모로 기용해 요직에 배치했다는 사실을 무척 자랑스러워했다. 또한 시칠리아 여러 도시에는 무슬림 공동체가 형성되어 있으며, 그곳에 시장, 공중목욕탕, 무에진*이 기도 시간을 알려주는 첨탑을 갖춘 모스크가 있다고 기록했다. 그러나 이븐 주바이르는 동시에 어떤 불안감을 느꼈던 것 같다. 그는 시칠리아 기독교인들이 보여주는 친절과 품격 뒤에 무슬림을 기독교로 개종시키려는 다른 속셈이 숨어있는 것은 아

●   이슬람 사원에서 기도 시간을 알리는 담당자

널지 의심했다. 이븐 주바이르 조차도 마르토라나 교회**의 성탄 미사 소리와 스테인드글라스를 통해 들어오는 환상적인 빛에 매료되어 '신의 곁에서 안식처를 찾은 것 같은 기분이 든다'고 고백할 정도였다.[2] 실제로 당시 시칠리아의 무슬림 자녀들은 기독교로 개종하겠다며 부모를 불안하게 했다. 그래서 무슬림 부모들은 자녀들을 계속 이슬람 영토에서 살게 하기 위해 딸들을 여행 온 무슬림 남성들과 결혼시켰다고 한다.

1095년 교황 우르바노 2세Urbanus II는 클레르몽 공의회에서 동방의 교회들을 셀주크 튀르크족의 지배로부터 탈환해야 한다며 주교들에게 십자군 원정을 호소했다. 그때 이미 우르바노 2세는 비잔틴 제국의 알렉시오스 1세Alexius I(재위 1081~1118년)로부터 아나톨리아의 룸 셀주크 왕조에 대항할 수 있도록 지원을 해달라는 서신을 받은 뒤였다. 교황과 주교의 호소로 제1차 십자군은 어렵지 않게 발족될 수 있었다. 수천 명의 기독교인들이 원정에 참여하겠다고 맹세했고 그 맹세를 드러내기 위해 자신들의 옷에 천으로 된 십자가를 꿰매어 붙였다. 십자군이라는 말은 '십자가 표식을 단 자들' 이라는 뜻의 '크루세시냐티Crucesignati' 에서 유래했다.

육로와 배로 유럽 각지에서 모여든 십자군은 콘스탄티노플을 향해 떠났다. 원정 중에 십자군은 라인란트에서 수천 명의 유대인을 학살했는데, 이는 종교적 광신과 탐욕으로 벌어진 유럽 최초의 유대인 박해였다. 한편 비잔틴 제국을 도울 정예 기사들이 올 거라고 기

** 시칠리아 팔레르모에 있는 우아한 노르만 양식의 교회

대한 알렉시오스 1세는 콘스탄티노플을 향해 물밀듯이 쏟아지는 오합지졸 십자군을 보고 크게 당황했다. 그의 딸인 안나 콤네나는 그 광경을 보고 콘스탄티노플을 쓸어버릴 메뚜기 떼가 몰려오는 것 같다며 경악했다고 한다. 알렉시오스 1세는 민중 십자군은 도움이 되지 않는다고 판단해 그들을 재빨리 배에 태워 보스포루스 해협을 거쳐 소아시아로 보내버렸다.

아나톨리아에 당도한 십자군은 도릴라이움 전투(1097년 7월 1일)에서 룸 술탄국의 술탄 클리츠 아르슬란이 이끄는 군대를 격퇴하고 동쪽으로 진군하기 위한 통로를 확보했다. 1097년 십자군은 이슬람이 지배하고 있던 안티오키아 공국에 당도하여 1098년 6월에 그곳을 함락했다. 이후 십자군은 그 지역의 신흥 세력으로 부상했으며 노르만족 지도자 보에몽 1세는 안티오키아 공국의 공작이 되었다. 십자군은 그곳에 진지를 구축하기 위해 지역의 도시와 요새들을 장악했고 그 과정에서 원주민을 회유해 자신의 편으로 만들었다. 실제로 알레포의 리드완 왕과 대치 중이던 아자즈의 왈리 우마르는 십자군 사령관이던 툴루즈의 백작 레이몽 4세의 신하를 자처했다. 또한 에데사의 아르메니아인들은 불로뉴 백작 보두앵과 혼인 동맹을 맺었고 후에 보두앵은 에데사 백국의 백작으로 즉위했다. 이후 십자군 정예부대는 예루살렘으로 진군하여 수많은 백성들을 무차별 학살하며 1099년 7월에 예루살렘을 정복했다. 십자군은 남녀노소 할 것 없이 길, 집, 모스크, 교회 등에서 선량한 백성들을 닥치는 대로 학살했고, 심지어 바위의 돔 지붕 위로 피신한 사람들에게까지 마구 활을 쏘았다. 이를 지켜본 아랍인들과 히브리인들은 예루살렘을 차지한 새 주인의 잔인한 만행에 치를 떨었다.

성도 예루살렘을 점령한 십자군은 거기서 그치지 않고 동방의 백성들에게까지 세력을 뻗치려 했다. 피사, 제노바, 베네치아의 선박을 지원받은 십자군은 팔레스타인 연안 지역을 빈틈없이 정복하기 시작했다. 그때부터 십자군은 학살과 약탈을 자제하고 자신들이 정복한 영토를 발전시킬 요량으로, 항복한 무슬림들이 그 영토에서 그대로 살면서 수공업과 무역업을 계속할 수 있도록 했다. 서방의 프랑크족이 대거 이주했음에도 불구하고 동방의 새로운 라틴 국가 주민들은 다양한 종파를 가진 기독교인, 유대인, 수니파와 시아파 무슬림 등 '동방인'들이 대다수를 차지했다. 또한 성도 예루살렘의 가까이에는 주로 동방의 기독교인들이 살고 있었고 농촌 지역에는 대부분 무슬림들이 살고 있었다.

작은 마을들은 고유의 행정 구조를 그대로 유지했다. 마을의 명망가들은 재판을 담당하는 마을의 수장 '라이스Rais'의 지휘하에 마을의 행정을 관리했다. 농부들(기독교인 또는 무슬림)은 대개 이슬람 통치하에서 납부했던 비율과 비슷하게 수확물의 일정 부분을 세금으로 납부했다. 여행가 이븐 주바이르는 1183년 메카 성지 순례를 하고 돌아오던 중 프랑크족의 지배하에 있는 무슬림 농부들의 생활상을 목격했고, 그들이 이슬람 세력 치하의 기독교인 농부들보다 더 나은 대우를 받고 있다고 기록했다. 다만 그는 그것이 기독교인 통치자들이 무슬림들에게 '관용'을 베풀어서가 아니라 무슬림 노동력을 확보하려는 하나의 방편일 뿐이었다는 사실을 지적했다.

시리시리에서 여러 기독교인 왕들은 무슬림 왕들과 복잡하고 다양한 동맹을 맺기 시작했다. 1109~1149년 예루살렘 왕국의 영주들을 포함해 라틴계 군주들은 다마스쿠스의 무슬림 술탄들과 무려 9개의 평화 협정을 맺었다. 물론 그 후에도 약탈 등의 여전히 크고 작은 분쟁이 일어나기는 했지만, 기독교 세력과 이슬람 세력 간의 관계가 긍정적으로 변화했다는 것만큼은 부정할 수 없다. 당시 예루살렘 왕국은 지정학적 인식을 명확히 하고 있었던 것으로 보인다. 예루살렘 왕국에서 바다 또는 사막에 접해있는 국경은 침략으로부터 보호를 받을 수 있었지만, 다마스쿠스와 접한 국경은 영토를 맞대고 있었기 때문에 예루살렘은 다름을 인정하고 공존할 수 있는 '모두스 비벤디Modus Vivendi(생활 방식)'를 모색하는 것이 당연했다.

십자군과 동방 기독교 왕국의 역사는 대개 식민 지배의 역사라는 틀 안에 갇혀있다. 야만적인 십자군의 역사는 특히 19세기 프랑스와 영국의 식민 지배 역사와 결합되어 더욱 부정적인 이미지를 갖게 되었다. 물론 당시 이슬람 왕국들은 프랑크족을 낯선 이민족으로 여기고 경계했지만 프랑크족은 사실 특정 지역에서 패권을 잡기 위해 전쟁을 벌이는 다른 여러 민족들 중 하나에 불과했다. 후술하겠지만 특히 13세기에 중동지역을 초토화시킨 몽골족에 비한다면, 프랑크족은 군사적 측면에서 그다지 심각한 위협이 아니었다.

'지하드'로 프랑크족에 맞선
무라비트 왕조와 무와히드 왕조

동방에서나 서방에서나 '룸 셀주크'와 '프랑크족'의 정복 전쟁이 이어지며 이슬람 세계에서는 '지하드' 이데올로기가 다시 고개를 들기 시작했다. 지하드는 무라비툰Murabitun(요새의 병사들)과 더불어 11세기부터 이슬람 왕조가 발전하는 데 큰 역할을 했다. 무라비트 왕조는 술과 음악을 금하는 이슬람의 엄격한 종교적 교조주의를 설파한 말리키학파 신학자 압달라 이븐 야신Ibn Yasin(1059년 사망)의 주도하에 개창되었다. 이후 무라비트 왕조의 아미르였던 아부 바크르 이븐 우마르Abu Bakr ibn Umar(재위 1056~1087년)는 가나 왕국(현재의 모리타니와 말리 대부분 지역)의 통치자 툰카 마닌Tunka Manin(재위 1010~1078년)이 무슬림이 아니라는 이유로 가나 왕국을 상대로 지하드를 벌였다.

코르도바의 지리학자이자 역사학자 알 바크리al-Bakri는 1067년 가나 왕국의 수도 쿰비 살레를 방문했고, 그곳의 생활상에 대해 많은 기록을 남겼다. 그의 기록에 따르면 대도시 쿰비 살레 한편에는 왕궁이 있어 왕과 왕족 및 관리들이 살았으며, 다른 한편에는 무슬림 상인·학자·법률가들이 12개의 모스크가 있는 무슬림 거주 지역에 살았다고 한다. 가나 왕국은 금이 풍부하게 나는 나라였고 소금과 금을 교역하며 번영을 누렸다. 역사학자들은 무라비트 왕조의 아부 바크르 이븐 우마르가 토속 종교를 믿는 가나 왕국의 지도자 툰카 마닌에게 이슬람으로 개종할 것을 종용했고, 그가 이를 거절하자 1067년에 쿰비 살레를 침략해 가나 왕국을 멸망시켰다고 전한다. 그

173

러나 일부 역사학자들은 가나 왕국의 잔존 세력들이 다른 소왕국을 세워 명맥을 유지했다고 주장한다.

당시 이슬람은 본래 토속 종교를 믿던 지역에 널리 전파되었는데, 가오(현재의 말리)의 왕 역시 1010년경 이슬람으로 개종했다고 전해진다. 실제로 1068년 가오를 방문한 알 바크리는 왕은 무슬림이지만 다수의 백성들은 여전히 토속 종교를 믿고 있다고 기록했다. 무라비트 왕국이 가나 왕국을 멸망시켰는지 여부에 관계없이 이 시기 이슬람 세력은 전통적으로 비무슬림에 대해 관용을 베풀던 입장을 철회하고, 엄격한 교조주의를 강조하며 지하드라는 명분을 내세워 피정복자들을 핍박했다. 이후 무라비트 왕조는 말리에서 알제리에 이르기까지 서아프리카 대부분의 지역을 장악하게 되었다.

앞서 보았듯 이베리아반도 북부 기독교 왕국들(바르셀로나의 백작, 카스티야와 아라곤 왕국, 11세기 말엽부터는 포르투갈의 왕국들까지)은 타이파가 쇠퇴한 틈을 타 그들의 영토를 침략하고 아미르에게 공물납부(파리아스Parias)를 요구했다. 19세기 스페인 역사학자들은 이러한 기독교 세력의 영토 정복 전쟁을 영토회복운동, 스페인어로 '레콩키스타'라 정의했다. 실제로 레온-카스티야 왕국의 페르난도 1세(1035~1065년)는 톨레도, 바다호스, 세비야의 아미르에게 공물납부를 요구했으며 그의 아들 알폰소 6세(재위 1065~1109년)는 레콩키스타에 박차를 가했다.

이슬람 왕국은 기독교 왕국에 공물을 바치기 위해 코란의 가르침을 위배하면서까지 백성들에게 과도한 세금을 부과했고, 그 때문에 반란이 끊이지 않았다. 그리고 이런 혼란을 틈타 1085년에 알폰소 6세는 톨레도를 침공했다. 시인이자 포도주 애호가였던 세비야 타이파의 아미르 알 무타미드 이븐 압바드는 종교적으로 엄격한 무라비트 왕조의 총사령관 유수프 이븐 타슈핀Yusuf ibn Tashfin과 상극이 었지만, 톨레도가 함락되자 유수프 이븐 타슈핀에게 고개를 숙이고 지원을 요청하며 이렇게 말했다고 한다. "카스티야의 돼지치기가 되느니 아프리카의 낙타몰이꾼이 되는 게 낫겠소." 그렇게 그는 유수프 이븐 타슈핀이 지휘하는 군대와 지브롤터 해협을 건너 사그라하스 전투(1086년)에서 알폰소 6세의 군대를 대파했고 다른 타이파들에 대한 지배권을 획득했다.

유수프 이븐 타슈핀과 그 지지자들은 타이파의 아미르들이 나약한 데다 종교적으로 해이해졌기 때문에 몰락했다고 생각했다. 더 이상 이베리아반도 북부 기독교 왕국들과 평화로운 관계를 유지하는 것은 불가능해졌고 공물 납부도 중단되었다. 무라비트 왕조 사람들은 검은 옷을 입고 머리에 베일을 썼기 때문에 이베리아반도 사람들과 명확하게 구분되었는데, 이베리아반도의 기독교인과 유대인은 '샤리아'에서 허용한 규율을 지키며 행동을 절제하고 무슬림과의 접촉을 최대한 피해야 했다. 법학자 이븐 압둔의 '히스바Hisba(이슬람 율법)' 지침서는 당시 상황이 이땠는지를 잘 보여준다. 그는 어떤 무슬림도 유대인이나 기독교인을 위해 화장실 청소, 쓰레기 치우기 등 '더러운' 일을 해서는 안 된다고 강조했다.

이렇듯 무라비트 왕국의 엄격한 성직자들과 이베리아반도의 무슬림 백성들 사이에는 커다란 간극이 있었다. 게다가 백성들의 관습을 버리기에 이베리아반도의 무슬림 지도자들은 너무나 무능했다.

이븐 압둔은 세비야의 무슬림들이 밤만 되면 과다이라강을 건너 기독교 구역의 선술집에서 술을 마시는가 하면, 한밤중에 묘지에서 술을 마시고 무덤 뒤에서 사랑을 나눈다고 개탄했다. 또한 12세기 말엽, 이베리아반도의 학자 알 샤쿤디는 공공장소에서의 음주를 금지하지 못하는 무슬림 지도자들의 무능함을 한탄하며 이렇게 말했다. "술을 마시고 취해서 사고가 벌어지거나 술꾼들끼리 싸움이 나지 않는 이상, 누구도 포도주를 마시는 것을 비난하거나 비판하지 않는다. (……) 종교적 열의를 가진 일부 지도자들이 이런 상황을 끝내고자 했지만 결국 실패하고 말았다."[3]

1122년부터 무라비트 왕조에 맞서 또 다른 종교적·정치적 세력이 부상하기 시작했다. 바그다드에서 알 가잘리와 함께 수학한 무함마드 이븐 투마르트Muhammad ibn Tumart는 매우 엄격한 종교적 강령을 세우고 자신들을 '무와히둔(유일한 신을 믿는 자들)'이라 칭하며 무와히드 왕조를 개창했다. 이븐 투마르트는 무라비트 왕조가 종교적으로 타락해 이슬람 율법을 지키지 않는다고 비판하며 자신이 마흐디(메시아)이자 이맘이라고 선언했다. 그의 후계자 아브드 알 무민Abd al Mumin(재위 1133~1163년)은 칼리프로 즉위해 무라비트 왕조를 지속적으로 공격했고, 1147년 무라비트 왕조의 수도 마라케시를 함락했다. 동시에 그는 1146년부터 이베리아반도의 타이파들을 복속시켰다. 그의 뒤를 이어 칼리프에 즉위한 야쿠브 알 만수르Yaqub al-Mansur(재위 1184~1199년)는 이베리아반도 북부 기독교 왕국들을 수차례 침략해 수천 명을 포로로 잡고 모로코로 데려와 노예로 팔아넘겼다. 또한 그는 라바트, 마라케시, 세비야에 모스크를 비롯해 요새와 궁전을 세웠다. 세비야에 건축한 대모스크의 히랄다 탑은 오늘날까지도 이 도시를 대표하는 기념비적 건축물 중 하나로 꼽힌다.

무와히드 왕조는 기독교인들을 '이교도', '불신자' 또는 '무쉬리 쿤(다신교도)'으로 규정했다. 1173년 무와히드 군대가 아빌라 백작이 이끄는 군대를 급습하자, 칼리프 아부 야쿱 유수프의 서기는 이것이 야말로 이교도에 대한 이슬람의 명백한 승리이며 이슬람이 기독교의 적들을 지옥문 앞에 데려다 놓았다고 기록했다. 무와히드 군대는 기독교 세력을 물리친 뒤, 이슬람에게는 불경의 표시인 십자가 깃발을 빼앗아 들고 위풍당당하게 세비야로 입성했다. 그러나 무와히드 왕조의 칼리프들 역시 이전 왕조의 칼리프들처럼 카탈루냐와 포르투갈 출신 용병을 고용했고 피사, 제노바와는 무역 협정을 체결했다. 역설적이게도 무와히드 왕조가 가장 거센 비난을 쏟아부으며 공격했던 '이교도'들은 다름 아닌 무슬림 경쟁자인 무라비트 왕조였다. 무와히드 왕조는 같은 무슬림임에도 불구하고 무라비트 왕조가 방탕하고 신앙에 충실하지 않으므로 이단이자 이교도이며 가장 무거운 죄를 저질렀다고 비판했다.

기독교 세계에서 살아가는 무슬림, '무데하르'의 서러움

온갖 호전적 수사를 동원해 큰소리치며 세력을 확장해나가던 무와히드 왕조는 13세기 초엽부터 쇠락의 길을 걷기 시작했다. 1212년 기독교 세력의 연합군은 나바스 데 톨로사 전투에서 무와히드 군대를 궤멸하고 '레콩키스타'의 길을 열었다. 이후 아라곤 왕국의 제임스 1세는 마요르카(1229년)와 발렌시아(1238년)를, 레온-카스티야 왕국의 페르난도 3세는 코르도바(1236년)와 세비야(1248년)를 점령했다. 그나마 그라나다의 나스르 왕국이 여전히 이슬람 세력의 지배하에 있었으나, 1492년 카스티야 왕국의 이사벨 1세와 아라곤 왕국의 페르난도 2세에 의해 이 지역마저도 기독교 세력으로 넘어가고 말았다.

레콩키스타의 기치를 건 기독교 세력의 영토 확장 정책으로 11~15세기에 수많은 무슬림들은 시칠리아에서처럼 기독교 왕국의 치하에서 살아가야 했다. 기독교 사회에서 무슬림의 지위는 법으로 규정되어 있었다. '무데하르Mudéjar'라 불린 무슬림들은 노예, 자유농민, 수공업자, 또는 왕실 군대의 용병이 될 수 있었고 대체로 이슬람 신앙을 지킬 권리를 보장받았다.

무슬림들은 각자의 뜻에 따라 개종할 수는 있었으나 오직 기독교로의 개종만 허용되었다. 무슬림들에게 적용되는 일련의 법률들은 종교적 차별을 지속하기 위한 의도를 담고 있었다. 그래서 무슬림과 기독교인 간의 결혼과 성관계가 금지되었고 무슬림과 기독교인은 공중목욕탕을 함께 이용할 수 없었다. 법률적으로 무데하르는 이슬람이 지배하는 영토에서 살아가는 '딤미'처럼 기독교인보다 낮은 사회적 지위를 감수해야 했다. 무슬림에 관련된 문제는 무슬림 공동체 내부의 이슬람 법관인 '카디'의 재량에 맡겨졌지만 기독교인과 무슬림이 함께 연루된 문제는 도시나 왕궁의 기독교 재판소에서 다루어졌다. 재판에 선 무슬림은 유대인이 토라에, 기독교인이 복음서에 맹세하듯 코란에 대고 맹세해야 했다. 카스티야 왕국의 알폰소 10세(재위 1250~1284년)는 오랜 시간 공을 들여 생활 예법과 제도를 명확하게 규정한 《시에테 파르티다스 Siete Partidas》라는 법전을 편찬해 반포했다. 그에 따라 무슬림 증인은 모스크 문 앞에서 코란에 손을 얹고 무함마드의 이름으로 맹세를 해야 했다. 또한 무슬림들은 처벌과 벌금 등에서 기독교인에 비해 대개 불리한 판결을 받았다.

이처럼 무슬림은 법적으로 차별을 받았지만 실질적인 사회활동에서까지 차별을 받지는 않았다. 실제로 무슬림과 유대인은 사회 전반에 걸쳐 동등한 대우를 받았다. 일례로 발렌시아의 무데하르 군대는 아라곤 왕국의 군대에서 핵심적인 역할을 했는데, 1285년 프랑스가 카탈루냐를 침공했을 당시 사격수가 포진된 발렌시아의 무데하르 병사 600명은 지로나 방어전에 참전했다. 또한 많은 유대인, 무슬림 의사들은 왕실과 고위층의 주치의로 활동하기도 했다. 한편 기독교인과 무슬림 간의 모든 성적인 관계는 법률로 금지되어 있었고 이베리아반도의 기독교 왕국에서 기독교인 여성과 무슬림 남성이 성관계를 가지면 사형에 처해질 수 있었다. 그러나 무슬림 여성과 기독교인 남성이 성관계를 가진 경우에는 이 법이 적용되지 않았을뿐더러 기독교 왕국의 여러 지역 법률들은 기독교인 남성과 무슬림 여성 노예 간에 성관계를 허용했다. 따라서 이들 사이에서 태어난 혼혈아들의 상속권과 법적 지위에 대한 문제는 불거질 수밖에 없었고 법학자들은 주로 이와 관련된 문제들을 다루어야 했다. 16세기까지 상당수의 무슬림들은 이베리아반도 기독교 왕국에서 살아갔고 그리기 위해서는 기독교로 개종해야 했다. 그러나 17세기 초에 그 후손들인 '모리스코스Moriscos*'는 이베리아반도에서 추방당했다.

십자군을 향한 이슬람의 반격과
노예 병사들이 세운 맘루크 왕조

12세기에 들어 다마스쿠스와 알레포의 울라마들은 무슬림들에게 더 이상 이교도 프랑크족과 화합해서는 안 된다고 주장하며, 프랑크족에 맞서 '지하드'를 실행해야 한다고 목소리를 높였다. 이라크 북부 모술의 아미르였던 이마드 알딘 장기Imad al-Din Zanqi는 1144년 지하드 이데올로기를 앞세워 에데사 백국을 점령하며 이슬람 재정복의 신호탄을 울렸다. 프랑크족에 대한 반격은 그의 최우선 과제가 아니었지만 그의 아들 누르 알딘Nur al-Din은 '대지하드(자신과의 영적인 싸움)'와 '소지하드(이슬람을 지키기 위해 외부의 적을 물리치는 싸움)'를 동시에 실행하며 부친의 뜻을 이어갔다.

　누르 알딘은 금욕적인 삶을 살며 코란의 가르침에 위배되는 세금을 폐지했고 수피파를 지지했다. 또한 성직자들을 측근으로 두고 프랑크족을 비롯해 지하드를 신봉하지 않는 모든 무슬림들과 전쟁을 벌였다. 그는 프랑크족에 맞서 무슬림들을 통솔할 수 있는 유일한 지도자는 자신뿐이라고 말하며 시리아를 하나로 뭉치게 했다.

●　이베리아반도에서 기독교로 개종한 아랍계 무슬림

그는 지하드 이데올로기의 선전뿐만 아니라 군사력에 있어서도 프랑크족과의 전쟁을 망설이는 무슬림 토후들을 압도했다. 다마스쿠스의 이슬람 경건주의파와 대중은 누르 알딘을 열렬히 지지했고 1154년 누르 알딘은 다마스쿠스에 무혈입성했다.

한편 이집트의 파티마 왕조는 내분으로 쇠락하기 시작했다. 왕조에서는 와지르 자리를 두고 권력다툼이 벌어졌고 이에 누르 알딘은 자신의 심복 시르쿠Shirkuh 장군과 조카 살라딘Saladin을 이집트로 보내 파티마 왕조를 평정했다. 그리고 1169년 시르쿠 장군이 와지르가 되어 이집트를 지배하게 되었으나 몇 달 후 사고로 사망했고, 살라딘이 그의 뒤를 이어 와지르에 올랐다. 그렇게 되자 살라딘의 입장이 난처해졌다. 누르 알딘(지하드를 설파한 수니파 튀르크족)의 장군이자 신하인 동시에 이집트 파티마 왕조(시아파 왕조)의 와지르가 되었기 때문이다. 와지르 자리에 오른 살라딘은 바그다드 아바스 왕조의 칼리프를 위해 금요 예배를 드리며 이집트가 수니파로 회귀할 것임을 천명했다. 결국 살라딘은 파티마 왕조를 종식시키고 아이유브 왕조(1171~1250년)를 창건하며 이집트와 시리아의 패권을 장악하기 시작했다. 이제 누르 알딘만 사라지면 모든 권력은 그의 것이었다.

1174년 누르 알딘이 사망하자, 살라딘은 이슬람 세력의 통일과 지하드라는 명분을 내세워 시리아 지역에서 정복 전쟁을 계속해나 갈 것임을 천명했다. 그리고 1174~1186년에 프랑크족이 지배하고 있는 영토를 탈환하기 위해서는 이슬람 세력이 먼저 단합해야 한다며 시리아 북부와 이라크에서 전쟁을 벌였다. 1187년 프랑크족 기사 르노 드 샤티용이 휴전협정을 무시하고 계속해서 무슬림 대상을 약탈하자, 살라딘은 예루살렘 왕국을 공격할 때가 왔다고 판단했다. 살라딘의 군대는 하틴 전투(1187년 7월 4일)에서 예루살렘 군대를 격파하고 예루살렘을 포위하여 10월 2일에 탈환했다. 그때부터 '무자히드Moudjahid(지하드를 치르는 전사)'의 칭호를 놓고 살라딘에게 도전장을 내미는 사람은 아무도 없었다. 살라딘은 이슬람 세계의 영웅으로 떠올랐고 무슬림들은 '메카의 카바 신전이 예루살렘에 있는 여동생 알 아크사 모스크가 해방된 것을 기뻐한다'고 표현하며 예루살렘 탈환에 크게 감격했다.

십자군 전쟁은 아이유브 왕조 창건의 계기를 마련해주었지만 프랑크족 몰락의 원인이기도 했다. 1249년 6월 5일, 프랑스 왕 루이 9세는 십자군을 이끌고 나일 삼각주 지역의 항구 도시 다미에타에 상륙한 뒤 그 이튿날에 도시를 점령했다. 루이 9세는 거기서 멈추지 않고 카이로로 진군하기 시작했지만, 이집트 군대는 재빨리 그들을 포위하여 십자군을 격파하고 루이 9세를 생포했다. 루이 9세가 만수라에 포로로 잡혀 있는 동안, 아이유브 왕조 군사력의 핵심인 노예 병사 맘루크Mamluk들은 반란을 일으켜 자신들을 탄압하던 술탄 투란샤를 살해하고 정권을 장악했다. 이후 그들은 전 술탄 알 살리흐의 미망인인 샤자르 알두르Shajar al-Durr를 술탄으로 옹립했다. 노예 출신이지만 술탄의 총애를 받아 후궁 자리에 올랐던 샤자르 알두르는 술탄으로 즉위한 뒤 이집트를 통치하고 화폐를 주조했다. 그러나 아바스 왕조와 아이유브 왕조에서 여성을 술탄으로 인정하지 않자, 맘루크 군 사령관 이즈 알 딘 아이벡Izz al-Din Aybak이 샤자르 알두르와 재혼해 술탄의 자리에 올랐다. 이것이 맘루크 왕조의 시작이었다.

노예 병사 맘루크들이 창건한 맘루크 왕조는 1250년부터 1517년까지 이집트와 시리아를 통치하다 오스만 제국에 의해 멸망했다. 그리고 맘루크 왕조는 프랑크족에 대항하며 창건된 왕조였지만 세력이 약해진 프랑크족보다 훨씬 더 강력하고 두려운 적, 몽골족을 상대해야만 했다.

십자군을 물리친 맘루크 왕조, 이제는 몽골 제국과 맞서다

1206년 테무진은 몽골의 여러 부족들을 통합해 몽골 제국을 세우고 '세계의 군주'라는 의미의 칭기즈 칸 칭호를 받았다. 이후 몽골 제국은 수년간 티베트를 비롯해 중국 북부(1215년 베이징 함락)와 한반도를 정복했다. 1219년부터 칭기즈 칸은 중앙아시아로 눈을 돌렸고 1220년 부하라와 사마르칸트를 점령한 뒤 볼가강 유역까지 진출했다. 칭기즈 칸의 아들이자 후계자인 오고타이 칸(재위 1229~1241년)은 현재의 이란, 아프가니스탄, 조지아, 아르메니아 지역에서 선친의 정복 사업을 이어갔다. 그는 몽골 카라코룸에 수도를 세우고 중국인과 무슬림 장인들을 데려왔다. 프란치스코회 선교사이자 탐험가인 기욤 드 뤼브룩Guillaume de Rubrouck은 카라코룸에 머무르며 몽골 제국의 4대 칸 몽케Möngke(재위 1251~1259년)를 만났던 일을 비롯해 기독교인, 무슬림, 불교인, 도교인이 모인 토론에 참여했던 일화를 기록했다. 몽케 칸의 어머니는 네스도리우스파 기독교인이었지만 황제는 종교 관용 정책을 펼쳤고 다양한 종교의 성직자들에게 정책과 조세 면에서 특권을 부여하면서도 몽골 제국의 샤머니즘 전통을 존중했다.

몽케 칸은 동생 훌라구를 총사령관으로 임명하며 아바스 칼리파국의 정복 전쟁을 위임했다. 훌라구는 몽골, 중국, 아르메니아, 그루지야, 튀르크 군대로 구성된 연합군을 이끌고 바그다드로 진격했다. 바그다드를 포위한 훌라구는 칼리프 알 무스타심에게 항복을 요구했지만 그는 이를 단호히 거부했고 1258년 2월 10일에 결국 바그다드는 함락되었다. 훌라구의 군대는 칼리프 알 무스타심을 살해하고 도시를 약탈했다. 일부 문헌에 따르면 바그다드 도서관의 장서들은 몽골 군대에 의해 모두 불탔고, 티그리스강이 철학자와 성직자의 피로 붉게 물들었으며, 모스크와 마드라사가 전부 파괴되었고, 10만 명이 넘는 백성들이 학살당했다고 한다. 물론 이 기록이 몽골에 대한 반감으로 다소 과장되었을 수는 있지만, 아바스 왕조의 수도 바그다드의 몰락으로 이슬람 세계 전체가 심대한 타격을 입은 것만은 부정할 수 없는 사실이다.

한편 몽케 칸은 1259년 8월 11일에 충칭의 요새를 공략하다 사망했다. 몽케 칸이 전사했다는 소식을 들은 총사령관 훌라구는 기독교인 부관 키트부카Kitbuqa에게 선발대의 지휘를 맡기고 차기 황제 선출 문제를 위한 회의에 참석했다. 키트부카는 시리아 아이유브 왕조, 아르메니아와 조지아의 기독교인 왕들, 그리고 안티오키아 공국의 프랑크 왕 보에몽 6세 등 맘루크 왕조와 맞서고 있는 왕국들과 동맹을 맺었고 1260년 3월 연합군은 다마스쿠스를 점령했다. 그들은 우마이야 왕조가 세운 모스크에서 승리를 자축하는 미사를 거행하며 이슬람 사원을 모독했다. 그러나 1260년 9월 3일에 맘루크 군대의 가장 유능한 장군이자 후일 술탄의 자리에 오르는 바이바르스Baybars는 아인 잘루트 전투에서 키트부카가 이끄는 몽골군을 격퇴하며 시리아와 이집트에서 몽골 세력을 몰아냈다. 그리고 몽케 칸이 갑작스레 사망한 후 그의 두 동생이 서로 칸이 되겠다며 내전(1259~1264년)을 벌인 결과 몽골 제국은 4칸국*으로 분열되었다.

바이바르스는 아인 잘루트 전투에서 승리하며 명성을 떨쳤고 여세를 몰아 1260년 10월 카이로에서 술탄에 즉위했다. 그는 사법학파(마드합)를 대표하는 네 명의 이슬람 법관(카디)을 측근에 두고 권력에 정당성을 부여하려 했다. 또한 수피파 종교 지도자들을 가까이에 두고 많은 종교 기관에 재정을 지원했다. 몽골군의 바그다드 침략 때 피신해있던 아바스 왕조의 알 무스탄시르 2세는 1261년에 카이로에 당도했는데, 이를 기회로 잡은 바이바르스는 그에게 칼리프 칭호를 줄 테니 자신을 술탄으로 인정해줄 것을 요구했다. 이로인해 아바스 칼리파국은 1517년까지 카이로에서 왕조를 이어나갔지만, 칼리프에게는 어떤 실권도 없었다. 맘루크 술탄의 정권 아래에서 종교적·정치적 권위만을 가지고 있을 뿐이었다. 바이바르스는 1269년 자신의 깊은 신앙심을 드러내기 위해 메카로 성지 순례를 다녀오기도 했다.

* 칭기즈 칸 사후, 몽골 제국은 킵차크 칸국, 차가타이 칸국, 오고타이 칸국, 일 칸국으로 분열되었고 이늘 4간국이라 한다.

이베리아반도의 3대 대학자

이 시기에 정치적·군사적으로는 분열과 분쟁이 끊이지 않았지만, 오히려 지적 교류는 매우 활발하게 이루어졌다. 특히 이베리아반도에서 활동한 대학자, 마이모니데스Moïse Maïmonide(1138~1204년), 이븐 루시드Ibn Rushd(라틴어 이름은 아베로에스, 1126~1198년), 이븐 아라비Ibn Arabi(1165~1240년)는 수 세기 동안 이슬람 철학과 신학에 커다란 영향을 미쳤다.

마이모니데스와 이븐 루시드는 무라비트 왕조 시대에 코르도바에 태어났으나 무와히드 왕조가 들어선 뒤 고향을 떠났다. 마이모니데스는 카이로에 정착해 살라딘의 궁중의사가 되었고, 이브 루시드는 마라케시로 가, 무와히드 왕조의 칼리프 아부 야쿱 유수프의 후원을 받으며 철학 연구에 매진했다. 두 학자는 모두 무와히드 왕조 일파의 견제를 받았다. 1168년 카이로에 당도한 마이모니데스는 궁중의사로 임명되어 술탄을 위해 봉직했고, 이후 1171년 이집트 유대인 공동체의 수장이 되었다. 다망한 와중에도 그는 저술활동을 게을리하지 않았다. 그는 법률과 종교에 관련된 질문에 회답하는 형식의 문학인 '레스포사'를 주로 저술했으며, 그 외에도 유대교 율법을 비롯해 신학, 철학과 관련된 저작을 남겼다.

그가 히브리어로 쓴《미슈네 토라Mishné Torah》는 토라와 탈무드를 바탕으로 유대인 법과 종교의 의무를 상세히 설명한 가장 완벽한 유대교 율법서로 꼽힌다. 그는 의학, 철학, 신학 논문 등 대부분의 저작을 당시 지중해 일대 유대인의 공용어였던 아랍어로 썼으며, 철학적 진리에 근거하여 토라의 진리를 합리화하려는 시도를 했다. 라틴어로 번역된 그의 철학서는 파리에서 활동한 이탈리아 신학자 토마스 아퀴나스에게 깊은 영향을 주었다. 그런데 토마스 아퀴나스에게 그보다 큰 영향을 미친 대학자가 있었으니, 바로 이븐 루시드였다.

이븐 루시드는 코르도바의 대학자 집안에서 태어났다. 그의 조부와 부친은 코르도바의 이슬람 법관이었고 이븐 루시드 역시 1171년 이슬람 법관이 되어 법 해석에 관련된 저술활동을 펼쳤다. 그는 천문학을 비롯해 의학, 철학, 신학 연구에 매진했으며, 알 가잘리와 철학적으로 대립각을 세운 이븐 시나의 철학을 옹호했고, 알 가잘리의 《철학자들의 모순》을 논박하기 위해 《모순의 모순The Incoherence of the Incoherence》을 집필했다. 또한 그가 쓴 아리스토텔레스 철학 주해서는 라틴어로 번역되어 프랑스의 철학과 신학 교육에 큰 영향을 미쳤다. 이븐 루시드는 마라케시에서 칼리프 아부 유수프 야쿱의 후원을 받아 연구에 매진했지만 그의 아들이자 후계자인 알 만수르가 즉위하며 궁정과 연을 끊었다. 엄격한 울라마들은 이븐 루시드를 불경하다 여겨 기어이 그의 저서 중 일부를 낙인찍어 불태워 버렸으나, 그는 말년에 다시 칼리프의 신임을 받아 마라케시 궁정으로 복귀했다. 역설적이게도 그가 남긴 저술들은 이슬람권에서보다 유럽 기독교권에서 더 큰 반향을 불러일으켰다.

1179년 이븐 루시드는 코르도바에서 후에 이슬람 중세의 대학자 중 한 명으로 꼽히는 14세의 소년 이븐 아라비를 만난 적이 있다고 한다. 철학 공부와 영성수련에 열중했던 이븐 아라비는 이베리아 반도의 마그레브에서 여러 스승들의 가르침을 받은 후, 메카 성지

187

순례를 시작으로 카이로를 거쳐 다마스쿠스에 정착했다. 그는 산문과 시, 신학, 이슬람 율법, 신비주의 등에 관한 350편 이상의 작품을 저술하고 제자들을 가르쳤다. 그러나 그의 저술에는 모순과 모호성이 많아 그의 사상을 명확하게 분류하기는 어렵다. 수피즘을 지지한 이븐 아라비는 신을 사랑의 대상으로 여겼고 스스로 신을 갈망하는 사랑에 빠진 영혼이라고 생각했다. 그래서 그는 코란의 구절, 신의 이름, 신이 창조한 세상 등 모든 곳에 신의 사랑에 이르는 길이 있다고 주장했다. 그러나 일부 성직자들은 그가 하느님과 하나님의 창조물을 동일시하는 범신론자라며 비판했다. 이에 이븐 아라비는 신은 이성으로 이해할 수 있는 영역 밖에 있다고 강변하며 '나의 지식으로 신을 이해하기에 신은 너무나 거대하고 위대하다'고 천명했다.[4]

이븐 아라비는 자신이 신의 계시를 받았으며 꿈에서 무함마드를 보았다고 주장했다. 그는 어떤 종교든 각자의 방식대로 신을 인식하고 구원을 경험하기 때문에 진리를 독점할 수 없다고 주장했다. 그러면서 각각의 종교가 가는 길은 서로 달라 보이지만 결국 하나의 길에서 만나게 되어 있다고 설파했다. 그는 메카 순례 중 만났다고 알려진 수피 소녀 니잠을 위해 〈욕망의 연주자〉라는 장문의 연시戀詩를 짓기도 했다. 13세기부터 많은 주석학자들은 그 소녀가 실존 인물인지, 아니면 신에 대한 사랑을 암시하는 은유적 표현인지를 두고 의견이 분분했다. 다른 시와 마찬가지로 아랍시의 전통에서 육체적 사랑은 영적 사랑의 반대말이 아니라 보다 더 큰 사랑에 이를 수 있는 출발점으로 여겨진다. 사랑하는 소녀의 아름다움과 선함, 그리고 지혜로움을 칭송한 이븐 아라비의 시를 감상해보자.

내 마음은 온갖 형상을 다 품을 수 있다네
내 마음은 가젤을 위해 목초지가 될 수 있고
수도자를 위해 수도원이 될 수도 있다네!
신상을 모시는 사원이 될 수도 있고
순례자를 위해 카바 신전이 될 수도 있다네
내 마음은 토라의 목록이고
한 장 한 장의 코란이라네

내가 믿는 종교는 사랑의 종교라네
신의 낙타들이 향하는 어디에서라도
사랑은 나의 종교이며 신앙이라네![5]

이븐 바투타의 여행 경로

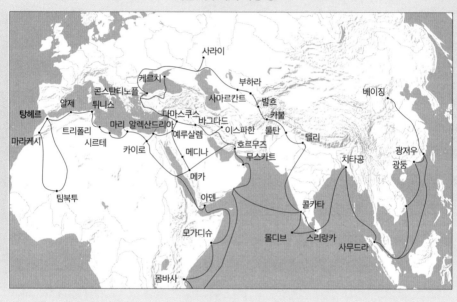

6장

이븐 바투타의 여행기

14세기에 몽골 세력이 이슬람으로 개종한 뒤 이슬람 세계는 모로코에서 수마트라로, 다시 말리에서 볼가강 변까지 확장되었다. 물론 당시 이슬람이 지배하고 있는 영토 전체를 파악하고 있는 사람은 거의 없었다. 그런데 모로코 출신 여행가 이븐 바투타가 그 일을 해냈다. 그는 이집트, 시리아를 거쳐 메카 성지 순례를 했고 이후 이라크, 페르시아, 중앙아시아, 인도 등지를 여행하며 훌륭한 여행기로 그 기록을 남겼다.

이븐 바투타는 1354~1355년까지 모로코 페즈에서 술탄의 명을 받고 문장가 이븐 주자이Ibn Juzayy에게 자신이 여행담을 구술했으며,

이븐 주자이는 이를 정리해 여행기로 엮었다. 이븐 주자이는 당초 《대도시들의 신비와 여행의 경이로움을 바라보는 이들에게 바치는 귀중한 선물》이라는 제목으로 이 여행기를 엮었으나, 후에는 간단히 《리흘라Rihla(여행기)》라는 제목으로 바뀌어 더욱 널리 알려졌다. 이븐 바투타는 1325년 6월 22세의 나이에 고향 탕헤르에서 메카로 성지 순례를 떠났다. 그는 메카에서 한 달을 지낸 뒤 고향으로 돌아가지 않고 이라크로 출발하는 대상 무리에 합류해 쿠파로 갔으며, 이란과 이라크를 거쳐 긴 여행을 시작했다.

1327년 이븐 바투타는 바그다드를 떠나 메카의 외항 제다에서 배를 타고 동아프리카 해안에 도착해 잔지바르와 킬와를 방문하고 나서 다시 배를 타고 예멘과 오만을 들렀다. 이후 그는 시리아와 아나톨리아를 여행했고, 흑해를 건너 크림반도에 도착한 뒤 콘스탄티노플을 여행했으며, 킵차크 칸국의 칸과 함께 중앙아시아를 횡단했다. 인도로 넘어간 뒤에는 델리 술탄국의 술탄 무함마드 빈 투글루크 치하에서 10여 년을 머무른 다음 몰디브, 스리랑카, 미얀마, 말레이시아, 수마트라, 중국을 여행한 뒤 고향으로 돌아가기 위한 긴 여정을 시작했다. 그러나 모로코 페즈에 도착한 이븐 바투타는 곧장 다시 안달루시아로 향했고 남부로 길을 떠나 사하라 사막을 건너 말리 왕국을 방문했다.

이 장에서는 이븐 바투타의 매력적인 여행기를 통해 14세기 중엽 이슬람 세계의 이모저모를 알아보고, 당시 각 나라의 생활상과 문화를 구체적으로 살펴볼 것이다. 단, 그의 여행기를 읽을 때 염두에 둘 것이 있다. 이븐 바투타가 여행을 시작한 시기와 여행기를 기록한 시기 간에 30년의 간극이 있는 만큼, 날짜나 여행 경로 등에 있어 기억의 오류가 있을 수 있다. 또한 이븐 바투타와 이븐 주자이는 여행기를 윤색하기 위해 12세기 이베리아반도 출신 여행가 이븐 주바이르의 여행기와 다수의 견문록을 참조했다. 때로 이븐 바투타는 한 번도 가본 적이 없는 곳을 여행했다며 여행담을 과장하기도 했다. 일례로 그는 수마트라와 중국 사이 어딘가에 있는 공주 전사 우루두자가 통치하는 도시 카이루카리를 방문했다며, 도시를 만들어 내 거짓말을 늘어놓기도 했는데, 실제로 이븐 바투타는 허풍을 잘 떨기로 유명했다. 모로코 마리니드 왕조의 술탄 아부 이난 파리스 Abu Inan Faris의 왕궁에서 이븐 바투타와 20대에 자주 교류했던 이븐 할둔Ibn Khaldoun은 왕국 사람들이 그에 대해 거짓말쟁이라고 수근거렸다는 말을 전하기도 했다.[1] 그럼에도 불구하고 이븐 바투타의 여행기에 기록된 많은 사실들은 다른 자료나 문헌과 비교해도 모순되는 부분이 거의 없으며, 14세기 이슬람 세계를 보여주는 귀중한 문화인류학 사료로도 손색이 없다는 평가를 받는다.

이븐 바투타는 여행기에 자신의 모험담과 이국적 풍경, 코뿔소, 원숭이, 코끼리, 악어, 하마 같은 특별한 동물들을 본 경험담을 풀어 놓았다. 또한 그는 카이로, 사마르칸트, 델리, 캘커타(현 콜카타), 중국 광저우, 말리의 가오 등 세계의 대도시를 방문할 때마다 크게 감탄했다. 한편 그는 위험한 상황에 처했던 경험도 여행기에 기록했다. 아나톨리아를 여행할 때는 이븐 바투타와 그 일행을 안내하던 가이드가 악의적으로 그들을 눈 속에 방치했고, 인도를 여행할 때는 강도의 습격을 받아 약탈을 당하기도 했다. 코로만델 해안에서는 타고 있던 배가 난파되는 바람에 인도인들이 카누를 타고 그를 구조해주어 가까스로 목숨을 구했다. 배를 타고 항해하던 중에는 인도 해적의 습격을 받아 입고 있던 옷가지만 겨우 건지고 전부 약탈을 당하기도 했다. 병에 걸려 고향과 멀리 떨어진 타국에서 객사할지도 모른다는 두려움에 떤 것도 한두 번이 아니었다. 그러나 무엇보다도 이븐 바투타의 여행기는 세계를 누비며 다양한 경험을 하고, 모로코와 인도 무슬림 왕들의 측근에서 유능한 법관으로 활약한 무슬림 청년의 성장과 발전에 관한 기록이다.

이슬람 세계의 중심에서 역사에 남은 여행이 시작되다

1325년 6월 14일, 22세의 이븐 바투타는 탕헤르에서 출발하여 메카를 거쳐, 메디나에 있는 무함마드의 영묘로 가는 순례길에 올랐다. 라와티 베르베르족인 이븐 바투타는 탕헤르의 학자와 법관 집안에서 태어나 법학을 공부했다. 그는 홀로 여행을 떠나며 부모와 작별 인사를 할 때 무척 마음이 아팠다고 고백했다. 그는 여행길에 오른 뒤 다시는 부모를 만나지 못했다.

그보다 앞서 여행가로 이름을 떨친 이븐 주바이르는 제노바에서 알렉산드리아까지 배를 타고 해로로 여행했다. 그러나 이븐 바투타는 페즈, 틀렘센, 알제를 거치는 육로를 이용했다. 그는 베자야에서 열병을 앓기도 했지만 몸을 추스른 후에 몇몇 일행과 함께 다시 길을 떠났다. 콘스탄틴 주변에 도착한 이븐 바투타 일행은 야숙을 했는데, 폭풍우가 몰아치는 바람에 천막이 뒤집어져 급히 이웃 도시로 피신해야 했다. 도시의 수장은 비에 흠뻑 젖어 꾀죄죄한 모습을 한 가여운 젊은 순례자가 옷을 빨 수 있게 해주고, 금화 두 개를 몰래 넣은 새 옷을 건넸다. 다시 길을 떠났을 때 여전히 열병을 앓고 있던 이븐 바투타는 터번을 쓰고 말에서 떨어지지 않으려고 안장에 꼭 붙어 있었다. 그의 일행 중에는 튀니스 출신 울라마가 두 명 있었는데, 그들이 튀니스에 도착하자 많은 이들이 거리에 나와 두 사람에게 안부를 물으며 그들을 환대했다. 그러나 비척거리며 말에서 내리는 젊은 순례자에게 관심을 주는 이는 아무도 없었다.

이븐 바투타는 한 마드라사에서 기거하며 두 달 동안 튀니스에 머물렀다. 당시 그의 눈에 비친 튀니스는 국제적으로 번영한 도시로, 이베리아반도에서 온 많은 이민자들이 그곳에 정착해 살고 있었고 항구에는 이탈리아와 카탈루냐 상인들이 늘 북적거렸다. 이븐 바투타는 마드라사와 모스크의 말리키파 울라마들과 자주 교류했고, 메카 성지 순례를 떠나는 순례자 무리의 카디(법관)로 선발되었다. 그 때부터 그는 순례자 무리에서 중요한 인물이 되어 다른 순례자들을 인도했으며, 더 이상 신변의 안전이나 여행비용을 걱정할 필요가 없게 되었다. 무일푼의 청년이었던 이븐 바투타가 존경받는 카디로 거듭나자 페즈의 한 순례자는 자신의 딸을 그와 결혼시키고 싶어 했다. 이븐 바투타는 그의 제안을 받아들여 결혼을 결심했으며, 순례자 무리는 노정을 잠시 멈추고 트리폴리와 알렉산드리아 사이에 있는 사믹 가ᄂ르 일 자피아에서 두 사람의 결혼을 축하했다. 이븐 바투타는 자신의 결혼을 축하해준 모든 순례자들을 위해 축하연을 베풀었고, 그 후 다시 길을 떠나 1326년 4월 5일 알렉산드리아에 도착했다.

이븐 바투타는 도시의 성벽과 동서남북으로 난 네 개의 문, 한쪽이 무너져 내린 등대, 고대의 유적지, 모스크에 대해 상세한 기록을 남겼다. 무엇보다도 그는 여행 중에 만난 학자 및 성직자들의 이름과 그들의 모범적인 삶을 소개하고 칭송했으며, 여행하는 내내 이러한 교류를 계속해나갔다.

카이로를 방문한 이븐 바투타는 그 첫인상을 사람들이 파도처럼 밀려왔다가 밀려가는 곳이라고 표현했다. 그는 카이로에 1만 2,000명의 식수 운반인과 3만 명의 역축役畜 임대업자가 있고, 3만 6,000척의 배가 나일강 위를 떠다니며, 모스크와 마드라사가 셀 수 없을 만큼 많다고 기록했다. 이븐 바투타는 카이로의 수많은 자위야 Zawiya(수피들을 위한 수도원) 중 한 곳에 머물렀다. 그는 수도원의 운영 방식과 수도자(미혼과 기혼)들의 일상에 대해 설명하기도 했다. 각 자위야는 대부분 페르시아 출신 이슬람 수도자에 의해 운영되었다. 그들은 하루 두 끼의 식사를 하고 목요일에는 비누와 과자를 배급받으며 기도와 코란 암송으로 대부분의 시간을 보냈다고 한다. 이런 자위야들은 카이로 아미르들의 재정적 지원을 받고 있었고, 자위야의 의무 중 하나가 여행자를 환대하는 것이었던 덕분에 이븐 바투타는 종종 그곳에 머물렀다.

150년을 앞서 여행한 이븐 주바이르처럼 이븐 바투타 역시 나일 강을 거슬러 올라가 에드푸로 갔다. 그곳에서 순례자들은 낙타를 빌려 타고 베두인의 안내에 따라 보름 동안 600km의 사막을 건너 홍해에 있는 아이자브 항구로 간 다음, 다시 배를 타고 메카의 관문인 항구 도시 제다로 가야 했다(250km를 배로 횡단했다). 그런데 순례자들은 그곳에서 부이야의 왕이 맘루크 총독에게 반란을 일으켜 항구의 배들을 가라앉혀 버렸다는 소식을 들었다. 배를 대체할 다른 교통편이 없었기에 순례자들은 되돌아가야만 했고, 그들은 다시 사막을 건너 나일강 유역 쿠스에 도착해 카이로로 가는 배에 올랐다.

이븐 바투타는 카이로에서 출발해 시나이 사막을 횡단하고 가자를 거쳐 헤브론에 도착하여 아브라함, 사라, 이삭, 야곱의 영묘에 참배했다. 그는 가브리엘이 무함마드를 헤브론으로 데려가 무슬림의 조상 아브라함의 무덤에 참배하게 한 후, 베들레헴으로 데려가 예수가 탄생한 곳에서 기도를 드리게 했다는 전승에 관심이 많았다. 그래서 '신의 예언자가 하늘로 승천한 장소이자 메카와 메디나에 이어 세 번째로 중요한 성지'인 예루살렘으로 향했다. 예루살렘에서 이슬람 성지들을 둘러본 그는 특히 알 아크사 모스크와 바위의 돔을 보고 경탄을 금치 못했다. 한편 성묘교회를 비롯한 기독교 교회들에 대해서는 "기독교인들은 예수의 무덤이 있다고 믿으며 그곳으로 성지 순례를 가지만 그것은 착각일 뿐"이라고 언급했다. 그리고는 팔레스디인을 횡단하여 성경과 코란에 등장하는 인물들과 관련된 여러 성지를 둘러봤다.

여행지에 갈 때마다 이븐 바투타는 그곳의 건축물에 대한 설명을 자세히 기록했고, 특히 자신이 만난 학자들과 성직자들에 대한 언급을 빼놓지 않았다. 그는 나일강 삼각주의 빌베이에서는 딱히 언급할 만한 인물을 만나지 못했지만, 대다수의 도시에서 아미르와 술

197

탄, 카디, 수피 수도자들과 종종 교류를 나누었다고 기록했다. 여러 순례자들이 모이는 시리아 연안 항구 도시인 라타키아 부근의 한 기독교 수도원에서 묵은 적도 있었는데, "모든 무슬림들이 기독교인들의 환대를 받으며 그곳에 머물렀고 수도자들은 빵과 치즈, 올리브, 식초, 케이퍼를 먹는다"고 전했다.

1326년 8월 9일 다마스쿠스에 도착한 이븐 바투타는 우마이야 왕조의 모스크를 보고 크게 감동했다(당시 이곳에서 드리는 한 번의 기도가 다른 곳에서 드리는 3만 번의 기도보다 낫다는 이야기가 돌았다). 그곳에는 칼리프 우스만이 보냈다고 전해지는 코란의 필사본이 있었는데, 매주 금요 예배가 끝나면 서랍장에 보관되어 있던 코란이 공개되었고 신자들은 그 위에 입을 맞추었다. 많은 성직자들은 모스크의 울타리 안에서 살아가며 기도와 코란 암송에 매진했다. 이븐 바투타는 다마스쿠스의 성문 중 한 곳에 순백의 미나레트(이슬람교 사원에 설치된 첨탑)가 있으며 예수가 재림할 때 그곳에 나타날 것이라고 기록했다. 다마스쿠스는 1260년 몽골군에 정복된 이후 큰 변화를 겪었다. 이븐 바투타가 방문했을 당시 다마스쿠스는 맘루크 왕조의 수도로서 경제·정치·군사 요충지였고 카이로에서와 마찬가지로 사법학파는 그곳에서 각각 자신의 마드라사를 운영하고 있었다. 이븐 바투타는 늘 그래왔듯 그곳에서 자신이 만난 수피 수도자들을 비롯해 학자와 현자에 대해 기록했는데, 그중에는 여성 수피 수도자 두 명도 포함되어 있었다.

다마스쿠스에서 만난 이븐 타이미야Ibn Taymiyyah에 대해서는 "다양한 종교학에 정통한 학자이지만 정신이 약간 이상하다"고 기록하기도 했다. 이븐 타이미야는 1300년 일 칸국의 가잔 칸이 다마스쿠스를 공격하자 저항군의 지도자로 활약했다. 일 칸국(칭기즈 칸 사후 몽골 제국에서 갈라져 나온 4칸국 중 하나)과 맘루크 왕조 사이의 전쟁은 사상전으로 이중화되었는데, 이븐 타이미야는 맘루크의 편에 섰다. 그는 몽골족은 자신들이 이교도 왕들의 후손임을 자랑스럽게 여기고 칭기즈 칸을 신의 아들로 추앙한다고 주장하면서, 맘루크 왕조의 술탄을 보면 알 수 있듯이 무슬림 노예가 몽골족보다 훨씬 더 훌륭하다며 몽골족을 폄하했다. 또한 몽골군은 무슬림 시아파와 수니파, 기독교인, 불교인 병사들로 구성되어 있었는데, 이븐 타이미야는 이러한 일 칸국의 종교 관용 정책도 비판했다. 그는 진리의 종교인 이슬람을 수호하지 않는 몽골족이 맘루크 왕조가 이슬람을 수호하고 있는 다마스쿠스에서 전쟁을 일으켰다고 주장했다. 이븐 타이미야는 이슬람법에 관계없이 일 칸국의 몽골족을 이단으로 규정하는 '타크피르Takfir(무슬림의 지위 박탈)' 이데올로기를 형성해 몽골군에 대항하여 싸워야 한다는 지하드를 정당화했다.

일 칸국이 멸망한 후, 이븐 타이미야는 이븐 아라비의 수피 신학을 비롯해 성인의 묘지 참배 등 자신이 이단이라 생각하는 교리와 관행을 비판하는 데 집중했다. 그러나 그의 완고한 태도에 반감을 갖는 세력들이 나타나면서 그는 다마스쿠스와 카이로에서 수차례 투옥되었다. 1326년 다마스쿠스에 머물고 있던 이븐 바투타는 마침 이븐 타이미야의 설교를 듣게 되었다. 그런데 일부 법학자들은 그의 엄격한 사상에 반감을 품었기 때문에 이븐 타이미야의 지지자들과 충돌하게 되었다. 이 일로 이븐 타이미야는 유죄판결을 받아 투옥되었고 붓과 종이를 빼앗기면서 더 이상 파트와를 반포할 수 없게 되었으며, 그로부터 2년 후 결국 옥사했다. 20세기에 들어와 그의 저작은 이슬람 근본주의 '살라피즘Salafism'에 커다란 영향을 끼쳤다. 이븐 바투타는 당대 대다수가 그랬던 것처럼, 이븐 타이미야가 뛰어난 학자인 동시에 '정신이 이상한 사람'이라고 평가했다. 그도 그럴 것이 수피 수도원에서 행해지는 영성 수련, 신의 축복(바라카Baraka)을 받기 위한 성인의 영묘 참배 등 이븐 바투타가 이슬람의 핵심이라 여긴 관습을 이븐 타이미야는 철저히 배격했기 때문이다.

이븐 바투타는 다마스쿠스에서 메카 성지 순례단에 합류하기도 했다. 수천 명의 순례자들이 낙타, 말, 혹은 당나귀를 타고서 또는 걸어서 메카로 향했다. 순례지까지 가는 여정은 45일에서 60일 정도가 걸렸는데, 이븐 바투타 무리는 중간에 메디나를 거쳐가게 되었다. 메디나에서 그는 먼저 예언자 무함마드의 영묘를 찾았다. 영묘 주위에는 이슬람 초기의 두 칼리프인 아부 바크르와 우마르의 무덤이 있었다. 이븐 바투타는 순례자들이 이 무덤들 앞에서 경건하게 기도를 올렸다고 기록했다. 그는 촛불을 켜고 코란을 암송하는 신자들과 모스크에서 하룻밤을 보냈으며, 그동안 낙타 몰이꾼들은 예언자를 찬미하는 기도를 읊조렸다.

다시 길을 떠난 순례자들은 메카에 도착해 카바 신전으로 향했는데, 이때 이븐 바투타는 카바 신전에 대해 상세한 기록을 남겼다. 카바 신전 모퉁이의 검은 돌*을 처음 보았을 때 그는 어떤 느낌을 받았을까? 검은 돌을 보며 너무나 아름다운 신부의 얼굴을 처음으로 본 신랑의 마음이 되었노라고 고백했다. 이븐 바투타는 그의 기록을 읽는 사람이 실제로 성지 순례를 하고 있다는 느낌을 받을 정도로 모스크 전체의 모습은 물론이고 모스크의 문들과 첨탑을 세밀하게 묘사했다. 1326~1332년 사이 이븐 바투타는 이슬람력 성월聖月 '둘 힛자Dhul-Hijja'에 세 차례 메카 성지 순례를 했고 메카에 3년여간 머물렀다. 그리고 늘 그랬던 것처럼 자신이 만난 학자들과 성인들에 대한 인상을 기록으로 남겼다.

이 첫 번째 여행이 끝나갈 즈음, 이븐 바투타는 고향으로 돌아가는 대신 여행을 계속하기로 마음먹었다. 그는 이라크 순례단에 합류해 44일 동안 사막을 건너 유프라테스강 주변의 있는 도시 나자프에 도착해 아담, 노아, 알리의 무덤이 있는 성소를 방문했다. 알리의 무덤은 시아파 무슬림들이 가장 중요하게 여기는 성지 중 한 곳이었다. 알리의 무덤을 찾아가 참배를 하고 예배를 드린 이븐 바투타는 무덤에 대해 아래와 같이 기록했다.

이라크에서는 환자가 병에서 나으면 알리의 영묘에 감사 기도를 올린다. 머리에 병이 있는 이들은 금이나 은으로 된 머리 형상을 만들어 영묘로 가져가면 샤리프**의 재정 관리인이 그것을 수장고에 보관한다. 손이나 발, 팔이나 다리에 병이 있는 자들도 마찬가지로 그렇게 한다. 영묘의 수장고는 그 규모가 매우 크고 그 안에는 엄청나게 많은 재물이 들어있다.

* 이슬람 전설에 의하면 하늘이 직접 내린 돌로, 제단을 지을 장소를 알리기 위해 천국에서 떨어진 것이라는 설이 있다.
** 메카의 사전은 관장하는 이슬람 지도자

이븐 바투타가 시아파의 영향력이 지배적인 지역에 방문한 것은 그때가 처음이었다. 이로 인해 불편을 겪기도 했던 그는 "마을의 주민들이 시아파였기 때문에 마을로 들어가기가 꺼려져 마을 밖에서 야숙을 했다"고 기록했다. 이후 그는 이란을 횡단하며 이스파한과 쉬라즈를 방문했고 자위야에 머물렀다. 이븐 바투타는 이곳에서 만난 사람들에 대해서도 언급했다. 쉬라즈의 신실한 여인들은 머리부터 발끝까지 몸을 가린 채 여럿이 함께 모스크에 가며, 1,000~2,000명의 여성들이 모스크에 모여 설교를 듣는 풍경을 흔히 볼 수 있다고 기록했다.

14세기에 이븐 바투타가 쉬라즈를 방문했을 때, 그곳에는 훗날 페르시아 언어권의 가장 위대한 시인이 되는 두 살의 하페즈Hafez가 살고 있었다. 하페즈는 현재에도 이란인들의 절대적인 사랑을 받고 있으며 이슬람권에서 가장 많이 읽히고 사랑받는 시들을 남겼다. 수피즘에서 큰 영감을 받은 그는 신앙을 사랑에 빗대어 표현하거나 서정시의 형식으로 사랑의 애틋함 등을 노래했다. 한편으로 그는 자연, 정원, 여인의 아름다움, 포도주와 같이 현세에서 경험할 수 있는 기쁨을 찬미하며 이런 시를 남기기도 했다. "포도주를 가져오시오! 오늘 밤 영혼의 세계에서 내려온 천사가 내게 기쁜 소식을 전했으니, 신이 모든 이에게 자비를 베풀 것이라고 했다오!"[2] 하페즈는 신에 대한 사랑을 비롯해 포도주와 사랑이 주는 기쁨을 찬미하는 시들을 엮어 시집 《디반Divan》을 펴냈다.[3] 이슬람학자 샤하브 아흐메드는 페르시아어와 튀르키예어를 사용하는 이슬람권(발칸반도에서 벵골까지)에서, 하페즈의 시집 《디반》은 가장 중요한 문학작품이라고 평가했다. 여러 마드라사에서는 그의 시를 가르쳤으며 이란인들은 현재도 말할 때 하페즈의 시를 인용한다. 하페즈의 시는 중세 이슬람 문학의 핵심이었으며, 이후 1812년 오스트리아 동양학자 요제프 폰 하머 푸르크시탈은 그의 시를 독일어로 번역해 출간했고, 괴테는 하페즈의 시에서 영감을 받아 1819년《서동시집》을 발표했다.

이제 다시 이븐 바투타의 여행기로 돌아오자. 그는 쉬라즈를 떠나 당대 많은 시인들이 '지상의 낙원'이라 칭송했던 바그다드를 여행했다. 바그다드에는 1258년 몽골족이 자행한 약탈의 흔적이 고스란히 남아 있었다. 이븐 바투타는 바그다드에서 가장 큰, 칼리프들의 영묘가 있는 마드라사를 방문했다. 그는 바그다드 사람들 대부분이 한발리파이기 때문에 많은 이들이 이븐 한발의 영묘를 찾는다고 기록했다. 특히 이븐 한발의 영묘에 큐폴라Cupola(돔 모양 지붕)가 없는 것에 주목하며 "그의 영묘에 큐폴라를 올리려고 할 때마다, 신의 권능으로 그것이 매번 파괴되었다"고 언급했다. 말리키파였던 이븐 바투타는 신이 한발리파의 편이 아니라는 것을 드러내려는 의도로 이런 기록을 남겼을 것이다.

아프리카에서 중국까지,
아랍 세계 밖에서 경험한 이슬람

1328년까지 이븐 바투타는 아랍 문화권에 속한 나라들을 여행했다. 마그레브 지역에서 이라크에 이르는 아랍 문화권에서는 아랍어가 통용되었기 때문에 여행하는 데 큰 어려움이 없었고, 이슬람 법관들과 수니파 성직자들을 접하며 교분을 나눴다. 이란을 여행하면서는 페르시아어(후에 이 언어는 여행에서 매우 유용하게 쓰인다)를 접했고, 다른 지역에서는 베르베르어, 콥트어, 시리아어 등 다른 언어와 문화를 마주했지만, 그것이 여행을 하는 데 큰 문제가 되지는 않았다.

1328년 이븐 바투타는 제다에서 아프리카 동부 연안으로 가는 배에 몸을 실었다. 그때부터는 아랍 세계를 벗어나 그가 이해할 수 없는 언어(튀르키예어, 몽골어, 중국어, 아프리카와 인도 방언)를 사용하는 지역을 여행하기 시작했다. 이런 지역들에서 법학과 신학을 공부한 아랍인 이븐 바투타는 귀한 손님으로 대접받았고, 무슬림 통치자들은 그에게 선물을 하사하며 그를 카디로 임명하기도 했다. 이븐 바투타는 자신이 세계의 유력 인사들에게 환영받고 존경받는다는 사실을 과시하며 자신이 경험한 호화로운 궁정의 삶과 술탄이 자신에게 보인 호의와 그가 하사한 선물 등을 자랑스레 언급했다. 그는 모가디슈, 말리, 아나톨리아의 토후국, 인도의 말라바르 해안, 수마트라 등에서 융숭한 대접을 받았다.

1326년에 오스만 제국의 새로운 수도가 된 부르사를 방문했다. 당시 오스만 제국은 개국황제인 오스만 1세Osman I의 뒤를 이어 그의 아들 오르한 가지Orhan Gazi가 통치하고 있었다. 이븐 바투타는 오르한 가지에 대해 '비잔틴 이교도들에 대항해 지하드를 벌이고, 100개의 요새를 거느린 가장 강력하고 부유한 튀르크 왕'이라고 기록했다. 다음 장에서 서술하겠지만, 오스만 1세와 오르한 가지의 후손들은 지속적으로 왕조의 세력을 확장해나갔다. 이븐 바투타는 "튀르크인들은 법관을 존경하고 정중하게 대우해준다"고 말하며 무척 흡족해했다. 아이딘 토후국의 술탄 무함마드 빈 아이딘은 이븐 바투타에게 아랍어로 하디스를 쓴 다음 튀르크어로 주석을 달아줄 것을 요청했고, 술탄은 엄청난 선물들을 그에게 하사하며 감사를 표했다.

인도와 몰디브는 이븐 바투타에게 각별한 곳이었다. 그곳에서 그는 여행자에서 관리로 신분이 바뀌어 카디로 봉직했다. 이슬람은 무역 교역을 통해 인도 해안 지역까지 전파되었고, 이후 아프가니스탄에 기반을 둔 튀르크계 가즈나 왕조가 인도 북부 지방을 정복하면서 인도 내륙지역까지 전파되었다. 1206년에 튀르크계 장군 쿠틉 알 딘 아이바크Qutb al-Din Aibak(재위 1206~1210년)는 델리에 술탄국을 세우고 북인도의 패권을 잡았다. 이븐 바투타가 델리를 방문했을 때는 델리 술탄의 세 번째 왕조인 투글루크 왕조 시대였고 당시 통치자는 2대 술탄 무함마드 빈 투글루크Muhammad bin Tughlaq였다. 술탄 무함마드 빈 투글루크는 힌두교인, 자이나교인, 불교인, 소수의 무슬림 등 다종교 백성들을 통치하면서도 내부의 반란과 외세의 위협(특히 몽골족)에도 대응해야 했다.

이븐 바투타는 델리의 자유로운 분위기와 종교에 대한 술탄의 관대함, 그리고 궁정의 화려함에 완전히 매료되었다. 그는 델리야말로 동방에서 가장 크고 아름다운 이슬람 도시라고 감탄하며 그곳의 시장이며 묘지, 풍부한 자연환경을 상세히 기록했다. 델리의 쿠틉 모스크는 쿠틉 알 딘 아이바크의 명으로 건축된 모스크로, 그는 자신이 파괴한 힌두교와 자이나교 사원의 자재들을 활용해 거대한 모스크를 짓도록 했다. 이븐 바투타는 신자들이 이 모스크에 들어가려면 입구 바닥에 구리로 된 두 개의 우상을 밟고 들어가야 한다고 설명했다. 그는 또한 델리를 상징하는 72.5m 높이의 석탑 쿠틉 미나르를 보며 "이 첨탑에 견줄 만한 건축물은 이슬람 세계 어디에도 없다"고 감탄해 마지않았다.

인도에 도착한 이븐 바투타는 술탄 무함마드 빈 투글루크를 알현한 후 그에게 엄청나게 많은 선물을 받았다. 관대하기로 유명했던 술탄은 코끼리를 타고 행차할 때마다 거리에 금화와 은화를 비처럼 뿌렸다고 한다. 한 시인이 자신을 칭송하는 27행의 시를 바치자 그에게 2만 7,000디나르를 선뜻 내어주었다는 일화도 있다. 이븐 바투타는 자신의 여행기를 보는 이들이 술탄의 관대함과 왕국의 화려함을 묘사한 자기 말을 믿지 않을 것이라 의식한 듯, 자신의 이야기가 모두 진실이라며 신과 천사와 예언자에게 맹세할 수 있다고 호언

인도 델리에 도착한 이븐 바투타는 쿠틉 미나르(좌), 쿠틉 모스크(우)를 보며 그 거대함과 아름다움에 감탄했다.

장담했다. 그 이야기에 따르면 델리 술탄국의 왕궁에는 화려한 방들이 끝도 없이 이어져 있고 수많은 시종이 분주하게 움직이고 있으며, 접견실에는 술탄이 장군과 카디, 법학자, 샤이크Sheikh(이슬람 현자), 유력인사들에 둘러싸여 용상에 정좌하고 있다. 또한 왕궁에서 연회가 열리면 금이나 은으로 된 식기가 제공되었다는 기록도 있다. 특히 술탄의 누이를 위한 결혼식 연회에서 가수들과 무용수들이 연회의 흥취를 돋우는 장면을 묘사한 부분은 오늘날 발리우드Bollywood 영화의 한 장면을 떠오르게 한다.

무함마드 빈 투글루크는 신앙심이 투철했고 학자와 성직자를 존중했으며 어머니에 대한 효심이 매우 깊었다고 한다. 이븐 바투타는 "술탄이 아랍인들을 좋아하고 존중했으며 아랍인들의 우수함을 인정했다"고 기록했다. 무함마드 빈 투글루크는 카이로의 아바스 왕조를 인정하고 그에게 선물을 보내기도 했으며, 자신이 통치하는 영토에 이슬람 신앙과 문화를 뿌리내리기 위해 고군분투했다. 그래서 비무슬림 인도인들은 술탄의 곁에서 호사를 누리는 무슬림 아랍인들을 곱지 않은 시선으로 바라봤다. 무함마드 빈 투글루크는 특히 이븐 바투타처럼 신학을 공부한 박식한 아랍인을 우대했다. 술탄은 이븐 바투타를 환대했고 그와 페르시아어로 소통했다. 또한 빈 투글루크는 두 마을의 소득에 해당하는 1만 2,000디나르의 연봉을 제안하며 이븐 바투타를 자신의 측근으로 두려 했고, 하루는 1,000디나르를, 또 하루는 코끼리나 노예를, 또 하루는 심부름꾼 40명에 대한 급여를 주는 등 엄청나게 많은 선물을 하사했다.

그러나 이븐 바투타는 술탄의 관대함 뒤에 다른 속셈이 있을지도 모른다고 의심했다. 그토록 관대한 술탄이 반란군에 대해서는 끔찍한 고문과 학살을 서슴지 않는 잔인한 인물이라는 것을 눈치챘기 때문이다. 이븐 바투타는 이런 사실을 알리기 위해 고문당하는 사람들의 가죽을 벗기고 그 시체를 벽 위에 걸어 둔 술탄의 행태를 매우 공포스럽게 묘사했다. 실제로 무함마드 빈 투글루크는 누군가가 자신을 해하려는 음모를 꾸미고 있다고 의심하면 사실 여부와 관계없이, 설령 그가 자신의 측근이라 해도 쥐도 새도 모르게 잡아가 고문하고 처형했다고 한다. 또한 술탄의 폭정에 맞서 용기있게 비판의 목소리를 내는 성직자들에게는 턱수염을 뽑는 고문을 자행했다고 한다. 한편 술탄에게 카디직을 제안받은 이븐 바투타는 차마 거절하지 못했고, 그때부터 그는 자신의 의지와 무관하게 궁정의 암투에 휘말리게 되었다.

술탄의 측근이었던 이븐 바투타의 장인 사이드 잘랄 알 딘 아산은 1333년에 마두라이 총독으로 임명되었지만 이듬해 술탄에게 대항해 반란을 일으켰다. 1335년 1월 술탄은 반란군을 진압하기 위해 출정했다. 원정은 2년 반 동안 계속되었으나 결국 실패로 끝나고 말았다. 술탄이 자리를 비운 수도 델리에 이븐 바투타는 여전히 카디로 남아있었다. 당시 북인도는 극심한 기근에 시달렸고 그 때문에 세금 징수는 더욱 어려워졌다. 이븐 바투타는 빈자들에게 식량을 제공했지만 그럼에도 수천 명이 아사했다. 1337년 술탄은 실패로 돌아간 원정을 뒤로하고 델리로 돌아왔으나 또 다른 지역의 총독들이 반란을 일으켰다는 소식이 전해졌다.

한편 이븐 바투타는 수피파 샤이크 시하브 알 딘Shihab al-Din과의 친분 때문에 탄압받기도 했다. 이븐 바투타는 시하브 알 딘에 대해 기도와 묵상으로 평생을 보냈고 보름 동안 아무것도 먹지 않은 채 지낼 수 있는 현자였다고 언급했다. 실제로 시하브 알 딘은 술탄을 비롯해 모든 이들로부터 존경받았다. 그러나 그는 술탄을 폭군으로 규정하며 그의 폭정을 비판하여 술탄 앞에 강제로 끌려갔다. 술탄이 그에게 정말로 자신을 폭군이라 생각하는지 묻자, 시하브 알 딘은 술탄이 저지른 폭정을 조목조목 나열하며 자신의 생각을 굽히지 않았다. 결국 그는 투옥되었고 식사도 제공되지 않는 곳에서 옥살이를 했다. 술탄은 그에게 가까이 지내는 사람들의 이름을 적으라고 명했는데, 그 안에는 이븐 바투타의 이름이 있었다. 그렇게 그 역시 투옥되고 말았다. 이븐 바투타는 한번 술탄의 눈 밖에 나면 죽음을 면하기 어렵다는 사실을 잘 알고 있었다. 그는 두려움을 떨치기 위해 금식하며 하루에 3만 3,000번을 이렇게 기도했다. "우리는 하느님만으로 만족하나니, 하느님은 얼마나 훌륭한 보호자이십니까(3:173)!" 이븐 바투타는 투옥되어 있는 동안 매일 코란을 처음부터 끝까지 읽었다. 그는 9일 만에 석방되었지만 시하브 알 딘은 처형되었다.

이 사건을 겪고 술탄에게 크게 실망한 이븐 바투타는 술탄의 곁을 떠나 자신의 모든 재산을 이슬람 수도자들과 빈자들에게 기부하고, "수많은 기적을 일으킨" 수피 성인 알 가리 문하에서 수도자가 되었다. 몇 달이 지난 후 술탄은 이븐 바투타를 왕궁으로 불러들였다. 이븐 바투타는 이슬람 수도자의 복장을 하고 왕궁으로 들어갔으며, 술탄은 그에게 다시 궁정의 카디직을 맡아달라고 부탁했다. 그러나 이븐 바투타는 이를 거절하면서 술탄에게 메카로 성지 순례를 떠날 수 있게 해달라고 간청했다. 이는 술탄으로서 거절할 수 없는 부탁이었고, 이븐 바투타에게는 인도를 떠날 수 있는 가장 좋은 핑곗거리였다. 인도를 떠나기 전까지 이븐 바투타는 5일 중 4일을 금식하고 코란을 암송하며 기도에 매진했다. 그런데 술탄은 그를 다시 왕궁으로 부르더니 이렇게 말했다. "그대를 중국 황제에게 파견할 특사로 임명하니 중국으로 가시오. 그대가 여행과 유람을 얼마나 좋아하는지 내 잘 알고 있소!" 이븐 바투타에게 별안간 새로운 길이 열린 것이다. 결국 이븐 바투타는 성지 순례 계획과 수도자로서의 삶을 포기했다.

성대한 환송식을 받으며 이븐 바투타는 15명의 중국 대사들과 중국 황제에게 보낼 선물을 호위하는 대규모 병력과 함께 델리를 떠났다. 술탄은 말 100마리, 남자 노예 100명, 여자 노예 100명, 가수, 직물, 금은 식기, 칼집에 보석이 박힌 칼 등을 중국에 보낼 선물로 준비했다. 그런데 중국으로 가는 도중 사절단이 힌두 반군의 공격을 받는 예상치 못한 사건이 벌어졌고, 이븐 바투타는 포로로 붙잡혔다가 천신만고 끝에 탈출에 성공했다.

사절단은 어렵사리 캘리컷(현재의 콜카타)에 도착했다. 캘리컷을 둘러본 이븐 바투타는 "이곳은 세계에서 가장 큰 항구 도시로 중국은 물론 자바, 실론, 몰디브, 예멘, 파르스(페르시아) 등 세계 방방곡곡에서 상인들이 모여든다"고 감탄했다. 중국 황제에게 보낼 선물은 1,000명의 승무원이 탑승한 대형 정크선에 싣고 이븐 바투타의 짐과 그의 동료, 노예, 첩들은 그보다 작은 배인 '카캄Kakam'으로 이동할 계획이었다. 배는 토요일에 출발할 예정이었기에 이븐 바투타는 금요 예배에 참석하기 위해 항구에 남았다. 그런데 밤이 되자 거센 바람이 불기 시작했고 아침에 항구로 나가 상황을 확인하니 정크선도 카캄도 이미 출발한 뒤였다. 이후 정크선이 암초에 부딪혀 산산이 부서졌고 배에 타고 있던 승객들 중 일부는 사망했으며, 또 다른 승객들은 헤엄쳐 해안으로 피신했다는 소식이 들려왔다. 중국 황제에게 보낼 선물이 결국 바다에 수장되거나 해적에게 약탈당한 것이다. 그러나 이븐 바투타는 한참이 지나서야 카캄의 선장이 혼란을 틈타 자바에서 배에 실려 있던 물건들과 노예들을 팔고 도망쳤다는 사실을 알게 되었다.

캘리컷에서 다시 여행길에 오르기로 마음먹은 그는 인도에서 남서쪽으로 600km 지점에 위치한 인도양의 군도 몰디브로 가는 배에 몸을 실었다. 그는 몰디브에 도착한 후 "세상에서 가장 아름다운 섬"이라고 감탄하며 몰디브의 풍성한 초목과 온화한 기후, "모두가 신실한 무슬림"인 주민들의 친절에 매료되었다. 당시 몰디브를 통치하던 이는 카디자라는 술타나Sultana였다. 금요 예배도 술타나의 이름으로 봉헌되고 있었고, 와지르와 여러 소규모 군도의 총독들은 술타나를 보좌하고 있었다. 몰디브에서도 이븐 바투타는 환대받았다. 그는 금이며 보석, 옷, 노예와 같은 선물을 잔뜩 받았다. 이후 이븐 바투타가 몰디브를 떠나겠다고 하자 와지르는 받았던 선물을 전부 내놓고 가라고 요구했다. 하지만 이븐 바투타는 그럴 수 없었고 몰디브에 머물며 수도 말레의 카디로 봉직하게 되었다. 그는 술타나와 와지르에게만 허용되는 말을 탈 수 있는 권리를 얻었으며 술타나의 측근과 결혼했다. 이후에도 몰디브의 유력한 가문 출신 여성 세 명을 부인으로 두었을 뿐만 아니라, 와지르에게 두 명의 첩을 받았다. 그중 한 명의 이름이 안바리, 또 다른 한 명의 이름이 페르시아어로 '정원의 꽃'이라는 뜻인 굴리스탄이었다. 몰디브어를 할 줄 몰랐던 이븐 바투타는 부인들과 쉽게 소통할 수 없었기 때문에 페르시아어를 할 줄 아는 굴리스탄을 총애했다. 한편 이븐 바투타는 부부 간의 의무를 행하는 데 도움을 받기 위해 강력한 최음제라고 알려진 코코넛을 많이 섭취했다고 한다.

이븐 바투타는 공정하고 엄격한 카디였다. 그는 이맘과 무에진 등 나라의 녹을 먹는 이들에게 맡은 바 임무를 성실히 수행하라고 강조했다. 또한 금요일이면 수하에 있는 관리들에게 도시를 순시하도록 하고 금요 예배에 참석하지 않는 이들을 매질하라고 명했다. 몰디브의 여성들이 허리에서 발목까지 내려오는 천을 허리에 대충 두르고, 머리카락이며 얼굴, 손을 드러내놓고 거리를 활보하는 것을 무척 못마땅해했던 이븐 바투타는 카디로서 여성들에게 공공장소에서는 가슴을 가리고 다니라고 명했지만 소용없는 일이었다. 결국 그는 자신의 법정에 들어올 때만큼은 반드시 가슴을 가리고 올 것을 명했다.

몰디브에서 지낸 지 오래지 않아 이븐 바투타는 자신이 어찌할 수 없는 정치적 음모에 휘말리게 되면서 카디직을 내려놓고 몰디브를 떠나기로 결심한다. 그러나 그의 부인들 중 세 명은 그가 섬을 떠나는 것을 결코 받아들이지 않았고 차라리 그와 이혼하는 것을 선택하겠다며 떠나버렸다. 당시 그의 네 번째 부인은 임신 중이었는데, 이븐 바투타는 그녀에게 다시 돌아오겠다고 약속했고 실제로 아들이 두 살 되던 해에 몰디브로 돌아왔다. 물론 이후 아들을 부인에게 맡긴 채 다시 길을 떠났다.

1344년 8월 이븐 바투타는 몰디브를 떠나 중국으로 향했다. 중국으로 가던 길에 한편은 무슬림 지도자가, 다른 한편은 힌두교 지도자가 다스리고 있는 인도 남서부 해안의 말라바르를 경유했다. 이후 스리랑카 북부의 자프나 왕국에 도착했고 "우상을 숭배하는 술탄"은 그를 환대했다(타밀족을 규합하여 세운 중세 왕조로 아리아 차크라와르티 왕조라고도 불린다). 그는 술탄과 페르시아어로 소통했고 왕국에서 양식한 진주를 비롯해 많은 선물을 받았다. 술탄은 그에게 보물들을 보여주며 원하는 것을 말해보라고 했는데, 이븐 바투타는 스리파다*에 올라가보고 싶다는 소망을 밝혔다. 스리파다의 정상에는 사람 발자국 모양으로 움푹 파여 있는 큰 바위가 있다. 불교에서는 이것을 부처의 발자국이라고 생각하고, 힌두교는 시바의 발자국이라 생각하며, 기독교나 이슬람에서는 최초의 인간 아담의 발자국이라 생각해 이 바위는 각 종교의 성지로 여겨진다. 술탄은 그의 청을 수락했고 이븐 바투타는 술탄의 부하인 "요기yogis들과 브라만brahmane"과 함께 스리파다에 오를 수 있었다. 한편 이븐 바투타는 중국으로 가던 중 경유한 수마드라섬에서 이슬람 수도자를 측근에 두고 성직자들을 존중하는 샤피이파 무슬림 술탄을 칭송하기도 했다.

긴 여정 끝에 이븐 바투타는 그가 세계에서 가장 큰 항구 도시라고 생각했던 중국의 취안저우에 도착했다. 그는 모스크를 비롯해 자

＊ 스리랑카 동남부에 있는 해발고도 2,243m의 산으로 아담스 피크라고도 한다.

위야와 시장이 있는 이슬람 지구에 짐을 풀었다. 그 지역에 살고 있는 중국인 무슬림들은 이슬람 왕국에서 온 여행자들을 극진히 대접했다. 13세기 중국에서 무슬림의 존재는 이미 중요했는데, 1250년경 중국의 무슬림 포수경은 취안저우 항구에서 해상무역을 관장하는 요직을 차지하기도 했다. 이븐 바투타는 바로 그곳에서 인도와 페르시아에서 온 상인들, 수피파 무슬림, 이슬람 법학자들과 교류했고 심지어 세우타에서 온 모로코 사람을 만나기도 했다.

이븐 바투타는 중국인들이 무슬림을 존중하는 것에 감동을 받기도 했지만 이단과 우상 숭배에 크게 실망하기도 했다. 중국의 각 도시에는 이슬람 지구가 들어서 있었고, 그곳에는 모스크와 마드라사와 자위야가 있었다. 이븐 바투타는 그곳에서 이슬람 법학자, 카디, 수피 수도자들을 만났다. 이븐 바투타가 중국을 방문한 지 100년이 흐른 후, 명나라의 무슬림 장군 정화는 중국의 세력을 확장하기 위해 100여 대의 함대를 이끌고 인도양을 휩쓸며 대항해를 시작했다. 정화의 함대는 1405~1433년까지 7차례의 원정을 통해 인도네시아, 인도, 아라비아반도에서 외교와 경제 성과를 거두었다. 현재의 필리핀이나 인도네시아 일부 섬에 이슬람을 전파한 것은 페르시아나 아라비아반도에서 온 사람들이 아닌 중국인들이었다.

24년간 이어진 긴 여행의 끝마침

1346년 8월 이븐 바투타는 취안저우에서 출발해 자바섬, 인도, 페르시아를 거쳐 3년에 걸친 귀향길에 올랐다. 1348년 7월에 이븐 바투타는 흑사병이 창궐한 시리아에 머물면서 재앙을 신앙으로 극복하려는 시리아인들의 모습을 보고 크게 감동했다. 시리아에는 사흘간의 금식이 선포되었고, 모든 무슬림들은 목요일 밤부터 금요일까지 밤새도록 기도를 드렸다. 금요일 새벽에는 맨발을 한 신자들의 거대한 행렬이 도시를 가득 채웠다. 이에 대해 이븐 바투타는 "코란을 든 무슬림들, 토라를 든 유대인들, 복음서를 든 기독교인들은 아내와 자녀들까지 데리고 나와 자신이 믿는 종교의 성서와 예언자들에게 의탁해 큰소리로 울부짖으며 하느님께 간구의 기도를 올렸다"고 기록했다. 이븐 바투타는 흑사병이 절정에 달했을 때 카이로에서는 하루에 2만 4,000명 이상이 사망했지만, 다마스쿠스에서는 하루 사망자 수가 2,000명을 넘긴 적이 없었다는 점을 지적하며 하느님이 그들의 기도를 들어준 것이라고 주장했다.

한편 이븐 바투타는 다마스쿠스에 갔다가 그의 아들이 12년 전에 사망했다는 소식을 들었다. 그리고 지나는 길에 들른 한 마드라사에서는 탕헤르에서 온 법학자로부터 아버지가 돌아가셨다는 소식을 접했다. 이븐 바투타가 가자에 왔을 때 도시는 텅 비어 있었다. 그는 가자에서 하루에 1,100여 명의 사람들이 사망했을 것이며, 자신을 보좌하던 법관 중 4분의 3도 흑사병으로 사망했다고 전했다. 카이로 역시 흑사병이 휩쓸고 지나갔지만 이븐 바투타가 그곳을 지날 때는 점차 안정을 찾아가고 있었다. 그는 나일강을 거슬러 올라가 사막을 건너 아이자브 항구에 도착해 제다행 배를 탔다. 그리고 1348년 11월 16일 메카에 도착해 그의 마지막 성지 순례를 시작했다. 그는 메카에서 겨울을 지낸 뒤, 메디나로 향하여 알 바키 공동묘지를 찾아 예언자 무함마드의 가족과 교우들의 무덤에 참배했다.

이집트로 돌아온 이븐 바투타는 알렉산드리아에서 제르바섬까지 가는 튀니스 선박에 몸을 실었고, 다시 사르데냐로 가는 카탈루냐 선박을 타고 알제리 테네스 항구에 도착했다. 탕헤르에서 꽤 먼 거리에 있는 모로코 타자에 있을 때, 그는 어머니가 흑사병으로 사망했다는 소식을 들었다. 그리고 마침내 24년 만에 고향에서 돌아와 어머니의 무덤을 찾아 기도를 올렸다. 모로코 페즈에 정착한 이븐 바투타는 마리니드 왕조의 술탄 아부 이난 파리스를 알현하고 큰 환대를 받았다. 이후 1352년에는 술탄의 특사로 임명되어 말리 왕국을 방문해 '만사Mansa(황제의 칭호)' 술레이만Sulayman을 알현했다.

만사 술레이만은 '황금왕'이라 불리던 만사 무사Mansa Musa(재위 1312~1337년)의 형제였다. 만사 무사는 1324~1325년 메카 순례에서 거대하고 화려한 행렬을 이끌며 지나는 곳마다 사람들의 이목을 집중시켰다. 그는 관료, 울라마, 병사, 노예(한 역사학자에 따르면 그중 1만 4,000명의 여성 노예는 그의 첩으로, 개인적 목적을 위해 데려갔다고 한다)를 포함해 무려 6만 명으로 이루어진 거대한 순례단을 이끌고 이집트를 지나갔다. 또한 황금을 가지고 다니며 카이로, 메카, 메디나에서 마주치는 사람들에게 황금을 한 움큼씩 뿌리고 다녔다고 전해진다. 아랍 역사가들에 의해 종종 과장되곤 하는 이 일화는 만사 무사의 호화로운 순례단이 오랜 기간 회자될 정도로 이집트와 헤자즈 사람들에게 깊은 인상을 남겼다는 방증이기도 하다.

만사 무사가 메카 순례에 나선 것은 단순히 종교적 목적이 아니라 말리 왕국의 이름을 높이고 이슬람 세계의 신흥 세력으로 인정받기 위함이었다. 만사 무사의 순례단이 이집트를 지날 때, 맘루크 왕조의 술탄 나시르 알 딘 무함마드는 만사 무사를 환대하며 그에게 온갖 선물과 예복을 마련해 주었다. 그렇게 함으로써 술탄은 자신과 만사 무사가 사대관계에 있다는 것을 상징적으로 보여주려 했을 것이다. 만사 무사는 성지 순례를 마치고 말리로 돌아가면서 튀르크 노예병사를 비롯해 이슬람 법관들과 성직자들을 함께 데리고 갔다. 그들은 신실한 무슬림이었던 만사 무사가 말리 제국에 이슬람을 제대로 뿌리내리기 위해 반드시 필요한 사람들이었다. 메카 순례를 하며 왕국의 정당성과 명성을 획득한 만사 무사는 그 덕분에 가오와 팀북투에 무혈입성할 수 있었다.

이후 만사 무사는 델리 술탄국의 무함마드 이븐 투글루크처럼 아랍인 이슬람 법학자들을 가까이에 두었다. 그러나 앞서 보았듯 인도에서는 이런 행동이 분열과 반란의 원인이 되기도 했다. 이를 알고 있던 만사 무사(그리고 그의 형제 술레이만)는 외국인 관료에 대한 지나친 의존에서 벗어나고자 했고, 그 일환으로 말리의 청년들을 모로코 페즈의 마드라사로 유학 보내 신학 교육을 받게 했다. 그러나 말리 왕국을 자신의 신하국으로 여긴 마리니드 왕조의 술탄 아부 이난 파리스는 이슬람 세계의 독자적 세력으로 거듭나고자 하는 말리 왕국을 견제하기 시작했다. 모로코 출신 이븐 바투타가 두 달 동안 사하라 사막을 횡단해 말리 왕국의 수도에 입성했을 때 푸대접을 받은 이유도 여기에 있었을 것이다.

세계에서 가장 강력한 왕들로부터 환대받는 것에 익숙해져 있던 이븐 바투타는 말리의 수도에 입성했을 때, '외국인 구역*'에 있는 천막에서 몇 주를 지낸 뒤에야 황제를 알현할 수 있었다. 그는 금화와 화려한 옷감 대신 간소한 식사만을 대접받았다. 이븐 바투타는 황제가 인색하고 신하들이 어리석기 때문에 자신이 홀대를 받았다고 생각했지만, 사실 거기에는 이븐 바투타에게 모욕을 주려는 만사 술레이만의 저의가 있었을 것이다. 술레이만은 자신을 찾아온 사신을 홀대함으로써 마리니드 왕조와 어떤 사대관계도 맺지 않겠다는 의지를 보여주려 했을 것이다. 그러나 황제는 이내 이븐 바투타에게 누구인지 바로 알아보지 못해 제대로 된 대접을 하지 못했다고 사과하며 선물을 내밀었다(사실 술레이만은 처음부터 그를 알아봤다).

이븐 바투타는 분한 마음을 겨우 삭였지만, 그가 말리 궁정의 생활상을 기록한 부분을 보면 여전히 황제에 대한 응어리가 풀리지 않은 것처럼 보인다. 이븐 바투타는 소녀들과 젊은 여인들이 알몸으로 왕궁을 돌아다니는 것에 큰 충격을 받았고 신하들 중에는 이교도가 있으며 그중 일부는 식인종이라고 기록했다. 또한 그는 식인종 사절단이 왕궁을 방문하면 만사 술레이만이 그들에게 젊은 노예를 보내주었고, 한참 뒤에 사절단은 손과 얼굴에 피범벅이 되어 나타나 황제에게 감사를 표했다고 언급했다. 사실 원주민의 식인풍습(사실이든 허구든)에 관한 괴기스러운 이야기들은 '야만적인' 종족을 굴복시켜 유일신교로 강제 개종시키는 것을 정당화하기 위해 무슬림과 기독교인들이 활용했던 방법이다. 그런데도 이븐 바투타는 말리 왕국의

---

* 공동묘지 가까이에 위치한 아랍인들과 베르베르인들이 거주하는 구역

황제가 그들의 식인풍습을 용인해준 것처럼 기록했다. 또한 그는 우상을 숭배하는 아프리카에는 부족의 왕이 죽으면 많은 노예와 하인들의 다리를 부러뜨린 뒤 왕과 함께 순장하는 풍습이 있다고 기록하기도 했다.

이븐 바투타는 말리 궁정의 사치스러운 생활 역시 곱지 않은 시선으로 바라봤다. 이븐 바투타는 말리 왕국에서 이슬람의 가장 중요한 축제인 '이드 알아드하Eid al-Adha(희생절)'와 '이드 알피트르Eid al-Fitr(금식이 끝나는 날)' 축제 때, 나무로 만든 가면을 쓰고 깃털로 티티새 머리 모양을 한 그리오(말리 왕국의 음유시인)들이 토속어로 황제에게 바치는 시를 낭독했다고 기록했다. 그리오들이 낭독한 시에는 선왕들의 업적을 칭송하고, 현재의 왕에게 후대에 존경받는 왕이 될 수 있도록 선정을 베풀라고 충고하는 내용이 담겨 있었다고 한다. 이븐 바투타는 이런 관습이 이슬람이 전파되기 전부터 존재한 매우 오래된 전통이라고 기록했다. 그는 우상 숭배 전통을 존중하며 이교도들을 측근과 신하로 두고 원만한 관계를 유지하는 무슬림 왕을 매우 못마땅하게 여겼다.

이븐 바투타가 바라본
이슬람 세계의 다양한 면모

이븐 바투타의 《리흘라》를 읽다 보면 순례자인 동시에 사교계 명사로서, 또 이슬람의 다양한 양상을 마주한 무슬림으로서 그의 다채로운 면모를 발견할 수 있다. 순례자로서 이븐 바투타는 성인과 관련된 장소나 물건에 깃든 축복 혹은 영적인 힘인 '바라카'를 찾기 위해 분주하게 움직였다. 그는 아담이 남겼다는 발자국을 보기 위해 스리파다 정상에 올랐고 아벨, 아브라함, 요나스 등 성서의 인물들과 관련된 성지를 방문했다. 또한 그는 무함마드의 교우들이 묻힌 무덤을 찾아 참배했으며, 다마스쿠스에 갔을 때는 칼리프 우스만이 죽을 때 읽었던 코란의 필사본에 입을 맞추기도 했다. 그가 수차례 방문했고 장기간 머물렀던 메카와 메디나에 대해 남긴 상세한 기록을 보기만 해도 얼마나 성지 순례에 진심이었는지 쉽게 알 수 있다.

그런데 성지 순례를 하며 이븐 바투타가 가장 감동을 받았던 것은 여행길에 만난 무슬림들의 깊은 신앙심이었다. 그는 모리타니아 왈라타의 여인들은 인도 말라바르의 여인들처럼 아름답고 신실하지만 베일은 쓰고 다니지 않는다고 기록했다. 그러면서도 그 여인들은 코란 암송과 기도에 열심이라고 덧붙였다. 또한 쉬라즈 여인들의 경우 머리부터 발끝까지 베일을 쓰고 모스크에서 열리는 예배에 빠짐없이 참석한다고 전했다. 아나톨리아에서 자신을 따뜻하게 맞아준 수피 수도원의 수도자들과 학자들에게도 존경의 마음을 표했다. 그가 수도원에서 하룻밤을 묵어갈 때, 그들과 식사를 한 후 기도하고, 노래하고, 춤을 추고, 하느님께 기도를 드리면서 저녁 시간을 보냈다고 회상했다. 또한 그는 마자르(현재의 러시아)를 방문했을 때, 미혼 또는 기혼의 아랍인, 페르시아인, 튀르크인, 그리스인 수도자가 있는 자위야에서 환대를 받았다고 기록했다. 실론의 한 자위야에 머물렀던 이븐 바투타는 그곳에 있는 수도자의 신앙심이 어찌나 깊은지 야생 동물을 감복시킬 정도였고, 결국 사자 한 마리와 가젤 한 마리가 그들과 함께 살게 되었다고 언급하기도 했다. 극단적 금욕주의를 실천하는 일부 수피파 샤이크들의 생활을 보면서는 경탄해 마지않았다. 치타공(방글라데시)에서 만난 샤이크 잘랄 알딘은 자신이 기르는 젖소에게서 얻은 우유를 열흘에 한 번 조금씩 마시며 40년 동안 금식을 했고, 부르사(현재의 튀르키예)에서 만난 법학자 마즈드 알 딘 알 쿠나위는 묘지에서 잠을 자고 사흘에 한 번씩만 식사를 했다고 기록했다. 또한 예멘 할리에서 만난 금욕적인 한 샤이크에 크게 감화해 그의 곁에서 남은 생을 보내고 싶다는 소망을 밝히기도 했다.

이븐 바투타는 아나톨리아 콘야에서 메블레비 교단 수피들로부터 환대를 받기도 했다. 이 교단은 13세기에 수피파 샤이크이자 페르시아 시인인 잘랄 알 딘 루미Jalal al-Din Rumi(1207~1273년)에 의해 창시되었는데, 이븐 바투타는 그를 위대한 성자라고 평가했다. 발흐(아프가니스탄)에서 태어난 루미는 당시 룸 셀주크 왕조의 수도였던 콘야에 정착해 마드라사의 교장을 지냈고 후에 카디로 봉직했다. 루미는 파트와를 비롯해 설교문, 연설문 등 이슬람법에 대한 다수의 산문을 남겼으며, 이븐 바투타는 콘야에서 들은 루미의 일화를 다음과 같이 소개했다.

어느 날, 루미는 제자들을 가르치다 과자 장수를 마주쳤고 그에게 과자 하나를 사서 맛있게 먹었다. 그런데 과자 장수가 자리를 뜨려하자 루미는 수업과 제자들을 팽개치고 그를 따라나섰다. 루미가 한참이 지나도 돌아오지 않자, 기다리다 못한 제자들은 그를 찾아 나섰지만 그이 행방은 묘연했다. 그렇게 몇 해가 지나고 루미가 돌아왔지만 그의 정신은 온전치 못 했다. 그는 오로지 페르시아어 시를 낭송하는 것으로 자신의 의사를 표현했다. 그의 시는 운율이 있었지만 무척 난해했다. 제자들은 그의 곁에서 그가 낭송하는 시들을 받아 적어 시집으로 엮었는데, 그 시집이 바로 《마스나비 Masnavi》다.[4]

약 2만 5,000편의 시를 엮은 루미의 이 방대한 시집은 '페르시아어의 코란'이라고도 평가된다. 작품 안에 페르시아어로 번역된 코란 구절이 가득하고 코란의 주석을 포함해 코란의 가르침을 따르는 방법이 제시되어 있기 때문이다. 루미는 이 작품에서 이슬람법(샤리아)은 길을 밝혀주는 촛불(타리카Tariqa)*과도 같다고 비유했다. 루미는 촛불 없이는 진리, 즉 신을 향한 여정을 시작할 수 없지만 목적지에 도달하기만 하면 촛불은 더 이상 필요하지 않다고 주장했다. 이런 은유를 통해 루미는 이슬람법보다 수피즘의 타리카가 더 중요하다는 것을 보여주려 했다. 《마스나비》는 오늘날까지 가장 널리 읽히고 연구되는 페르시아어 작품 중 하나이며 '코란에 대한 창의적 해석'을 대표하는 작품으로 평가된다.[5] 콘야에서 메블레비 교단의 수피 수도자들을 접한 이븐 바투타는 빙글빙글 도는 수피춤을 추며 몰아의 경지에서 신을 만나고자 하는 그들의 삶과 사상에 존경과 찬사를 표했다.

　이븐 바투타는 무슬림으로서 금욕적인 삶을 추구하는 한편, 사

---

* 수피즘에서 진실, 즉 신에게 도달하기 위해 필요한 습관이나 상황, 태도, 방법을 이른다.

교계 명사로서 왕들을 만나 호화로운 선물을 받고 화려한 연회와 산해진미를 즐기며 여색을 밝히기도 했다. 앞서 보았듯 이븐 바투타는 금화와 은화, 직물과 예복, 말, 노예 등 자신에게 엄청나게 많은 선물을 하사한 왕들에 대해 매우 후한 평가를 내렸다. 그는 노예제를 딱히 비판적인 시각으로 보지 않았고 자유를 빼앗긴 그들의 운명에 관심을 두지 않았다. 심지어 그는 노예를 선물로 받기도 했고 여러 번 사기도 했다. 그는 중국인들은 딸들을 팔기 때문에 첩을 싼값에 구할 수 있다고 말하며 첩과 잠자리를 하는 것은 이슬람법에서 허용하는 합법적인 행위라고 덧붙였다. 하지만 그러면서도 자신들이 소유한 노예에게 매춘을 강요하는 아나톨리아의 일부 튀르크인들 관습에는 비판적인 입장을 취했다. 이븐 바투타 역시 첩을 여럿 두고 있었고 아시아 스텝을 횡단하고 있을 때는 그의 첩 중 한 명이 딸을 출산했다. 이븐 바투타는 "이 아이는 행운을 타고났으며 아이가 태어났을 때 충만한 기쁨을 느꼈다"고 고백했으나, 딸이 돌이 되기도 전에 인도에서 사망하여 크게 상심했다. 그는 여행하면서 여러 여성과 결혼했고 그 사이에서 낳은 자식들을 부인에게 맡긴 채 다시 여행길에 올랐다.

신실한 무슬림이었던 이븐 바투타는 그가 여행한 여러 지역에서 이슬람의 다양한 양상을 마주했다. 그는 이슬람법을 따르지 않고 도살한 조류를 먹으며 이슬람의 금기를 깨는 무슬림들을 비판했다. 이븐 바투타는 여행 도중에 도마뱀을 즐겨먹는 사람들과 만난 적이 있다. 그도 과연 도마뱀을 먹었을까? 이처럼 이슬람법으로 판단하기 곤란한 경우에 그는 먹지 않는 쪽을 택했다. 그는 술에 취한 술탄은 거세게 비난하면서도 튀르크인들이 포도주를 마시는 것은 하나피파에게 허용된 것이므로 문제가 되지 않는다고 말했다. 아나톨리아의 튀르크인들은 신앙심이 매우 깊다고 말한 것을 보면 튀르크인들이 포도주를 마시는 것을 크게 개의치 않은 듯하다. 게다가 이븐 바투타는 튀르크 여인들이 베일을 쓰지 않는 것에 대해서도 별다른 비판을 하지 않았다. 오히려 그들이 해시시(대마초)를 피운다는 사실을 훨씬 더 못마땅하게 여겼다.

또한 앞서 보았듯 이븐 바투타는 몰디브와 말리에서 사람들이 알몸을 드러내고 다니는 것에 충격을 받았다. 그런데 그는 모리타니에서 여성들과 남성들이 거리낌 없이 지내는 모습에 더욱 큰 충격을 받았다. 우알라타를 여행한 이븐 바투타는 메카 성지 순례까지 함께했던 법학자이자 카디의 집에 방문했다가 그가 베일을 쓰지 않은 여인과 이야기를 나누는 모습을 보고 크게 놀랐다. 카디는 이븐 바투타에게 이 여인은 친구이니 들어와서 자리를 함께 하자고 했지만, 이븐 바투타는 몹시 당황하며 조용히 그 자리에서 빠져나왔다. 그는 또 다른 지인의 집을 방문했다가 베일을 쓰지 않은 아내와 남편, 그리고 또 다른 남자 셋이서 이야기를 나누고 있는 모습을 보았다. 이븐 바투타가 그 상황을 이해하지 못하자 그의 지인은 "이곳에서는 남녀 사이에 친구가 될 수 있고 서로를 존중하기에 거리낄 것이 없다"고 설명했다. 그러나 나자프를 여행할 때에는 평소 시아파에 적대적인 감정을 품고 있었으면서도 시아파가 섞여 있는 순례단과 아담, 노아, 알리의 무덤을 방문하는 것까지 거부하지는 않았다.

수피즘을 신봉했던 이븐 바투타는 힌두교인, 불교인, 기독교인을 막론하고 금욕적 생활을 하는 모든 이들을 존경하고 칭송했다. 그는 여행을 하면서 시리아의 한 기독교 수도원에서 하룻밤을 보낸 적도 있었다. 콘스탄티노플에 방문했을 때는 도시에 종소리가 크게 울려 퍼지고 수많은 수도원이 있었다고 기록했으며, 기독교 수도원이 수피파의 자위야와 같은 역할을 하는 곳이라 설명했다. 또한 그는 수도원에서 한 청년이 청아한 목소리로 부르는 미사곡을 500명의 젊은 여인들이 듣고 있는 것을 본 적이 있었는데, 그들이 모두 아름다웠고 금욕적인 생활을 했다고 전했다.

이븐 바투타는 콘스탄티노플에서 신앙생활에 전념하기 위해 일찌감치 아들에게 왕위를 물려준 기오르기스 왕을 만난 이야기를 기록하기도 했다. 훤칠한 미남에 백발이 성성한 기오르기스 왕은 거친 옷감으로 만든 옷을 입고 있었고 금식으로 수척해진 모습이었다고 한다. 기오르기스 왕은 이븐 바투타의 손을 잡으며 여행은 어땠는지, 특히 성도 예루살렘은 어땠는지를 물었다. 두 사람은 이야기를 나누며 성 소피아 성당 앞까지 걸었고 이븐 바투타는 왕에게 함께 성당 안으로 들어가도 되는지 물었다. 왕은 고개를 끄덕였지만 성당 안으로 들어가려면 누구든 십자가 앞에 엎드려 예를 갖추어야 한다고 말했다. 그의 말에 이븐 바투타는 성당 안으로 들어가는 것을 포기하고 왕에게 인사를 전했다. 아름다운 이야기지만 이것은 완전히 허구다.

이븐 바투타가 콘스탄티노플을 방문했을 당시 황제였던 안드로니코스 3세의 아버지는 기오르기스가 아닌 미하일 9세였고 이븐 바투타가 그곳에 오기 12년 전인 1320년에 사망했다. 이븐 할둔을 비롯해 많은 모로코인들이 이븐 바투타를 두고 상상력이 풍부한 사람이라 비아냥거린 것도 아주 근거 없는 비판은 아니었던 모양이다. 다만 이븐 바투타는 기독교의 수도원 생활과 수피의 금욕적 생활이 크게 다르지 않으며, 이들이 존경받아 마땅하다는 것을 강조하기 위해 그런 이야기들을 여행기에 담았을 것이다. 신앙생활에 집중하기 위해 아들에게 왕위를 물려준 현명한 기오르기스 왕의 이야기 역시 허구라 하더라도, 이슬람의 왕들은 그 이야기를 읽으며 어떤 교훈을 얻었을지도 모른다.

한편 이븐 바투타는 인도의 '이교도'들을 대체로 부정적인 시선으로 바라봤다. 이븐 바투타는 여행 중 남편의 시신이 화장될 때 아내가 불 속에 뛰어들어 남편의 시체와 함께 화장되는 풍습을 보고 너무 놀라 "일행들이 나를 붙잡고 얼굴에 물을 뿌려주지 않았다면 말에서 떨어질 뻔했다"고 기록했다. 그는 힌두교인, 불교인, 자이나 교인을 따지지 않고 '우상 숭배'를 하는 모든 이들을 강하게 비판했다. 그가 실론섬을 방문했을 때는 돈드라에 있는 많은 불교 사원과 힌두교 사원, 특히 비슈누 신을 모신 거대한 사원을 보고 크게 놀랐다. 이븐 바투타는 그 사원에 "수천 명의 브라만과 요기(요가 수행자)가 있으며 매일 밤 500여 명의 여성 힌두교도들이 비슈누 조각상 앞에서 노래하고 춤을 춘다"고 기록했다.

반면 인도의 요기들에 대해서는 '마법사'라고 표현할 만큼 완전히 매료되었나. 그들은 먹거나 마시지 않고노 몇 달을 버틸 수 있고 어떤 요기들은 눈빛만으로도 사람을 죽일 수 있다는 이야기들이 떠돌았다. 이븐 바투타는 어느 날 가부좌를 틀고 공중 부양하는 요기를 보았다며 "그 광경이 너무 놀랍고 무서워서 뒤로 나자빠질 뻔했다"고 회상했다. 또한 그는 요기들과 함께 고행을 하며 먹지도 마시지도 않고 25일을 버틴 한 무슬림 이야기도 여행기에 기록했다. 이처럼 당시에는 우리가 생각하는 것만큼 종교 간에 세워진 벽이 그다지 높지 않았다. 이븐 바투타는 델리 술탄국을 여행하면서 무슬림에 적대적인 힌두교인들이 많은 지역에서는 두려움을 느꼈지만, 말라바르 해안이나 실론섬같이 힌두교 왕의 통치하에 대규모 무슬림 공동체가 존재하는 지역에서는 거리낌 없이 여행할 수 있었다고 말했다. 또한 중국을 방문했던 이븐 바투타는 우상 숭배자들이 돼지고기와 개고기를 먹기는 하지만, 그럼에도 그들은 무슬림들을 존중하고 존경한다고 이야기했다.

호기심 넘치는 예리한 관찰자 이븐 바투타는 그를 존중하며 환대해준 모든 이들에게 감사의 마음을 표했다. 그리고 자신의 지식과 능력을 자랑스럽게 여겼다. 실제로 그는 말리에서 중앙아시아 스텝까지, 탕헤르에서 취안저우의 무슬림 구역까지, 이슬람 세계 어디를 가든 융숭한 대접을 받을 수 있었다. 아랍어를 구사하고 하디스와 법학에 정통한 그의 능력이 빛을 발했던 것이다. 그로부터 5세기가 지난 19세기에 고등 교육을 받고 제국의 언어를 구사한 덕분에 특권과 혜택을 누리며 전 세계를 누비고 다닌 유럽인 관료(특히 영국인과 프랑스인)의 모습과 이븐 바투타의 모습은 크게 다르지 않다. 물론 이븐 바투타는 그들처럼 대제국에서 식민지로 파견된 관료는 아니었지만, 아랍어에 능통하고 이슬람법에 정통한 그에게 세상의 문은 활짝 열려 있었다. 이븐 바투타는 19세기 유럽 식민지 관료들처럼 스

낙타와 대상의 무리와 함께 전 세계를 여행한 14세기의 대여행가, 이븐 바투타.

스로 학식이 높고 수준 높은 문화를 가졌다고 자부했기 때문에, 자신이 거느리는 사람들보다 자기가 훨씬 우월하다고 생각했다. 이처럼 이븐 바투타를 비롯해 일부 아랍인들이 인도의 부족들과 그들의 문화에 대해 우월감을 느끼는 태도를 역사학자들은 '이슬람 오리엔탈리즘'이라 규정하기도 했다.[6]

아프리카 송가이 제국부터 인도 수마드라에 이르기까지, 그리고 작은 제국들이 나타나고 사라지면서 이슬람 세계는 더욱 확장되었다. 그리고 그 과정에서 이븐 바투타가 목격한 경제와 문화 교류는

중단되지 않고 수 세기 동안 더욱 활발히 이루어졌다. 이에 대해서
는 다음 장에서 살펴볼 것이다.

16세기 이슬람 대제국

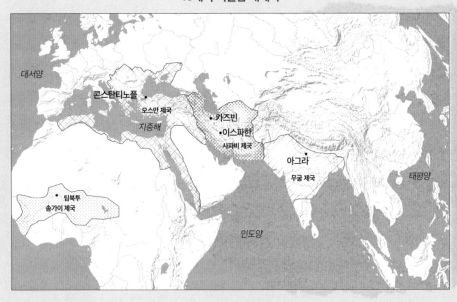

대서양

콘스탄티노플

오스만 제국

지중해

카즈빈

이스파한

사파비 제국

아그라

무굴 제국

태평양

팀북투

송가이 제국

인도양

7장

아프리카부터 아시아까지 널리 퍼진 이슬람
14~17세기

1496년 팀북투의 학자이자 카디였던 마흐무드 카티Mahmud Kati는 송가이 제국의 황제 아스키아 무함마드 투레Askia Muhammad Toure의 메카 성지 순례에 동행했다. 25년이 지나 그는 황제와 함께했던 성지 순례를 기록으로 남겼는데, 특히 아래와 같이 즐거웠던 일화를 꼼꼼히 기록했다.

황제는 메카의 어떤 이가 예언자 무함마드의 머리카락 몇 가닥을 가지고 있다는 소식을 들었다(신이 그에게 축복을 내리고 구원을 허락하신 것이 아닌가!). 삼인들이 그에게 금덩이를 주며 그 은혜로운 머리카락을 물에 담가

성수로 쓸 수 있게 해달라고 부탁했다는 이야기도 돌았다. 황제도 그 사람을 찾아가 머리카락을 한번 보여줄 수 있는지 물었다. 그가 황제에게 머리카락을 보여주자 황제는 그중 한 가닥을 얼른 집어 입에 넣고 삼켜버렸다. 아! 얼마나 능란하고 재기 넘치는 행동인가! 이 얼마나 풍성한 하늘의 은총인가![1]

송가이 제국의 아스키아 황제 역시 이븐 바투타와 같은 수많은 순례자처럼 성인, 특히 예언자 무함마드와 관련된 장소와 물건에 깃든 영적인 힘인 바라카를 얻고자 했다. 마흐무드 카티는 아스키아 황제가 예언자의 머리카락을 삼키고 메디나의 무함마드 영묘에 참배한 덕분에 무함마드의 바라카를 받아 전쟁에서 무사히 살아올 수 있었다고 기록했다. 그는 또한 성지 순례 중에 아스키아 황제의 측근들에게 정령들이 나타나 무함마드가 예정한 12명의 칼리프 중 한 명이 바로 아스키아 황제라고 계시했다는 이야기를 전하기도 했다.

당대에 예언자 무함마드와 그의 유물들을 앞세워 종교적 권위와 정치적 정당성을 확보하려 한 지도자가 아스키아 황제만 있었던 것은 아니었다. 아바스 왕조의 칼리프들 역시 예언자 무함마드의 턱수염이며 망토, 전투에 들고 나갔던 깃발 등 그의 유물들을 신줏단지 모시듯 했다. 그런데 1258년 몽골군이 바그다드를 약탈하며 무함마드의 유물들을 카이로로 가져갔고, 이후 1517년 오스만 제국의 술탄 셀림 1세Selim I가 이집트를 정복하고는 유물들을 콘스탄티노플의 톱카프 궁전에 가져다 놓았다. 현재까지도 그 유물들은 톱카프 궁전에 보관되어 있다. 이처럼 15~17세기에 등장했던 모든 이슬람 왕조는

톱카프 궁전. 무함마드의 턱수염, 깃발, 망토를 비롯한 다양한 유물들이 현재 톱카프 궁전에 보관되어 있다.

예언자 무함마드와의 관련성을 내세우며 왕조의 정당성을 확보하려 했다.

이슬람 세계의 새로운 강자, 오스만 제국의 등장

오스만 제국은 15세기에서 18세기까지 지중해 지역의 패권을 장악했다. 특히 16세기에는 알제에서 페르시아만까지 세력을 넓히고 유럽 영토의 상당 부분을 차지하면서 전성기를 구가했다. 오스만 제국의 기틀을 마련한 사람은 건국자 오스만 1세로 오스만 제국이라는 국명도 그의 이름에서 유래했다. 오스만 1세는 왕국을 건국한 뒤

1326년 부르사를 공략해 아나톨리아 전역을 통일하였고 그의 사후에 아들 오르한 1세는 부르사를 오스만 제국의 새 수도로 삼았다. 앞서 보았듯 14세기 아나톨리아 전역에서는 수피즘이 대세였고 다양한 수피파 교단이 나타나 서로 경쟁했다. 오스만 제국 역시 초기에는 일부 수피파 교단과 매우 가까운 관계를 유지했지만, 일부 과격한 수피파 교단은 오스만 제국의 잠재적인 위협 요소가 되었다. 오스만 1세는 젊은 시절 수피파 샤이크 에데발리의 신봉자였다. 전해 오는 이야기에 따르면 청년 오스만 1세는 어느 날 샤이크의 집에서 하룻밤을 묵게 되었는데, 그날 밤 이상한 꿈을 꾸었다. 샤이크의 가슴에서 달이 떠오르더니 그 달이 오스만의 가슴 속으로 들어왔고 배꼽에서는 나무가 자라났다. 그 나무는 이내 큰 그늘을 만들어 온 세상을 뒤덮었다. 다음 날 청년 오스만 1세는 자신이 꾼 꿈을 샤이크에게 말해 주었다. 샤이크는 그가 곧 세계를 지배할 위대한 왕조를 세울 것이라 예언했고, 자신의 딸을 오스만 1세에게 서둘러 시집보냈다. 이 이야기는 후대에 상상력이 더해진 이야기일 가능성이 높지만, 그럼에도 불구하고 오스만 왕조가 수피파 샤이크와 긴밀한 관계를 맺으며 어떻게 왕조의 정당성을 확립했는지 잘 보여준다.

1328년 이븐 바투타는 부르사를 방문했을 때, 오스만 1세의 아들이자 그의 후계자인 오르한을 만났다. 당시 오르한은 튀르크와 비잔틴 적들에 대항하며 자신의 존재감을 뚜렷하게 드러내고 있었다. 또한 그는 비잔틴 제국의 내전에 개입해 요안니스 6세John VI Kantakou-zenos를 지원하며, 그가 콘스탄티노플에 입성하도록 도운 뒤 그의 딸 테오도라Theodora와 결혼했다(비잔틴 출신 아내와 결혼한 오르한은 부르사의 궁전에서 산해진미와 그리스산 포도주를 즐겼다고 한다). 거룩한 성전사 오르한 가지('전사'라는 뜻)는 이를 발판으로 마르마라해에 접한 유럽 쪽 영토를 차지했으며 튀르크인, 몽골인, 그리스인 등 무슬림과 기독교인 병사들로 구성된 군대를 이끌고 정복 사업을 이어나갔다.

오스만 왕조 최초의 공식 문서는 수피 수도원 건립과 관련된 페르시아어 문서였다. 오르한은 이 문서에서 자신을 '신앙의 옹호자'라고 서명했고 테오도라를 포함한 왕실의 가족들 역시도 이 문서에 서명했다. 또한 오르한과 테오도라의 아들인 할릴까지 요안니스 6세의 손녀 중 한 명과 결혼하면서 비잔틴 제국과 오스만 제국의 관계는 더욱 돈독해졌다. 이에 대해 비잔틴 제국의 한 역사가는 요안니스 6세의 궁정에서 수피들이 고주망태가 되도록 술을 마시고는 춤을 추고 고래고래 소리를 지르며 예언자 무함마드를 찬양하는 노래를 부른다고 개탄스러워할 정도였다. 오르한과 그 후계자들은 기독교인들을 측근에 두어 기독교인 백성들의 마음을 얻으려 했고 특히 세금을(지즈야) 징수할 때 그들을 이용했다.

오르한의 아들이자 후계자인 무라트 1세Murad I(재위 1361~1389년)는 비잔틴 제국의 영토였던 아드리아노플을 정복하여 에디르네로 개명한 뒤 수도로 삼았고, 현재의 불가리아와 그리스 북부를 정복했다. 또한 그는 황제의 직속 부대로서 치안을 유지하는 유럽 최초의 근대적 정예 보병 상비군, 예니체리Janissary('새로운 군대'라는 뜻)를 창설했다. 다른 이슬람 왕조(특히 맘루크 왕조) 정예 부대의 노예 병사들과 달리 예니체리에게는 일정한 급여가 지급되었고, 술탄에게만 온전히 충성하라는 의미에서 결혼과 상업 활동이 금지되었다. 무라트 1세는 1389년 코소보 전투에서 세르비아 귀족 라자르 흐레벨랴노비치가 이끄는 군대와 일전을 벌였지만, 어느 쪽도 전쟁의 승자가 되지 못했다. 무라트와 라자르가 모두 사망했고 서로 막대한 피해를 입었기 때문이다. 이후 전쟁의 피해를 그럭저럭 만회한 오스만 제국과 달리 코소보 전투에 모든 힘을 쏟아부은 세르비아는 결국 오스만 제국에 무릎을 꿇었다. 이 패배는 세르비아인들의 민족 정서에 깊은 상처로 남았으며 후에 세르비아를 다시 일으키는 원동력이 되었다.

무라트 1세의 아들 바예지트 1세Bayezid I(재위 1389~1402년)는 아버지의 뒤를 이어 술탄에 즉위했고, 세르비아 공국의 귀족이자 라자르의 딸인 데스피나 하툰Despina Hatun과 결혼했다. 그녀는 이슬람으로 개종하지 않고 기독교 신앙을 지켰으며, 바예지트 1세가 세르비아 공국의 몇몇 지방 귀족들에게 충성 맹세를 받는 데 큰 도움을 주었다. 그들은 바예지트 1세의 가신이 되었으나 다른 귀족들은 여전히 바예지트 1세에게 적대적이었다. 교황 보니파시오 9세는 바예지트 1세에 대항해야 한다며 십자군 원정을 촉구했고, 헝가리의 왕 지기스문트를 구심점으로 프랑스 제독과 총사령관, '용맹한 공작'이라 불리는 부르고뉴 공작이 이끄는 군대가 부다페스트에 집결했다. 그러나 연합 십자군은 다뉴브강 변의 니코폴리스에서 바예지트 1세의 군대와 그 동맹군(특히 라자르의 아들이자 데스피나 하툰의 오빠인 스테판 라자레비치가 이끄는 군대)에 참담히 패배했고, 오스만 제국은 헝가리를 향해 새로운 정복의 길을 열었다. 그러나 아나톨리아에서 몽골-튀르크계 정복자 티무르Timur와 대립하면서 오스만 제국의 세력 확장에 제동이 걸렸다.

티무르는 1370년 티무르 제국을 건국하고 사마르칸트를 수도로 삼았다. 티무르는 페르시아를 시작으로 러시아, 중국, 인도, 이라크, 시리아를 차례로 정복했으며, 제국에 저항하는 정복지의 백성들을 거리낌 없이 학살하며 잔혹한 살육자로 악명을 떨쳤다. 실제로 그는 반란의 싹을 자르기 위해 반대파를 참수해 그 머리를 피라미드처럼 쌓아올려 공포심을 조장했다. 1401년 티무르 군대가 다마스쿠스를 포위하자 맘루크 군대는 이븐 할둔을 티무르 진영으로 보내 휴전 협상을 타진했다. 티무르를 만나고 온 이븐 할둔은 그의 뛰어난 언변과 깊은 학식에 큰 감명을 받고는 이렇게 평가했다. "티무르는 가장 위대한 왕이며 가장 잔혹한 폭군이다. (……) 매우 활기차고 머리가 비상한 그는 자신이 아는 것이든 모르는 것이든 매사에 호기심을 가지고 끈질기고 세심하게 관찰한다." 이렇듯 이븐 할둔은 티무르에게 큰 호감을 느낀 채 카이로로 떠났으나, 몇 주 뒤 티무르는 결국 다마스쿠스를 함락하고 도시를 완전히 초토화시켰다.[2]

1402년 다마스쿠스를 정복한 이듬해에 티무르는 아나톨리아를 침공했다. 앙카라 전투에서 승리를 거둔 그는 바예지트 1세와 그의 아내 데스피나 하툰을 포로로 잡았다. 당시 교황 비오 2세(1458~1464년)는 티무르가 바예지트 1세를 새장에 가두고 쓰레기 같은 음식을 주고 있다고 주장하는가 하면, 티무르가 말을 탈 때 바예지트 1세를 디딤판으로 사용한다는 이야기가 돌기도 했다. 더욱 비참한 소문도 전해졌다. 쇠사슬에 묶인 남편을 앞에 두고, 데스피나 하툰이 연회 때 티무르와 동석자들에게 알몸으로 시중을 들어야 했다는 것이다. 동양에 대한 야릇한 상상을 하게 만드는 이 이야기는

16~19세기 유럽의 연극과 오페라, 각종 예술 공연의 단골 소재가 되었다. 튀르크 출신 무슬림 술탄과 세르비아 출신 기독교인 아내가 '동방'의 잔인함과 야만성에 희생당한다는 이야기는 오리엔탈리즘의 전형을 보여주었기 때문이다. 그러나 티무르가 술탄과 그의 아내를 특별히 학대하지 않았다는 것이 지금까지의 정설이다. 1403년 바예지트 1세는 포로로 잡힌 그 이듬해에 감옥에서 죽음을 맞았다.

바예지트 1세 사후 후계자 자리를 둘러싸고 정쟁이 끊이지 않으면서 오스만 제국은 혼돈에 휩싸였고, 그 끝에 메흐메트 1세가 술탄으로 즉위했다. 이후 그의 아들 무라트 2세Mourad II(재위 1421~1451년)는 티무르가 지배하고 있던 아나톨리아 영토를 수복했고, 이에 교황 에우제니오 4세는 오스만 제국의 영토 확장을 저지하기 위해 유럽의 십자군 원정을 촉구했다. 그러나 무라트 2세는 흑해 연안에서 벌어진 바르나 전투(1444년)에서 폴란드와 헝가리가 이끄는 십자군을 격파하면서 새로운 정복의 길을 열었다. 한편 무라트 2세는 베네치아 공화국과 대립하던 제노바 공화국과 동맹을 맺었고 세르비아 출신인 그의 아내 마라 브란코비치Mara Brankovic는 그가 헝가리와 평화협정을 맺는 데 큰 도움을 주었다.

무라트 2세와 그의 아들 메흐메트 2세Mehmet II(재위 1451~1481년)는 발칸반도의 기독교 소년들을 징집하여, 엄격한 훈련을 통해 술탄의 정예 부대인 예니체리에 배속시키는 '데브쉬르메Devshirme' 제도를 도입했다. 주로 대가족 출신의 총명하고 체력이 강한 소년들이 징집 대상이었고, 징집된 소년(외동은 제외되었다)들은 콘스탄티노플로 가는 도중에 쉽게 도망칠 수 없도록 붉은색 유니폼을 입어야 했다. 데브쉬르메의 병영 생활비와 의복비는 각 마을에서 부담했다. 소년들은 100여 명 정도 무리를 지어 수도까지 행진을 한 뒤, 그곳에서 할례와 황궁에서의 교육을 받고 군사 훈련에 배치되었다. 그러나 여기서 탈락한 소년들은 군에 입대할 수 있는 나이가 될 때까지 아나톨리아 농장에서 노동을 해야 했다. 물론 이런 징집 제도는 딤미를 노예로 삼는 것을 금지하는 이슬람법에 어긋나는 것이었다. 기독교인 노예, 특히 딤미에게 개종을 강요하는 것 역시 이슬람법에는 금지되어 있었다. 그러나 발칸반도의 기독교 집안 출신 소년들은 아나톨리아로 보내져 그곳에서 교육을 받았고 예니체리와 일반 병사로 분류되었다. 그중 가장 뛰어나고 총명한 소년들은 황궁의 학교에서 공부할 수 있는 기회를 얻었으며, 운이 좋으면 오스만 제국의 고위 관리나 와지르가 될 수 있었다. 그래서 당시 오스만 제국의 고위층 대부분은 기독교 농민 가정 출신이었다.

1453년 메흐메트 2세는 이슬람 선왕들의 오랜 숙원이었던 콘스탄티노플을 정복하고 그곳을 새로운 수도로 삼았다. 당시 비잔틴 제국은 예전의 위용을 잃은 지 오래였고 수 세기 동안 튀르크, 베네치아, 슬라브 등 경쟁자의 침략에 시달리며 쇠퇴의 길을 걷고 있었다. 그렇지만 330년에 콘스탄티누스 대제가 건설한 콘스탄티노플은 비잔틴 제국의 수도로서 큰 상징적 의미가 있는 도시였다. 메흐메트 2세는 1453년 5월 29일에 콘스탄티노플에 입성했고, 이틀 후인 5월 31일에 금요 대예배 '쿠트바'를 거행하기 위해 아야 소피아 성당으로 갔다. 그때부터 유스티니아누스 1세의 성당은 아야 소피아 모스크로 탈바꿈했다. 오스만 제국은 '이슬람 제국'이라는 정체성을 표방했지만, 동시에 제국의 통치자인 술탄들은 자신들이 로마 제국의 후예라는 것을 강조했다. 메흐메트 2세는 일부 튀르크계 귀족 가문들이 운영하던 왕국을 다문화·다종교·다민족 전제군주국으로 발전시켰고, 스스로를 로마 황제라는 뜻의 '카이세리 룸Kayser-i Rum'이라 칭했다. 또한 그는 그리스 문화에도 큰 관심을 보이며 자신이 새로이 나타난 알렉산더 대왕이라 주장했다. 한편 1469년 메흐메트 2세는 톱카프 궁전 건설에 착수했는데, 이 궁전은 1922년 제국이 멸망할 때까지 '오스만 제국의 심장' 역할을 했다.

메흐메트 2세는 콘스탄티노플을 점령한 뒤 그곳에 모스크를 짓고자 했다. 이때 술탄의 측근이자 수피파 샤이크 악셈세딘은 674년 이슬람 세력의 첫 콘스탄티노플 포위전이 있을 때 사망한 것으로 알

아야 소피아 모스크. 메흐메트 2세는 콘스탄티노플에 입성한 뒤 아야 소피아 모스크에서 금요 대예배를 진행했다.

려진 예언자 무함마드의 제자 아유브 알 안사리Ayyub al-Ansari의 무덤 부지를 메흐메트 2세에게 알려주었고, 바로 그 자리에 모스크가 건립되었다. 메흐메트 2세는 모스크 입구에 '예언자 무함마드가 콘스탄티노플을 정복하는 무슬림 통치자에게 축복을 내려주실 것'이라는 하디스의 문구를 새겨 넣었다. 이후 이 모스크는 술탄들이 즉위할 때마다 오스만 제국 초대 군주의 검을 이어받는 '오스만의 검' 의식이 거행되는 장소로 사용되었다. 또한 메흐메트 2세는 다방면에 조예가 깊었고 미술품 수집가, 페르시아 시인들의 든든한 후원자, 아랍어 문필가, 이탈리아 예술 애호가로서 자신의 문화적 소양을 궁정에 드러내고 싶어 했다. 그래서 그는 베네치아 출신의 젠틸레 벨리니를 궁정화가로 임명했고 술탄을 '세계의 황제'로 묘사한 초상화를

아유브 알 안사리의 무덤. 이유브 안사리 모스크 내에 있는 아유브 알 안사리 무덤이다. 메흐메트 2세는 아유브 알 안사리의 무덤 위에 모스크를 건립했다.

241

남기기도 했다.

　메흐메트 2세는 새로운 수도를 거점 삼아 세르비아, 그리스, 보스니아, 알바니아 등 유럽 지역으로 세력을 확장하려 했다. 오스만 제국은 강력한 해군력을 바탕으로 에게해와 아드리아해의 항구들을 장악하며, 지중해 해상 무역의 패권을 쥐고 있던 베네치아 공화국과 맞붙었다. 1480년 메흐메트 2세는 이탈리아로 해군 원정대를 파견했다. 오스만 제국의 원정대가 오트란토를 점령하자 오스만 제국의 로마 침략을 막기 위해 유럽에서는 다시 십자군이 결집했다. 1481년 5월 3일 정복 전쟁을 속개하기 위해 몸소 이탈리아로 출정을 준비하던 메흐메트 2세는 갑작스러운 죽음을 맞았는데(독살당했다는 의혹이 제기되기도 했다), 정복 전쟁의 구심점이 사라지자 오스만 군대는 이탈리아에서 퇴각할 수밖에 없었다.

　메흐메트 2세의 사망 후, 그의 아들 바예지트 2세Bayezid II(재위 1481~1512년)가 술탄으로 즉위했다. 바예지트 2세는 부왕의 친유럽 성향을 배격하며 부왕이 수집한 유럽의 미술품들과 그림들을 모두 처분했다. 또한 그는 왕조의 정사正史를 튀르크어와 페르시아어로 기록하기 위해 역사가들을 고용했다. 한편 카스티야 왕국의 이사벨 여왕과 그녀의 남편 페르난도 2세는 1492년 자신들의 영토에서 유대인을 추방했다. 추방된 유대인들 중 일부는 포르투갈(그러나 5년 후, 포르투갈 역시 유대인들을 추방했다)과 네덜란드로 이주했지만, 대다수의 유대인들은 북아프리가나 오스만 제국으로의 이주를 택했고 오스만 제국은 수십만 명의 추방된 유대인을 받아들였다. 당시 바예지트 2세는 유대인들을 콘스탄티노플까지 수송하기 위해 스페인으로 배를 보내기까지 했다. 그러나 스페인의 유대인 추방은 커다란 패착이었다. 유대인을 추방한 뒤부터 스페인은 쇠퇴의 길로 들어선 반면, 유대인을 수용한 나라는 그들을 기폭제로 경제적 발전을 이뤄냈기 때문이다.[3]

바예지트 2세는 새로운 수피 수도원에 메블레비 교단의 수도자들을 수용하면서 신실한 무슬림의 면모를 보여주려 했다. 그는 스스로 금욕적인 삶을 사는 독실한 신앙인이라 자부했고 심지어 자신이 기적을 일으키는 성인이자 '신의 친구(왈리Wali)'라고 주장했다. 그러나 모두가 그의 주장을 받아들인 것은 아니었다. 일부 파격적인 수피 수도자들은 극한의 금욕주의를 실천했다. 그들은 전통적 관습을 거부하고 사회적 규율을 무시한 채 알몸으로 거리를 활보하며 기행을 일삼았다. 대표적으로 수피 수도자 오트만 바바Otman Baba는 돈을 하찮게 여겼고(돈을 배설물에 비유했다), 신의 눈에는 모든 것이 깨끗하다며 목욕탕의 오수를 마시는가 하면, 자신의 몸에 여러 예언자들(아담, 예수, 무함마드, 알리)이 현신했다고 주장하기도 했다. 또한 메흐메트 2세를 오트만을 제국의 '영적 술탄'이라 칭송하며 그에게 커다란 존경심을 표했다. 그런데 오트만의 제자들 중 하나가 1492년 바예지트 2세가 알바니아로 원정을 떠나 있을 때 그를 암살하려 한 사건이 일어났고, 이에 분노한 바예지트 2세는 오트만의 제자들과 기행을 일삼는 일부 수도자들을 체포해 고문하고 처형했다.

그러나 오스만 제국이 경계해야 하는 위협은 따로 있었다. 바로 페르시아 사파비 제국의 샤한샤(황제) 이스마일 1세Ismail I(재위 1501~1524년)였다. 사이크 집안 출신의 카리스마 넘치는 군사령관이

243

었던 이스마일 1세는 1501년 타브리즈를 점령해 수도로 삼고 사파비 왕조를 칭건했다. 그는 시아파의 가장 큰 종파인 12이맘파를 국교로 삼고 자신이 예언자 무함마드의 후손이라고 주장했으며, 신에 대한 사랑을 신비주의적 시로 표현하는 수피 전통에 따라 튀르크어로 시를 짓기도 했다. 또한 이스마일 1세는 자신이 파티마와 알리의 후손이므로 알렉산더 대왕의 후계자이며 페르시아 황제 다리우스 1세와 호스로 1세의 후계자이기도 하다고 주장했다. 페르시아 원정에 나선 사파비 제국은 1503년 바그다드를 함락했고, 이스마일 1세는 아바스 왕조 칼리프들의 영묘와 아부 하니파의 무덤을 파괴하라고 명했다. 사파비 왕조의 군대에는 튀르크계 투르크멘 병사가 포함되어 있었는데, 이로 미루어 보아 당시 튀르크인과 페르시아인, 수니파와 시아파는 어느 정도 교류가 있었던 것으로 추정된다.

1511년 아나톨리아 남동부 타우루스에서 사파비 왕조를 지지하는 시아파 튀르크인들이 반란을 일으켰고 오스만 군대는 이를 진압하는 데 실패했다. 이후 바예지트 2세는 아나톨리아 동부 시아파에 대해 강경책을 펼치기 시작했다. 이 과정에서 시아파 튀르크인들이 오스만 군대에 의해 대거 학살되었다. 한편 사파비 제국은 유대인과 기독교인이 아닌 수니파 무슬림들을 시아파로 개종시키려고 온갖 폭력적인 방법을 동원했다. 이는 수니파를 굳이 시아파로 개종시키려 하지 않았던 이전의 시아파 왕조, 특히 파티마 왕조(알 하킴 통치 기간은 제외)의 방침과 정반대되는 것이었다. 그리고 이스마일 1세의 강제 개종 정책에는 사파비 제국을 시아파의 종주국으로 만들어 수니파의 종주국인 오스만 제국과 대등한 관계로 올라서겠다는 의도가 숨어있었다. 다시 말해 수니파와 시아파의 대립은 종교적 대립이라기보다 정치적 대립이었으며, 20세기에서도 시아파 종주국인 이란과 일부 수니파 이슬람 국가들이 대립했던 이유에는 이런 역사적 맥락이 숨어있다.

통치 기간 내내 사파비 제국과 대립했던 바예지트 2세는 그의 아들 셀림 1세Selim I에게 왕위를 승계하고 퇴위했다. 셀림 1세(재위 1512~1520년)의 재위 초반에 사파비 제국이 다시 아나톨리아 동부를 침략했고 이에 셀림 1세는 반격을 준비했다. 원정을 떠나기 전, 셀림 1세는 콘스탄티노플의 카디로 하여금 "이스마일 1세와 사파비 왕조는 더 이상 우리와 같은 무슬림이 아닌 이교도이므로 그들에 맞서 지하드를 수행해야 한다"는 파트와를 반포하게 했다. 사파비 제국의 군대와 오스만 제국의 군대는 1513년 8월 23일 찰디란(현재의 아제르바이잔) 전투에서 맞붙었다. 막강한 포병을 앞세운 오스만 군대는 사파비 기병대를 격파하며 사파비 제국의 수도 타브리즈를 함락했고, 모스크에서는 셀림 1세를 위한 금요 대예배가 거행되었다.

사파비 왕조를 제압하고 2년이 지난 후 셀림 1세는 또 다른 경쟁자인 맘루크 왕조로 눈을 돌렸다. 그리고 1516년 8월 24일에 셀림 1세는 마르즈 다비크 전투에서 맘루크 왕조의 술탄 알 아슈라프 깐수 알 구리를 상대로 승리를 거두었다. 오스만 군대의 막강한 포병이 또 다시 빛을 발했던 것이다. 1517년 1월 셀림 1세는 위풍당당하게 카이로에 입성했고 오래지 않아 성지의 수호자인 메카의 셰리프에게도 항복을 받아냈다. 그때부터 오스만 제국은 발칸반도에서 흑해까지, 세 곳의 이슬람 성도를 모두 지배하는 거대한 제국이 주인이 되었다. 또한 셀림 1세는 카이로에서 맘루크 왕조의 보호를 받던 아바스 왕조의 칼리프 알 무타와킬 4세에게 칼리프 칭호를 양도받고 그를 콘스탄티노플로 보냈다. 그리고 카이로 원정에서 돌아오는 길에 다마스쿠스에 들러 종말의 날 예수가 재림할 것이라고 알려진 첨탑 미나레트에 기도를 올렸으며, 신비주의 철학자 이븐 아라비의 묘지를 방문해 참배했고, 후에 그곳을 단장해 순례지로 조성했다.

셀림 1세는 아바스 왕조가 보관하고 있던 예언자 무함마드의 유물을 다시 콘스탄티노플로 가져왔다. 그중에는 성스러운(또는 축복받은) 망토가 있었는데, 전승에 따르면 무함마드는 이 망토를 시인 카브 이븐 주하이르에게 주었다고 한다. 셀림 1세의 후계자들은 라마단 성월이 15일째 되는 날에 망토 위에 모슬린 천을 대고 그 위에 입맞춤을 하며 이 망토를 신성시했다. 또한 유물에는 무함마드가 메카를 상대로 전쟁을 치를 때 들고 다녔다는 성스러운 깃발 역시 포함되어 있었다. 이후 오스만 제국의 여러 술탄들은 1593년 합스부르크 제국과의 전쟁, 1594년 헝가리와의 전쟁 등 중요한 전쟁에 나설 때 이 깃발을 들고 나갔으며, 1595년 이래로는 톱카프 왕궁에 보관되어 있다. 유물에는 무함마드의 턱수염 몇 가닥과 그의 치아 한 개가 들어있는 성물함이 포함되어 있는데, 이 역시 현재 이스탄불 톱카프 궁전 왕실에 보관되어 있으며 하피즈(코란 암송자)들은 그곳에서 쉬지 않고 코란을 독송하고 있다고 한다. 이처럼 오스만 제국의 술탄들은 예언자 무함마드를 앞세워 권력의 정당성을 확보하고자 했고, 무함마드의 망토와 깃발과 함께 지하드에 나섰다. 셀림 1세는 비잔틴 제국의 수도였던 콘스탄티노플을 비롯해 카이로, 다마스쿠스, 이슬람의 성도들을 차지하며 오스만 제국을 세계적 강국의 반열에 올렸다.

오스만 제국의 멈출 줄 모르는 확장

셀림 1세의 아들 술레이만 대제(재위 1520~1566년)는 부왕의 뒤를 이어 오스만 제국의 영토를 확장해나갔다. 그는 발칸반도를 정복하고 사파비 왕조가 지배하고 있던 바그다드까지 함락했으며, 함대를 보내 예멘과 페르시아만까지 자신의 발아래에 엎드리게 했다. 또한 마그레브를 비롯해 동아프리카, 인도, 수마트라의 무슬림 군주들과 동맹을 맺었고 프랑스 왕국의 프랑수아 1세를 비롯해 기독교 왕들과도 협정을 맺었다. 세계의 통치자를 자임한 그는 문학과 예술에도 조예가 깊어 예술가들을 대거 후원하기도 했다. 1521년에 술레이만 대제는 원정대를 직접 이끌고 베오그라드를 정복했고 이듬해에는 오스만 함대를 지휘하여 로도스섬을 점령했으며, 1526년에는 헝가리 정복 전쟁을 개시했다. 오스만 군대는 1529년 빈을 포위했지만 오스트리아 군대가 끈질기게 대항한 데다 보급품까지 동이 나고 연일 폭우가 내리는 바람에 퇴각할 수밖에 없었다. 그러나 오스만 군대는 포기하지 않고 몇 년에 걸쳐 헝가리 영토의 상당 부분을 정복했고 1541년 마침내 헝가리의 수도 부더를 점령했다.

술레이만 대제는 합스부르크 제국을 견제하기 위해 헝가리와 합스부르크 가톨릭 군주들로부터 박해를 받고 있던 헝가리 신교도들과 결탁했다. 그리고 오스만 제국의 제후국인 트란실바니아 공국에서 신교도든 유니테리언*이든 종파에 관계없이 기독교인 모두가 자유롭게 신앙생활을 할 수 있게 했다. 또한 술레이만은 프랑스 왕국의 프랑수아 1세(재위 1515~1547년)와도 동맹을 맺었는데, 두 왕이 신성 로마 제국의 카를 5세라는 공통의 적에 맞서야 했기에 가능한 동맹이었다. 이후 프랑스는 오스만 제국과 정기적으로 사절단을 교류하고 중대한 경제 협정을 맺으며 '오스만의 문Sublime Porte'**에서 가장 중요한 동맹 중 하나로 떠올랐다.

지중해 역시 오스만 제국(그리고 프랑스 동맹국)과 합스부르크 제국의 각축장이었다. 1510년 스페인 군대는 알제를 점령하고 도시를 감시하기 위해 요새를 세웠다. 그런데 1516년 알제 사람들이 스페인 세력을 몰아내기 위해 오스만 출신 해적 바르바로스 하이레딘Barbaros Hayreddin에게 도움을 요청했고, 이후 알제는 오스만 제국의 보호 아래 놓이게 되었다. 1534년 바르바로스가 하프스 왕조의 튀니스를 점령하자, 하프스 왕조의 마지막 술탄 무함마드 5세는 신성 로마 제국의 카를 5세와 동맹을 맺고 바르바로스를 물리치려 했다. 카를 5세와 해군 사령관 안드레아 도리아가 250척의 함대를 이끌고 튀니스를 포위하자 바르바로스는 결국 알제로 퇴각했다. 그러나 이듬해에 합스부르크 세력이 또 다시 튀니스를 점령했고 무함마드 5세는

* 기독교의 정통 교리인 삼위일체 교리에 반하여, 그리스도의 신성을 부정하고 하느님의 신성만을 인정하는 교파
** 오스만 제국의 정부를 가리키는 별칭으로 비잔틴 제국 시기부터 해당 왕조의 왕권을 상징하는 표현으로 사용되었다.

합스부르크 황제의 봉신이 되었다. 그 후 몇 년에 걸쳐 프랑스와 오스만 함대는 합스부르크 동맹군에 대항해 여러 합동 작전을 펼쳤다. 카를 5세와 프랑수아 1세는 특히 이탈리아반도를 두고 치열한 전쟁을 벌였다. 1553년 오스만 함대는 프랑스 왕국의 코르시카 정복 전쟁을 지원하기도 했다.

한편 합스부르크 제국은 사파비 왕조 이스마일 1세의 아들이자 후계자인 타흐마스프 1세Tahmasp I(재위 1524~1576년)와 동맹을 맺으며 오스만 제국에 맞섰다. 1532년부터 사파비 왕조는 아제르바이잔과 아나톨리아 동부의 영토를 정복했지만, 술레이만 대제의 와지르인 이브라힘 파샤가 지휘하는 오스만 군대가 사파비 군대를 제압하고 1534년 바그다드를 점령했다. 1548~1549년 오스만 제국은 원정을 재개해 서아시아 지역을 정복하며 타브리즈까지 세력을 확장했다. 오스만 군대와 그 동맹군은 전 세계를 정복할 때까지 멈추지 않을 듯했다. 1538년에는 항구 도시 아덴을 점령하며 예멘까지 손에 넣었고, 1552년에는 무스카트(현재 오만의 수도)까지 진출했다. 또한 오스만 제국은 아달 술탄국(현재의 지부티와 소말리아 일부 지역)이 에티오피아를 침공할 수 있도록 지원하기도 했다. 후술하겠지만, 오스만 군대와 그 동맹군은 새로운 해상 세력으로 부상한 포르투갈 왕국과 이 지역의 패권을 놓고 치열하게 대립했다.

술레이만 대제는 튀르크어로 입법자를 뜻하는 '카누니Kanuni'라는 별칭으로 불리기도 했다. 술레이만 대제가 입법자를 자처하기 전까지 신의 계시에 의한 절대적인 법인 샤리아만이 존재했기 때문에, 스스로 입법자라고 자부하는 이슬람 통치자는 전무했다. 술레이만 대제는 법학자 평의회를 열어 제국의 광활한 영토를 통치하고 이슬람법 '샤리아'가 해결하지 못하는 분야를 정비하기 위해 '카눈Kanun'이라는 새로운 오스만 법을 제정했다. 술레이만이 오스만 법을 정비한 이유는 술탄의 중앙집권체제를 강화하려 했기 때문이다. 그는 한 법전의 서문에서 자신을 성자이자 신과 예언자의 친구로 규정하며 스스로에게 입법자로서의 정당성을 부여했다. 당시 오스만 제국은 술레이만이 이슬람력 1000년이 되기 전에(1591년 또는 1592년) 전 세계를 통일할 메시아 같은 존재이며, 이븐 아라비를 능가하는 영적인 힘을 가졌다고 선전했다. 또한 술레이만은 합스부르크 제국의 카를 5세에 맞서 스스로를 콘스탄티노플의 황제라 칭하며 자신이 로마 제국의 정통성을 계승한 황제 '카이사르'라고 천명했다. 프랑스 법학자이자 프랑스 왕의 법률 고문이었던 장 보댕 역시 황제의 칭호를 합법적으로 주장할 수 있는 사람은 오직 술레이만뿐이라고 거들며 스스로를 황제라 칭한 카를 5세를 조롱하기도 했다.

술레이만은 예술가들에게 후원을 아끼지 않았던 예술 애호가였으며, 아내와 후궁 휘렘에게 바치는 연시를 비롯해 튀르크어와 페르시아어로 시를 짓는 시인이기도 했다. 그는 메카, 메디나, 예루살렘 같은 성도들을 비롯해 다른 도시들에 있는 모스크와 사원들을 정비했고, 무슬림이 거주하는 모든 마을에 모스크 건립을 의무화했다. 또한 위대한 건축가 미마르 시난을 고용해 술레이마니예 모스크를 건축하게 했다. 이 모스크는 오스만 제국의 수도에서 가장 아름다운 건축물 중 하나가 되었는데, 모스크 뒤편에는 술레이만 대제와 그의 후궁 휘렘의 무덤이 조성되었다. 한편 수피파는 술레이만 대제부터 그의 후계자들에 이르기까지 오스만 제국의 정신적 지주 역할을 했다. 당대의 샤이크 알 이슬람Sheikh al-Islam(최고의 법학자에게 붙는 칭호)이었던 에부수드 에펜디Ebussuud Efendi(1545~1574년)는 수피 수도자들이 영성 수련을 위해 추는 수피춤이 샤리아에 부합('할랄')하는지를 묻는 질문에 튀르크어로 다음과 같은 내용의 파트와를 반포했다. "신의 진리를 추구하는 여정은 한없이 크고 넓은 바다와 같다. '샤리아'는 그 바다 옆에 있는 해변이다. 우리 대부분은 해변에 앉아있지만, 위대한 수피 수도자들은 잠수부가 되어 망망대해를 탐험한다. 그러니 그들과 언쟁하려 들지 말라."[4]

1566년 9월 6일, 노구를 이끌고 헝가리 원정에 나선 술레이만은 오스만 군대가 시게트바르 요새를 포위하던 중 죽음을 맞았다. 그 뒤로 어떤 술탄도 셀림 1세와 술레이만 대제만큼 많은 영토를 정복하지는 못했지만, 오스만 제국은 여전히 유럽과 서아시아에서 강력한 영향력을 행사했다. 술레이만 대제의 뒤를 이은 메흐메트 3세(재위 1595~1603년) 통치 기간에 오스만 제국의 주적은 유럽이 아닌 사파비 제국이었다. 사파비 제국의 황제 아바스 1세Abbas I(재위 1588~1629년)는 수도를 카즈빈에서 이스파한으로 천도하고 도시를 크게 발전시켰다. 아르메니아어, 튀르크어, 우르두어, 아랍어, 페르시아어, 그 외 다른 여러 언어를 사용하는 유대인, 기독교인, 조로아스터교인, 불교인, 무슬림, 수니파와 시아파 상인들과 고관대작들이 제국 전역에서 이스파한으로 모여들었다. 그리고 아바스 1세는 황제를 찬양하는 의식을 치르기 위해 이스파한 주변에 화려하고 아름다운 광장을 조성했고 그곳에 아케이드 형태의 대형 바자르Bazar(시장)와 모스크, 궁전을 지었다. 페르시아 전통 양식과 중앙아시아 건축 양식이 조화를 이루며 흰색과 푸른색 타일로 장식된 건축물들은 이스파한 도시 전체를 신비롭고 아름답게 만들어주었다.

1603년부터 아바스 1세는 오스만 제국이 지배하고 있던 코카서스 지역에서 정복 전쟁을 개시했다. 그는 아르메니아의 도시 줄파를 점령한 뒤 기독교인 주민들을 이스파한으로 압송하고, 그들이 교회를 세울 수 있도록 기독교 구역(현재까지도 존재한다)을 조성해주었다. 또한 그는 줄파에서 온 기독교인들에게 그들이 마실 포도주를 생산할 수 있도록 허가했지만, 그들은 사실상 이스파한에 포도주를 공급하는 역할을 했다. 이처럼 이스파한에 교회와 유대교 회당이 들어설 수 있었던 것은 아바스 1세가 딤미에게 관용을 베풀었던 왕조의 전통을 계승한 덕분이었다. 하지만 아바스 1세는 무슬림 수니파에게는 관용을 베풀지 않았다.

아바스 1세는 1624년 오스만 제국을 격파한 뒤 바그다드를 정복했고, 오스만 제국의 무라트 4세가 1638년에 바그다드를 수복하기 전까지 바그다드는 사파비 왕조의 영토였다. 1639년 5월 17일, 아바스 1세의 아들이자 후계자인 샤 사피Shah Safi는 오스만 제국의 무라트 4세와 주하브Zuhab 조약을 체결하며 메소포타미아 지역을 오스만 제국에 넘겨주고 수년간 지속된 전쟁을 마무리 지었다. 17세기에 이 조약으로 인해 정치와 군사 문제로 대립하던 두 제국 사이에는 장벽이 세워졌다. 오늘날 앙숙관계에 있는 이란과 이라크 역시 표면적으로는 종교 문제로 갈등하는 것처럼 보이지만 실상 두 나라는 정치적, 경제적 대립을 하고 있다. 이에 대해 중동 전문가 장 피에

르 필리유는 "두 나라 사이에 세워진 장벽은 민족도, 언어도, 종교도 아니다"라고 지적했다.[5]

오스만 제국의 술탄으로 즉위한 메흐메트 4세(재위 1648~1687년)는 유럽으로 진출하기 위해 페트로 도로센코의 코사크 헤트만국과 동맹을 맺고 폴란드와 러시아를 공격했다. 1683년 7월 14일 메흐메트 4세는 빈을 포위했으나, 9월 12일에 폴란드의 왕 얀 3세가 이끈 소비에스키 군대가 반격에 나섰다. 이에 대패한 메흐메트 4세는 퇴각할 수밖에 없었다. 이로써 빈을 점령하려는 오스만 제국의 시도는 완전한 실패로 돌아갔고, 체면을 구긴 오스만 제국은 중부 유럽에서 점차 세력을 잃기 시작했다. 큰 치욕을 당한 메흐메트 4세는 그로부터 4년 후 결국 폐위되었다.

무라트 4세와 메흐메트 4세는 기강이 해이해진 오스만 제국의 쇄신을 요구하며 이슬람 원리주의를 내세운 신흥 세력인 '카디자델리Kadizadeli'파를 지지했다. 이들은 비슷한 시기 유럽에서 엄격한 금욕주의를 강조한 일부 프로테스탄트들과 동일한 입장을 견지했다. 카디자델리파는 수피즘을 배격하며 음악, 춤, 매춘, 술을 금지했다. 이에 그들을 지지한 술탄은 수도에 있는 카페를 모두 폐쇄하라고 명령했고 매춘부와 특정 지역에서 홀로 사는 여성들을 일소했다. 무스타파 2세Mustafa II 통치하에서는 카디자델리파의 설교자 페이줄라Feyzullah가 이슬람 최고의 종교 지도자인 샤이크 알 이슬람에 오를 정도로 카디자델리파의 영향력은 정점에 달했다. 무스파타 2세는 카디자델리파의 교리를 제국의 공식 교리로 삼았고, 페이줄라는 종교 경찰을 창설해 무슬림 백성들이 원리주의 교리에 따라 미풍양속을 지키며 종교 의례를 제대로 행하고 있는지 감시할 것을 술탄에게 건의했다. 그러나 콘스탄티노플에서 카디자델리파 세력에 대한 불만이 터져 나오면서 반란이 일어났고 페이줄라는 죽음을 맞았다. 이후 카디자델리파는 완전히 해체되었으며, 술탄은 왕좌에서 내려와야 했다. 그리고 그때부터 오스만 제국은 기독교 유럽의 맞수가 될 수 없었다. 다음 장에서 후술하겠지만, 오스만 제국은 내부 혁신에 실패하고 반란군과 유럽 열강에 영토를 빼앗겼으며, 19세기에 와서는 '유럽의 병자'라는 조롱을 받기에 이르렀다.

인도와 인도네시아의 이슬람 왕조

중앙아시아의 사파비 왕조와 인도양의 포르투갈에 맞서기 위해 오스만 제국은 신흥 세력에 기댔는데, 바로 파디샤Padishah(황제) 바부르(재위 1483~1530년)가 건국한 무굴 제국이었다. 중앙아시아를 관통하는 실크로드를 지배하고 있었던 무굴 제국은 지정학적, 경제적 요충지였다. 이후 바부르의 손자 악바르Akbar 대제(재위 1556~1605년)는 델리를 중심으로 무굴 제국을 통치하며 현재의 인도 북부, 파키스탄, 방글라데시, 아프가니스탄의 영토를 상당 부분 정복해 제국의 세력을 확장했다. 악바르 대제는 광활한 영토에 혼재해있는 다양한 언어, 종교, 문화를 가진 비무슬림들에 대해 앞선 델리 술탄국의 무함마드 빈 투글루크와는 완전히 다른 입장을 견지했다. 그는 이교도들에게 부과하던 지즈야를 폐지하고 힌두교인 공주와 결혼했으며, 힌두교 관리를 채용하고 힌두교 왕들과 동맹을 맺었다.

1571년 악바르 대제는 새로운 수도 파테푸르 시크리를 세우고 그곳에 이바다트 카나Ibadat Khana('문화의 집'이라는 뜻)를 지어 철학자를 비롯해 수피 수도자, 신학자, 이슬람 시인, 힌두교인, 자이나교인, 불교인, 기독교인(포르투갈 예수회 포함)들에게 학문적 토론의 장을 마련해주었다. 또한 악바르 대제는 도서관을 건립하고 다양한 언어로 된 2만 4,000권의 장서를 비치했다.

이바다트 카나에서 벌어진 토론에 참석했던 악바르 대제는 어떤 종교도 진리를 독점할 수 없다는 결론을 내렸다. 그리고 자신이 종교 문제의 권위자이자 최고 중재자라고 선언하며 '딘 히 일라히Din-i Ilahi(신의 종교)'라는 새로운 종교를 창시했다. 그는 이 종교가 다양한 종교의 교리를 토대로 창시되었으므로 모든 종교 간의 장벽을 초월할 수 있는 종교라고 주장했다. 악바르 대제가 신흥 종교를 창시한 이유는 무엇보다도 정치적 맥락에서 해석할 수 있다. 하지만 동시에 헤지라 1000년(1591년)이 가까워짐에 따라 종말론의 한 갈래인 천년 지복설에 큰 영향을 받았다는 종교적 맥락에서도 해석이 가능하다. 그러나 악바르 대제가 창시한 '신의 종교'는 울라마들의 반감을 불러 일으켰고 추종자도 거의 없었기 때문에, 결국 그의 후계자에 의해 폐지되었다. 그리고 아시아 지역에서 메시아를 자임하며 다양한 종교의 교리를 뒤섞어 자신이 종말의 날에 중요한 역할을 할 것이라고 주장한 지도자가 악바르 대제만 있는 것은 아니었다.[6]

악바르의 손자 샤 자한Shah Jahan(재위 1628~1658년)은 사파비 왕조와 포르투갈을 상대로는 전쟁을 벌였고 오스만 제국과는 동맹을

이바다트 카나. 힌두교, 불교, 이슬람, 기독교 등의 다양한 종교의 토론의 장이 열리는 장
소였다.

맺었다. 그는 세상을 떠난 황후 뭄타즈 마할을 기리기 위해 타지마
할을 축조했으며, 무굴 건축 예술의 정수를 보여주는 다양한 건축
물을 세웠다. 부친 샤 자한의 뒤를 이어 황제에 등극한 아우랑제브
Aurangzeb 대제(재위 1658~1707년)는 무굴 제국을 세계에서 가장 부유
하고 강력한 제국으로 만들었다. 아우랑제브는 인도 중부와 남부의
영토 상당 부분을 정복했고 시크교도가 일으킨 반란을 포함해 여러
반란을 강력하게 진압했다. 한편 그는 비무슬림에게 부과하는 지즈
야 제도를 부활시키고 힌두교 전통 의식에 참여하기를 거부한 반면,
울라마에게는 더 큰 역할을 부여하고 이슬람법의 성문화 작업에 착
수했다.
　　현재의 말레이시아와 인도네시아에 해당하는 광대한 지역이었

던 말레이 제도에 인도 출신 무슬림 상인들이 이슬람을 전파한 것은 13세기의 일이었다. 이븐 바투타는 수마트라섬에 있는 사무데라 파사이 술탄국에 머무른 적이 있었다. 그의 여행기에 따르면 파사이 술탄국을 건국한 말리크 알 살리흐Malik al-Salih(재위 1267~1297년)는 예언자 무함마드가 수피 수도자의 출현을 예고하는 꿈을 꾼 뒤 이슬람으로 개종했다고 한다. 수피 수도자들이 파사이 술탄국에 와서 술탄의 손에 코란을 쥐어주자, 아랍어를 배운 적이 없는 술탄이 코란을 펴고 큰 소리로 읽었다고 한다. 또한 자바섬에서 전해오는 이야기에 따르면 아홉 명의 수피 성인 '왈리 상가Wali Sanga'들이 15세기에 이 섬에 이슬람을 전파했고, 섬 북부 항구의 세력가들을 이슬람으로 개종시키기 위해 기적과 초자연적인 현상을 일으켰다고 한다. 그러나 섬 전체로 이슬람이 전파되기까지는 오랜 시간이 필요했다.

명나라의 정화가 세 번의 원정을 떠날 때마다 아랍어 통역을 맡았던 마환은 원정 중에 방문했던 나라들에 대해 중국어로 기록을 남겼다. 그는 자바섬에 세 부류의 주민들이 있는데, 서역(인도와 페르시아로 추정)에서 온 무슬림 상인들은 "하나같이 단정하고 깨끗하다"고 기록했다. 그다음으로 광둥이나 푸젠에서 온 중국인들은 "정갈하고 맛깔스러운 음식을 먹고, 대부분 무슬림인 그들은 금욕적 생활을 하고 단식을 한다"고 적었다. 마지막으로 원주민들에 대해서는 "얼굴이 매우 더럽고 추하며 헝클어진 머리를 하고는 맨발로 돌아다닌다"고 언급하면서 "그들은 악마를 숭배하며, 이 섬이야말로 불교 경전에서 말하는 악마의 나라"라고 기록했다. 또한 그는 "그들이 먹는 음식은 불결하고 형편없으니 뱀이나 개미, 온갖 곤충과 애벌레 같은

것들을 불에 살짝 익혀서 먹는다"고 덧붙였다.[7]

16세기 중엽에는 자바섬에 힌두교나 불교 사원의 모습을 한 모스크가 건립되었다.[8] 이슬람은 처음에 상인들과 항구 도시에 거주하는 주민들만 믿는 종교였으나, 후에는 왕들이 믿는 종교로 자리매김했다(농촌 지역에서는 여전히 힌두교와 불교가 대세였다). 기도에 매진하며 금욕적인 삶을 사는 수피 수도자들의 모습이 자바 섬의 승려들에게 낯설지 않게 느껴진 덕분에 이슬람이 보다 쉽게 전파될 수 있었던 것이다. 그로 인해 이슬람, 불교, 힌두교의 영성이 한데 어우러지는 경향이 나타났는데, 후술하겠지만 이런 흐름에 대해 긍정적인 입장과 반감이 동시에 존재했다.

16세기 중엽 수마트라에서 태어난 수피 수도자 함자 판수리 Hamza Fansuri(1590년 사망)는 말레이시아 최초의 위대한 시인으로 손꼽힌다. 그는 페르시아 소네트 가잘Ghazal에서 영감을 받아 주로 신과의 신비로운 합일을 추구하는 시인과 금욕주의자에 대한 시를 지었다.[9] 그는 신을 찾으려면 나 자신을 돌아보면 된다는 의미로 이런 시를 짓기도 했다. "신은 먼 곳에 계시지 않네. 신은 우리 목에서 뛰고 있는 정맥보다 훨씬 더 가까운 곳에 계시다네."[10] 또한 그는 신을 향한 갈망을 "오! 진리를 구하는 이들이여, 이 세계는 파도와 같고 신은 바다와 같다. 신은 끝없이 펼쳐진 바다와 같느니라"와 같이 표현하기도 했다.[11] 샤리아에 따르면, "신자의 영혼은 배의 키를 꽉 붙잡고 있는 조종사다. 그 배는 널빤지로 만들어지지 않았으니 폭풍우를 헤치고 우리를 '행복의 낙원'에 데려다줄 것이다. 우리는 그때까지 키를 잡고 잘 버텨내야 한다."[12] 또한 그는 법의 경지와 궁극적 진리

258

(하키카Haqiqat)의 경지를 아래와 같이 구분했다.

> 무슬림이 (신의) 사랑을 추구할 때, 그의 영혼이 신께 몰입해 몰아의 경지
> 에 이른다면, 그가 신자로서 마땅히 해야 하는 기도와 금식을 하지 않는
> 다고 해도 그를 비난할 수 없다. 그의 영혼이 이미 기도의 상태에 빠져있
> 기 때문이다. 그러나 그의 영혼이 신께 몰입하지 못하고 몰아의 경지에
> 이르지 못한다면, 그리고 그가 마땅히 해야 하는 기도와 금식을 하지 않
> 는다면, 그는 죄악을 저지른 것이다.[13]

이렇듯 영성을 중시한 함자 판수리는 메카로 성지 순례를 갈 수 없
다면 '내면의' 영적인 순례를 하면 된다고 말하기도 했다.

16세기에 이르러 유럽은 인도양에 세력을 뻗치기 시작했다.
1509년에는 포르투갈이, 1570년대부터는 네덜란드와 영국이 이 지
역으로 진출했다. 포르투갈은 바스쿠 다 가마가 1498년 아프리카 희
망봉을 돌아 인도 캘리컷에 도착한 것을 계기로 인도양에 진출하기
시작했다. 바스쿠 다 가마 원정대에는 아랍어를 구사하는 대원들이
있어, 인도양을 잘 아는 아랍 항해사들과 수월하게 소통할 수 있었
다. 바스쿠 다 가마는 페르시아만 항해사 집안 출신의 아흐마드 이
븐 마지드Ahmad Ibn Majid를 고용해 항로를 안내받았는데, 그는 지리
학자이자, 항해사, 학자, 시인으로, 인도양 및 홍해, 페르시아만에서
의 항해에 관해 30편 이상의 논문을 저술하기도 했다. 이븐 마지드
의 논문은 항해용 지도를 비롯해 해류와 해풍에 대한 정보, 천문학
을 토대로 한 위도 계산법, 각 해양에서 항해에 적합한 계절 등 다양

한 정보를 담고 있었다.[14]

자바섬 출신 선원들은 인도양 전역과 마다가스카르까지 진출해 있었다. 1510년 무렵, 포르투갈 함대를 지휘한 해군 제독 아폰수 드 알부케르크Afonso de Albuquerque는 자바섬 출신 항해사로부터 말레이 제도를 비롯해 시암, 중국, 일본의 항로가 표시되어 있는 항로 지도를 입수했다. 이 지도에는 1501년 포르투갈이 발견한 브라질까지 표시되어 있었는데, 이로 미루어 볼 때 당시 항해사들 간에 정보 교류가 활발히 이루어졌음을 짐작할 수 있다.[15] 포르투갈의 항해 정복자 아폰수 드 알부케르크는 1510년 인도 서부 연안의 고아를 정복했고 이곳은 포르투갈령 인도의 수도가 되었다. 또한 1511년 알부케르크는 인도양과 태평양을 연결하는 해상 교통의 요지이자 후추 무역의 거점인 말라카 해협의 관문, 말라카를 점령했다.

1595~1597년 네덜란드는 동인도 제도에 처음으로 해군 원정대를 파견했다. 그리고 네덜란드가 포르투갈과 경쟁하며 군도국들과 경제적 동맹을 맺을 때 포르투갈은 동쪽으로 세력을 확장해나갔다. 이에 수마트라섬에 위치한 아체 왕국(현재의 인도네시아)의 술탄은 포르투갈에 대항하기 위해 오스만 제국과 동맹을 맺으려고 특사를 파견했다. 오스만 제국은 술레이만 1세와 그의 아들 셀림 2세 통치 기간에 수차례 해상 원정대를 파견해 포르투갈 세력의 확장을 저지하려 했지만 그들을 제압하기에는 역부족이었다. 또한 1568년에 오스만 군대는 말라카를 포위했지만, 고아에서 포르투갈 증원군이 도착하는 바람에 포위 공격은 실패로 돌아가고 말았다. 결국 셀림 2세는 다시 함대를 꾸렸고 오스만 제국의 깃발 아래 오스만 군대와 동맹군

은 동아프리카와 인도에 집결해 포르투갈을 견제했다. 이후 아체 왕국은 오스만 제국의 보호령이 되었고, 오스만 제국으로부터 무기와 탄약을 지원받으며 지역의 열강으로 자리매김했다.

네덜란드는 1602년에 동인도 회사VOC, Vereenigde Oost-Indische Compagnie를 설립해 본격적으로 동아시아 진출을 꾀했다. 네덜란드는 자바섬 왕국 내부가 분열로 혼란해진 틈을 타, 1619년 자카르타를 점령해 바타비아라 명명하고 인도네시아 지배의 거점으로 삼아 요새화된 무역 기지로 만들었다. 그 덕분에 1628년과 1629년 두 차례에 걸친 마타람 술탄 아궁의 대규모 포위 공격에도 버틸 수 있었다. 일부 역사학자들은 이때부터 인도네시아에 대한 네덜란드 식민 지배의 서막이 올랐다고 설명하지만, 실상 바타비아를 지켜낸 군대는 일본, 중국, 자바섬에서 파견된 군대를 비롯해 스위스와 프랑스 용병, 포르투갈령 인도의 혼혈인, 그리고 네덜란드, 독일, 또는 덴마크 상인들과 탐험가들로 구성된 오합지졸 군대였다. 이 포위 공격이 실패로 돌아갔음에도 불구하고 술탄 아궁은 자바섬의 강자 자리를 빼앗기지 않았다. 포르투갈과 네덜란드도 이 지역을 지배하지 못하였는데, 그들은 정치적, 군사적, 또는 경제적으로 그 지역에 존재하는 다른 세력들(자바, 말레이시아, 중국, 인도 등)보다 그다지 큰 영향력을 행사하지 못했다. 그나마 포르투갈령 인도에는 총독을 파견하고 지역 세력의 도움을 받아 간신히 지배권을 유지할 수 있었다지만, 아시아 지역에서 브라질 같은 대규모 식민지를 건설하지는 못했다.

인도네시아에서 가장 강력한 왕국이었던 아체 왕국은 포르투갈에 대항하기 위해 16세기에 오스만 제국과 동맹을 맺었다. 아체 왕국은 포르투갈령 말라카를 공격했지만 함락하지는 못하였으며, 말라카를 두고 수차례 전쟁을 벌인 두 세력은 협상에 들어갔다. 1593년 말라카의 포르투갈 대표단은 휴전 협상을 위해 아체 왕국을 방문했는데, 포르투갈 대표단에 속해있던 가톨릭 사제 예로니모 Jerome는 술탄 알라우딘 리아얏 샤Alauddin Riayat Syah에게 공개 미사를 봉헌할 수 있게 해달라고 요청했다. 술탄은 그의 요청을 수락했고 자신의 아들들과 함께 미사에 참례했다. 후에 예로니모 사제는 미사에 참석한 술탄이 크게 감동받은 듯했다고 회상했다.[16]

1595년 네덜란드 탐험가 프레데릭 더하우트만Frederick de Houtman은 전쟁에서 포로로 잡혀 아체 왕국의 감옥에 투옥됐다. 아체의 울라마들은 이슬람으로 개종하면 석방시켜주겠다며 그를 회유했지만 소용없었다. 그는 이슬람으로 개종한 뒤 술탄의 측근이 되어 현지에서 결혼을 하고 안락한 삶을 사는 네덜란드인들을 경멸했다. 끝내 개종을 거부한 그는 3년간 수감되어 있다가 네덜란드와 아체 간의 포로 협상이 이루어지고 나서야 석방되었다. 반면 프레데릭 더하우트만과 함께 포로로 잡혀 온 통역사 레나르드 반 보머Lenard Van Wormer는 이슬람으로 개종하는 데 그리 오랜 시간이 걸리지 않았다. 그는 이슬람으로 개종한 뒤 아체 여성과 결혼하고 술탄을 위해 봉직했다. 1602년 아체 왕국의 술탄은 아체 사절단을 네덜란드로 파견했고 이때 레나르 반 보머가 통역사로서 동행했다. 그는 네덜란드 프로테스탄트들의 입장에서 볼 때, 배교를 하고 고향으로 돌아온 무슬림이었지만 그에게 손가락질을 하는 사람은 아무도 없었다. 오히려 네덜란드 동인도 회사는 그에게 후추를 더 저렴하게 구입할 수 있도록 술탄 알라우딘 리아얏 샤와 협상할 수 있게 해달라 부탁했고, 그에게 사례금을 지급하겠다고 제안하기까지 했다.[17]

전기 작가들에 따르면 아체 왕국의 12대 술탄 이스칸다르 무다 Iskander Muda(말레이어로 '젊은 알렉산더'라는 뜻, 재위 1607~1636년)는 7살에 코끼리를 사냥하고, 13살에는 단 몇 주 만에 코란을 배웠다고 한다. 그는 오스만 제국과 우호적인 관계를 유지하며 권력의 정당성을 확보하려 했다. 또한 술탄과 그 주변의 문필가들 역시 알렉산더 대왕과 관련된 장대한 전설을 술탄과 동일시함으로써 술탄의 권위를 세우려 했다. 16세기 말레이의 서사시 〈이스칸다르 줄카르나인(이슬람권에서 알렉산더 대왕을 칭하는 이름) 이야기〉를 보면, 알렉산더 대왕이 세계를 재패하고 '녹색의 예언자'와 함께 세계에 이슬람을 전파한다는 대목이 나온다. 이에 대해 이스칸다르 무다의 일대기를 기록한 《아체 이야기》에서는 "오래전 신께서 이 세상에 예언자 솔로몬과 알렉산더 대왕이라는 훌륭한 무슬림 군주를 세상에 보내주신 것처럼, 오늘날 신께서는 서방에 오스만의 술탄을, 동방에 이스칸다르 무다를 보내주셨다"고 주장했다.[18] 함자 판수리의 제자이자 이스칸다르 무다의 참모였던 샴 알 딘 알사마트라이Shams al-Din al-Samatrai는 함자 판수리의 수피즘 저작에 관한 논문 두 편을 자신의 주군에게 헌정했다. 이처럼 이스칸다르 무다를 비롯해 인도네시아의 왕들은 자신의 권력을 정당화하는 도구로서 수피즘에 막대한 영향을 끼친 이븐 아라비의 철학을 이용했다.

그러나 아체 왕국의 모두가 이슬람 신비주의를 지지했던 것은 아니다. 소수의 인리주의자들은 보디 엄격한 이슬람을 추구했다.

1637년 술탄 이스칸다르 사니로부터 샤이크 알 이슬람으로 임명된 누르딘 알 라니리Nuruddin al-Raniri는 함자 판수리의 저작을 맹렬하게 비판했다. 그는 엄격하고 금욕적인 이슬람을 옹호하며 수피 성인의 무덤을 순례하는 행위를 금지시키려 했다. 특히 그는 범신론을 지지하는 함자 판수리의 시를 비판하며 그의 시에는 '이교도' 힌두교인과 불교인의 전통이 지나치게 많이 묻어있다고 지적했다.[19] 심지어 누르딘 알 라니리는 기독교인과 유대인은 이교도이며 그들의 성서인 토라와 복음서는 너무나 타락해서 한 장 한 장 찢어 변소에서나 써야 할 지경이라고 독설을 퍼부었다.[20] 결국 그의 극단적인 태도는 화를 불러왔다. 술탄은 그의 사상을 더 이상 옹호하지 않는다고 선언했고, 그는 대다수 울라마의 압박을 피해 도망치듯 아체 왕국을 떠나야 했다. 이처럼 16세기 아체 왕국에서는 이슬람의 두 사상, 즉 함자 판수리가 추구한 수피즘과 누르딘 알 라니리가 주장한 원리주의가 충돌했다. 그런데 흥미로운 사실은 엄격한 원리주의를 주장한 누르딘 알 라니리 역시 사실 아이다루시야 수피 수도자회 출신이었다는 것이다.

서아프리카의 이슬람 왕조

말리 제국은 14세기 만사 무사와 그의 형 술레이만의 통치 기간에 서아프리카 최고의 패권국으로 등극했다. 그러나 1360년 술레이만이 사망한 뒤, 왕위 계승을 둘러싸고 내전이 벌어지며 말리 제국은 서서히 내리막길을 걷기 시작했다. 말리의 대도시 중 하나였던 가오는 독립을 선언했고, 15세기 중엽 손니 알리Sonni Ali 왕(재위 1464~1492년)은 가오를 수도로 삼아 송가이 제국을 건국했다.

송가이 제국은 교역 및 교통의 요지이자 학문과 지식의 도시였던 팀북투와 젠네를 포함해 세력을 확장하고 광대한 영토를 지배했다. 손니 알리 왕은 피비린내 나는 정복 전쟁을 치르고 팀북투 종교 지도자들을 탄압하여 송가이 제국을 건설했다. 후에 팀북투 종교 지도자들은 다양한 역사 기록을 통해 손니 알리 왕을 악마로 묘사하며 수모를 대갚음했다. 그래서 14세기 말리 제국의 역사를 알아보려면 마그레브나 이베리아반도 출신 여행가들의 여행기와 고고학 자료를 활용해야 하지만, 송가이 제국의 경우에는 팀북투 종교 지도자들이 저술한 다양한 저작들을 활용할 수 있다. 더구나 그들이 남긴 필사본의 양은 너무나 방대해서 여전히 제대로 분류되어 있지 않고 잘 알려져 있지도 않다. 필사본 중에서도 팀북투의 카디인 마흐무드 카티가 16세기에 저술한 역사 기록을 보면, 그는 손니 알리 왕을 '악마 같은 알리'라고 표현하며 그의 잔인한 폭력성을 비판했다.[21] 앞서 보았듯 말리 제국의 만사 무사와 술레이만은 대대로 이어져 온 토착 종교에 폭넓은 관용을 베풀면서도 권력의 정당성을 확보하는 수단으로서 이슬람을 중요시했다. 손니 알리 왕에게 반감을 가졌던 팀북투 종교 지도자들은 손니 알리 역시 토착 종교를 인정하면서도 이슬람을 이용해 권력의 정당성을 확보하려 한다며 그를 비판했다.[22]

1492년 손니 알리 왕의 사망 후, 아스키아 무함마드Askia Muhammad 장군은 무슬림을 규합하여 반란을 성공시키고 왕위에 올랐다.

새롭게 즉위한 아스키아 무함마드는 권력의 정당성을 확보하기 위해 팀북투의 종교 지도자들과 손을 잡았고 170년 전에 만사 무사가 그랬던 것처럼 메카로 성지 순례를 떠났다. 그는 신중하게 순례단을 꾸렸는데, 신체 건강한 남성들과 다양한 공동체(베르베르족, 소닌케족, 만데족, 풀라니족 등)의 성직자들이 아스키아 무함마드의 순례길에 동행했다. 아스키아 무함마드는 폭력과 억압으로 권력을 지키려 했던 손니 알리 왕과 달리, 세계로 뻗어나가는 송가이 제국을 이슬람의 원칙에 따라 통치할 것이라는 의지를 만천하에 드러내기 위해 메카 성지 순례를 기획했다.

막대한 양의 금을 지참하고 순례길에 오른 아스키아 무함마드는 만사 무사가 그랬던 것처럼 메카와 메디나를 지나며 빈민들에게 금을 나누어주었다. 또한 그는 메카와 메디나 그리고 카이로에서 울라마들을 만났고, 그들은 아스키아 무함마드에게 축복을 빌어주었다. 또한 메카의 샤리프는 그의 머리에 푸른색 터번을 둘러주며 송가이 제국의 이맘이라는 칭호를 내렸고, 카이로 아바스 왕조의 칼리프 알 무타와킬 2세는 그에게 송가이 제국의 칼리프라는 칭호를 부여했다. 순례단의 일원이었던 마흐무드 카티는 그가 기록한 연대기에서 예언자 무함마드라도 아스키아 무함마드를 칼리프로 인정했을 것이라고 썼다. 그는 순례단이 알렉산드리아와 카이로 사이에 위치한 오아시스에서 야숙을 하고 있을 때, 자정 무렵 한 무리의 정령이 메카 쪽에서 다가오는 소리가 들렸고 가만히 들어보니 그들은 코란을 암송하고 있었다고 기록했다. 이 광경을 보고 순례자들은 아연실색했는데, 그 때 정령들의 수장이 이렇게 말했다고 한다. "아스키아 무함마드는 성인이니라. 예언자 무함마드께서는 쿠라이시 부족에서 12명의 칼리프가 나올 것이며, 그중 한 명이 아스키아 무함마드라고 하셨느니라. 12 칼리프 중 10명이 이미 나왔고 11번째 칼리프가 바로 아스키아 무함마드이니라." [23]

마흐무드 카티는 송가이 제국의 황제를 무함마드를 계승한 12 칼리프 중 한 명으로 만들어, 이슬람 세계에서 아스키아 무함마드와 송가이 제국의 존재감을 크게 부각시키려 했던 것으로 보인다. 마흐무드 카티가 이 연대기를 집필한 시기는 아스키아 무함마드가 사망하고 송가이 제국이 모로코 사드 왕조의 침략을 당하던 때였다. 무하마드 카티는 12명의 칼리프 중 11번째 칼리프가 아스키아 무함마드라는 주장을 통해 최후의 12번째 칼리프가 나타날 심판의 날이 머지않았다는 것을 암시하려 했을 것이다. 성지 순례를 마치고 돌아온 아스키아 무함마드를 백성들은, 아니 적어도 이슬람 종교 지도자들은 정통성을 갖춘 위대한 군주로 인정했다. 아스키아 무함마드는 야텐가 왕국을 상대로 지하드를 벌였고 야텐가 왕을 이슬람으로 개종시켰다. 송가이 군대는 야텐가를 약탈하고 많은 모시인들을 포로로 잡아왔으며, 그중에는 '신의 축복을 받은' 어린 아이들도 포함되어 있었다. 그들은 가족들과 떨어져 노예가 되었고 이슬람으로 강제 개종해야 했다. 이렇듯 이슬람은 패륜적 범죄를 정당화하고 미화하는 수단으로 이용되기도 했다. [24]

송가이 제국은 번영을 누렸고 수도 가오는 팀북투와 젠네처럼 활발한 교역 활동이 이루어지는 도시로 발전했다. 송가이 제국에서 남긴 문헌들과 레오 아프리카누스의 여행기 같은 마그레브 여행자들의 기록에는 당시의 발전상이 담겨 있다. 송가이 제국은 지리적 이점을 이용해 대상 무역상들에게 통행세 등을 받으며 부를 축적했다. 그러나 팀북투와 젠네의 울라마들은 코란에 위배되는 과세 정책에 반대하며 아스키아 무함마드와 대립각을 세우기도 했다. 송가이 제국의 지식과 종교의 중심지였던 팀북투에는 많은 모스크들이 세워졌고, 그 주변으로 150~180개의 신학교가 들어섰다. 울라마들은 학문에 열중하며 금욕적인 삶을 살았으며, 일부 명망 높은 울라마들은 많은 제자들과 추종자들의 존경을 받았다. 그들의 무덤은 일종의 성지처럼 여겨져 무슬림들이 찾아와 참배하기도 했다.

마흐무드 카티는 아스키아 무함마드 황제의 치세를 실낙원으로 묘사했다. 1529년 86세의 아스키아 무함마드는 시력을 거의 상실했고, 그의 아들 아스키아 무사는 반란을 일으켜 부왕을 폐위하고 황제로 즉위했다. 이후 수많은 내전들이 연이어 일어났으며 왕위 계승 문제로 왕족들 간의 권력다툼은 끊일 날이 없었다. 당연히 제국은 혼돈 속에 빠져들 수밖에 없었다. 1591년 모로코 군대가 송가이 제국을 침략했을 때, 송가이 제국은 모로코 군대에 맞설 힘이 없었다. 한편 팀북투의 학자들은 제자들을 가르치고 글을 쓰는 일을 멈추지 않았으며, 팀북투의 빛나던 과거를 그리워하는 저작들을 남겼다.

모로코 사드 왕조의 술탄 아흐마드 알 만수르Ahmad al-Mansur('승리자'라는 의미, 재위 1578~1603년)는 팀북투를 정복하며 결국 송가이 제국을 무너뜨렸다.[25] 1578년 포르투갈 아비스 왕조의 국왕 세바스티앙 1세Sébastien I는 모로코를 침략했고 이에 아흐마드는 모로코 군대를 이끌고 크사르 엘케비르에서 포르투갈 군대와 맞붙었다. 아흐마드 군대는 세바스티앙 1세를 전사시키며 전투에서 승리했고 아흐마드는 이 전쟁 직후 부왕의 뒤를 이어 술탄의 자리에 올랐다. 포르투갈과의 전투에서 획득한 전리품과 포로의 몸값으로 받은 엄청나게 많은 돈은 왕실의 금고를 가득 채웠다. 몸값을 지불하지 못한 포로들은 노예가 되었고 그중 대다수는 마라케시에 새로운 왕궁인 다르 알 마크젠을 건설하는 데 투입되었다. 아흐마드는 이교도 침략자를 물리치면서 '승리자 아흐마드'라고 불리게 되었으며 울라마들과 수피 수도자들로부터 존경을 받았다. 그는 외세(포르투갈, 스페인, 오스만 제국 등)에 대항하고 술탄의 권위를 세우기 위해 상비군을 조직했고, 병사들에게 급여를 지급하기 위해 새로운 세금을 거둬들였다. 또한 아흐마드는 사하라 사막의 교역로들을 장악하고자 송가이 제국의 나머지 영토를 정복하기 위한 전쟁을 벌이기도 했다.

아흐마드 알 만수르는 오스만 제국과의 관계에서는 전략적 모호성을 취했다. 그는 오스만 제국에 공물을 바치고 술탄의 이름으로 '쿠트바'를 선포하며 명목상 오스만 제국의 지배권을 인정하면서도, 한편으로는 아흐마드 자신의 이름으로 화폐를 주조하고 금요 예배를 주관하면서 오스만 제국을 견제하기도 했다. 아흐마드는 자신이 예언자의 후손 사리프라고 주장했는데, 이는 자신이 이슬람의 수호자이며 오스만의 술탄들보다 더 성낭성을 갖춘 군주라는 것을 보여주기 위한 전략이었을 것이다. 아흐마드는 특히 예언자 무함마드의 탄신제 때 자신과 무함마드가 특별한 관계라는 것을 강조했다.

아흐마드 알 만수르와 그의 후계자들은 모로코를 방문하는 많은 유럽인들을 환대했다. 대게 프랑스와 영국에서 온 상인들과 외교관들은 마라케시 항구와 법원을 수시로 드나들었다. 1492년 스페인에서 추방된 '세파르딤Sephardim' 유대인들 역시 모로코를 피난처로 택했다. 일부 유대인들은 오스만 제국까지 여정을 계속했지만, 대다수 유대인들은 지브롤터 해협을 건너 모로코에 정착했다. 이베리아반도의 무슬림들 역시 카스티야 왕국의 종교적 박해 때문에 마그레브로 이주했다. 카스티야 왕국의 이사벨 여왕과 그 부군 페르디난도 2세는 1492년 이베리아반도의 마지막 무슬림 왕국인 그라나다를 정복했다. 이후 16세기에 들어 그 후계자들은 이베리아반도의 여러 왕국들에서 이슬람을 금지했고 그곳의 무슬림들은 기독교로 개종해야 했다. 이렇게 이베리아반도에서 기독교로 개종한 무슬림을 '모리스코Morisco'라 하는데, 그들은 비밀리에 이슬람 신앙을 실천한다는 의심을 받거나 종교 재판소에 불려가는 등 여러 박해를 받았다(이베리아반도에 거주하던 유대인 후손 '마라노marrano' 역시 이와 같은 박해를 받았다). 1609년 모리스코와 마라노는 이베리아반도에서 추방되었고 유대인과 무슬림 난민들은 대거 마그레브로 이주했다. 이후 그들은 자신들의 역사와 문화를 전파하여 마그레브 지역에 지대한 영향을 끼쳤다.

3부

이슬람의 근대화

8장

식민 지배와
저항 운동
1798~1918년

나는 우리 주변의 국가들이 어떤 상황에 처해있는지를 살펴보았다. 그런데 어떤 국가도 우리처럼 부작용을 겪지 않는 듯했다. 그리스는 오스만 제국에서 독립한 후 공화국을 설립했다. 벨기에는 정치와 종교로 불협화음을 내던 네덜란드에서 분리되어 나왔다. 모든 독립국의 국민들은 민족 자결 원칙에 따라 폴란드의 재건을 지지했다. 영국 정부는 흑인 노예를 해방시키며 그 공적을 역사에 영원히 남기려 했다. 더구나 영국 의회는 노예 해방을 위해 노예 무역상들에게 수억의 보상금까지 지급했다. 그리고 나는 나의 조국 알제리의 상황을 살펴보았다. 거기에는 독재와, 학살과, 진쟁이 일으키는 온갖 새잉과, '사유 프랑스'의 이름으로 사행뇌는 무

273

시무시한 억압 아래 놓인 불행한 알제리인들이 있었다.[1]

1833년 알제리 지식인 함단 호자Hamdan Khodja는 위와 같이 〈거울Le Miroi〉이라는 성명서를 발표하여, 유럽 식민 세력으로부터 억압받고 있는 알제리와 피식민 국가의 고통을 알리고 프랑스의 알제리 식민 지배를 규탄했다. 그는 유럽 식민 세력이 그럴싸한 말치레를 늘어놓으며 자유와 보편적 가치를 찬양하면서도, 자신들이 건설한 식민지에서는 거리낌 없이 그 가치를 짓밟고 있다고 항변했다. 이 장에서는 17~20세기 유럽의 식민 지배를 받았던 이슬람 국가들의 역사를 개략적으로 살펴보고 식민 지배 상황에서 일어난 협력과 저항의 움직임에 대해 알아볼 것이다.

식민 지배의 서막, 인도는 어떻게 영국의 식민지가 되었나?

앞서 보았듯 1602년 네덜란드는 동양 무역 활성화를 위해 네덜란드 동인도 회사를 설립했다. 그러나 영국 상인들은 그보다 2년 앞서 동인도 회사EIC, East India Company를 설립했다. 두 회사 모두 자국에서 동양에 대한 무역권을 부여받아 운영되는 무역 회사였다. 본래 영국과 네덜란드는 제국주의를 표방하며 영토를 확장하기 위해서기 이니라, 동양 무역을 원활히 할 목적으로 항구와 무역 요충지 등의 유리한 거점을 선점하기 위해 인도에 진출했다. 그래서 군사행동이 필요할 때는 국가의 군대가 아닌 동인도 회사가 고용한 용병들이 투입되었다. 목적이 무역이었다고는 하지만 그들은 이익이 된다고 판단되면 사략선을 동원해 해적질도 서슴지 않았다.

16~17세기 포르투갈과 네덜란드의 무역상들은 인도양에서 왕성한 교역 활동을 펼쳤지만 누구도 패권을 장악하지 못했다. 교역 활동이나 군사행동에 있어서도 그들은 인도양을 오가는 다른 무역상들과 크게 다르지 않았다. 영국도 17~18세기 초까지는 비슷한 처지였다. 영국 동인도 회사는 마드라스, 뭄바이, 캘리컷 같은 항구 도시에 진출해 그곳에서 유럽 시장에 보낼 면직물을 구매했다. 1664년 프랑스 역시 루이 14세의 재상 콜베르의 지원으로 동인도 회사를 설립했다. 이는 네덜란드와 영국과는 달리 국가 주도하에 설립된 회사였고 폰디체리와 찬다나가르에 해외 상주 무역 사무소를 설치했다.

네덜란드와 영국은 피식민지 국민들을 굳이 기독교로 개종시키려 하지 않았다. 오히려 그들은 점령한 지역의 법과 종교적 전통을 대체로 존중했다. 네덜란드 동인도 회사는 종교 문제를 담당하는 무슬림 관료를 고용해 급여를 지급했고 1754년에는 샤리아로 해결할 수 없는 상속, 결혼, 이혼에 관한 문제를 다루기 위해 이슬람 법전을 반포했다. 1772년 영국 동인도 회사는 결혼, 이혼, 상속, 승계에 관한 모든 문제를 무슬림의 경우 코란에 따라, 힌두교인의 경우 샤스트라Shastra에 따라 판결한다는 속인법을 공포했다. 역설적이게도 이슬람 법학자들이 수세기 동안 고심한 이슬람법 적용에 관한 문제를 유럽의 식민 관료들이 단 몇 년 만에 해결해버린 것이었다. 이를 위해 유럽 관료들은 무굴제국 황제 아우랑제브가 편찬한 이슬람 법전을 미롯해 다양한 이슬람 법전을 참고했다. 영국은 같은 방식으로 다른 종교와 관련된 다양한 법전을 편찬했고, 본래 '사나타나 다르마'라 불리던 인도 종교에 '힌두이즘(힌두교)'이라는 이름을 '붙여주며' '힌두'의 법체계를 공식화했다. 그리고 이러한 정책은 식민지의 종교성을 더욱 강화했다.

영국 동인도 회사는 대다수가 인도 용병으로 구성된 군대를 운영했다. 1857년 영국은 병사들에게 새로운 탄약통을 보급했고 병사들은 총을 장전하려면 총탄의 종이 부분을 입으로 물고 뜯어야 했다. 그런데 병사들 사이에서 영국인이 탄약종이에 소(힌두교에서 금지)와 돼지(이슬람에서 금지) 기름을 칠한다는 소문이 돌기 시작했다. 이에 분노한 인도 병사들은 반란을 일으켰고, 영국 제국주의에 대한 민중 항쟁의 도화선이 되었다. 이를 진압하기 위해 동인도 회사는 영국 정부에 지원을 요청했으며, 영국 정부군이 대대적으로 개입하면서 항쟁은 사그라들었다. 이후 영국은 군대를 재편하며 동인도 회사를 폐지하고 인도를 직접 통치하기로 결정했다. 영국령 인도 제국은 이렇게 탄생했다.

영국령 인도 제국은 항만, 철도, 도로 등을 건설하며 인도의 인프라에 막대한 투자를 했다. 제국 정부는 종교 지도자들과 지속적으로 협력하면서 종교법을 법제화했고 1937년에는 '샤리아 액트Sharia Act'라는 종교법전을 편찬해 반포했다. 인도에서 식민 지배국에 저항했던 주요 세력은 종교를 기준으로 볼 때 무슬림과 힌두교인이었지만, 인도 전체가 식민지에 불만을 품었던 것은 아니었다. 영국의 지배 덕분에 인도가 외세의 침입(특히 페르시아인이나 아프간인)이나 종교와 민족 분열에 따른 갈등을 피할 수 있었다고 생각하는 인도인들도 존재했다.

이슬람 세계의 강자 오스만 제국의 몰락

앞서 보았듯 오스만 제국은 1529년 9월, 1683년 7월 두 차례에 걸쳐 빈을 포위했으나 모두 실패로 돌아갔다. 그 후 몇 년 동안 합스부르크 제국과 그 동맹국은 오스만 제국의 영토를 차츰 잠식해갔다. 1697년 9월 11일 벌어진 젠타 전투에서 합스부르크 제국이 이끄는 '신성동맹'은 술탄 무스타파 2세(재위 1695~1703년)가 이끄는 오스만 군대를 격파했다. 그리고 1699년 1월에 오스만 제국은 헝가리 왕국의 영토 대부분을 합스부르크 제국에 할양한다는 내용의 카를로비츠Karlowitz 조약을 맺을 수밖에 없었다. 이후 술탄으로 즉위한 아흐메트 3세Ahmed III(재위 1703~1730년)는 빈, 파리, 모스크바 등 유럽 대도시에 대사관을 설치하고 유럽의 국제질서 안에 편입되고자 했다.

　예술과 문화에 조예가 깊었던 아흐메트 3세는 오스만 제국의 문화적 중흥기인 '튤립 시대'를 열었다. 그 당시에 출판된 서적들은 데가르트의 저작을 포함해 그리스어, 라틴어, 프랑스어 책들의 번역서가 대부분이었는데,[2] 오스만 제국은 이 시기에 인쇄소를 설립해 역사, 지리, 언어 등 튀르크어와 아랍어로 된 서적들을 출판했다. 한편 아흐메트 3세는 사치스러운 궁정 생활을 즐겼으며, 유럽에서 온 외교 사절과 오스만 제국의 고위층은 왕궁으로 불러들여 연회를 즐기

곤 했다. 아흐메트 3세는 자신의 측근들, 특히 친척들에게 특권과 특혜를 부여했다. 그는 이를 '개혁'이라 말했지만, 이에 반대하는 세력은 술탄의 '개혁'이 자신의 권력과 부를 지키기 위한 수단일 뿐이라고 비판했다. 결국 1730년 콘스탄티노플에서 봉기가 일어났고 아흐메트 3세는 폐위되었다. 이후 18세기 내내 오스만 제국의 정치와 사회는 혼란에 휩싸였으며, 주변의 경쟁국들은 오스만 제국을 차지하기 위해 호시탐탐 기회를 노렸다.

오스만 제국을 침략하기 위해 북쪽에서 온 로마노프 왕조의 러시아 제국은 합스부르크 제국보다 훨씬 더 위협적이었다. 러시아 제국은 1768년부터 오스만 제국을 넘보기 시작했다. 러시아 군대는 오스만 제국의 보호령으로 있던 타타르족의 크림 칸국 정복을 시작으로, 1784년에는 아흐메트 3세의 아들 압둘하미드 1세Abdulhamid I(재위 1774~1789년)로부터 크림반도를 할양받았다. 오스만 제국이 최초로 무슬림이 다수를 차지하고 있는 영토를 기독교 강대국에 내어준 사건이었다. 러시아 제국의 황후 예카테리나 2세는 압둘하미드 1세에게서 크림반도의 타타르족에 대한 정치적 권한을 완전히 박탈하고 칼리프로서의 종교적 권위만을 인정했다. 이런 전략을 통해 러시아 제국은 크림반도 무슬림들의 종교를 존중해주는 모양새를 갖출 수 있었고, 위축된 오스만 제국의 술탄 압둘하미드 1세는 허울뿐인 칼리프 칭호를 지킬 수 있었다. 외세의 침략에 맞서 자국의 영토를 지키지 못한 압둘하미드 1세와 그 후계자들은 칼리프의 칭호를 다시 부각시키며, 서구 열강에 침략받고 있는 이슬람 지역의 정신적 지주 역할을 하고자 했다. 오스만 제국에서 200년 가까이 큰 의미가 없던 칼리프의 직위는 그때부터 중요한 의미를 갖게 되었다.

나폴레옹의 이집트 원정과
이집트 통치자 무함마드 알리

18세기에 이집트는 오스만 제국의 술탄들에게 또 다른 골칫거리가 되었다. 코카서스 출신 맘루크들이 계속해서 술탄의 권위에 도전했기 때문이다. 흑사병이 이집트를 덮쳤던 1768~1791년 각지에서 반란이 이어졌고, 그로부터 7년 후인 1798년 7월 1일 프랑스의 나폴레옹은 5만 5,000명의 대군을 이끌고 알렉산드리아에 상륙했다. 그는 '노예 병사 맘루크'의 손아귀에서 이집트인들을 '해방'시켜주겠다고 거들먹거리며 무슬림의 친구를 자처했다. 나폴레옹의 군대는 남쪽으로 진군했고, 7월 21일 피라미드 전투에서 오스만의 지배하에 이집트를 통치하던 맘루크 군대를 격퇴했다. 전투에서 패배한 맘루크 군대는 카이로를 프랑스에 내어주고 상이집트로 후퇴했다. 나폴레옹 군대는 카이로와 나일강 삼각주까지 장악했지만 이집트의 주인이 되기 위해서는 이집트 백성들의 마음을 얻어야 했다.

1798년 8월 23일은 8세기 전에 파티마 왕조가 축제일(마울리드 알 나비Mawlid al-Nabi)로 지정한 예언자 무함마드의 탄신일이었다. 나폴레옹은 이 날이야말로 이집트 백성들의 민심을 얻을 수 있는 절호의 기회라고 판단해 축제 준비를 위한 비용을 지원했다. 수천 개의 램프를 밝힌 알 아지르 모스크가 환하게 빛났고, 나폴레옹은 울리마들과 모스크를 방문해 무함마드를 기리는 코란이 암송되는 동안 이집트 백성들과 자리를 같이했다. 모스크 밖에서는 반쯤 몸을 드러낸 수피 수도자들이 빙글빙글 도는 수피춤을 추었고 그 옆으로는 제복을 입은 프랑스 군대가 행진했다. 무슬림들이 부르는 노래와 군악대의 군가가 한데 어우러졌으며, '위대한 술탄' 나폴레옹은 축제의 주인공이 되어 자신이 모든 종교의 수호자라고 주장했다. 그리고 그는 '알리 보나파르트'라는 별칭을 얻게 되었다.

마침내 카이로를 장악한 나폴레옹은 이집트를 이슬람 공화국으로 만들고자 했다. 무함마드 탄신일이 지나고 며칠 후, 그는 알렉산드리아 궁정회의 의장이자 샤이크인 엘 메시리에게 '유일한 진리이자 기쁨의 원천인 코란의 원칙 위에 통일된 제도를 확립할 수 있도록 도와달라'는 서신을 보냈다.[3] 나폴레옹은 이집트 울라마들의 마음을 얻기 위해 그들에게 코란의 구절을 해석해줄 것을 요청하며 보란 듯이 코란을 읽었고, 그들을 이집트 정부 직속 궁정회의의 의원으로 추대했다. 한편 나폴레옹은 유럽의 계몽주의를 이집트에 전파하고 싶어 했다. 그래서 그의 원정대에 동행한 학자들은 이집트의 역사·문화에 대해 학술조사를 펼쳤을 뿐만 아니라 이집트에 유럽의 학문과 문화를 퍼뜨렸다. 또한 나폴레옹은 이집트 지식인이 이용할 수 있는 도서관을 갖춘 연구소를 설립했다. 일부 울라마들은 '이교도'의 책을 읽는 것을 꺼렸지만, 프랑스의 이집트 식민 지배에 관한 연대기를 저술한 역사가 아브드 알 라흐만 알 자바르티Abd al-Rahman al-Jabarti는 천문 관측 기기를 비롯해 프랑스의 역사와 자연과학 서적들에 깊은 인상을 받았다고 기록했다. 나폴레옹은 그곳에서 이슬람 역사와 코란을 연구하는 학자들과 대화를 나누기도 했다. 도서관에 비치된 일부 책의 표지에는 한 손에 코란을, 다른 한 손에는 검을 들고 하늘을 바라보는 예언자 무함마드의 모습이 표현되어 있었다.[4] 이집트 역사가 아브드 알 라흐만 알 자바르티는 그의 연대기에서 유럽 학자들이 보여준 열린 마음과 지적 호기심에 완전히 매료되었다고 고백했다.

나폴레옹은 프랑스 지배하의 이집트를 동방 계몽주의의 교두보로 만들어 이집트의 진보와 학문의 발전을 돕고, 이를 통해 프랑스의 부와 명성을 쌓아 영국을 압도하려는 포부를 품고 있었다. 그러나 그의 포부는 이집트에서 격렬한 저항이 일어나면서 산산조각 났다. 1798년 10월 21일 카이로에서 봉기가 일어나자, 나폴레옹은 이를 강경하게 진압하면서 사람들이 피신해 있는 알 아자르 모스크에 폭격을 퍼부었다. 나흘 후에 반란군은 진압되었으나 프랑스 군대는 800명의 병력을 잃었고 5,000~6,000명의 이집트인이 사망했다. 나폴레옹은 경계를 늦추지 않았고 반란은 실패로 돌아가는 듯했다. 나폴레옹은 프랑스의 이집트 지배는 신께서 원한 일이며 심지어 코란에 계시되어 있다고 주장했다. 그러나 오스만 제국은 날로 팽창하는 프랑스 세력을 그냥 두고 보지만은 않았다. 나폴레옹은 팔레스타인과 시리아 정복을 시도했지만, 오스만 제국은 프랑스를 견제하려는 영국과 상이집트의 맘루크와 동맹을 맺고 프랑스 원정대를 공격했다. 이를 버티지 못한 나폴레옹은 결국 1799년 8월 23일 이집트를 떠나야 했다. 동방에 이슬람 공화국을 세우고자 했던 그의 꿈은 그렇게 끝나버렸다. 이집트 원정에서 프랑스로 돌아온 나폴레옹은 곧

이어 브뤼메르 18일의 쿠데타*를 일으켰다.

　나폴레옹이 이끄는 프랑스군이 이집트에서 철수하자, 1801년 카발라 출신 알바니아 용병 부대의 부사령관 무함마드 알리Muhammad Ali가 군대를 이끌고 이집트로 향했다. 알리는 혼란스러운 이집트의 상황 속에서도 이집트인들과 울라마들의 신뢰를 얻는 데 성공했고, 1805년 술탄 셀림 3세는 그를 이집트의 총독(왈리)으로 임명했다. 이집트에서 맘루크 군벌은 영국군과 동맹을 맺으며 여전히 세를 과시하고 있었다. 1807년 3월 18일 영국군은 알렉산드리아를 점령하고 제방을 무너뜨려 나일강 삼각주 주변을 물바다로 만든 뒤 카이로로 진격하려 했다. 이에 무함마드 알리는 이집트 군대를 이끌고 로제타와 알 하마드에서 영국군과 맞붙었고, 영국군은 수치스럽게 참패했다. 900명 이상의 영국군이 전사했으며 수천 명이 카이로에 포로로 끌려갔다. 카이로에서 영국군 포로들은 참수한 영국 병사의 머리를 창끝에 꽂고 양옆으로 도열해 있는 이집트 병사들 사이를 지나가야 했다. 포로들 중 일부는 노예로 팔렸지만, 대부분은 이집트에서 철수하는 조건으로 석방되었다. 이후 무함마드 알리는 자신의 권위에 지속적으로 대항해온 맘루크 군벌로 눈길을 돌렸다. 1811년 3월 1일 무함마드 알리는 맘루크 지도자들을 연회에 초대한 뒤 모두 숙청했고, 이집트를 비롯해 중동 전체의 강자로 우뚝 서게 되었다.

● 　1799년 11월 9일 나폴레옹이 일으킨 쿠데타다. 나폴레옹은 이 쿠데타를 성공시키며 통령 자리에 올랐고 프랑스 제국을 선포하며 스스로 황제에 즉위했다.

과격한 이슬람을 표방하는 와하브파의 등장

1801년 3월 오스만 제국을 위협하는 새로운 적이 등장했다. 압둘아지즈Abdulaziz 국왕의 아들이자, 사우디 왕조의 시조 무함마드 이븐 사우드Muhammad ibn Saoud의 손자인 사우드는 네지드 지역 출신의 와하비즘 추종자들로 구성된 1만 2,000명의 군대를 이끌고 이슬람 시아파의 성지 카르발라를 습격했다. 그들은 2,000~5,000명의 무슬림(대부분 시아파)을 학살하고 시아파의 성지로 여겨지는 후세인 이븐 알리의 무덤을 파훼했다. 예언자 무함마드의 손자가 묻힌 무덤, 즉 시아파와 수니파 모두의 성지를 파괴하는 행위는 곧 술탄이자 칼리프를 모독하는 행위였다. 그리고 이 사건의 배경에는 이슬람 근본주의의 뿌리인 와하비즘이 있었다.

1745년 사우디 가문의 수장 무함마드 이븐 사우드와 와하비 운동을 이끌던 무함마드 이븐 압둘 알와하브Muhammad ibn Abd al-Wahhab는 일종의 정교동맹인 '네지드 조약'을 맺어 세력을 확장했으며, 마침내 사우디 왕조를 개창했다. 무함마드 이븐 압둘 알와하브는 10살 때부터 코란을 외웠고 13살 때 처음으로 메카를 순례했다고 한다. 그는 시아파가 주류를 이루고 있는 이라크 남부 바스라에서 수학했다. 그곳에서는 예언자 무함마드뿐만 아니라 알리, 후세인, 그리고 그의 가족까지 숭배하는 종교적 관습이 있었다. 그가 생각하기에 이런 관습은 우상을 숭배하는 '쉬르크'였기에 큰 충격을 받았다. 아라비아반도로 돌아온 그는 네지드 지방에 정착해 설교를 하며 유일신 신앙에 대한 저술활동을 병행했다. 그는 이슬람 초기부터 뿌리 깊게 이어져 내려온 모든 종교적 관습들을 배격했으며, 무엇보다도 예언자 무함마드의 교우나 가족의 무덤, 또는 성인의 무덤에 참배하는 관습을 맹렬히 비판했다. 1740년경 그는 무함마드의 교우이자 칼리프 우마르 1세의 형제인 자이드 이븐 알 하탑Zayd ibn al-Khattab의 무덤을 파괴했다. 자이드 이븐 알 하탑은 632년 전사해 순교자로 여겨지던 인물로, 그의 무덤을 조성한 사람은 예언자 무함마드의 교우인 칼리드 이븐 알 왈리드 장군이었다. 그럼에도 불구하고 무함마드 이븐 압둘 알와하브는 모든 우상 숭배의 대상은 파괴되어야 한다고 주장했다.

리야드의 카디이자 무프티였던 술레이만 이븐 수하임Sulayman ibn Suhaym은 한 서신을 통해 새롭게 부상한 와하비즘을 비판했다. 그는 1740~1745년에 '이슬람의 울라마들과 우리의 스승 무함마드의 샤리아를 따르는 이들에게'로 시작하는 서신을 작성했다.

우리에게 이슬람을 쇄신해야 한다고 주장하는 무리가 나타났습니다. 그들은 무지하며 무자비하고, 끔찍한 악행을 저지르고 있습니다. 그들이 저지른 악행 중 일부는 이미 널리까지 알려졌고, 아직 우리만 알고 있는 악행들도 있습니다. 저는 예언자들의 후계자인 울라마들에게 이 사실을 알려야 한다고 생각했습니다. 그들의 무지와 탈선을 멈출 수 있게 도와주십시오. 그들은 무덤을 파괴하고 수많은 사람들이 보는 기도서를 불태워버렸습니다. 심지어 할 수만 있었다면 카바 신전의 검은 돌까지 파괴했을 것이라고 말했습니다. 그들은 사람들이 600년 동안 무지 속에 있었다고 주장합니다. 그런데 무슨 근거로 그런 말을 할까요? 계시라도 받은 것

284

일까요? 아니면 악마에 씌인 걸까요? 제발 부탁드립니다! 선량한 사람들에게 그들의 말에 현혹되어선 안 된다고 경고해주십시오. 그리고 더 늦기 전에 속히 대책을 마련해주십시오![5]

사우디 왕조는 가장 근본에 충실한 이슬람이라는 와하비즘을 표방하며 다른 이슬람 종파에 대한 지하드를 선언했다. 사우드 가문의 시조 이븐 사우드의 아들 압둘아지즈(재위 1765~1803)는 알와하브의 딸과 결혼한 후, 1773년 리야드를 점령하고 아라비아반도의 상당 부분을 정복했다. 와하브파가 저지른 카르발라 학살은 오스만 제국의 쇠퇴를 재확인시켜주는 동시에 이슬람 전통 교파인 수니파와 시아파에 와하브파가 얼마나 강한 반감을 가지고 있었는가를 여실히 보여주는 사건이었다. 또한 와하브파는 이슬람이라는 종교를 앞세워 권력의 정당성을 확보하려는 술탄의 통치 방식을 비판했다.

1803년 압둘아지즈와 그의 형은 카르발라 학살을 복수하려 한 암살자의 칼에 살해됐다. 아버지의 뒤를 이어 왕위에 오른 사우드(재위 1803~1814)는 헤자즈 지역을 공격해 1805년에는 메디나를, 이듬해에는 메카를 점령했다. 그리고 와하브파는 두 성지에 있는 이슬람 외 문화유산을 미구잡이로 파괴했다. 그들은 메디나에서 예언지 무함마드가 교우들의 유해를 안치하기 위해 직접 조성한 묘지라고 알려진 알 바키 공동묘지를 비롯해, 7세기부터 수백만의 순례자들이 찾는 여러 영묘를 훼손했다. 또한 거기서 멈추지 않고 메카로 옮겨가 무함마드의 첫 번째 부인인 카디자의 무덤과 알 말라 묘지의 무덤들, 카바 신전 근처의 돔 구조물과 건축물들을 파괴했다. 이렇게

알 바키 공동묘지. 무함마드의 교우들을 안치하기 위해 조성된 알 바키 공동묘지는 18세기에 와하브파로 인해 상당 부분 훼손되었다.

이슬람 성지가 대거 파괴되자 이슬람 세계는 큰 충격에 빠졌다.

　쇠약해진 오스만 제국은 나폴레옹 군대의 이집트 침략에도, 와하브파의 이슬람 성지 파괴에도 속수무책이었다. 오스만 제국은 이집트에 지원 요청을 할 수밖에 없었고, 1807년 술탄 무스타파 4세는 이집트의 무함마드 알리에게 서신을 보내 '와하브파의 만행을 저지해달라'고 간청했다. 1808년 헤자즈 지역에 있던 오스만 제국의 한 관료는 '약탈자들의 수장'이자 스스로 '무슬림들의 칼리프'라고 선언한 사우드의 이름으로 메카의 금요 예배가 거행되는 것을 보고 개탄스러워했다.[6] 1811년 무함마드 알리는 그의 아들 투순Tusun이 이끄는 이집트 군대를 파견해 메카와 메디나를 탈환했고, 와하브파는 네지드에 있는 디리야 요새로 퇴각했다. 이후 투순이 1816년 병으로 사망하자, 뒤를 이어 그의 형 이브라힘 파샤Ibrahim Pacha가 네지드 지역을 정복했다. 이브라힘 파샤는 1818년 디리야까지 함락하며 와하브파의 근거지를 완전히 초토화시켰고, 와하브파의 수장 압둘라 빈 사우드(재위 1814~1818)와 그의 측근들을 콘스탄티노플로 보냈다. 그리고 1819년 5월 오스만 제국의 술탄 마흐무트 2세Mahmud II 는 이슬람 성지 모독죄로 그들을 처형했다.

그때부터 이론의 여지없이 이슬람 세계에서 가장 강력한 군주로 떠오른 무함마드 알리는 이집트의 근대화를 견인하기 시작했다. 그는 자신을 프랑스 황제의 과업을 이어가는 계승자이자 나폴레옹에 비견할 만한 지도자로 유럽인들에게 각인시키고자 했다. 1882년 그는 카이로에 아랍 최초의 인쇄소를 설치했는데, 초기에 출판된 상당수의 서적들은 의학과 군사 문제에 관한 유럽의 개론서들을 번역한 책들이었다. 또한 무함마드 알리는 세제를 개편해 강력하고 중앙집권화 된 국가 기틀을 마련하려 했으며, 군수공장을 비롯한 여러 공장들을 세워 포탄과 소총을 생산했고, 이집트 청년들을 파리로 보내 이슬람 학자 리파 알 타타위에게 수학할 수 있도록 지원했다. 리파 알 타타위는 1834년 이집트로 돌아와 파리에서의 생활을 비롯해 프랑스 사회상과 1830년 프랑스 혁명에 관한 단상들을 모아《파리의 황금L'Or de Paris》을 아랍어로 출간했고, 번역학교를 설립해 이집트 최초의 신문인《알 와카이 알 미스리야al-Waqa'i' al-Misriyya(이집트의 사건들)》를 창간했다. 오스만 제국 지배하의 이집트 총독에 불과했던 무함마드 알리는 강력하고 근대화된 이집트의 군주로 거듭나게 되었으며, 1821년에 수단 정복을 위한 전쟁을 개시했다.

그리스 독립 전쟁과 프랑스의 알제리 정복

19세기에 들어 오스만 제국의 지배하에 있던 여러 민족의 독립 요구가 빗발쳤고, 국력이 쇠퇴한 오스만 제국은 영토의 상당 부분을 유럽 열강에 빼앗겼다. 현재의 그리스는 15세기부터 오스만 제국의 영토에 편입되어 있었는데, 1821년 펠로폰네소스반도에서 봉기가 일어났다. 오스만 제국의 마흐무트 2세는 콘스탄티노플의 정교회 총대주교 그레고리우스 5세가 반란군과 결탁했다고 의심했고, 그에게 반란의 책임을 물었다. 1821년 4월 그레고리우스 5세는 부활절 미사를 집전한 후 총대주교 전례복을 갖춰 입은 채 성당 밖으로 끌려 나왔고, 예니체리에 의해 그 자리에서 교수형을 당했다. 그의 시신은 교수대 위에 3일간 방치된 뒤 거리를 끌려 다니다가 보스포루스 해협에 던져졌다. 그러나 이 사건은 그리스 독립운동의 불길에 기름을 부은 꼴이 되었으며, 마흐무트 2세가 이를 진압하기에는 역부족이었다. 결국 그는 이집트 총독 무함마드 알리에게 지원을 요청했다. 무함마드 알리는 와하브파를 궤멸시킨 그의 아들 이브라힘과 그가 이끄는 이집트 군대를 그리스로 파견했고, 1825년에 펠로폰네소스 지역 대부분을 점령했다. 그리고 이 상황을 지켜보던 유럽은 그리스 독립 전쟁에 군사 개입을 결정했다.

1822년, 1823년 두 차례에 걸쳐 오스만 제국은 파트라스만에 위치한 그리스 독립 전쟁의 본거지 메솔롱기를 토벌하려 했지만 실패했다. 유럽 각지에서뿐만 아니라 아메리카 대륙에서까지 그리스 독립을 지지하는 후원회가 결성되었고 그리스 독립군에 무기와 물자를 지원했다. 이상을 좇는 유럽의 젊은이들은 그리스 독립군에 가담했다. 영국 시인 바이런도 그리스 독립 전쟁에 참전했다가 1824년 메솔롱기에서 열병으로 사망했다. 이브라힘의 군대는 결국 1826년에 메솔롱기를 피로 물들이며 도시를 함락했다. 샤토브리앙, 빅토르 위고, 로시니 같은 프랑스 예술가들과 유럽인들은 이 사건에 깊은 인상을 받았고, 들라크루아는 이 사건을 주제로 〈메솔롱기의 폐허 위에 선 그리스〉라는 작품을 남겼다.

1827년 10월 20일, 영불 연합군은 그리스로 해군 함대를 파견해 펠로폰네소스와 다르다넬스 해상을 봉쇄하며 나바리노만에 집결해있던 오스만과 이집트 함대를 공격했다. 일제 포격으로 오스만 함대 57척이 파괴되었고 병사 8,000명이 전사했다. 러시아는 이듬해에 오스만 제국을 공격해 코카서스 지역과 다뉴브 삼각주 주변의 영토를 빼앗았다.

같은 시기에 프랑스는 일명 '부채 사건' 이후 알제를 3년간 포위하게 된다. 앞서 보았듯 알제는 16세기에 스페인의 지배에서 벗어나기 위해 오스만 제국과 손을 잡았다. 알제 총독을 지칭하는 데이는 오스만 제국에 종속되어 있었지만 상당한 자치권을 행사하고 있었다. 1827년 4월 29일 알제의 데이 후세인이 프랑스 영사와 이야기를 나누던 중 그의 얼굴을 부채로 세 차례나 때리는 사건이 발생했다. 당시 프랑스는 알제리에 빚을 지고 있었는데, 이를 언제 상환할 것인지를 묻는 데이 후세인의 질문에 프랑스 영사가 답을 하지 않아 일어난 일이었다. 프랑스의 왕 샤를 10세는 이 사건을 빌미로 쇠퇴하는 왕정의 위신을 높이고자 알제리를 침공하기로 마음먹었다.

그리고 프랑스 함대는 3만여 명의 병사를 이끌고 알제 부근에 상륙했다.

1830년부터 20세기 중반까지 프랑스는 알제리 영토를 지배했으며, 20세기 중반부터 이탈리아 남부를 비롯해 스페인, 프랑스 등 유럽 각지에서 유럽인들이 대거 알제리로 이주했다. 프랑스 당국은 원주민이 경작하던 토지, 종교 시설, 마을을 점유해 유럽 이민자들에게 분배했다. 알제리 식민 지배 기간 동안 프랑스 군대는 강간, 약탈, 학살, 모스크에 대한 모독, 묘지 파괴 등 무도한 만행을 저질렀다. 이에 알제리인들은 거세게 저항했고 그 중심에는 카디리야 수피 수도회의 샤이크 압델카데르가 있었다. 그러나 그는 프랑스에 저항하는 여러 알제리 군대를 통합시키지도, 모로코의 술탄을 알제리 쪽에 끌어들이지도 못한 채 1847년 프랑스에 항복했다. 그는 프랑스로 압송되어 투옥되었으나, 1852년 나폴레옹 3세가 그를 석방하여 이후 다마스쿠스에 정착했다.

알제리 바깥에서도 수피 수도회는 식민 지배에 대한 저항 세력의 구심점이 되었다. 1830년대에 체첸의 나크샤반디야 수도회 원장 이맘 샤밀은 러시아 식민 지배에 저항하는 지하드를 이끌었고, 같은 시기에 압델카데르 역시 알제리에서 반프랑스 운동을 이끌었다. 그러나 두 지도자 모두 결국 식민 지배국에 무릎을 꿇었고 이후 러시아인과 프랑스인이 대거 식민지에 유입되면서 원주민은 설 자리를 잃게 되었다.[7] 프랑스는 19세기 내내 여러 지역을 식민지와 보호령으로 삼으며 제국을 건설해갔고, 그 광활한 영토에서 다종교·다인종 사회를 통치해야 하는 상황에 놓였다. 프랑스의 이슬람과 무슬림에 대한 정책은 양면성을 갖고 있었는데, 이슬람이 식민 지배 저항 세력의 구심점이 되는 것을 견제하면서도 이슬람 종교 지도자들을 회유하고 길들이려 했다. 그도 그럴 것이 1848년 프랑스가 알제리를 강제 합병하면서 이슬람이 프랑스의 제2의 종교가 되었기 때문이다.

1850년 프랑스는 알제리에 세 개의 국립 마드라사를 설립해 그곳에서 아랍어로는 이슬람 학문을, 프랑스어로는 수학, 지리학, 역사를 가르쳤다. 그 후 수십 년간 프랑스는 프랑스 본토의 가톨릭, 유대교, 개신교 성직자처럼, 알제리의 수많은 무프티와 이맘이 프랑스 관료로 봉직하도록 유도했다. 그 결과 1905년에는 400명의 무프티, 이맘, 그 외 이슬람 종교 지도자들이 국가에서 주는 녹을 먹게 되었다. 동시에 프랑스는 메카 성지 순례 실태를 조사하고 이를 통제하려 했다. 프랑스는 알제리 무슬림들의 종교를 존중하고 성지 순례에서 일어날 수 있는 위험을 미연에 방지하기 위해서라는 명분을 내세웠지만, 여기서 말하는 위험이란 이슬람의 기치를 내건 유럽 식민지 반대 세력의 규합이었다.[8]

1848년 알제리는 프랑스에 합병되었지만 모든 알제리인들이 프랑스 시민 자격을 얻은 것은 아니었다. 프랑스와 유럽에서 온 거류민들만 투표권을 가질 수 있었고, 알제리의 유대인들도 1870년 크레미외 법령이 공포되고 나서야 투표권을 갖게 되었다. 이 법령의 논의를 주도한 아돌프 크레미외Adolphe Crémieux는 세계유대인동맹의 의장으로, 특히 알제리에 거류하는 유대인들이 프랑스어로 교육을 받을 수 있도록 지원하며 유대인 집단 전체를 프랑스 시민으로 동화시키려 했다. 알제리의 무슬림들은 프랑스에 귀화할 수 있었지만, 대다수의 울라마들은 무슬림 공동체를 포기하는 것은 배교나 마찬가지라고 판단해 이에 반대했다. 이후 수많은 알제리 무슬림들은 프랑스 국적을 가지게 되었지만 시민권은 받지 못했고, 법적으로 이등 시민이 될 수밖에 없었다.

오스만 제국의 개혁과 이집트의 독립

이집트 총독 무함마드 알리와 대립하고 있던 오스만 제국은 알제리와 체첸을 도울 여력이 없었다. 무함마드 알리는 와하브파를 제거하고 그리스 독립 전쟁에 군사적 지원을 한 대가로 오스만 제국으로부터 시리아의 영유권을 약속받았다. 그러나 오스만 제국이 약속을 지키지 않자 1831년 시리아로 진격하며 대대적인 반란을 일으켰다. 이때 프랑스는 이집트의 편에, 오스트리아, 프로이센, 러시아, 영국은 오스만 제국의 편에 서며 전쟁에 개입했다(1839~1840년). 이 전쟁은 1840년 런던 조약이 체결되며 마무리되었다. 그 결과 무함마드 알리는 시리아를 비롯해 헤자즈와 크레타를 내어주어야 했지만, 이집트의 독립 군주로 인정받으며 후손들에게 권력을 승계할 수 있게 되었다.

유럽 식민 세력과 근대화된 이집트에 대항하기 위해 오스만 제국의 압둘메지드 1세Abdulmejid I(재위 1839~1861년)는 개혁에 착수했다. 그는 1839년 11월 3일 굴하네 칙령을 반포하여 법적으로 무슬림과 딤미의 차별 정책을 폐지하고, 무슬림과 비무슬림 모두에게 오스만 백성의 지위를 부여했다. 이는 어떤 의미에서 '탄지마트Tanzimat (오스만 제국의 개혁과 근대화 운동)'시대의 포문을 연 첫 번째 통치 행위였다. 그러나 1853~1856년 오스만 제국은 러시아와 크림 전쟁을 치르며 다시 소용돌이에 휘말렸다. 러시아는 동방정교회의 보호자로서 오스만 치하의 정교도들에 대한 보호와 성지의 관할권을 요구했다. 그러나 오스만 제국이 이를 거부하자 러시아는 1853년 전쟁을 개시했고, 여기에 프랑스와 영국이 오스만 제국의 동맹으로 참전했다.

두 유럽 강대국의 함대는 오스만 함대와 합세해 흑해 주변의 러시아 진지에 공세를 퍼부으며 크림반도 남부 세바스토폴을 포위했다. 설상가상으로 오스트리아까지 오스만 제국과 동맹을 맺고 참전하겠다고 나서자 러시아는 어쩔 수 없이 휴전에 동의했다. 1856년 3월 30일 크림 전쟁 교전국 간에 파리 조약이 체결되었으며, 그때부터 오스만 제국은 자국을 방어하기 위해 유럽 열강 동맹의 한 축으로서 자신의 역할을 수행해야 했다. 전쟁이 종식된 1856년 2월 18일 술탄 압둘메지드 1세는 탄지마트를 강화하는 법령을 공포하며 교육, 임관, 법 집행에 있어 모든 백성들이 종교와 관계없이 평등한 대우를 받을 것이라고 예고했다. 그러나 샤리이에 위배된다고 주장하는 이슬람 성직자들의 강력한 반대로 인해 이 법령은 결국 온전히 실행되지 못했다.

한편 이집트에서는 무함마드 알리의 아들 사이드 파샤Sa'id Pasha (재위 1854~1863년)가 유럽 열강과 손을 잡고 국가 기반 시설을 개발했다. 그 결과 1854년에 영국이 시공한 아프리카 최초의 철도인 가이로-수에즈 철도가 개통되었다. 또한 사이드는 유럽에 면화를 공급하던 미국이 남북전쟁을 겪고 있는 틈을 이용해 이집트를 세계 최대의 면화 생산국 반열에 올려놓았다. 오랜 기간 사이드를 알고 지냈던 알렉산드리아의 프랑스 영사 페르디낭 드 레셉은 사이드에게 지중해와 홍해를 잇는 수로를 만들어, 이집트를 세계 무역망의 거점으로 만들자며 수에즈 운하 회사의 설립을 제안했다. 1859년 착공된 수에즈 운하는 1869년 이스마일 파샤Ismail Pacha(재위 1863~1869년)통치 기간에 마침내 완공되었다. 사이드 통치 기간에 콘스탄티노플을 비롯해 빈, 파리, 런던에 대사로 파견되었던 이스마일은 외교적 수완이 뛰어났다. 그 덕분에 운하 개통을 축하하기 위해 나폴레옹 3세의 부인, 유제니 황후, 아미르 압델카데르, 그리고 유럽과 오스만 제국의 고위 외교관들이 모두 한자리에 모였다. 이스마일은 수에즈 운하 개통을 기념하기 위해 카이로에 케디비알 오페라 하우스를 세우고 주세페 베르디에게 개관 축하 공연을 위한 오페라 작곡을 의뢰했는데, 바로 이것이 파라오 시대 이집트에서 벌어지는 사랑과 배신의 이야기 〈아이다〉가 탄생한 배경이다.

러시아 제국과 오스만 제국 간에 벌어진 러시아-튀르크 전쟁(1877~1878년)으로 오스만 제국은 치명적 타격을 입었다. 1877년 러시아는 세르비아, 보스니아 헤르체고비나, 불가리아 독립군과 함께 오스만 제국과 전쟁을 벌였다. 러시아 군대는 불가리아의 지원을 받으며 공격을 이어나갔고 오스만 제국이 점령하고 있던 플레벤을 포위 공격해 승리를 거두었다. 러시아는 거기서 멈추지 않고 트리키아 지방으로 진격해 1878년 1월 아드리아노플(현재의 에디르네)까지 점령했다. 이에 오스만 제국은 굴욕적 패배를 인정할 수밖에 없었다. 전후 처리를 위해 1878년 7월 베를린 조약이 체결되며 루마니아, 세르비아, 몬테네그로가 오스만 제국에서 독립했고, 보스니아 헤르체고비나는 오스트리아-헝가리 제국의 관할권에 들어갔으며, 불가리아는 오스만 제국에게 자치권을 인정받았다. 영국은 중재의 대가로 오스만 제국으로부터 키프로스의 관할권을 양도받았다.

19세기 아랍 문화 부흥 운동 '나흐다'

19세기의 격변 속에서도 무슬림과 기독교 사상가들과 작가들은 아랍 세계의 문화적·지적 사조에 새로운 바람을 불러일으켰다. 이것이 아랍 문화 부흥 운동 '나흐다Nahda('부흥'이라는 뜻)'이다. 아랍 문화 부흥 운동의 선구자적 역할을 한 인물 중 한 명인 자말 알 딘 알 아프가니Jamal al-Din al-Afghani(1839~1897년)는 유럽의 식민 지배와 억압에 저항하기 위해서는 이슬람을 개혁하고 아랍 사회의 독립성을 유지해야 한다고 주장했다. 이란 출신의 알 아프가니는 아프가니스탄에서 시작해 이집트, 인도, 메카까지 이슬람 세계 전역을 여행했다. 1857년 인도의 반反영국항쟁이 실패로 돌아가자 크게 실망한 그는 무슬림과 힌두교도가 힘을 합쳐 영국을 몰아내야 한다고 촉구했다. 알 아프가니는 이집트에서 무함마드 압두Muhammad Abduh를 만나기도 했다. 무함마드 압두는 알 아자르에서 수학하고 이븐 아라비에 영감을 받아 신비주의 신학과 관련된 활동을 하는 저술가이자 신학자였다. 이집트에서 정치적 활동을 하다 추방된 두 사람은 1884년 파리에서 다시 만났고, 자신들의 개혁적 사상을 전파하기 위해《알 우르와 알 우스카ₐl Urwa al Wuthqa(굳은 결속)》라는 협회지를 창간했다.

알 아프가니는 와하브파의 극단적 원리주의, 알 아자르 같은 종교 기관을 장악한 신학자, 그리고 동양에 대해 왜곡된 사상을 갖고 있는 에르네스트 르낭Ernest Renan과 같은 유럽 사상가들을 비판했다. 콜레주 드 프랑스*의 히브리어 교수였던 에르네스트 르낭은 1883년에 이슬람은 과학 정신과 양립할 수 없으며 그 때문에 무슬림이 근대성을 쉽게 받아들이지 못한다고 주장했다. 이에 알 아프가니는 프랑스의 유력 일간지《주르날 데 데바Journal des débats》에 사설을 기고해 이슬람은 다른 어떤 종교와 견주어도 과학에 걸림돌이 되는 종교가 아니라고 반박했다. 또한 그는 오히려 코란은 과학을 장려한다고 주장하며 아바스 왕조 시대에 무슬림들이 과학 분야에서 일가를 이룬 것이 그 증거라고 덧붙였다. 그러면서 그는 아래와 같이 항변했다.

비록 처음에 아랍인들이 무지하고 야만적이었을지는 몰라도 그들은 문명국이 버렸던 것들을 다시 취해 과학을 발전시켰고 전례 없이 눈부신 성취를 이뤄냈다. (……) 유럽인들은 정복을 통해 아랍인들이 성취한 과학을 찬탈해간 뒤, 이를 발전시키고 확장시켰으며 명확하게 규명하고 완성도를 높였다. 또한 완벽을 추구하는 성향과 엄청난 정확성으로 이를 보

• 1530년 프랑수아 1세가 창설한 프랑스의 국립 고등 교육 기관

완했다. (······) 유럽인들은 아랍으로 망명한 아리스토텔레스를 높이 평가했다. 그러나 유럽인들은 그가 그리스인이자 유럽인일 때는 거들떠보지도 않았다. 그것만 보더라도 아랍인들이 본래부터 철학에 애정을 가지고 있었으며 유럽인들보다 지적으로 훨씬 우월하다는 것을 알 수 있지 않은가?[9]

동시에 알 아프가니는 종교란 본래 철학과 과학의 반대편에 있을 수밖에 없다고 지적했다. 그러면서 그는 아테네와 알렉산드리아는 학문과 문화의 중심지였지만 기독교가 등장하면서 철학 정신이 소멸되고 말았다고 덧붙였다. 그는 13세기부터 이슬람이 과학의 발전을 저해한 것은 사실이라고 인정했다. 그리고 18세기에 들어와 유럽의 기독교 국가들이 광신주의의 늪에서 벗어나 이성으로 가는 길을 재발견한 것처럼, 이슬람 국가들도 그 길을 따라가야 한다고 주장했다. 그는 이런 메시지를 통해 에르네스트 르낭뿐만 아니라 일부 완고한 울라마들까지 동시에 저격했다.

1888년 무함마드 압두는 이집트로 돌아와 카디로 임명되었고 곧이어 무프티가 되었다. 그는 사회의 근본적인 개혁을 촉진하는 다수의 피트와를 반포했고 활발한 저술활동을 펼치며 이슬람과 이슬람법에 대한 개혁적 사상을 일반 대중에 전파했다.[10] 그는 "이성과 전통이 충돌한다면 이성이 우선되어야 하며 그것은 누구도 반대할 수 없는 원칙"이라고 강조했다. 또한 그는 이집트 콥트 정교회와도 종교적 유대관계를 맺었다. 언젠가 이슬람이 기독교를 뛰어넘어 더 널리 전파될지라도, 기독교와 이슬람 간에는 근본적으로 일치하는

297

부분이 있다고 생각했기 때문이다. 한편 그는 서구 세계가 언젠가 기독교의 가치를 저버릴 것이라고 예견했다.

> 현재의 서구 문명과 기독교는 아무런 관계도 없는 것처럼 보인다. (……) 신약성서는 기독교인들에게 덧없는 현생을 초월해 헛된 명예에 집착하지 말라고 한다. (……) 그런데 서구 문명은 다른 한편으로 권력과 명예와 사치와 오만과 위선의 문명이며 그 문명의 최상위 가치는 바로 돈이다.[11]

오스만 제국이 물러가자 이제 프랑스와 영국이 지배하는 영토에서 살아가야 하는 아랍 지식인들은 외세의 지배에 맞서 분연히 일어났다. 그들은 또한 이슬람 내 종파 갈등을 타파하기 위해 거침없이 비판적인 의견을 개진했다. 이라크 시인이자 철학자 자밀 시드키 알자하위Jamil Sidqi al-Zahawi는 시와 산문을 넘나드는 다양한 작품에서 여성에 대한 억압, 와하브파의 반계몽주의, 압둘하미드 2세Abdulhamid II의 독재(헌법을 폐지하고 오스만 제국의 전제정치를 강화했다)를 비판했다.[12]

이스마일 파샤를 비롯해 다른 무슬림 통치자들은 유럽의 통치자들과 대등한 관계가 되기를 바랐지만 그것은 헛된 꿈이었다. 프랑스는 1870년에 독일 제국에 영토의 일부를 빼앗겼고, 베를린 조약 때는 아무것도 얻지 못했다. 영국과 독일은 위로의 차원에서 프랑스에 튀니지를 '양보'하기로 합의했고 프랑스는 그렇게 튀니지를 정복할 명분을 마련했다. 1881년 4월 프랑스 총리 쥘 페리Jules Ferry는 튀니지의 크루미르 부족이 알제리 동부를 공격했다며 튀니지에 토벌대를 파견하고 튀니지의 왕을 폐위했다. 그리고 같은 해 5월 12일 튀니지는 공식적으로 프랑스의 보호령이 되었다.

이집트에서는 1879~1882년까지 모든 외세의 간섭을 반대하는 봉기가 일어났다. 군 장교 출신의 총리 아흐메드 우라비Ahmed Urabi는 의회를 구성할 것을 요구하며 개혁의 선봉에 섰지만 그의 시도는 실패로 돌아갔다. 영국의 입장에서 이집트의 수에즈 운하는 인도를 비롯해 인도네시아, 중국과의 교역 요충지였기 때문에 수에즈 운하와 이집트 전체에 대한 장악은 영국의 중동 및 대외 정책에서 가장 중요한 문제였다. 영국뿐만 아니라 유럽 국가들도 이집트에서 세금이나 관세 면제 등 오랜 시간 치외 법권의 특권을 누렸다. 이집트 의회가 이를 폐지하려 하자, 이런 움직임을 감지한 영국은 1882년 알렉산드리아를 포격한 뒤, 텔엘케비르 전투에서 이집트 군대를 격파했다. 그때부터 이집트는 명목상으로는 오스만 제국의 속국이었지만 영국의 실효적 지배를 받게 되었고, 결국 1914년에 영국의 보호령이 되었다. 열강의 식민 지배에 내외부적으로 비판의 목소리가 점차 커지자 영국과 프랑스는 '보호령'이라는 꼼수를 내놓았다. 겉으로 보기에는 식민지가 아니지만 식민지보다 통제하기가 더 수월한 사실상의 식민지가 바로 보호령이었다.

1911년 이탈리아는 리비아를 정복한 뒤 1943년까지 식민 통치를 유지했다. 모로코의 알라위파 술탄들은 내부 세력 간의 견제와 유럽 열강들의 경쟁관계를 이용해 19세기 내내 권력을 안정적으로 유지했다. 그러나 20세기 초에 모로코 왕조는 내분으로 분열되었고 스페인으로부터 진 부채에 허덕이고 있었다. 스페인은 이 기회를 놓치지 않고 모로코 북부에 위치한 고립영토 세우다의 멜리아를 시작으로 모로코의 영토를 잠식해갔으며, 1912년에 프랑스와 스페인은 모로코를 분할 통치한다는 내용의 협약을 맺었다.

모로코의 술탄 물레이 유세프Moulay Youssef는 모로코 총독으로 부임한 프랑스 육군 장군 위베르 리요테Hubert Lyautey의 감시 아래 라바트에 수도를 세웠다. 물레이 유세프는 보호령에 반대하는 봉기가 일어나자 이를 리요테와 프랑스 군대가 진압하도록 했고, 리요테는 물레이 유세프를 프랑스령 아프리카 무슬림들의 칼리프로 옹립해 그를 정치적으로 이용하려 했다.[13] 1926년 물레이 유세프는 제1차 세계 대전 중에 프랑스를 위해 싸우다 전사한 무슬림 병사들을 기리고자 건축된 파리 대모스크 제막식에 프랑스 대통령 가스통 두메르그와 나란히 함께 서기도 했다.

1908년 7월에는 오스만 제국의 청년 장교들이 술탄 압둘하미드 2세에 맞서 군부 쿠데타를 일으켜, 1876년에 제정되었으나 2년 만에 폐지되었던 헌법을 복원하게 된다. 이 쿠데타가 성공하면서 1913년 1월 청년 튀르크당의 한 분파인 통합과진보위원회가 권력을 장악하게 되었으며, 같은 시기 파리에서는 '제1차 아랍 회의First Arab Congress'가 개최되었다. 이 회의에서 오스만 제국의 아랍인들에게 더 큰 자치권을 부여하고 그들이 아랍의 문화를 영위할 수 있도록 지원하는 안건이 상정되었으나, 그에 대한 구체적인 계획은 협의되지 않았다. 회의에서 프랑스는 영국의 지배하에 있던 이집트의 자치권과 독립을 지지했고, 영국은 프랑스가 지배하고 있던 마그레브 지역의 독립과 자치권을 지지했다.

1914년 여름에 제1차 세계 대전이 발발한 것도 바로 이런 맥락에서였다. 연합국(프랑스, 러시아, 영국)의 반대 진영(오스트리아-헝가리, 독일, 불가리아로 구성된 '중앙 열강')에 가담한 오스만 제국은 여러 전선에서 공격을 받았다. 그러자 술탄 메흐메트 5세는 독일에 떠밀려 이교도 침략자들에 대한 지하드를 선언했다. 지하드라는 종교적 이데올로기를 내세워 러시아, 프랑스, 영국 식민지의 무슬림들이 반란을 일으켜 주기를 바랐던 것이다. 그러나 이 전략은 기대만큼 큰 성공을 거두지 못했다. 연합국 역시 아랍인(프랑스나 영국의 입장)들이나 아르메니아인(러시아의 입장)들의 민족 감정을 부추겨 오스만 제국에서 반란을 조장하려 했기 때문이다.

아르메니아인들은 혹독한 대가를 치러야 했다. 오스만 제국 내에서는 19세기 말부터 20세기 초에 아르메니아인을 대상으로 일련의 집단학살이 자행되었다. 1913년 쿠데타에 성공하고 권력을 장악한 통합과진보위원회는 1914년에 이미 한차례 아르메니아인들을 추방했다. 이후 제1차 세계 대전이 발발하면서 제국 내 거주하는 아르메니아인들이 러시아와 내통하거나 연합할 수 있다고 우려한 오스만 제국은 아르메니아인들을 대거 추방했고, 먼 거리를 이주하는 아르메니아인들에게 어떠한 보급품도 제공하지 않았다. 추방된 아르메니아인들은 기아와 병으로 고통받으며 '죽음의 행진'을 시작했다. 이 시기에 그들을 향한 대량 학살도 자행되었다. 이 대학살로 1915~1923년에 오스만 제국 내 아르메니아 인구 3분의 2가 사망했다. 같은 시기에 오스만 군대와 동맹군은 아시리아 기독교 공동체를 상대로 대량 학살을 자행했는데, 이때 아시리아 인구의 절반에 해당하는 17만 5,000·27만 5,000명 정도가 사망했다.

영국과 프랑스는 오스만 제국의 지배하에 있는 다른 영토의 아랍인들이 반란을 일으키도록 부추기며, 그들에게 독립의 희망을 심어주었다. 1914년 11월 영국령 인도 군대는 이라크를 침공해 바스라를 점령했고 3년 후 바그다드까지 함락했다. 이에 오스만 제국이 지하드를 선언하자, 1916년 6월 연합군은 오스만 제국의 영토인 아랍 지역을 교란시키기 위해 메카의 샤리프 후세인 빈 알리Hussein bin Ali를 부추겨 반란을 일으키려 했고, 그 계획의 일환으로 영국과 프랑스의 장교를 헤자즈로 파견했다(그중 한 명이 '아라비아의 로렌스'로 잘 알려진 토마스 에드워드 로렌스다). 반란을 일으킨 아랍군은 1916년 7월 9일 메카를 점령하고 곧이어 영국 해군과 공군의 지원을 받아 홍해의 항구까지 정복했다. 여기서 멈추지 않고 에드먼드 앨런비Edmund Allenby 원정군 사령관 휘하의 영국군 이집트 파견대는 팔레스타인과 시리아 정복에 착수했다. 1917년 12월 9일 그들은 예루살렘에 입성했고, 예루살렘은 오스만 제국의 지배에서 비로소 '해방'되었다. 1918년 10월 30일 오스만 제국은 무드로스 휴전 협정을 맺으며 자국의 패배를 인정했으며, 아나톨리아 지역만을 남긴 채 영토의 대부분을 포기해야 했다. 곧이어 11월 13일에는 프랑스 군대가, 뒤이어 이튿날에 영국 군대가 콘스탄티노플에 입성해 오스만 제국의 수도를 점령했다.

오스만 제국의 마지막 술탄 메흐메트 6세Mehmed VI의 무기력한 항복을 보다 못한 민중들은 점령군에 저항하기 시작했고 이는 결국 튀르키예 독립 전쟁으로 이어졌다. 이 전쟁을 이끈 무스타파 케말 장군은 앙카라에 정부를 수립했으며, 1923년 로잔 조약이 체결되면

302

서 튀르키예 공화국이 탄생했다. 튀르키예 공화국은 수피 교단과 칼리프 제도를 폐지하면서, 세속 국가를 지향하는 튀르키예 공화국의 권위에 위협이 될 수 있는 모든 종교 제도를 배격했다. 이는 칼리프들이 구현하려 했던 이슬람 세계주의를 포기한다는 의미이기도 했다. 1924년 튀르키예 공화국이 수립되면서 옛 시절을 그리워하는 이들은 칼리프제(또 어떤 이들은 아랍의 칼리프제를 주장했다)로의 회귀를 주장했고 또 어떤 이들은 시대에 뒤떨어진 체제에서 무슬림들이 해방된 것을 자축했다.

1925년 이집트의 울라마 알리 아브드 알 라지크Ali Abd al-Raziq는 《이슬람과 권력의 기반Islam and the Foundations of Political Power》을 발표하며 정교분리에 찬성하는 입장을 표명했다. 그러나 알 아자르의 울라마도, 이집트의 왕 푸아드 1세Fuad I도 이에 동의하지 않았다. 그들은 오히려 칼리프제를 복원하고 푸아드 1세를 새로운 칼리프로 옹립하기 위해 1926년 카이로에서 '이슬람 총회'를 열었다. 그러나 인도를 비롯해 시리아, 사우디아라비아, 그 외의 이슬람 국가에서 지지를 얻지 못하여 그들의 계획은 결국 수포가 되었다.

무스타파 케말 아타튀르크Mustafa Kemal Atatürk(그는 1934년 의회로부터 '튀르크인의 아버지'라는 뜻의 '아타튀르크' 칭호를 받았다)는 칼리프제를 폐지하고 세속 공화국을 수립했다. 튀르키예 헌법에 명시된 세속주의 '라이클리크Laiklik'는 이론적으로 정교분리와 중립에 기반한 프랑스의 세속주의와는 다른 '국가주도의 이슬람'을 말한다. 국가가 제도화된 이슬람을 통제함으로써 종교의 국정 개입을 차단한다는 의미나. 그 일환으로 무스타파 케말은 수피 교단을 폐지했고 그들의

303

재산을 몰수했으며 모스크를 국유화하여 그곳에서 일하는 사람들에게 국가에서 급여를 지급했다. 1924년에는 종교법원을 폐지했고 이슬람법은 공화국의 법으로 대체되었다. 또한 튀르키예 공화국의 국적은 수니파 무슬림들에게만 부여되었기 때문에, 유대인과 기독교인, 이슬람 시아파의 한 분파인 알레비파는 온전한 튀르키예 국민으로 인정받지 못했다.

한편 영국과 프랑스에 독립을 약속받았던 아랍인들은 좌절감을 맛봐야 했다. 1916년 영국과 프랑스가 비밀리에 사이크스-피코 협정을 맺고 팔레스타인과 이라크는 영국이, 시리아와 레바논은 프랑스가 통치하기로 합의한 것이다. 그리고 이듬해 영국은 벨푸어 선언을 통해 유대인이 팔레스타인에서 민족적 고향을 건설하는 것을 '기꺼이 지지한다'는 의사를 밝혔다. 팔레스타인을 유대 국가로 만들려는 시오니스트들의 열망을 공개적으로 지지하면서 영국과 프랑스는 유대 자본을 전쟁 자금으로 유입시키고, 광대한 식민지를 연결하는 수에즈 운하를 불법 점유한다는 비난을 피해갔다. 오스만 제국을 무너뜨릴 목적으로 아랍인들의 독립 열망을 부추기며 온갖 수단을 동원했던 프랑스와 영국의 이중적 면모는 자주독립을 꿈꾸었던 아랍인들에게 큰 좌절감을 안겨주었다.

9장

식민지 해방, 민족주의,
그리고 정치적 이슬람의 대두

종교 개혁가이자 독립운동가, 그리고 정치가였던 수단의 마흐무드 모하메드 타하Mahmud Mohammad Taha(1909~1985년)의 굴곡진 삶은 서구 제국주의, 반식민지 투쟁, 종교 개혁과 그에 대한 반발, 그리고 신생 독립국 지배자의 독재 등 20세기 이슬람의 난맥상을 그대로 보여준다. 타하는 수단 중부 청나일강 유역의 농부 집안에서 태어났다. 대학을 졸업하고 엔지니어가 된 그는 영국 식민지에 철도를 건설하는 영국 철도 회사에서 근무했지만, 1941년 사직을 하고 조국의 독립을 위해 고군분투했다. 1945년 그는 수단 공화당의 새로운 지도자가 되었고 식민 당국에 의해 수차례 투옥되었다. 1956년 1월 1일 수단은 마침내 독립을 이뤄냈으며, 이후 타하의 정치적 여정은 공산주의자, 이슬람주의자, 공화주의자 간의 대립으로 얼룩졌다.

타하와 그가 만든 단체인 '공화주의 형제들'은 수단 군부와 울라마들의 눈엣가시였다. 그가 민중 개혁 운동의 선두에 선 카리스마넘치는 종교 지도자라는 점 때문에 더욱더 경계의 대상이 되었다. 그는 전국적으로 민중 개혁 운동의 모임을 조직했고, 청년들을 비롯해 특히 여성들이 자신의 의견을 표출하고 이슬람 영성과 시민 교육에 참여하도록 독려했다. 그는 언제나 "우리의 꿈은 인간을 달에 보내는 것이 아니라 모두가 평등을 누리고 서로를 존중하며 함께 발전해나가는 것"이라고 강조했다. 또한 그는 이 운동에 참여하는 남성과 여성이 함께 토론하도록 장려했으며, 수단의 다른 사회 구성원들과도 토론할 수 있는 기회를 마련해주었고, 그들에게 수피 전통의 시를 지을 것을 권했다. 카르툼 인근 타하의 집은 공화주의 형제·자매들의 아지트였을 뿐만 아니라 토론과 교류의 장이었다.

1967년 타하는 그의 정치적 신학 이론을 제시한《이슬람의 두 번째 메시지Le Second Message de l'islam》를 출간했다. 그는 이 책에서 서구 문명은 실패했다고 꼬집으며, 물질주의적이고 불평등한 서구 문명은 인간의 삶을 가치 있게 만들어주는 영적이고 도덕적인 삶에서 너무 동떨어져 있다고 지적했다. 또한 그는 이슬람의 개혁을 통해 사회적 평등을 실현하고 인간관계를 새롭게 정립할 것을 주장했다. 그는 이슬람의 윤리직·교리직 원칙은 헤지라 이진에 메카에서 게시된 '첫 번째 메시지'를 바탕으로 확립된 것이며 시대를 막론하고 모든 무슬림에게 적용될 수 있는 원칙이지만, 이후 메디나에서 계시된 '두 번째 메시지'는 특정한 시대, 즉 무함마드와 그의 교우들이 메디나를 정치적으로 지배하던 7세기에만 적용될 수 있는 원칙이라고 설명했다. 많은 이슬람 법학자들은 메카 계시가 메디나 계시와 모순되는 경우 메카 계시는 메디나 계시에 의해 폐지된다고 주장했다. 하지만 타하는 그 어떤 이유로도 첫 번째 계시인 메카 계시는 폐지될 수 없다고 역설했다. 그러면서 그는 성평등, 종교와 양심의 자유 등 처음 받은 메카 계시에서 발견되는 원칙들은 이슬람이 반드시 지켜야 하는 가치라고 강조했다.

타하의 사상과 공화주의 운동은 샤리아를 법의 기초로 삼는 카르툼 학계와 정계의 이슬람주의자들로부터 반감을 샀다. 1971~1985년까지 수단의 대통령이었던 가파르 니메이리Gaafar Nimeiry 역시 양심의 자유와 표현의 자유를 부르짖는 평등주의적이고 페미니스트적인 이 사회 운동이 정권에 위협이 된다고 여겼다. 니메이리 대통령에 대한 무슬림 형제단의 반대 움직임이 갈수록 거세지자, 1983년 대통령은 샤리아를 수단 법의 기초로 삼겠다고 선언하며 사람들의 지지를 얻고자 했다. 수단 남부 지역(기독교와 토속신앙이 지배적인 지역)과 공화주의 형제들은 이런 조치를 강력하게 규탄했다. 타하는 샤리아법 채택에 반대한다는 전단지를 배포하고 시위를 조직했다. 이에 수단 정부는 공화주의 형제들 소속의 수백 명을 체포해 투옥했고, 타하와 그의 동료 네 사람은 배교와 반역죄로 기소되어 사형 선고를 받았다. 타하의 동료들은 목숨을 부지하기 위해 자신들의 '실수'를 인정했지만, 타하는 신념을 굽히지 않았고 1985년 1월 18일 교수형에 처해졌다. 그로부터 넉 날 후 민중 봉네타가 일어나 니메이리 대통

20세기에 유럽의 지배를 받은 아시아·아프리카 식민지

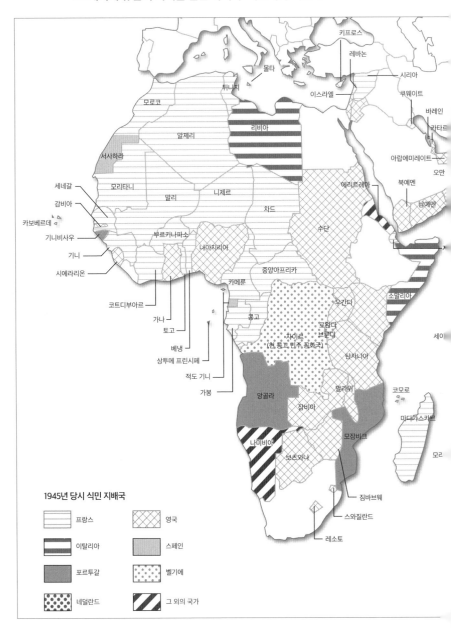

키프로스
레바논
시리아
몰타
튀니지
쿠웨이트
이스라엘
바레인
모로코
카타르
리비아
알제리
아랍에미레이트
서사하라
오만
북예멘
세네갈
에리트레아
남예멘
모리타니
감비아
말리
니제르
카보베르데
차드
수단
기니비사우
부르키나파소
기니
나이지리아
시에라리온
중앙아프리카
소말리아
카메룬
코트디부아르
세이
우간다
가나
콩고
토고
르완다
차이르
브룬디
베냉
(현 콩고 민주 공화국)
상투메 프린시페
탄자니아
적도 기니
말라위
코모로
가봉
앙골라
마다가스카르
잠비아
모르
나미비아
모잠비크
보츠와나
짐바브웨
스와질란드
레소토

1945년 당시 식민 지배국

프랑스		영국	
이탈리아		스페인	
포르투갈		벨기에	
네덜란드		그 외의 국가	

파키스탄

부탄

인도

미얀마

라오스

필리핀

방글라데시

베트남

스리랑카

캄보디아

말레이시아

브루나이

싱가포르

인도네시아

파푸아뉴기니

령은 권좌에서 물러나야 했다. 타하와 공화주의 형제들을 향한 무자비한 탄압이 그의 퇴진에 적잖은 역할을 했다.

타하가 걸어간 길을 되짚어 보며 이 장을 시작한 이유는, 그의 족적에서 20세기 이슬람 세계에서 화두가 되었던 문제들을 발견할 수 있기 때문이다. 식민지주의와 해방을 위한 투쟁, 신생 독립국의 새로운 정치 체제를 둘러싼 갈등, 정교분리와 신정일치의 대립이 바로 그것이다. 이 장에서는 또한 권력자들이 자신들의 권력을 정당화하기 위해 이슬람이라는 카드를 어떻게 이용했는지에 대해서도 살펴볼 것이다. 그들은 이슬람법 샤리아를 국가의 법으로 지정하며 이슬람을 전면에 내세우거나, 아니면 이슬람주의에 반대하는 선봉장으로 나섰다. 니메이리 대통령은 상황에 따라 두 카드를 번갈아 사용했지만 어설프게 사용한 바람에 추락하고 말았다. 이 장에서 20세기 수단의 역사 전체를 놓고 공과를 따지는 것은 불가능하다. 하물며 이슬람 세계 전체의 역사에 대해서는 말할 것도 없다. 따라서 여기서는 역사의 큰 줄기를 따라가며 함께 성찰해볼 만한 몇 가지 중요한 사건들만을 다루어볼 것이다.

아라비아반도의 와하브파와 이집트의 무슬림 형제단의 탄생: 1925~1949년

영국과 프랑스는 나흐다와 관련된 민족주의자들을 탄압하면서 아랍 세계의 일부 국가(영국령 이라크와 팔레스타인, 프랑스령 시리아와 레바논)

가 독립하는 것을 막기 위해 온갖 수단을 동원하는 한편, 이슬람 세계에서 가장 원리주의적인 사우디 왕국의 와하브파를 지원했다. 사우디 왕조의 압둘아지즈 이븐 사우드Abdulaziz ibn Saoud는 제1차 세계대전 중 네지드를 탈환하기 위해 영국과 동맹을 맺고 오스만 제국과 그 동맹인 라시드 부족에 맞섰다. 그 대가로 이븐 사우드는 이라크와 트란스요르단에 대한 영국의 통치권을 인정했다. 1925년 이븐 사우드는 헤자즈 지역을 장악했고 이듬해에는 메디나의 바키 공동묘지를 파괴했는데, 정확히 말해 1806년 와하브파가 초토화했으나 용케 살아남은 곳들을 파괴한 것이다. 이러한 성지 약탈과 성자의 무덤을 파괴하는 행위들은 인도네시아에서 마그레브 지역에 이르기까지 시아파와 수니파를 막론하고 종교계의 강력한 규탄을 일으켰다.

이븐 사우드는 예루살렘 출신의 영향력 있는 무프티인 아민 알후세이니Amin al-Husseini의 도움을 받아 1926년 메카에서 세계 이슬람회의를 개최했다. 이븐 사우드는 메카와 메니다 성지에 대한 자신의 통제권을 국제적으로 인정받기를 바랐지만 대다수 참석국은 그를 불신했고, 이슬람 총회를 이용해 칼리프 선언을 하려 한 이집트의 푸아드 1세처럼 그가 이 회의를 이용하려는 것은 아닌지 의심했다. 그러나 결국 사우디 왕조는 1927년에 영국과 제다 조약을 체결하며 영국으로부터 헤자즈와 네지드 지역의 독립권을 인정받았다. 1920년대에 와하브파가 주류인 국가의 지도자들은 '이교도'와의 어떤 합의도 거부하며 자신들보다 훨씬 더 과격한 입장을 취하는 와하브파 군대와 갈등을 빚었고, 이런 상황은 1979년, 1990년대, 2000년대에 되풀이되었디.

앞서 보았듯 사우디 왕조가 표방하는 와하비즘은 불신과 비난을 피해가지 못했다. 그러나 20세기에 와하비즘은 수니파와 시아파에 반대하는 괴팍한 소수 종파에서 새로운 수니파 정통주의로 탈바꿈하며 전 세계로 뻗어나갔다. 튀니지 정치학자 하마디 레디시는 그의 괄목할 만한(그러나 거의 알려지지 않은) 저서 《네지드 협정Le Pacte de Nadjd》을 통해 와하브파가 이런 변신을 선택한 이유가 무엇인지, 어떤 방식으로 이런 변신이 가능했는지를 고찰했다. 그는 이런 역사를 돌아보려면 20세기 초 이슬람 개혁을 둘러싸고 여러 입장 간의 과격한 논쟁이 벌어졌던 상황을 살펴봐야 한다고 주장했다.

1926년 카이로와 메카에서 개최된 이슬람 회의에 참가했던 이슬람 학자 라시드 리다Rashid Rida(1865~1935년)는 와하비즘에 감화되어 진정한 이슬람 근본주의를 확립하려 했다. 무함마드 압두의 제자이자 동지였던 그는 무함마드 압두와 함께 이슬람 잡지 《알 마나르(등대)》를 창간하며, 자신들의 사상을 보다 널리 전파하기 위해 출판사를 설립했다. 그리고 사우디 왕조는 와하비즘을 널리 알리고 이에 반대하는 이들을 포섭하기 위해, 와하비즘을 옹호하는 저작물 출간에 재정적 지원을 아끼지 않았다. 한편 와하비즘은 살라피즘이라는 또 다른 이슬람 근본주의 사조와 경쟁을 벌이기도 했다. 살라프파는 '신실한 선조', 즉 무함마드의 교우들과 제자들을 가리키는 '살라프'를 모범으로 삼고 초기 이슬람으로 돌아가야 한다고 주장하며 이슬람 근본주의를 지향했다.

그런데 살라프파의 주장에는 모순이 있었다. 그들이 모범으로 삼아야 한다고 주장하는 살라프 세대에 예언자 무함마드보다 2세기

후에 사망한 이븐 한발까지 포함되어 있었기 때문이다. 다양한 기독교 사조에서 '사도 시대'를 본받아야 한다고 주장하는 것처럼, 살라프파는 예언자 무함마드의 교우들을 본받고 '올바르게 인도된' 정통 칼리프 '라시둔'의 태평성대를 복원해야 한다고 주장했다. 그러나 이런 주장은 역사를 완전히 왜곡한 것으로, 라시둔의 시대는 평화와 화합의 시대가 아니라 젊은 무슬림 공동체 내부의 대립과 분열이 끊이지 않았던 시대였다. 살라프파는 법학, 경전의 해석, 문화를 배제하고 이슬람의 근본으로 돌아가야 한다고 주장하는 점에서 와하브파와 유사하다. 그들은 종종 자신들이 한발리파의 동류라고 주장하지만 이븐 한발의 사상(특히 그가 수피즘을 찬양했던 점)에 대해서는 제대로 알지 못했던 모양이다. 실상 와하브파의 사상적 토대를 제공한 인물은 14세기에 소수파로 여겨졌던 이븐 타이미야(앞서 이븐 바투타는 그를 '정신이 약간 이상한 사람'이라고 평가했다)다.

와하브파와 살라프파의 일부 사상이 거의 유사하다고는 해도, 살라프파가 언제나 와하브파와 사우디 가문을 지지했던 것은 아니다. 1928년 이집트에서 살라피즘 성향의 무슬림 형제단을 설립한 하산 알 반나Hassan al-Banna는 문화와 영성을 경시하는 와하브파의 주장에 동의하지 않았다. 그는 1922년 이래 이집트가 독립 왕국으로 승인받았음에도 여전히 영국에 예속되어 있음을 비판했다. 또한 그는 아랍 사회에 서구의 문란한 풍속이 확산되는 것을 경계하여, 수에즈 운하에 접해있는 이스마일리아에 두 개의 마드라사(각각 남학생과 여학생을 위한 마드라사)를 갖춘 '무슬림 형제들의 집'을 설립했다. 무슬림 형제단은 정당 폐지, 영화 및 언론 검열, 영어와 프랑스어 교육을 받은 중산층의 '외국 풍속' 금지 등 엄격한 규율을 내세우며 이슬람 정부를 위한 운동을 펼쳤다.

하산 알 반나는 수많은 글들을 통해 신실한 무슬림이라고 할 수 없는 지도자들이 정부를 이끌어 가는 것을 비판했다. 그는 이집트의 지도자들이 이슬람법을 따르는 대신 서구를 흉내 내는 데만 급급하다고 지적했다. 그는 공산주의를 실천하고 옹호하는 국가들이 존재하고, 파시즘을 표방하는 국가들도 존재하지만 이슬람의 원칙에 따라 운영되는 국가는 세상 어디에도 없다고 한탄했다. 하산 알 반나는 자유민주주의에 반대했는데, 그에게는 이슬람의 이익을 수호하는 것이 먼저고 국가와 인권을 수호하는 것은 그 다음 문제였기 때문이다. 그는 4대 법학파와 법학자들이 다양한 의견을 가지고 있었던 것만 봐도 이슬람에 언제나 존재했던 의견과 관점의 차이는 이슬람 정부를 세우는 데 아무런 걸림돌이 되지 않는다고 말했다.

그는 이슬람이 종교적 소수자들을 보호하고 여성과 남성을 동등하게 대우하며 여성에게도 교육의 기회를 주어야 한다고 주장했다. 그러나 그 이외에 여성은 이슬람법에 따라 베일을 쓰고 집안에 있어야 하며 가정과 자녀들에게 충실하기 위해 직업을 가져서는 안 된다고 말했다. 무슬림 형제단의 지지세가 날로 높아지며 그들이 쿠데타를 일으킬지도 모른다는 소문이 돌자, 이스라엘 건국 당시 팔레스타인에서 일어난 전쟁에 참전해 참패를 당하고 인기가 바닥으로 추락한 파루크 1세Farouk I와 마흐무드 알 누크라시 파샤Mahmud al-Nukrashi Pacha 총리는 무슬림 형제단을 탄압하기 시작했다. 그런데 1948년 12월 무슬림 형제단의 일원이 총리를 암살하는 사건이 발생했다. 하산 알 반나는 테러가 이슬람에 반하는 행위라며 총리 암살 사건을 비판했는데, 1949년 2월 12일 그 역시 파루크 1세 왕실 경비단으로 의심되는 암살자의 총탄에 죽음을 맞았다.

1936년 하산 알 반나는 메카 성지 순례 중에 사우디 왕조의 압둘아지즈 이븐 사우드 왕을 만났다. 그는 사우디아라비아에 무슬림 형제단의 지부를 개설할 수 있도록 허가해달라고 부탁했으나 왕은 단칼에 그 요청을 거절했다. 사우디아라비아는 이미 이슬람 국가이기 때문에 굳이 무슬림 형제단까지 나설 필요가 없다는 이유에서였다. 그는 사우디아라비아에서는 모두가 무슬림 형제단이라고 말하며 사우디아라비아 국민들의 민심을 동요시킬 수 있는 무슬림 형제단을 경계했다. 더구나 대중적이고 민중적인 무슬림 형제단은 엄격한 이슬람 규율에 따라 사치스러운 생활을 영위하는 왕실과 세습 군주제를 비판해왔으니, 사우디아라비아의 입장에서는 무슬림 형제단의 제안이 달가울 리 없었다.

프랑스의 세속주의와 식민지 집단주의의 모순

1905년 프랑스 의회는 정교분리법을 통과시켰다. 가톨릭과 긴밀한 관계를 유지하는 군주제 진영과 종교로부터 국민을 해방시켜야 한다고 외치는 공화주의 진영이 '두 개의 프랑스로 나뉘어 벌인 전쟁'을 평화롭게 해결하기 위한 방책이었다.[1] 이후 프랑스 상원에서는 정교분리법을 알제리를 비롯한 다른 식민지에도 적용해야 하는지를 두고 열띤 토론이 벌어졌다. 상원의원 외젠 브라제Eugène Brager는 식민지에서 성직자는 식민지 당국의 '문화적 임무'를 돕는 중요한 협력자이므로 국가의 전폭적인 지지를 받아야 한다고 강조했다. 게다가 그를 비롯한 다른 의원들은 식민지 국민들이 새로운 법을 이해하지 못할 것이며 모스크와 마드라사에 대한 통제권을 유지하는 것이 중요하므로, 이슬람 종교 지도자들을 가톨릭 사제처럼 국가의 관료로 유지하는 것이 마땅하다고 주장했다. 따라서 정교분리법은 문서상으로 알제리에도 적용되었지만 실제로는 예외가 '허용'되었으며, 실상 1905년 이전과 비교해 바뀐 것이 거의 없었다. 알제리의 이슬람 고위 성직자들은 세속주의를 프랑스 식민지에서 자치권을 얻을 수 있는 하나의 수단으로 여겨, 알제리에도 정교분리법이 실질적으로 적용되어야 한다고 주장했지만 받아들여지지는 않았다. 프랑스는 이슬람 성직자 이맘을 국가의 관료로 유지해야 무슬림 국민들을 더욱 수월하게 통치할 수 있었기 때문이다.

한편 튀니지의 유대인 세자르 베나타르César Benattar와 무슬림 압델 아지즈 탈비Abdelaziz Thaalbi는 1905년 프랑스어와 아랍어로 《코란의 자유주의 정신L'Esprit libéral du Coran》을 발표하며, 근대적이고 자유주의적인 사회관과 코란의 정신이 양립할 수 있음을 다음과 같이 주장했다. "타종교에 대한 존중, 신앙의 자유, 그리고 모든 의견에 대한 경청은 코란의 63개 수라트와 125개 구절에서 발견되는 가치다. 따라서 그것이 바로 이슬람 경전, 코란이 추구하는 핵심 가치라고 말할 수 있을 것이다. 그런데 어떻게 코란이 불관용과 광신주의의 도구가 될 수 있겠는가?" 그들은 1902~1905년에 법무부 장관을 지냈고 당시 급진당 대표였던 어니스트 발레Ernest Vallé 상원의원에게 이 책의 프랑스어판을 헌정했다. 이 책의 서문에서 그들은 "이슬람이 그 어떤 종교보다도 신앙의 자유를 수호하고, 다양한 의견을 존중하며, 이웃에 대한 사랑을 설파하고, 여권 신장을 옹호하는 종교라는 것을 보여주려 노력했던 그의 헌신"에 감사를 표시했다.[2]

앞서 보았듯 프랑스는 영국과 마찬가지로 오스만 제국에 대항할 때는 아랍 민족주의를 부추겼고, 유럽 제국주의에 맞서 아랍 민족주의가 부상할 때는 이를 억압하거나 회피했다. 식민지의 분열이 심해질수록 통치는 더 수월해지기 마련이었기에 영국과 프랑스는 식민지의 종교 갈등을 조장했다. 영국은 인도에서 집단주의(무슬림, 힌두교도, 시크교도, 불교도, 자이나교도 등)를 지속적으로 부추겼는데, 이는 일부 종교 집단이 바라는 바이기도 했다. 또한 영국은 팔레스타인에서 유대인 이민자들의 손을 들어줌으로써 아랍인들의 독립 의지를 꺾어버리기도 했다(영국은 유대인들이 세우고자 하는 국가의 성격이나 국경에 동의하지도 않았다).

프랑스 역사학자 장 피에르 필리우Jean-Pierre Filiu에 따르면 프랑스 역시 "중동을 상대로 대단히 공격적인 종파주의"라 할 수 있는 집단주의를 부추겼다.[3] 프랑스는 우선 시리아와 레바논을 해체하여 영토를 분할한 다음, 시리아를 민족과 종교에 따라 하부 지역으로 나누어 분할 통치했다. 자신들의 국가가 식민 지배에 의해 분할되는 것에 반발한 시리아인들은 1925년 대규모 봉기를 일으켰다. 그런데 프랑스는 이를 '드루즈인들이 일으킨 반란'으로 규정하며 '중재'가 필요한 '민족 간' 분쟁으로 몰아가려 했다. 그러나 시리아 국민이 일으

317

킨 봉기는 들불처럼 퍼져 민족 간 분열을 초월해 대규모로 확산되었고 다마스쿠스까지 번졌다.

다마스쿠스의 국가 혁명 위원회는 프랑스에 시리아의 독립을 요구했다. 이에 프랑스 군대는 다마스쿠스에 대대적인 폭격을 가한 뒤, 모로코인, 시리아의 소수 민족, 알라위인, 쿠르드인, 아르메니아인이 포함된 '특수 부대'를 동원해 봉기를 진압했다. 이로 인해 프랑스와 시리아 사이의 갈등은 더욱 심화되었다. 한편 레바논에서는 기독교인과 무슬림 간의 동등한 대표성을 보장하고 여러 집단(마론파, 시아파, 수니파, 드루즈인, 아르메니아인 등)의 비례적 대표성을 보장하는 집단주의를 새 헌법으로 공식화했다. 이런 집단주의 체제는 현재까지도 그 안에 잠재되어 있던 온갖 병폐들을 적나라하게 드러내고 있다.

프랑스의 식민지 영토를 주관하는 부처였던 식민지부는 이슬람에 대해 양가적 태도를 가졌다. 프랑스는 알제리를 비롯해 모로코와 튀니지의 순례자들을 위해 배를 마련하고 메카 성지 순례를 기획하며, 무슬림들에게 프랑스 제국이 이슬람을 존중하고 그들의 신앙생활에 큰 관심을 갖고 있다는 것을 보여주려 했다. 또 한편으로는 순례자들이 메카, 이집트 또는 시리아에서 와하브파나 무슬림 형제단 또는 반식민 운동가들을 접하고 급진적으로 돌아설 것을 염려하여, 성지 순례에 참여한 순례자들을 감시하고 통제했다.[4] 또한 프랑스 당국은 마그레브 지역, 세네갈, 그 외의 아프리카 식민지역의 종교 당국과 동맹을 모색했다. 특히 마라부트marabout(이슬람 종교 지도자)들을 지지했으나 그중 일부는 여전히 식민 지배에 반감을 드러냈다. 이렇듯 프랑스는 식민 지배 체제를 유지하기 위해 정교분리를 제외하고 할 수 있는 모든 일을 했다.

1926년 프랑스는 제1차 세계 대전에서 프랑스를 위해 싸워준 무슬림 병사들을 기리기 위해 파리 모스크를 세웠다. 프랑스 본국과 해외 식민지의 행정부, 종교계 지도자들, 프랑스령 북아프리카의 무슬림들이 합심해 계획을 세우고 자금을 조달한 이 모스크는 고전적인 모로코 양식으로 지어졌으며, 예배를 거행하는 장소와 관광객을 위한 별도의 시설을 갖추고 있었다. 모로코 술탄 물라이 유세프는 파리 모스크 개관식에 몸소 참석했다. 그는 프랑스 본국과 식민지 무슬림들을 비롯해 해외 귀빈들, 프랑스 국민들을 향해 프랑스가 모로코 국민들과 무슬림들에게 보여준 호의에 감사를 표했다. 그리고 프랑스가 이 모스크를 건립함으로써 이슬람과 프랑스의 가치가 양립할 수 있음을 보여주었다는 메시지를 전달했다. 그러나 모스크를 세운 프랑스의 목적은 따로 있었다. 프랑스는 이 모스크를 통해 북아프리카의 반식민 활동을 감시하고 통제하면서, 이슬람을 한곳에 집중시켜 보다 수월하게 식민지를 관리하고자 했던 것이다.

1930년대부터 프랑스 정부는 프랑스에 거주하는 무슬림들이 필요로 하는 것들을 충족시켜주기 위해 특수한 기관들을 설립했다. 1928년에 설립된 북아프리카 원주민 지원국은 프랑스에 거주하는 북아프리카인들을 위한 지원 제도를 운영했고, 무슬림들에게 아랍식 공중목욕탕과 카페가 마련된 휴게실을 제공했다. 1935년에 개원한 보비니의 프랑스-이슬람 병원은 거주자와 방문객을 구분하지 않고 파리의 무슬림들에게 의료 서비스를 제공했다. 프랑스는 이러한 정책을 통해 무슬림들에게 필요한 것들(사실 식민 지배국이 필요로 한 것들)을 신경 쓰는 모습을 보이는 동시에 점차 확대되는 노동자 이주민 공동체를 관리하고 통제하려는 이중의 목적을 달성했다. 하지만 그 이면에는 프랑스인들을 비롯해 비무슬림 이민자들로부터 무슬림들을 분리시키려는 의도를 숨기고 있었다. 이렇듯 프랑스는 표면적으로는 이민자들을 포용하는 정책을 내세웠지만 언제나 그 뒤에는 다른 꿍꿍이가 있었다. 무슬림들은 프랑스의 일반 국민들처럼 생활하기를 바랐지만 프랑스 정부는 그들이 '이슬람'의 테두리 안에서만 생활하도록 강제했다. 그리고 이것이 바로 프랑스가 식민 지배를 용이하게 하기 위해 구상해낸 '프랑스판' 집단주의였다.[5]

무슬림 형제단과 와하브파가 주창한 원리주의는 이슬람 세계의 다른 국가와 마찬가지로 알제리에도 영향을 미쳤다. 와하비즘은 식민 지배국이나 내외부의 적들에 대항하기 위해 손쉽게 끌어올 수 있는 사상이기는 했지만, 이를 이용한 당사자들은 사우디 왕조처럼 궁지에 몰리기도 했다. 1930년대부터 개혁주의 이슬람을 표방한 알제리 잡지《시하브》는 이븐 사우드에게 '이슬람의 왕'이라는 칭호를 붙이며 과도하게 그를 칭송했고 와하브파는 수니파와 동류라는 것을 강조했다.[6]

1931년 알제리 무슬림 울라마 협회를 창립한 압델하미드 이븐 바디스Abdelhamid ibn Badis는 와하비즘에는 지지를 보냈던 반면, 전통적으로 존중의 대상이었던 마라부티즘(성자 숭배)에 대해서는 비판적인 입장을 취했다. 그는 특히 1780년경 아흐마드 알 티자니Ahmad al-Tijani가 모로코 페즈에서 설립하고, 현재까지도 서아프리카에 다수 존재하는 수피 수도회인 티자니야 수도회를 강도 높게 비판했다. 상황이 심상치 않게 돌아가자 프랑스 당국은 무슬림 세력의 규합을 저지하기 위해 알제리의 울라마들을 '와하브파'로 규정하며, 1933년 2월16일에 다음과 같은 미셸 공문을 띄웠다.

식민지의 원주민들이 특정 프로파간다에 선동되고 있다는 소식이 곳곳에서 전해지고 있습니다. 이 자들은 메카의 와하브 운동을 추종하는 자들이거나 범이슬람주의에 물든 알제리 순례자들로 추정됩니다.[7]

이스라엘과 이슬람은 왜 격돌했는가?
: 1945~1967년

유럽의 식민 지배는 양차 세계 대전을 거치며 점차 힘을 잃어갔지만, 그럼에도 불구하고 대다수의 식민지는 제2차 세계 대전이 끝난 후에도 수십 년이 지나서야 독립을 쟁취할 수 있었다. 식민 지배국에 맞서 싸운 식민지 병사들에게 다시 식민 지배를 받는다는 것은 상상도 할 수 없는 일이었으나, 제국주의 열강은 식민지를 포기할 마음이 없었다. 1945년 5월 8일 프랑스를 비롯한 연합국 국가들은 나치 독일의 항복으로 유럽에서 전쟁이 종식된 것을 자축했다. 하지만 알제리 콩스탕틴 부근의 세티프에서는 전쟁 종식의 기쁨이 그리 오래가지 못했다. 알제리 국기를 펼쳐들고 독립을 요구하는 시위 중에 폭력 사태가 벌어져 시위대와 경찰이 사망하는 사건이 일어난 것이나. 폭력의 악순환은 끊이질 않았다. 알제리인들이 프랑스인 거류민을 공격해 100여 명의 사망자가 발생하는 사건이 일어났고, 이에 프랑스 군대는 용의자를 즉결 처형한 뒤 마을에 폭격을 가하며 보복을 감행했다. 1945년 5월 29일 샤를 드골Charles de Gaulle 장군은 시리아의 독립을 위해 싸우던 민족주의자들을 제거하기 위해 다마스쿠스를 폭격하라는 명령을 내렸다. 그 결과 도시의 일부가 파괴되었고 수백 명이 사망했다. 같은 시기 시리아의 신임 총리 파리스 쿠리는 유엔 창립 회의에 시리아 대표로 참석하기 위해 샌프란시스코를 방문했다. 이 회의에서 프랑스는 미국과 영국, 두 동맹으로부터 지지를 얻지 못했고 결국 시리아와 레바논에서 손을 떼야 했다.

새로운 열강으로 등장한 미국은 아랍 국가들의 독립을 지지했다. 1945년 2월 14일 미국, 영국, 소련 등 연합국 정상들은 제2차 세계대전 종전을 앞두고 독일의 관리 문제 등을 논의하기 위해 흑해 연안 얄타에서 회담을 개최했다. 회담이 끝난 뒤 미국의 프랭클린 루즈벨트 대통령은 수에즈 운하에 정박한 미국 군함 퀸시호에서 사우디 국왕 이븐 사우드를 만나 비밀 회담을 가졌다. 여기서 미국은 사우디아라비아에 군사적 안보협력을, 사우디아라비아는 미국에 석유의 개발권과 판매권을 약속했다. 영국이 그랬던 것처럼, 미국 역시 사우디아라비아와 전략적 동맹을 맺고 아랍 정부 중에서 가장 독재적인 사우디아라비아에 힘을 실어주었다. 그리고 이는 사우디아라비아가 전 세계에 와하비즘을 전파하는 데 도움을 주는 결과를 초래했다. 회수분과도 같은 석유를 무기로 사우디아라비아는 모스크와 마드라사의 건축비를 지원하고, 사우디아라비아로 유학 오는 전 세계 무슬림 청년들에게 장학금을 수여하며, 와하브파의 포교활동에 자금을 조달했기 때문이다. 더불어 이슬람 성도인 헤자즈 지역의 통제권을 쥐고 있던 사우디아라비아의 정당성과 위신 역시 크게 향상되었다. 이후 수십 년간 순례자의 수가 증가하면서 사우디아라비아의 영향력은 더욱 커질 수밖에 없었다. 1950년대부터 순례자들은 주로 비행 편을 이용해 헤자즈를 방문했고, 1960년대에는 연간 백만 명이 넘는 순례자들이 헤자즈를 찾았다.

인도네시아는 일제 패망 이틀 뒤인 1945년 8월 17일에 독립을 선언했다. 1942년 일본은 네덜란드군을 몰아내고 인도네시아를 침략해 점령했다. 여타 식민지의 원주민들과 마찬가지로 많은 인도네시아인들은 고문과 강제 노역에 시달렸고, 인도네시아와 유럽 여성들은 매춘을 강요당했다. 인도네시아 고위층은 일본에 저항했지만 일부는 부역하기도 했다. 일본은 저항 세력을 강력하게 탄압했으며, 1944년에는 인도네시아와 말레이시아 공국의 술탄 12명을 포함해 수많은 사람들을 처형했다.

네덜란드가 인도네시아에 진출하기 시작한 것은 16세기 말이었으나, 인도네시아 전역에 실질적인 권력을 행사한 것은 20세기 초부터다. 그들은 1905년이 되어서야 인도네시아에서 가장 막강했던 아체 술탄국을 정복했다. 네덜란드는 1945년에 인도네시아에서 군대를 철수했지만, 프랑스처럼 자신의 식민지 영토를 지키고 싶어 했다. 인도네시아 민족주의 세력이 일본군에 대항해 싸울 때, 영국군은 인도네시아에서 일본군을 몰아내고 네덜란드의 인도네시아 재점령을 지지했다. 그러나 2년간 인도네시아의 독립 투쟁이 이어졌고 외교적 압박(특히 미국, 소련, 호주)이 점점 더 거세지면서, 네덜란드는 새롭게 건국된 인도네시아 공화국을 인정하고 군대를 철수하기로 결정했다. 그리고 무슬림 아버지와 힌두교인 어머니 사이에서 태어난 독립 전쟁의 영웅 수카르노Sukarno가 인도네시아 공화국의 대통령이 되었다.

인도네시아는 무슬림이 다수를 차지하고 있었으나 다종교, 다문화, 다언어 국가였다. 이에 인도네시아 정부는 이슬람을 비롯해 개신교, 천주교, 힌두교, 불교, 유교 등 6개 종교를 법적으로 인정했다. 새로운 정부가 다종교를 인정하자 분리 독립을 지지하는 세력은 이를 두고 논쟁을 벌였고 그들은 한목소리로 다종교주의는 물론이고 인도네시아의 국가적 통합을 인정할 수 없다고 주장했다. 반체제 무슬림 지도자들은 1949년 '다룰 이슬람Darul Islam(이슬람의 세계)'을 설립하고 샤리아를 기반으로 통치하는 이슬람 국가 건설 운동을 벌였다. 새 정부를 향한 일련의 반란은 여러 반군 지도자들이 처형되면서 1962년이 되어서야 어느 정도 잠잠해졌고, 아체주는 특별 자치주로 지정되어 공식적으로 샤리아를 시행하는 지역으로 남게 되었다. 수카르노는 반란을 통제해야 한다는 구실을 내세워 '국가주도 민주주의'를 선언했고 이는 오래지 않아 군사 독재 체제로 변모했다. 그러나 수카르노 정부는 1965년 수하르토Suharto가 일으킨 유혈 쿠데타로 무너졌다. 군부 세력의 지지를 받던 수하르토 정권은 공산주의자들을 비롯해 여러 소수 민족(특히 중국인)과 소수 종교(기독교와 힌두교)를 탄압하면서 모든 반란 세력을 강력하게 제압했는데, 수하르토 집권 이후 1965~1967년에 약 50만 명에서 3백만 명에 이르는 인도네시아인들이 학살당했다.

1947~1948년 영국은 인도와 팔레스타인에서 철수했다. 그러나 영국으로부터 독립한 두 나라는 사실상 내전에 가까운 종교적 갈등으로 영토를 분할하기에 이르렀다. 처음에 영국은 인도의 영토 분할을 예상하지 못했다. 마하트마 간디를 비롯한 많은 독립 지지자들이 다종교로 이루어진 하나의 인도를 찬성했기 때문이다. 그러나 1906년 조직된 인도 무슬림 연맹과 같은 진영에서는 종교에 따른 영토의 분할을 찬성했고, 1947년 8월 결국 인도는 인도 공화국과 파키스탄 공화국으로 분리되었다. 그러나 이후에도 힌두교도와 무슬림 간에 대립은 끊이지 않았으며, 수십만의 힌두교 난민은 인도로, 무슬림 난민은 파키스탄으로 떠나야했다. 1949년 3월 12일 파키스탄 제헌의회는 다음과 같은 내용의 결의안을 채택했다. "전 세계에 대한 주권은 전능하신 신에게 있으며, 파키스탄은 신으로부터 위임받은 주권을 신이 규정한 범위 내에서 그 국민을 통해 행사한다. 또한 이슬람이 지향하는 민주주의, 자유, 평등, 관용, 그리고 사회 정의의 원칙을 온전하게 실천할 것임을 선서한다."[8] 일부 비무슬림 파키스탄 국민들은 이 선언문을 강력하게 비판했으나 현재까지도 파키스탄 헌법의 일부로 남아 있다.

영국은 1937년부터 팔레스티인을 유대인 국가와 아랍 국가로 분할하는 방안을 구상했고, UN에 해법을 제시해달라고 요청했다. 유대 민족만의 국가를 건설하고자했던 유대인들이 홀로코스트라는 비극적 서사를 겪었던 만큼 이 사안은 시급하게 다루어야 하는 문제였다. 그러나 아랍인들은 UN의 분할안을 거부했다. 결국 1948년 유대인들은 일방적으로 독립 국가를 선언했고 이집트, 트랜스요르단, 시리아, 레바논이 일제히 이스라엘을 공격하면서 제1차 중동전쟁이 발발했다. 이집트의 아랍 군대는 이스라엘 건국이 선포된 다음 날 이스라엘을 공격했지만, 건국을 막지는 못했다. 요르단의 왕 압둘라 1세는 이스라엘 당국과 회담을 갖고 팔레스타인 지역을 점령하고 싶다는 뜻을 내비쳤다. 그 결과 팔레스타인의 77%는 이스라엘에, 22%(요르단강 서안 지구)는 요르단에 병합되었다. 그리고 가자지구는 이집트의 영토가 되었다. 영토 분할을 원치 않았던 팔레스타인인들은 하루아침에 난민이 되어 다른 지역으로 추방당했다. 팔레스타인 사람들에게 이스라엘의 독립선언은 그야말로 대재앙이었다. 후에 팔레스타인 정부는 팔레스타인인들이 고향에서 쫓겨날 당시의 고통을 기억하기 위해 이스라엘 건국일 다음 날인 5월 15일을 '나크바 Nakba의 날(대재앙의 날)'로 지정했다.

이스라엘의 건국을 지켜본 신생 독립 아랍 국가들은 충격에 빠졌다. 천신만고 끝에 프랑스와 영국을 몰아내고 식민지에서 해방된 시점에, 또다시 유럽인들에게 영토를 빼앗긴 것이나 다름없었기 때문이다. 많은 아랍인들은 이스라엘의 건국을 아랍 영토에 새로운 유럽 식민지가 들어선 것으로 간주했다. 팔레스타인과 그 동맹국은 자신들의 실패를 뼈아파 했고 이슬람 국가에서는 분노의 물결이 일어났다. 이라크, 예멘, 이집트와 같은 아랍 국가들에서는 유대인들을 상대로 폭력사태가 벌어졌으며 유대인들은 이를 피해 유럽과 미국, 이스라엘로 떠나야 했다.

무슬림 형제단은 이집트에서 영국을 몰아내기 위해 팔레스타인과 연대하며, 정부가 받아들일 수 있으면서도 여론의 지지를 얻을 수 있는 방법을 찾아냈다. 영국은 1936년에 체결된 영국-이집트 조약에 따라 수에즈에 중요 군사 기지를 두고 운하의 통제권을 행사하고 있었다. 그런데 1951년 이집트는 이 조약을 폐기하고 영국에게 이집트에서 철수할 것을 요구했고 영국은 이를 거부했다. 이에 무슬림 형제단, 이집트 군부, 경찰은 폭동을 일으켰으며, 1952년 1월 영국이 이스마일리아 경찰서를 공격해 41명의 사망자를 내면서 카이로에서는 반유럽 시위가 일어났다. 정국이 혼란한 틈을 타, 1952년 7월에 가말 압둘 나세르Gamal Abdul Nasser 대령은 무슬림 형제단의 지원을 받아 군부 쿠데타를 일으켰다.

정권을 잡은 나세르는 야당과 노조를 탄압하고 정권을 장악하는 데 도움을 준 이들을 차츰 배제하면서 독재 체제를 공고히 해 나갔다. 나세르와 무슬림 형제단은 처음부터 서로를 불신했는데, 미국은 소련에 지나치게 우호적인 나세르에게 반기를 든 무슬림 형제단을 자신들의 동맹으로 여겼다. 미국은 무슬림 형제단의 초대 단장이었던 하산 알 반나의 사위인 사이드 라마단Saïd Ramadan을 워싱턴으로 초청했고, 1953년 9월 아이젠하워 대통령과의 만남을 성사시켰다. 1953년 나세르는 무슬림 형제단과 타협하기 위해 단장인 하산 알 후다이비Hassan al-Hudaybi를 만났고, 알 후다이비는 나세르에게 외출 시 이집트 여성들의 베일 착용을 의무화해줄 것을 요청했다. 이에 나세르는 그런 조치를 실행하면 이집트는 독재자 알 하킴의 시대로 퇴행할 것이라고 대답했다. 그러나 알 후다이비는 자신의 주장을 굽히지 않았으며, 이집트의 지도자로서 나세르가 이슬람법을 존중해야 한다고 말했다. 그러자 나세르는 이렇게 응수했다. "단장님, 딘

장님에게는 의대에 다니는 딸이 있지요. 그 친구는 베일을 쓰고 다니지 않더군요. 단장님이 이집트의 젊은 여성들을, 특히 단장님의 딸을 설득하지 못하는 마당에 제가 어떻게 천만 이집트 여성들에게 베일을 쓰라고 강요할 수 있겠습니까?"[9]

그러던 중 1954년 10월 26일, 무슬림 형제단의 일원이었던 모하메드 압델 라티프가 나세르의 암살을 기도했고, 이로 인해 무슬림 형제단 단원 수천 명이 체포되는 일이 벌어진다. 무슬림 형제단 간부들 중 8명은 사형 선고를 받았고 이집트의 이슬람화를 주장했던 사이드 쿠틉Sayyid Qutb은 15년 형을 선고받았다. 나세르는 여세를 몰아 국가 비밀경찰 '무카바라트Mukhabarat'를 조직해 공산주의자들과 저항 세력들을 감옥에 투옥하고 국민들을 억압하며, 자신에게 반기를 드는 모든 이들을 탄압했다.

사이드 쿠틉은《코란의 그늘에서》라는 제목으로 코란 주해서의 일종인 '타프시르Tafsir'를 옥중에서 집필했고, 이 책은 후에 '이슬람주의자들의 코란'으로 불렸다.[10] 이 책에서 사이드 쿠틉은 메디나 시대를 사회 정의가 실현되고 무슬림들 간에 평화를 누리던 실낙원으로 표현했다. 그는 이슬람 초기 네 명의 정통 칼리프들은 권력이나 이익 또는 영광을 위해서가 아니라, 억압받는 백성들에게 사회 정의와 신의 진리를 보여주기 위해 부패한 비잔틴 제국과 사산 왕국에 대항해 지하드를 벌였다고 주장했다. 또한 그는 예언자 무함마드조차도 공정과 정의를 늘 염두에 두고 있었기에 중요한 결정을 내릴 때는 이슬람 공동체의 협의체인 '슈라'를 거쳤다고 설명했다. 그는 권력이란 공동체의 합의하에 생성되고 행사되어야 한다는 점을 강조했는데, 이는 사우디아라비아의 군주제와 독재 체제를 지지하는 와하비즘(그러나 실상 와하브파 추종자들은 오로지 한 명의 무슬림 지도자만을 따른다)과는 상반되는 사상이었다.

사이드 쿠틉은 지하드를 무쉬리쿤(다신교도 또는 이교도)에 대항하기 위한 정당한 전쟁이라고 주장했다. 이븐 타이미야의 사상을 계승한 사이드 쿠틉은 이슬람법에 따라 행동하지 않는 자에게서 무슬림의 지위를 박탈하는 '타크피르'를 지지했다. 그리고 그는 오직 신만이 신실한 무슬림이 복종하는 샤리아를 제정할 수 있으므로 법률을 제정하는 사람은 누구나 '이교도'라고 주장했다. 이는 나세르를 상대로 한 사이드 쿠틉의 옥중 투쟁이기도 했다. 사이드 쿠틉은 결국 사형 선고를 받았고, 1966년 8월 29일에 교수형을 당했다. 그는 사망 이후 순교자의 반열에 올랐으며 그의 투쟁은 이슬람 세계에서 큰 반향을 불러일으켰다.

이란의 국부 아야톨라 호메이니Ayatollah Khomeini는 사이드 쿠틉을 존경했고, 그의 투쟁을 본받아 1979년 이란에서 이슬람 혁명을 주도했다. 그의 뒤를 이어 이란의 최고 지도자가 된 알리 하메네이Ali Khamenei는 사이드 쿠틉의 저서 《코란의 그늘에서》의 상당 부분을 페르시아어로 번역하기도 했다. 무슬림 형제단과 지하디스트들에게 그의 지시는 일종의 필수 참고서였다. 한편 이집트에서 나세르의 뒤를 이어 대통령이 된 안와르 사다트Anwar el-Sadat(재임 1970~1981년)는 투옥되어 있던 수천 명의 무슬림 형제단을 석방하며 반대파의 반발을 잠재우려 했다.

무슬림 형제단은 탄압을 받는 동안에도 지하 비밀 조직을 꾸려

활동했다. 무슬림 형제단 내에서는 콥트 정교회에 관용을 베풀어야 한다는 이들부터 나세르와 그 후임 대통령들의 불법적인 권력에 맞서 지하드를 실행해야 한다는 이들까지 다양한 견해가 공존했다. 그럼에도 무슬림 형제단은 이슬람의 실천과 사회 정의 실현이라는 공통의 목표를 바라보며 하나로 뭉쳤다. 그들은 빈곤층에 대한 구제 활동을 하며 군건한 대중적 기반을 확립했고, 이집트 국민들로부터 정·군·재계의 어떤 지도자들보다 큰 지지를 받았다.

1956년 7월 26일 나세르 대통령은 프랑스 영사 페르디낭 드 레셉이 설립한 수에즈 운하 회사의 운영을 종료하고 수에즈 운하를 국유화하겠다고 발표했다. 이에 영국은 이스라엘, 프랑스(나세르가 알제리 민족주의자들을 지원했다는 사실에 분개했다)와 손을 잡고 무력으로 수에즈 운하를 지키려 했다. 1956년 10월 이스라엘군은 가자지구와 시나이반도를 침공했다. 동시에 프랑스와 영국은 포트사이드를 폭격했고 이스라엘 동맹군은 수에즈 운하와 그 주변 지역을 장악했다. 영국 동맹군은 이집트를 상대로 군사적 승리를 거뒀지만 영국과 프랑스는 이내 국제사회에서 엄청난 비판에 직면했다. 이슬람 국가들에서 대규모 집회가 열렸고, 여러 국가들에서는 영국의 제국주의적 행태를 비판했으며, 사우디아라비아의 이븐 사우드는 영국과 프랑스에 석유 수출을 중단하겠다고 선언했다. 소련 또한 영국과 프랑스를 공습하겠다고 으름장을 놓으며 영국, 프랑스, 이스라엘을 향해 이집트에서 손을 떼라고 촉구했다. 미국 역시 영국과 프랑스에 휴전과 이집트에서의 철수를 요구했다. 사방에서 뭇매를 맞은 영국은 1961~1971년에 예멘에서 걸프만 지역에 이르는 식민지에서 점차 손을 뗄 수밖에 없었다. 프랑스는 1956년 튀니지와 모로코의 독립을 승인했지만 알제리에는 더욱 강한 집착을 보였다.

알제리 혁명이라고도 불리는 알제리 전쟁(1954~1962년)은 민족 해방전쟁 중 가장 지난한 전쟁이었다고 할 수 있다. 잔인하고 고통스러웠던 알제리의 독립 전쟁은 프랑스와 알제리 사회에 깊은 상흔을 남겼다. 이 전쟁은 현재까지도 양국 간의 관계와 이슬람을 바라보는 프랑스의 시선에 큰 영향을 미치고 있다.[11] 프랑스의 알제리 식민 지배 역사에서 정치적 목적으로 이슬람을 이용했던 것은 프랑스만이 아니었다. 프랑스 식민 지배에 대항한 알제리 민족해방전선 Front de Libération Nationale, FLN 역시 민족을 하나로 단결시키고 알제리 사회를 통합하는 수단으로 이슬람을 이용했다. 심지어 그들은 라마단 기간 중에 파리에서 낮에 영업을 하는 카페와 레스토랑의 알제리인 업주들에게 보복하겠다는 위협을 가하기도 했다. 또한 민족해방전선은 신앙을 '세속적'으로 실천하는 것을 경계하며 이를 비무슬림적이라고 규정했고(성인의 무덤 참배, 수피파 추종 등) 신성한 이슬람을 알제리 민족 해방의 명분으로 내세웠다.

알제리의 수피파는 다른 아프리카의 프랑스 식민지에서와 마찬가지로 식민지 초기에 프랑스에 대항하다 탄압을 받고 해체되었으나, 프랑스는 다시 이들을 이용하려 했다. 그러나 알제리 민족주의자들은 민족해방의 기치에 걸맞은 근대적인 이슬람을 표방했고 점차 그들과 거리를 두기 시작했다. 그렇다고 민족주의자들이 이슬람 신정국가 건설을 목표로 했던 것은 아니다. 오히려 민족해방전선은 울리마에서 공산주의자까지 다양한 사상을 존중하며 알제리 국민을 통합하는 것을 목표로 삼았다. 식민 지배 열강에 맞서 알제리는 하나로 뭉쳤지만, 독립 지지자들 간의 견해 차이까지 하나로 뭉쳐지지는 않았다. 1963년 독립국이 된 알제리의 헌법은 일부 종교 지도자들이 원했던 바와 달리 샤리아를 토대로 하지 않았으나, 헌법에 의해 이슬람이 알제리의 국교로 지정되었다. 이후 1960~1970년대에 알제리는 이슬람의 가치를 발전시킬 수 있는 사회주의 국가를 표방했다.[12]

이집트에서 나세르는 범아랍민족주의와 사회주의를 전면에 내세웠고, 막대한 종교적 영향력을 가진 알 아자르 샤이크들을 국가의 선전도구로 이용했다.[13] 튀르키예가 나토에 가입하고 사회주의를 표방한 시리아가 소련과 우호적인 관계를 유지하며 두 국가 사이에 군사적 긴장감이 팽배해 있던 중, 1957년 나세르는 시리아를 지원하기 위해 이집트 군대를 파견했다. 이듬해 이집트는 시리아와 동맹을 맺었고 나세르는 시리아에 단일 국가 수립을 제안했다. 이후 아랍연합공화국이 탄생했으며 나세르는 공화국의 대통령이 되었다(그러나 3년 후 시리아는 공화국에서 이탈했다). 이집트는 이라크 정복을 시도했으나 실패했고 북예멘을 장악하려던 계획도 수포로 돌아갔다.

나세르는 미국과 영국의 동맹국이자 와하브 범이슬람주의의 종주국인 사우디아라비아의 이븐 사우드 왕과 그의 동생 파이살을 눈엣가시로 여겼으며, 이집트 라디오 방송 〈아랍의 목소리〉는 사우디 왕조와 그의 원리주의 사상을 가차 없이 비판했다. 이에 이븐 사우드 왕은 1958년 2월 나세르가 탑승한 다마스쿠스행 비행기를 격추시킬 목적으로, 시리아 보안 책임자를 매수하려 했으나 실패했다. 이 사건으로 나세르 대통령의 명성은 오히려 더 높아졌고 이븐 사우드 왕은 동생에게 대부분의 권력을 넘겨주며 치욕을 맛봐야 했다.

1962~1970년 예멘 아랍 공화국에서는 공화파와 왕당파 간 내전(북예멘 내전)이 벌어졌다. 이때 식민지를 지배하고 있던 영국은 북부의 왕당파를, 아랍 사회주의를 지지하던 소련은 남부의 공화파를 지원했다. 여기에 사우디아라비아가 왕당파를, 이집트가 공화파를 지지하면서 이 내전은 일종의 아랍 세계의 냉전으로 격화되었다.

1967년 5월에는 이스라엘이 시리아를 공격했다는 소문이 돌자 나세르가 홍해의 유일한 이스라엘 항구인 에일라트로 접근할 수 있는 티란 해협을 봉쇄했다. 그 후 이스라엘과 맞닿은 국경에 군대를 집결시키고, 1956년의 수에즈 위기 이후 국경에 파견된 유엔 평화유지군을 철군시켰다. 1967년 6월 5일 벌어진 6일 전쟁은 그렇게 시작되었다. 이스라엘 군은 이집트 공군 기지를 폭격해 이집트 공군의 무기 대부분을 파괴했다. 이에 요르단과 시리아가 이스라엘에 대항하기 위해 참전했고, 이스라엘 군은 반격에 돌입하여 아랍 군을 격퇴했다. 6월 11일 이스라엘은 3국의 공군을 대파했고 이집트는 가자 지구와 시나이반도를, 시리아는 골란 고원을, 요르단은 서안 지구를 이스라엘에 빼앗겼다. 6월 9일 나세르 대통령은 전쟁 패배의 책임을 지고 하야를 선언했지만 수십만의 이집트 국민들이 거리로 나와 그의 하야를 반대했다. 결국 나세르는 다음 날 대통령직에 복귀하여 1970년 9월 28일 심장마비로 사망할 때까지 대통령직을 유지했다.

1967년 6월 21일, 21세였던 튀니지 출신 프랑스 작가 압델와하브 메데브Abdelwahab Meddeb는 튀니스 대학에 재학 중이었다. 당시 그와 그의 친구들은 6일 전쟁을 어떻게 이해하고 있었을까? 그로부터 수십년이 훌쩍 지난 지금, 그의 이야기를 들어보자. 정치에 큰 관심을 갖고 있던 압델와하브와 그의 친구들은 대학 시절 나세르를 비롯해 사회주의, 이스라엘에 대해 열띤 토론을 벌였고 그들 중 대다수는 이스라엘을 아랍 영토에 남아있는 마지막 유럽 식민 지배국으로 여겼다. 압델와하브는 몇 년이 지나서야 유럽인들이 홀로코스트에 얼마나 양심의 가책을 느끼는지, 그들만의 국가를 세우려는 유대인들의 열망에 홀로코스트가 어떤 작용을 했는지를 깨닫게 되었다.

그들은 정세를 파악하기 위해 〈아랍의 목소리〉를 비롯해 여러 라디오 방송을 들었고 프랑스 일간지 《르몽드》를 읽었다. 이스라엘과 아랍 국가 간의 전쟁 초기에 그들은 라디오를 들으며 당황하지 않을 수 없었다. 아랍의 라디오에서는 이집트와 그 동맹국이 대승을 했다는 소식을 전한 반면, 유럽의 매체들은 이스라엘이 완벽한 승리를 거뒀다고 보도했기 때문이다. 어느 쪽 말을 믿어야 했을까? 6월 9일 나세르가 패배를 인정했을 때, 청년 압델와하브와 친구들은 크게 실망했다. 나세르는 그들의 생각보다 훨씬 무능했을 뿐만 아니라 거짓말까지 한 것이 밝혀졌기 때문이다. 이와 같이 아랍 민족주의에 실망한 이들 중 일부는 무슬림 형제단이나 다른 이슬람 정당으로 눈을 돌리며 범아랍주의에서 찾지 못한 단합과 연대의 가치를 범이슬람주의에서 찾으려 했다. 그러나 대부분은 압델와하브처럼 두 사상 모두를 비판하고 의심했다.

6월 6일 저녁 압델와하브는 튀니스에서 일어난 폭동을 목도했다. 이스라엘의 공습 소식에 시위대는 영국과 미국 문화센터를 약탈하고 유대인 소유의 상점들을 파괴했으며, 대형 유대교 회당에 불을 질렀다. 압델와하브의 고등학생 시절 물리교사는 그 회당에 다니던 유대교 신자였는데, 그는 불길에 휩싸인 회당에 들어가 토라를 품에 안고 눈물을 흘리며 밖으로 나왔다. 그의 무슬림 제자들은 급히 달려와 그의 주위를 에워싸고 폭도들을 밀어냈다. 이 폭동으로 사망한 사람은 한 명도 없었지만, 유대인 공동체는 튀니스에 더 이상 거주할 수 없게 되었고 제르바섬, 유럽, 미국, 이스라엘 등으로 뿔뿔이 흩어졌다. 다른 아랍 국가들에서도 비슷한 사건들이 일어났으며 유대인들의 대거 탈출 행렬이 이어졌다. 압델와하브는 다원적이고 국제적인 도시였던 튀니스에서 유대인 공동체를 사라지게 한 것은 튀니스의 '명백한 실수'라고 비판했다.[14]

서구와 이슬람 간의 치열한 정치 싸움

1979년 정치적 이슬람은 일대 전환기를 맞았다. 2월에는 아야톨라 호메이니가 프랑스에서 이란으로 돌아와 이슬람 공화국을 건국했다. 3월에는 미국의 중재로 이스라엘과 이집트가 양국 간에 30년 동안 계속되어 온 전쟁을 종식하는 역사적인 평화조약에 서명했다. 11월에는 이란 정권이 테헤란 주재 미국 대사관을 점거해 외교관들을 인질로 잡았다. 사우디아라비아에서는 급진적인 과격 와하브파가 사우디 정권에 반기를 들고 카바 신전을 점령하며 이슬람 성지로 기도하러 온 순례자들을 인질로 잡았다. 12월에는 소련이 아프가니스탄에 군사 개입해 무자헤딘Moudjahidine이라는 이름의 반군 게릴라들과 내전 중에 있는 공산 정권을 지원했다. 반면 사우디아라비아를 비롯해 여러 이슬람 국가들과 미국은 반군 게릴라 무자헤딘을 지원했다.

이란에서는 전국적 규모의 반정부 시위와 폭동이 한 해 동안 계속되었고, 1979년 1월 이란 역사상 마지막 군주인 모하마드 레자 팔라비Mohammad Reza Pahlavi 국왕이 축출되어 이집트로 망명했다. 그리고 2월에 프랑스로 망명해 있던 호메이니가 이란으로 돌아왔다. 왕실과 서방 세계가 자신들을 착취하고 있다고 생각하던 이란 국민들은 자신들을 해방시켜 줄 영웅이 귀환했다며 환호했다.

이란 혁명을 이해하려면 19세기 말부터 시작된 이란의 친서방 정책의 역사를 되짚어 봐야 한다. 19세기 말부터 영국과 소련은 이란의 경제, 정치, 군사 문제에 개입했다. 서방의 개입에 이란 국민들은 크게 반발했고, 친서방 정책을 펼치며 서구문물을 적극적으로 도입한 나세르 알딘 샤Naser al-Din Shah 국왕은 결국 암살당했다. 1907년 이란에 대한 내정간섭을 본격적으로 추진한 영국과 러시아는 이란을 두 세력권으로 나누면서 이란의 주권을 제한했다. 제2차 세계 대전 중에 팔라비 왕조의 초대 국왕이었던 레자 샤 팔라비Reza shah Pahlavi는 중립을 선언했지만 영국의 그늘에서 벗어날 요량으로 나치 독일과 거래했다. 이로 인해 영국과 소련은 이란을 침공했고, 두 열강의 압력을 견디지 못한 레자 샤 팔라비는 아들 모하마드 레자 팔라비에게 왕권을 넘기고 퇴위했다.

1951년 이란 의회는 영국이 독점 지배하고 있던 이란의 석유를 국유화하는 법안을 가결했다. 이에 미국과 영국의 정보기관은 이 법안을 주도한 모하마드 모사데크Mohammad Mossaddegh 총리 정부를 전복시키기 위한 쿠데타를 비밀리에 조직했고, 모하마드 레자 팔라비가 미국과 긴밀하게 유착된 독재 정권을 수립했다. 따라서 모하마드 팔라비 국왕의 몰락은 새로 들어선 정권의 반미 및 반유럽 노선 지향을 예고하는 것이기도 했다. 공산주의자, 시아파 성직자(물라Mollah), 그리고 노조가 포함된 거대 반정부 연합은 호메이니를 중심으로 이란 혁명을 주도했고 국민들의 폭넓은 지지를 받았다. 당시 일부 이란 국민들과 서방 언론은 호메이니를 신정일치 국가를 추구하지 않는 '온건파'로 인식했으나, 이 판단은 보기 좋게 빗나갔다. 호메이니 세력은 세속주의자, 민족주의자, 그리고 공산주의자 세력까지 반정부 연합에서 축출했고, 이슬람 공화국을 선포하며 여성의 베일 착용 의무화가 포함되어 있는 '이슬람 율법'을 반포했다. 또한 의회 체제를 수립했지만 반대 진영의 참여는 제한되었으며, '최고 지도자'인 호메이니는 권력의 핵심을 장악했다.

그러나 호메이니 정권은 대중적이고 혁명적인 태도를 버리지 않았다. 실제로 팔라비 왕조는 부르주아 엘리트층을 우대했지만, 호메이니의 이슬람 공화국은 교육에 투지를 아끼지 않았고 여성을 포함해 원하는 누구든 대학 교육을 받을 수 있도록 했다.

여성들은 베일 착용 의무화와 일부 직업군에 대한 취업 금지 등의 새로운 법적 제약에 맞닥뜨렸지만, 그들의 어머니와 할머니 세대에서는 상상도 할 수 없던 대학 교육을 받을 수 있었고 직업을 가질 수도 있었다. 시아파 국가인 이란이 혁명으로 군주제를 폐지하고 신정제 공화정을 세우면서, 세습 군주제를 고수하는 수니파 국가 사우디아라비아와는 더욱 척을 지게 되었다. 이에 사우디아라비아와 그 동맹국은 이란을 예의주시할 수밖에 없었다.

이란 혁명을 지켜본 무슬림 형제단과 수많은 수니파 무슬림들은 큰 감명을 받았다. 호메이니가 무슬림 형제단의 '순교자' 사이드 쿠틉에게 큰 영향을 받았다는 것은 공공연한 사실이었기 때문이다. 그러나 사우디아라비아는 1979년 내부에서 나타난 적으로 인해 큰 타격을 입었다. 이슬람의 메시아 '마흐디'를 자처하는 무함마드 압둘라 알 카타니Muhammad Abdullah al-Qahtani와 그의 사위 주하이만 알 우타이비Juhayman al-Utaybi를 중심으로 새로운 와하브 운동이 전개되었기 때문이다. 그들은 '이교도' 사우디 정권의 불법성을 강조하면서 서구의 가치관 배격, 아라비아반도에서의 비무슬림 추방, 텔레비전 시청 금지, 샤리아 시행 등을 주장했다.

1979년 11월 20일 500명의 무장한 와하브 운동 세력은 메카의 대모스크를 습격해 수백 명의 순례자들을 인질로 잡았다. 이에 사우디 방위군은 메카 탈환을 시도했지만 실패로 돌아갔으며, 사우디 군 소속 메카 보안요원 27명이 사망했다. 사우디아라비아의 칼리드 국왕은 프랑스에 지원을 요청했고 이에 발레리 지스카르 대통령은 프랑스 특수부대의 파견을 승인했다. 사우디 군은 프랑스 군과 12월 4일에 반격을 개시하여 메카를 탈환했다. 공식 집계에 따르면 이 사태로 244명(반군 117명, 보안군 127명)이 사망했으며 성지는 엄청난 물리적 피해를 입었다.

메카를 탈환한 사우디아라비아 정부는 '승전보'를 타전했지만,

프랑스 군대의 지원 사실은 알리지 않았다. '마흐디' 무함마드 압둘라 알 카타니는 전투 중에 사망했고 주하이만을 비롯해 다른 반군 67명은 공개 처형 판결을 받고 참수되었다. 그렇게 와하비즘을 지향하는 사우디 왕조는 다시 자신들의 고유한 체제를 유지할 수 있게 되었는데, 프랑스가 이슬람 세계에서 가장 독재적이고 독단적인 정권을 지원해준 덕분이었다. 그러나 과격 와하브파는 지하드를 벌이기에 적합한 또 다른 돌파구를 찾아냈다. 바로 아프가니스탄이었다.

1978년 4월 아프가니스탄 카불에서는 쿠데타가 일어나 독재자 모하마드 다우드 칸Mohammad Daoud Khan 정권이 물러가고 아프가니스탄 민주공화국이 들어섰다. 공산주의 정부는 보편 교육과 여성의 권리평등을 포함해 아프간 국민들 다수가 지지하는 일련의 개혁을 단행했다. 그러나 오래지 않아 공산주의 진영은 분열되었고 여러 당원들이 파면, 축출, 또는 살해되었다. 또한 반대파를 향한 정부의 탄압은 반란으로 이어졌고 이로 인해 최소 1만 2,000명이 사망했다.

1979년 12월 24일 소련은 아프가니스탄에 개입해 친소련 성향의 바브라크 카르말을 대통령으로 추대했으며, 아프가니스탄의 주요 도시와 전략적 요충지를 장악했다. 이에 1980년 1월 이슬람 협력 기구는 소련에게 즉각 철수를 요구했고, 아프간 반군 무자헤딘은 여러 이슬람 국가들(인접국인 파키스탄, 사우디아라비아, 그 외 걸프 군주국 포함)을 비롯해 미국과 영국으로부터 자금과 병참을 지원받았다. 이때 아프간 무자헤딘에 합류한 22세의 한 사우디 청년이 바로 오사마 빈 라덴Osama bin Laden이었다. 건축회사를 운영했고 국무장관을 지냈던 아버지 밑에서 유복하게 자랐던 빈 라덴은 1967년 아버지가 사망한

자 1,200만~1,500만 유로로 추정되는 유산을 물려받게 된다. 이는 소련의 '이교도'들과 투쟁하기에 모자람이 없는 충분한 금액이었다.

미국과 사우디아라비아에서 수백만 달러를 지원받은 무자헤딘은 파키스탄의 후방 기지와 아프가니스탄의 요충지에서 소련군을 상대로 소모전을 벌였다. 사실 전쟁에서 외국군의 역할은 미미했으며, 무자헤딘은 지하드라는 대의명분을 내세우며 이슬람 세계 전역에서 지하디스트를 꿈꾸는 어린 청년들을 끌어모았다. 1989년 소련이 아프가니스탄에서 철수했지만, 내전은 끝나지 않았고 현재에도 계속되고 있다. 1989년부터 무자헤딘은 서로 분열하기 시작했으며, 1994년 아프간 남동부 파슈툰 지역의 마드라사 출신 탈레반('학생들'이라는 뜻)이 등장해 다른 무자헤딘 분파와 대립했다. 탈레반은 1996년 카불을 장악해 아프가니스탄 이슬람 토후국을 세우고 샤리아를 시행하겠다고 선언했다. 오사마 빈 라덴이 그토록 바랐던 세계 유일의 이슬람 국가가 세워진 것이었다. 이후 일부 지하디스트는 보스니아에 합류해 세르비아에 맞서 이슬람 동지들을 지원했다.

1990년대에 알제리는 '암흑기'에 들어갔다. 군부 쿠데타로 출범한 정부와 이슬람 무장단체들 간에 내전이 벌어진 것이다. 이 내전으로 15만 명 이상이 숨진 것으로 추정된다. 1962년 프랑스 식민지에서 해방된 알제리는 무장 독립 투쟁을 이끌었던 민족해방전선의 일당독재 체제를 유지했으나, 독재적이고 부패한 정권에 대한 불만이 터지며 1988~1991년에 대대적인 반정부 시위가 벌어졌다. 이에 정부는 다당제를 수용하며 총선을 실시하기로 했다. 1991년 12월 26일 실행된 1차 투표에서 신생 정당인 이슬람구국전선Front Islamique du Salut, FIS이 47%의 득표율로 제1당이 되었다. 민족해방전선의 득표율은 23%에 그쳤다. 그러나 투표 결과에 불만을 품은 군부는 쿠데타를 일으켜 2차 투표를 취소하고 이슬람구국전선을 불법으로 낙인찍었다. 신군부 정권은 이슬람 극단주의자들에게 나라를 맡기는 것보다 강력하고 안정적인 정부가 나라를 이끄는 것이 더 바람직하다고 국제사회에 호소했다. 이슬람구국전선과 그 무장조직인 이슬람 구국군Armée islamique du Salut(이하 AIS), 그리고 이슬람무장단체 Groupe islamique armé(이하 GIA)는 군대와 경찰에 맞서 투쟁을 개시했다. 군부 세력이 쿠데타로 정권을 잡은 10년 동안 AIS와 GIA는 테러의 범위를 넓혀 지식인과 예술가들을 암살하고 외국인(기독교 성직자 포함)들을 암살하겠다고 위협했다. 또한 GIA는 알제리 정부를 지원하는 프랑스를 겨냥해 1994년 12월에 에어프랑스 여객기를 납치했고, 1995년에는 파리와 리옹에 폭발물을 설치했다. 그러나 이런 테러의 피해자는 대부분 정부나 정당과는 아무런 관계가 없는 알제리인들이었다. 특히 1997~1998년 GIA에 유착된 것으로 보이는 극단적 이슬람주의자들은 잔인하고 끔찍한 학살을 저질렀다. 그들은 한 마을에 난입해 주민들을 학살하고 집을 불태웠으며 여성과 소녀들을 강간했는데, 수천 명의 알제리인들이 이렇게 죽어갔다. 1997년 9월 초 AIS는 학살을 인정하며 일방적으로 휴전을 선언했고, GIA는 정부군에 의해 토벌되었다. 그리고 그제야 비로소 알제리인들은 평화를 찾을 수 있었다.

모로코에서 인도네시아에 이르기까지 많은 국가의 지도자들은 배신들이나 국민들에게 자신의 권력을 정당화하기 위해 이슬람을 동원하거나, 동맹을 찾기 위해 이슬람의 다양한 사조를 이용하거나, 또는 반대로 독재 권력을 강화하기 위해 자신을 극단주의 이슬람을 저지하는 최후의 보루로 내세웠다. 무슬림 간에 벌어진 수많은 전쟁도 마찬가지다. 15년간(1975~1990년) 지속된 레바논 내전에는 다양한 종교와 종파의 대립이 존재했으나, 여기에 시리아, 이란, 이스라엘, 프랑스, 미국이 개입했다. 이 내전이 종교적 문제로 촉발되었다고 해도 이를 단순히 무슬림과 기독교, 수니파와 시아파 간의 종교 분쟁으로만 볼 수는 없다.

이란-이라크 전쟁(1980~1988년) 역시 그저 수니파와 시아파의 종파 갈등으로만 해석할 수는 없다. 두 경우 모두 집권 세력은 자신들의 권력을 공고히 하기 위해 전쟁을 이용했고 호메이니는 이란의 이슬람 혁명을 '수출'하겠다며 큰 소리를 쳤다. 이라크는 이란에 시아파 정권이 들어선 것에 반감을 드러내며 종교적 명분을 내세워 이란을 공격했지만, 실상 이란 혁명이 자국에 미칠 파급을 더 두려워했다. 대다수 아랍 국가들이 이라크를 지원한 이유 역시 같은 맥락에서 이해할 수 있다.

10장

개혁과 급진주의, 기로에 선 21세기의 무슬림

20세기가 여러 아랍 국가에서 이슬람주의를 표방한 정권이 탄생한 시기였다면, 21세기는 이슬람의 다양한 비전과 정치가 대립하고 있는 시기라 할 수 있다. 이슬람의 이름으로 자행되는 불의와 폭력에 맞서, 많은 무슬림들은 그들의 고유한 권리와 가치를 수호하기 위해 고군분투하고 있다. 그리고 세 명의 무슬림 여성들은 각각 이런 공로를 인정받아 노벨평화상을 수상했는데, 이란의 시린 에바디Shirin Ebadi(2003년), 예멘의 타와쿨 카르만Tawakkol Karman(2011년), 파키스탄의 말랄라 유사프자이Malala Yousafzai(2014년)가 바로 그들이다.

시린 에바디는 법대를 졸업하고 이란 최초의 여성 판사가 되어 테헤란 법원의 법원장까지 지냈으나, 1979년 이란 혁명으로 왕정이 무너지면서 여성은 판사직에 부적합하다는 이유로 해직되었다. 이후 그는 법복을 벗고 NGO를 설립해 변호사로서 이슬람 인권 향상을 위해 힘썼고 반체제 정치인을 변호했다. 노벨위원회는 시린 에바디를 수상자로 선정하면서 "자신의 안위를 위해 결코 위협에 굴복하지 않았으며", "서구 사회의 많은 곳에서 이슬람이 악마화되고 있는 시기에 세계의 여러 문화와 종교 간 상호 이해의 증진을 위해 힘쓴 용기 있는 사람"이라고 경의를 표했다.

2005년, 26세의 저널리스트 타와콜 카르만은 그의 동료 7명과 함께 자유로운 여성 언론인Women Journalists Without Chains 협회를 설립하고 예멘의 평등과 표현의 자유를 수호하기 위해 투쟁을 벌였다. 2011년 '아랍의 봄'이 들불처럼 번져갈 때, 그녀는 예멘 정권에 대항하는 청년 시위대의 선봉장으로 섰다. 노벨위원회는 "아랍의 봄 전후의 매우 절망스러운 상황에서도 예멘의 여성 인권을 수호하고 민주주의와 평화의 가치를 실현하기 위해 기꺼이 앞장서서 기수의 역할을 한" 카타콜 카르만에게 노벨평화상을 수여한다고 밝혔다.

말랄라 유사프자이는 2014년 17세의 나이에 노벨평화상을 수상하며 최연소 노벨상 수상자로 기록되었다. 말랄라는 탈레반과 정부군 간의 분쟁이 끊이지 않는 파키스탄에서 모든 어린이의 교육권을 위해 투쟁하는 어린 인권운동가다. 그녀는 11세에 영국 BBC 방송 사이트 블로그에 익명으로 탈레반 점령지의 억압적 일상과 여성들의 교육을 금하는 현실을 생생하게 묘사한 글을 올리며 인권운동을 시작했다. 말랄라는 소셜 네트워크를 중심으로 활발한 활동을 펼처 나갔지만 성평등을 옹호하는 말랄라의 글에는 온갖 위협과 모욕이 가해졌다. 2012년 10월 9일 학교에서 귀가하던 말랄라는 파키스탄 탈레반이 쏜 총알에 머리를 맞았으나 다행히 목숨을 건졌다. 그녀는 건강을 회복한 후, 여성과 어린이의 교육권을 옹호하는 인권운동을 이어나갔다.

세 무슬림 여성들은 저마다의 방식대로 평등과 자유의 가치에 기반을 둔 이슬람 사회를 만들어가려 했고 이슬람이 나아가야 할 방향을 제시했다. 그들은 이슬람을 앞세우며, 또는 이슬람주의에 맞선다는 미명하에 이런 가치들을 외면하려는 이들에 맞서 지금도 치열한 투쟁을 이어나가고 있다.

역사학자로서 당대를 다루는 일은 결코 쉽지 않다. 상황이 언제든 변할 수 있고 어떤 결론에 도달하게 될지 전혀 예측할 수 없기 때문이다. 다만 필자는 일상적으로 일어나는 폭력과 끊임없이 반복되는 논쟁의 소음 속에서 미래의 이슬람을 만들어가려는 사람들의 차분한 목소리에 귀를 기울여보고자 했다. 이 장에서는 세계화와 지정학적 위기에 맞닥뜨린 이슬람의 과제와 21세기 이슬람의 다양성과 역동성을 보여주는 이슬람의 다양한 개혁적 움직임에 대해 살펴볼 것이다.

서구와의 충돌과 내부 혁명에 직면한 이슬람

2001년 9월 11일, 알카에다 조직의 테러리스트들이 미국을 공격했다. 지하디스트 세력은 세계무역센터와 펜타곤을 목표로 삼고 '이교도' 적의 심장부를 공격하는 테러를 자행해 전 세계를 경악에 빠뜨렸다. 9·11 테러 이후 알카에다 또는 IS Islamic State라고 주장하는 집단과 개인은 유럽을 비롯해 전 세계에서 테러를 일삼았다. 더불어 아프가니스탄, 이라크, 리비아의 분쟁에서 비롯된 정치적 혼란은 이런 테러 집단이 발호하는 빌미가 되었다.

1989년 4월 소련은 아프가니스탄에서 철수하기로 결정했다. 오사마 빈 라덴은 기회를 놓치지 않고 세력을 규합해 1988년 8월 '알카에다'라는 테러 집단을 결성했다. 빈 라덴은 전투에 거의 참여하지 않았음에도 불구하고, 1989년 아라비아반도로 돌아왔을 때 지하디스트의 영웅 대접을 받았다.

1990년 사담 후세인이 쿠웨이트를 침공했을 당시 위협을 느낀 사우디 정권은 동맹인 미국에 보호를 요청했다. 이에 사담 후세인은 이교도 동맹국의 지원을 받는 사우디 왕조는 정당성을 잃었으며 메카와 메디나를 관리할 자격이 없다고 주장했다. 이때 빈 라덴을 포함한 다수의 사우디인들은 사담 후세인의 말에 동조했다. 쿠웨이트를 침공한 이라크를 몰아내기 위해 미군을 중심으로 한 연합군이 '사막의 폭풍 작전'을 수행하고, 아라비아반도에 미군 기지가 설치되어 곳곳에서 불만이 터져 나오던 차였다. 1996년 아프가니스탄으로 돌아온 빈 라덴은 사우디아라비아는 미국의 식민지가 되었으며 미국에 대항해 지하드를 벌여야 한다고 주장했다. 그는 미국을 공격하기 위해 수많은 테러를 자행했고, 그중 하나가 3,000여 명의 사망자를 낸 9·11테러였다.

9·11테러가 발생한 직후 조지 부시 대통령은 '테러와의 전쟁'을 선포했다. 전쟁 초반 미국은 프랑스를 포함한 12개 동맹국과 아프가니스탄에서 탈레반을 공격했고 카불을 비롯해 다른 도시들과 전략적 요충지를 장악하면서 쉽게 승리를 거뒀다. 다만 탈레반이 장악하고 있던 북동부의 산악 지역까지는 침투하지 못했다. 이후 2011년 5월에 미군 특수부대는 파키스탄 북서부 산악지대에 숨어있던 오사마 빈 라덴을 사살했다. 오바마 행정부는 이 상징적인 승리를 자축했지만 아프간 군과 동맹을 맺은 연합군은 전쟁을 멈출 수 없었다. 그리고 2021년 8월 31일, 20여 년간의 전쟁을 끝내고 마침내 미군은 아프가니스탄에서 철수했다.

그런데 미군의 철수 발표가 있은 지 불과 몇 주 만에 탈레반은 카불을 탈환했다. 국제무슬림학자연합(카타르에 본부를 두고 있으며 무슬림 형제단과 연관된 기관으로 2004년에 조직되었다)은 이슬람의 이름으로 탈레반이 다시 권력을 잡은 것에 박수를 보냈지만, 대다수 수니파 국가들은 어색한 침묵을 택했다. 그나마 이집트 알 아자르의 샤이크 아흐메드 알 타예브Ahmed al-Tayyeb는 탈레반을 향해 아프간 여성들에게 교육의 기회를 제공하라며 다음과 같이 촉구했다.

여성을 불완전하고 선택의 자유가 없는 존재로 취급하며 여성의 권리를 박탈하는 무지한 전통에서 여성을 해방시키는 것이야말로 이슬람의 존재 이유입니다. 간청하건대 아프간 여성들에게 교육의 기회를 보장하고 여성들의 존엄성을 보호하며 이슬람에서 약속한 여성의 모든 권리가 전적으로 손상될 수 있노녹 가능한 보는 소치를 취해수십시오.[1]

2003년 3월 미국은 이라크를 침공하며 전장을 옮겼다. 이라크에 대량 살상 무기가 존재하는 것으로 추정되며, 사담 후세인이 9·11 테러와 연관되어 있을 수 있다는 이유에서였다. 미국은 연합군의 신두에 서서 이라크 군을 격퇴하고 신속하게 이라크를 점령했다. 2003년 5월 1일 부시 대통령은 전 세계에 미국의 승리를 타전하며 '임무 완수'를 선언했다. 사담 후세인은 12월 13일 체포되어 재판을 받고 사형을 선고받았다. 그러나 괴멸 상태에 이른 이라크는 여러 진영 간의 대립으로 혼란의 도가니에 빠져들었다.

수도 바그다드 중심부의 이른바 '그린 존'에 주둔해 있던 미군 사령부는 1968년에 정권을 잡은 사담 후세인의 바스Baas당을 해체하고 이라크 군을 해산시켰다. 미국은 시아파, 쿠르드족, 수니파 등 이라크 내 3대 주요 집단 간의 인종과 종파 노선에 따라 권력을 분배했고, 그 때문에 이라크인들은 서로 반목했다. 미군은 사담 후세인이 정치적 반대파를 고문했던 바그다드의 아부 그라이브 감옥에서 이라크 수감자들을 고문하고 가혹행위를 저질렀다. 그리고 미군이 이라크인 수감자들을 학대하는 모습이 담긴 사진들이 공개되면서 전 세계는 충격에 빠졌다. 관행적으로 수감자들을 이라크, 아프가니스탄, 관타나모의 미군 기지로 인도했던 미국이 이 사건을 개인의 일탈 행위로 치부해버리자 수많은 이라크인들과 무슬림들은 분노했고, 많은 무슬림들이 미국의 점령에 맞서 무장 투쟁에 동참하는 계기를 만들어주었다.

부시 대통령이 선언한 '임무 완수'는 사실상 이라크의 지하디즘이 세계로 뻗어나가는 데 유리한 기반을 마련해준 셈이 되었다. 아프가니스탄에서 무장 투쟁에 참여했던 요르단인 무사브 알 자르카위Abu Musab al-Zarqawi가 빈 라덴으로부터 자금을 지원받아 창설한 '유일신과 성전'은 미국에 대항하는 극단주의 테러 조직의 중심에 섰다. 여기에 해산된 이라크 병사들이 합류하면서 조직의 세력은 더욱 확대되었는데, 이들은 주로 이라크 보안군과 시아파, 쿠르드족, 정치·종교계 인사들을 목표로 부비트랩 폭탄 공격과 자살 폭탄 테러를 기도했다.

2004년 10월 알자르카위가 오사마 빈 라덴의 알카에다에 합류하면서 유일신과 성전은 알카에다의 이라크 지부가 되었다. 2006년 6월 미국의 폭격으로 알자르카위는 사망했지만 테러는 계속되었다. 알카에다를 포함한 이라크의 지하디스트 단체는 2006년 서로 통합하여 '무자헤딘 슈라 위원회'를 결성했다. '슈라'는 이슬람 근본주의의 사상적 뿌리라 할 수 있는 사이드 쿠틉이 강조했던 이슬람의 원칙이었다. 그들은 자신들만이 이라크의 유일한 합법적 세력이라 주장하며 같은 해 IS를 창설하고 이라크 북서부 마을을 차례로 장악해 갔다.

이슬람 극단주의자들과 독재자들의 횡포로 혼란에 빠진 많은 이슬람 국가의 국민들은 그저 절망하기만 했을까? 2009년 6월 부정선거 의혹이 불거졌던 이란 대통령 선거에서 마흐무드 아흐마디네자드Mahmoud Ahmadinejad가 재선되면서, 수천 명의 이란 국민들은 거리로 쏟아져 나와 부정선거를 규탄하고 진정한 민주주의의 실현을 요구했다. 대규모 시위는 6개월간 이어졌고 상황은 긍정적으로 흘러가는 듯했다. 희망과 활기가 넘치는 젊고 깨어있는 이란 국민들은 성직자 '물라' 체제를 종식시키고 자신들이 원하는 국가를 만들고자 했다. 그러나 정부는 혁명수비대까지 동원해 단호하고 폭력적으로 시위대를 진압했고, 때로는 시위대를 향해 실탄을 쏘기까지 했다. 이때 시위대에 있던 수십 명이 사망했고 수천 명은 체포되어 투옥되었으며 그중 일부는 고문을 당했다.

2010년 12월 17일 튀니지의 소도시 시디부지드에서 노점상을 하던 모하메드 부아지지Mohamed Bouazizi는 경찰에 노점 장비를 모두 빼앗겼다. 그는 이 일로 소송까지 불사했지만 법원에서 소송이 기각당하자 정부에 항의하는 수단으로 분신자살을 택했다. 청년 노점상의 비극적 죽음에 분노한 튀니지 사람들은 거리로 뛰쳐나왔고, '재스민 혁명'은 이렇게 촉발되었다. 경찰의 탄압에도 시위와 파업은 나날이 격화되었으며, 2011년 1월 14일 결국 벤 알리Bin Ali 대통령은 대통령직을 사퇴했다. 독재 정권을 무너뜨리고 환호하는 튀니지 국민들의 모습은 전 세계에 전해졌다.

재스민 혁명의 예상치 못한 성공은 이집트를 비롯한 주변 국가로 민주화 운동이 확산되는 도화선이 되었다. 2011년 1월 25일 이집트 카이로의 타흐리르 광장에서는 호스니 무바라크Hosni Moubarak 대통령의 퇴진 요구 시위가 벌어졌고, 그는 결국 2월 11일 대통령직에서 물러났다. 모로코에서 예멘에 이르기까지 여러 아랍 국가에서도 민주화 운동의 물결이 일어났다. 앞서 보았듯 예멘의 젊은 저널리스트 타와콜 카르만은 예멘의 민주화 운동에서 핵심적인 역할을 했다. 이후 튀니지와 이집트에서는 역사상 최초로 민주적 절차에 따라 총선이 진행되었고 국민들은 이슬람 정당에 힘을 실어주었다.

2011년 10월 튀니지에서는 최초로 민주적 선거가 이루어졌고 오랫동안 탄압을 받아왔던 이슬람주의 정당 '엔나흐다Ennahdha'가 제1당이 되었다(총 217석 중 89석 확보). 당명인 아랍어 '엔나흐다'는 '나흐다'의 또 다른 표기로 '부흥'을 뜻한다. 1981년에 엔나흐다를 창당한 라치드 간누치Rached Ghannouchi는 22년간의 영국 망명 생활을 마치고 다시 튀니지로 돌아왔다. 그는 이란 혁명을 지지했으며 1983년 샤리아를 채택한 수단 정부의 결정을 환영했다. 그러나 압도적 다수를 차지하지 못한 엔나흐다는 대연정을 꾸려야 했다.

2013년 두 명의 야당 정치인 초크리 벨라이드Chokri Belaïd와 무함마드 브라흐미Muhammad Brahmi가 암살당하면서 이를 규탄하는 대규모 시위가 벌어졌고, 사람들은 배후에 엔나흐다가 있다고 의심했다. 이에 라치드 간누치는 이집트 무슬림 형제단의 전철을 밟지 않기 위해 한 걸음 뒤로 물러나 정치적으로 온건한 태도를 견지했다. 하지만 2014년과 2019년 총선에서 엔나흐다의 의석수는 더 줄어들었다. 2021년 7월에는 카이스 사이에드Kaïs Saïed 대통령이 의회를 해산하고 대통령에게 권력이 집중된 대통령 중심제로 개헌을 주도했는데, 많은 반대자들과 정치 평론가들은 튀니지가 다시 독재의 길로 가고 있다고 목소리를 높였다. 정치적·경제적 위기를 맞은 튀니지의 정세는 또다시 안개 속으로 들어갔다.

2012년 봄 이집트의 대통령 선거에서는 다양한 정당의 후보 13명이 1차 투표에서 맞붙었다. 무슬림 형제단 소속 무함마드 무르시Muhammad Mursi와 공군 장군 출신으로 무바라크 정권(1981~2011년)에서 총리를 지낸 아흐메드 샤피크Ahmed Shafik가 각각 24%의 득표율을 얻으며 결선 투표에 올랐다. 이슬람주의자와 독재자 사이에서의 선택을 피하고 싶었던 이집트 국민들은 크게 실망할 수밖에 없었다. 결국 무함마드 무르시가 51%의 득표율을 얻으며 결선투표에서 승리했다. 그는 선거 운동 중에 기독교인을 보호하고 여성 기독교인 부통령을 임명할 것이며, 군대와 행정부의 부패를 척결할 것이라고 호언장담했지만 공약을 지키지 않았다.

그는 무슬림 형제단을 요직에 임명하고 스스로에게 특권을 부여했다. 또한 정치 평론가들이 지적한 것처럼 기본권을 충분히 보장하지 않는 방향으로 개헌을 추진했고, 결국 그의 정책에 반대하는 대규모 시위가 벌어졌다. 2013년 7월 3일 모르시 정부의 국방부 장관이던 압델 파타 엘시시Abdel Fatah al-Sisi는 군사 쿠데타를 일으켜 모르시 정권을 전복하고 권좌에 올랐다. 그는 자신에게 반대하는 시위대를 무자비하게 탄압했고, 정부군은 수백 명의 무슬림 형제단을 죽였다. 2014년 5월 사전 조작된 대선에는 단 두 명의 후보만 출마할 수 있었는데, 엘시시가 97%의 득표율로 당선되었다. 대통령이 된 이후 그는 무슬림 형제단이든 야당의 정적이든 모든 반대파를 제거하기 시작했다. 그리고 지금까지도 아랍 세계에서 가장 독재적인 정권을 세우고 강력한 철권 통치로 국가를 장악하고 있는 중이다. 2021년 인간자유지수Human Freedom Index를 기준으로 엘시시 정권의 이집트는 세계에서 가장 인권이 존중되지 않은 5개 국가 중 하나로 선정되기도 했다.

다른 국가에서도 아랍의 봄이 가져온 희망의 불씨는 그리 오래 가지 못했다. 바레인에서는 반정부 시위가 벌어졌지만 사우디아라비아 정부군이 개입해 시위를 진압했다. 예멘에서는 2011년 3월 수도 사나에 집결한 시위대를 향해 정부군이 발포를 했고, 그 때문에 시위는 더욱 격화했다. 결국 알리 압둘라 살레Ali Abdullah Saleh 대통령은 2011년 11월에 하야했고, 이후 3년간 혼란이 지속되다가 2014년에 내전이 발발했다. 다른 국가들은 내전을 잠재우려기보다 불난 집에 부채질을 해댔다. 이란이 후티 반군을 지원하자 사우디아라비아가 주축이 된 아랍 국가 연합은 정부군을 지원했고, 여기에 미국과 영국은 물자 보급을 지원했다. 예멘은 내전 중에 폭격으로 전 국토가 폐허가 되었고, 이로 인한 직·간접적인 피해로 인도주의적 위기를 겪고 있다. 한편 조 바이든 대통령은 2018년 미국에서 활동하던 사우디 출신 언론인 자말 카슈끄지Jamal Khashoggi 암살의 배후로 사우디아라비아의 무함마드 빈 살만 왕세자를 지목했고, 2021년 2월 대통령 취임 며칠 후 예멘 내전에 개입한 사우디 정부군을 더 이상 지원하지 않겠다고 선언했다.

2011년 2월, 리비아에서는 반정부 시위가 폭동으로 번졌고 정부군이 무자비한 탄압을 가하며 폭동은 내전으로 비화했다. 유엔은 정부군이 반군 지역에 폭격을 하지 못하도록 비행금지구역을 설정했다. 2011년 3월 19일 프랑스는 영국과 미국에 이어 독재자 무아마르 카다피Mouammar Gaddafi 소속 군대에 공습을 단행했고, 그 덕분에 시민군은 정부군을 격퇴하고 8월에 트리폴리를 장악했다. 같은 해 10월 카다피가 사망하고 시민군이 승리하며 내전에 마침표가 찍히는 듯했으나 과도정부 수립 후에도 민주화 이행이 수렁에 빠지면서 2014년에 두 번째 내전이 발발했다.

리비아가 혼란에 빠진 틈을 타 무장 갱단과 지하디스트 단체는 리비아 남부와 그 국경, 특히 차드와 니제르에 자리를 잡았고 아프리카 난민들은 리비아를 경유해 유럽으로 향했다. 그 과정에서 무장 갱단에 붙잡혀 노예로 전락한 수천 명의 난민들은 리비아에 억류되어 착취, 사기, 폭력, 강간, 살인에 노출되었다. 그중 일부는 천신만고 끝에 해안에 도착해 유럽에 닿기를 바라며 소형 구명보트를 타고 떠나거나 구조를 기다렸다. 하지만 유럽연합EU는 난민들이 유럽에 유입되는 것을 막기 위해 난민들을 붙잡아 리비아로 송환하는 리비아 해안경비대를 지원했다. 이에 국제앰네스티는 '지옥' 같은 환경으로 난민들을 몰아넣는 리비아의 강제 송환에 더 이상 개입하지 말 것을 EU에 촉구했다.

시리아에서는 바샤르 알아사드Bashar al-Assad 대통령이 반대파를 무자비하게 탄압하면서 내전을 촉발시켰고, 이 때문에 정권이 정복될 위기에 처했지만 러시아의 지원으로 간신히 위기를 모면했다. 2011년 시리아에서 내전이 발발하자, 이라크의 IS는 시리아의 이라크 접경 지역을 점령하고 '이라크·레반트 이슬람 국가(프랑스 명칭은 '다에시'다)를 세웠다. 2014년 6월 IS 협의체는 IS 최고지도자인 아부 바크르 알바그다디Abu Bakr al-Baghdadi에게 칼리프 칭호를 부여했다. 그 때부터 이 '칼리프'는 IS만이 유일한 합법적인 이슬람 국가이며 IS가 '로마'와 스페인까지 전 세계를 정복할 것이라고 떠벌렸다.

이후 IS는 승승장구하며 시리아와 이라크 국경에 걸쳐 있는 넓은 영토를 장악했다. 지하드와 샤리아 실행이라는 명분을 앞세운 IS는 전쟁 범죄뿐만 아니라 수많은 인권 침해를 자행했다. 그들은 소수 종교 집단(시아파, 기독교인, 야지디족)을 학살하고, 여성과 어린이를 대상으로 유괴와 강간을 저질렀으며, 그중 일부를 성노예로 삼았다. 또한 IS는 여러 언어로 정교하게 선전물을 제작해 자신들이 지상에 이슬람 낙원을 건설했다고 미화하며, 유럽을 포함한 전 세계에서 신입회원을 모집했다. IS에 가입한 남성들은 무장 단체에 합류했고 여성들은 '지하디스트의 신부'가 되었다(여성들은 노예로 전락했다).

2014년 9월 19일 전 세계의 수니파 지식인들은 알 바그다디와 '자칭 이슬람 국가인 IS' 회원들에게 장문의 메시지를 전달했다. 15쪽에 달하는 이 메시지에서 그들은 코란을 인용하고 이를 뒷받침하는 법적 근거를 제시하며, 종교에 관계없이 비교전국 국가에 저지르는 폭력행위, 고문, 노예 착취, 여성들의 권리 박탈, 기독교인과 야디지족에 대한 박해 등 IS가 자행하는 패륜적 행위가 이슬람에 반한다고 규탄했다. 그들은 알 바그다디와 그의 동료들에게 폭력을 중단하고 회개할 것을 요구하면서도 그들에게 '타크피르'를 선언하지는 않았다.[2] 메카나 알 아자르와 같은 종교 당국은 한때 세속적인 무슬림에 대해 지나칠 정도로 성급하게 타크피르를 선언했던 경험이 있었기에 알 바그다디와 그의 동료들에게서 굳이 무슬림의 지위를 박탈하려 하지 않았다.

2015~2017년에 국세연합군은 IS가 점령한 영토 전제를 날환했지만 IS는 테러를 멈추지 않았다. 이슬람 극단주의 테러 조직은 지금도 전 세계 곳곳에서 기승을 부리고 있으며, 경쟁적으로 테러를 자행하는 알카에다나 IS와 연계하여 활동하는 테러 조직도 존재한다. 2004년 3월 안카에다 이라크 지부와 연관된 한 테러 조직은 스

페인의 이라크 참전에 대한 보복으로 마드리드 열차에 폭탄을 설치해 193명의 목숨을 앗아갔다. 2005년 7월 7일 자신들이 알카에다라고 주장하는 네 명의 테러리스트는 런던 지하철에서 자폭 테러를 저질러 52명의 사망자를 냈다. 프랑스 역시 많은 테러의 표적이 되었다. 2015년에는 프랑스 풍자신문《샤를리 에브도》본사와 파리 동쪽 포르트 드 뱅센의 이페르 카셰 슈퍼마켓에서 총기 난사 테러가 벌어져 17명이 사망했다. 같은 해 11월 13일에는 파리 시내 7곳에서 총기 난사 테러가 발생해 무고한 시민 130명이 목숨을 잃었다. 또한 2016년 7월 14일에는 니스에서 트럭 테러가 일어나 86명이 사망했다.

이슬람 극단주의 테러 공격의 희생자 대다수는 무슬림들로 이라크, 시리아, 아프가니스탄, 파키스탄(파키스탄 탈레반), 나이지리아(보코하람), 리비아, 말리 등 테러 조직이 근거지로 삼고 있는 국가의 국민들이다. 특히 나이지리아에서 벌어진 테러 공격은 전 세계적으로 공분을 샀다. 2014년 4월 이슬람 무장단체 보코하람이 대다수가 기독교인으로 구성된 나이지리아 북동부 치보크주州의 고등학교에서 276명의 여학생들을 납치했고, 그중 많은 여학생들을 지하디스트와 강제 결혼시켰다. 그들은 본래 비무슬림들을 주요 표적으로 삼았지만, 타크피르 원칙에 따라 자신들을 지지하지 않은 무슬림들까지 이교도로 낙인찍고 제거 대상으로 삼았다.

2011년 아랍의 봄이 중동을 강타했을 때, 대중의 가장 큰 지지를 받은 국가 지도자 중 한 명은 튀르키예의 레제프 타이이프 에르도안Recep Tayyip Erdogan 총리였다. 에르도안은 무슬림 형제단을 지지하는 정의개발당 대표로서 2002년 총선에서 승리하여 2003년 총리 자리에 올랐다. 종교적이고 보수적인 정책을 추진했던 에르도안은 1990년대부터 실행된 교육기관에서의 베일 착용 금지조치를 해금하는 법안을 2008년에 통과시켰다. 또한 학교 교과 과정에 수니파 이슬람 종교 교육을 강화하도록 장려했다. 반면 시아파의 소수 분파인 알레비파와 기독교를 인정하지 않고 모든 기독교 예배당을 모스크로 바꾸었다. 튀르키예가 이슬람 국가라는 점을 강조하며 종교주의로 회귀하려는 그의 정책들은 세속주의자들의 반감을 불러일으켰다.

에르도안은 자신이 유럽의 기독교 민주주의 정치인과 다르지 않다고 자부하며 자신은 무슬림인 동시에 민주주의자라고 주장했다. 그는 반정부 시위를 강경하게 진압하면서도 이란과 사우디아라비아에 대해서는 자신이 현대 이슬람 민주주의를 대표하는 정치인임을 내세웠다. 그래서 아랍의 봄이 시작되었을 때, 에르도안은 이슬람 보수민주주의* 혁명을 지지하며 주도적인 역할을 하고자 했다. 그는 튀니지 총선에서 엔나흐다가 제1당이 되고 이집트 대선에서 무함마드 무르시가 대통령에 당선된 것을 환영했다. 그런 만큼 에르도안 총리는 군부 쿠데타로 무르시 대통령이 하야하자 큰 충격을 받았으며, 무르시 대통령이 2019년 법정에서 죽음을 맞았을 때 그를 순교자라 칭하며 애도를 표했다.

● 　에르도안의 정의개발당이 표방한 이슬람 민주주의. 제2당인 공화인민당이 표방하는 사회민주주의와 대립되는 개념이다.

11년간 총리직에 있었던 에르도안은 2014년 대통령으로 당선되었고 현재까지 대통령직을 수행하고 있다. 2016년 튀르키예 군의 일부 세력은 에르도안 대통령에 반발해 쿠데타를 일으켰지만 실패로 끝났고, 에르도안은 이를 구실로 점점 더 권력을 독재화하면서 정부에 대항하는 자들을 탄압하기 시작했다. 특히 에르도안 정부는 소수 민족인 쿠르드족과 알레비파를 억압하고 사법기관과 대학을 더욱 강력하게 통제했다. 2016년에는 반군과 공모했다는 거짓 혐의를 뒤집어 씌워 인권운동가들을 탄압했다. 이런 탄압에도 불구하고 야당은 국민들의 지지를 받았고, 이를 증명하듯 2019년 지방 선거에서 대도시 앙카라와 이스탄불에서 승리를 거두었다.

　　튀르키예는 아제르바이잔과 리비아 정부를 지원하는 등 해외에서 더욱 적극적인 행보를 펼쳤다. 튀르키예 군은 쿠르드족에 대항해 싸우는 반군을 지원하며 시리아 내전에 개입했으며, 튀르키예는 현재 시리아인을 비롯해 세계에서 가장 많은 난민(370만명)을 수용하는 국가다. 에르도안은 대규모 난민 수용을 자신의 정치적 카드로 이용하기도 했는데, EU 회원국 가입 승인을 받기 위해 난민들이 유럽 국가로 들어갈 수 있도록 튀르키예 국경을 열겠다고 으름장을 놓은 것이다. 또한 에르도안과 그가 소속된 정의개발당은 종교 분야에서 자신들의 '소프트 파워'를 과시하고 있다. 에르도안은 사우디아라비아의 와하브파, 이란의 시아파, 또는 살라프파 등과 경쟁하고 있는 튀르키예의 하나피파 사상을 중앙아시아, 아프리카, 유럽, 그 밖의 국가들에 전파하기 위해 마드라사, 모스크, 문화센터, 학교 등에 지속적으로 재정 지원을 하고 있다.

아랍의 봄이 실패로 끝난 것은 21세기의 가장 큰 비극 중 하나이며, 큰 틀에서 봤을 때 민주주의와 인권의 후퇴를 불러왔다. 미국 정치학자 프란시스 후크야마는 그의 대표적 이론인 '역사의 종말'에서 20세기 말에는 베를린 장벽이 무너지고, 소련이 붕괴되고, 많은 동유럽 국가들이 EU에 가입하며, 아프리카에서 민주적 선거가 이루어지는 등 냉전이 종식되고 더 이상의 대립 없이 자유민주주의가 전 세계를 지배하는 새 시대가 도래할 것이라고 말했지만, 그의 말은 진부하고 공허한 메아리로 들릴 뿐이다. 이란과 아랍 국가에서 일어난 민주화 운동이 세계 곳곳에 포진해 있는 반민주적 독재 세력에 의해 좌절된 것만 봐도 그렇지 않은가.

이런 상황에서 튀르키예의 알레비파와 쿠르드족, 이란의 수니파, 파키스탄의 기독교인과 아흐마디파 등 민족이나 종교가 다른 이들을 배제하고 박해하는 분위기는 더욱 팽배해졌다. 인도에서는 힌두 민족주의를 표방하는 극우 정당인 인도인민당이 법과 폭력을 이용해 비힌두교인들, 특히 기독교인과 무슬림을 박해하고 있다. 미얀마에서는 불교 승려들이 로힝야 무슬림에 대한 인종차별에 다시 불을 지폈다. 그 결과 수천 명의 로힝야족이 학살되었고 90만여 명이 방글라데시 같은 인근 국가로 피난을 가야 했다. 중국 당국은 분리주의 이슬람 단체들의 테러를 진압해야 한다는 미명하에 신장 지역 위구르인들에 대해 무차별적 탄압을 가하고 있다. 중국 정부가 강제 수용소에 위구르인들을 불법 구금하고 그곳에서 강제 노역, 위구르 종교 의례 금지, 정치적 세뇌, 고문, 강제 불임수술과 낙태를 자행하고 있다는 사실이 알려지며 국제적인 비판을 받았다. 프랑스를 비롯한 여러 국가들이 이를 '제노사이드(대량학살)'라며 비판했지만, 이에 대해 목소리를 내는 이슬람 국가는 거의 없었다.

앞서 여러 차례 언급했듯 현재 이슬람 세계의 주요한 갈등 중 하나는 중동의 앙숙, 사우디아라비아와 이란의 갈등이다. 두 나라의 대립은 어떤 면에서 이슬람 냉전으로 규정할 수 있다. 두 나라를 두고 시리아, 이라크, 레바논, 예멘 등 다른 국가들까지 서로의 이해관계에 따라 동맹을 맺고 서로 대립하고 있기 때문이다. 일부 역사학자들은 이 분쟁이 680년 카르발라 전투 이후 이어져 온 수니파와 시아파의 대립이라고 주장한다. 그러나 이는 매우 일차원적인 분석이다. 이란과 사우디아라비아는 각각 이슬람주의를 표방하는 국가와 중동의 패권을 장악하려는 국가의 전형을 보여준다. 와하비즘을 신봉하면서도 사치를 즐기고 부를 탐하며 위선적 행보를 보이는 사우디 왕가는 이란 혁명을 보며 적지 않은 충격을 받았을 것이다(그러나 이란의 일부 물라 역시 매우 부유하다). 막스 베버는《프로테스탄티즘의 윤리와 자본주의 정신》에서 프로테스탄트들은 부자가 되는 것을 신이 내린 은총의 증거로 여긴다고 설명했다. 그런 면에서 와하비즘은 프로테스탄티즘과 닮았는지도 모르겠다.[3]

이슬람의 개혁을 위한 토론

19세기 중반부터 21세기 초, 이슬람 세계에서는 이슬람의 근대화가 화두로 떠올랐다. 이슬람을 근대화해야 할까? 아니면 세계를 이슬람화해야 할까? 여전히 강력한 경제력과 군사력을 가진 옛 식민 지배국과 어떻게 대등한 관계를 구축할 것인가?

우선 미디어에서 자주 다뤄지는 이슬람의 뜨거운 감자인 베일 착용에 관한 문제를 살펴보자. 역사적으로 이슬람뿐만 아니라 유대교와 기독교에서도 여성들은 정숙한 몸가짐을 해야 한다는 이유로 베일을 착용했다. 또한 여러 기독교의 교부들은 여성들이 기도할 때 베일로 머리를 가려야 한다고 주장했다. 여성의 베일 착용은 이슬람 세계에 널리 퍼져 있는 관습이며 샤일라(머리를 감싸는 긴 베일), 히잡(머리와 목을 가리는 베일), 차도르(얼굴을 제외하고 전신을 가리는 베일), 니캅(눈을 제외한 얼굴 전체를 가리는 베일), 부르카(눈 부위를 망사로 덮고 얼굴과 전신을 가리는 베일) 등 그 형태 역시 무척 다양하다. 베일 착용은 나라마다 큰 차이가 있으며 보편적이지는 않다.

앞서 보았듯 14세기에 이븐 바투타는 자신의 여행기에서 여성들이 전신을 가리는 베일을 쓰는 나라가 있는 반면, 머리를 드러내고 다니는 나라들이 있다고 기록했다(심지어 몰디브인의 경우는 가슴을 드러내고 다니는 경우도 있었다고 언급했다). 베일의 스타일, 형태, 색상 또한 무척 다양하다. 20~21세기에는 베일 착용을 의무화하거나 베일 착용 전통을 포기하는 두 가지 흐름이 동시에 나타나고 있다.

20세기의 무슬림 여성들에게 베일을 착용하지 않는 것은 근대화와 해방을 의미했다. 튀르키예 초대 대통령 케말 아타튀르크는 튀르키예 여성들에게 베일을 착용하지 않을 것을 장려했고 대학과 행정직군에서 여성들의 베일 착용을 금지했다. 튀르키예 여성들은 프랑스보다 15년 앞서 1930년에 참정권을 얻었고 1935년에는 튀르키예 최초의 여성 의원들이 탄생했다. 1922년 이집트에서는 여성 인권 운동가 후다 샤라위Huda Sharawi가 수백 명의 여성 앞에서 히잡을 벗음으로써 이집트 여권 운동의 신호탄을 울렸다.

튀니지의 여성단체인 튀니지여성전국연합은 여성의 권리신장을 위한 캠페인을 벌였고, 그 덕분에 튀니지 여성들은 튀니지의 초대 대통령 하비브 부르기바Habib Bourguiba의 재임 중에 참정권, 노동권, 부부 간의 평등, 베일을 착용하지 않을 권리 등을 포함해 법적으로 평등권을 보장받을 수 있게 되었다. 하비브 부르기바 대통령은 여성들에게 평등한 시민이 되었다는 것을 보여 달라고 말하며, 베일을 착용하지 않도록 독려했다. 다른 이슬람 국가에서도 이와 비슷한 흐름이 이어졌는데, 1960~1970년대 카불에서 여대생들은 어깨를 드러낸 원피스를 입고 긴 머리칼을 휘날리며 캠퍼스를 활보했다. 따라서 2021년 여름 탈레반이 카불을 점령했을 때, SNS에 올라온 수많은 사진에서 확인할 수 있듯이 아프간 여성들은 큰 절망에 빠질 수밖에 없다.

그러나 모든 여성이 베일을 벗은 것은 아니다. 일부 국가에서는 고등교육을 받고 유럽의 영향을 받은 극소수의 고위층 여성만이 이런 여성 해방을 누릴 수 있었으며, 여전히 많은 국가들은 여성의 인권 존중을 요구하는 목소리에 귀를 닫고 있다. 일례로 사우디아라비아는 2015년에 여성에게 참정권을 부여했고 2017년에야 여성의 자동차 운전을 허용했다. 현재 사우디아라비아 여성들은 전신을 가리는 베일을 착용해야 하며, 정부는 여성 인권운동가들을 탄압하고 있다. 루자인 알하스룰Loujain al-Hathloul이라는 사우디 여성은 여성의 운전 권리를 주장하며 차를 몰았다가 붙잡혀 2018~2021년까지 감옥에 수감되었다.

다른 국가들에서도 20세기 말에 베일 착용 관습이 다시 부활했다. 1979년 이란 혁명 이후, 이란은 여성의 베일 착용을 의무화했고 현재까지 이어지고 있다. 다만 이란 여성들은 베일 착용 의무를 저마다 다르게 해석한다. 그래서 얼굴만 내놓는 전신 베일인 차도르를 입은 여성들이 있는가 하면, 화장을 하고 장신구를 착용하며 서양 스타일의 옷을 입고 머리에 얇은 스카프만 두르는 여성들도 있다.

여성들이 베일을 다시 착용하면서 와하브파와 살라프파의 근본주의 역시 득세하기 시작했다. 이슬람 근본주의자들은 여성이 베일을 착용하지 않고 인권을 주장하는 것은 이슬람의 가치를 저버리는 행위이자 서구를 모방하는 '부패'의 증거라고 주장한다. 일부 무슬림 여성들은 성평등을 실현하기 위한 투쟁의 일환으로 베일을 착용하지 않는다. 반면 또 다른 무슬림 여성들은 종교적인 이유로 베일을 착용할 권리를 주장한다. 이는 성평등과는 관계가 없는 종교적 관습으로, 일부 무슬림 여성들은 종교적 정체성을 드러내는 도구로서 베일을 착용한다. 무슬림 여성의 베일 착용은 서구 사회에서도 뜨거운 감자인데, 많은 사람들에게 이슬람과 근대화, 개혁과 전통의 관계에 대한 의문과 논쟁을 제기하기 때문이다.

이집트의 신학자 가말 알 반나Gamal al-Banna(1920~2013년)는 이슬람의 전통 숭배, 그중에서도 특히 와하브파와 살라프파가 행하는 전통에 가장 신랄한 비판을 내놓은 학자 중 한 명으로 꼽힌다.[4] 가말이 겨우 8살일 때, 7의 형 하산 알 반나Haooon ol Bonno는 무슬림 형제단을 설립했다. 동생인 가말은 단 한 번도 그 조직에 속했던 적이 없었는데도, 1948년 정부에 의해 무슬림 형제단이 해체될 때 이집트 경찰에 체포되어 투옥됐다. 그는 형 하산이 암살되고 1년이 지난 후인 1950년까지 옥살이를 해야 했다. 그는 석방된 후 학자이자 교육자로서 노조 간부들을 교육하고 국제노동기구International Labour Organization, ILO에서 아랍 국가들을 대표하는 대리인으로 나섰다. 그는 사상적 지향이 다른 무슬림 형제단과도, 폭력적 권위를 내세우며 이집트 사회를 억압하는 군부와도, 맹목적으로 서구를 추종하는 좌파와도 거리를 두었다. 무슬림 형제단이 축출되고 감히 누구도 정부를 비판하지 않던 나세르 대통령 집권 시기에, 가말 알 반나는 이집트 노동조합운동에 투신해 국제노동조합운동에 관련된 서적들을 아랍어로 번역했다. 그리고 그는 무슬림 단체 중에서도 가장 편협하고 퇴행적인 요소들을 강조하는 무슬림 형제단의 귀환을 매우 우려했다.

1992년 6월 3일에는 알 아자르의 울라마 위원회가 지식인 파라그 포다Farag Fouda를 신성을 모독한 '이슬람의 적'으로 규정하며 거세게 비난하기도 했다. 그가 이슬람의 이름으로 자행되는 폭력을 비판하고 정교분리 원칙을 지지했다는 이유에서였다. 그는 무슬림 형제단을 지지하는 지식인들이 이슬람법과 코란을 빈약한 지식으로 해석하는 것을 두고 "1970년, 우리를 둘러싼 모든 이들이 우주 정복과 유전 공학, 그리고 컴퓨터의 경이로움에 몰두하고 있을 때, 이슬람 학자들은 천국에서의 섹스에만 관심을 가진다"고 그들을 비판했다.[5] 파라그 포다는 결국 1992년 6월 8일 알 아자르의 울라마 위원회 회의가 있은 지 6일 후, 무슬림 형제단의 무장테러 집단에 의해 암살당했다.

　모든 이슬람 세속주의를 배격하는 울라마들의 또 다른 제물은 이슬람 학자 나스르 하미드 아부 자이드Nasr Hamid Abu Zayd였다. 그는 코란을 현대적으로 재해석하는 데 천착했고 무타질라 학파의 지적 유산과 이븐 아라비의 작품을 주로 연구했다. 그런데 그의 논문과 저술을 탐탁지 않게 여긴 일부 과격한 이슬람주의자들은 그를 카이로 가정 법원에 고소했다. 이에 카이로 법원은 1995년 그를 배교자로 선언하며 그가 아내와 이혼해야 한다고 판결했다. 그는 더 이상 무슬림이 아니기 때문에 무슬림 여성과 결혼생활을 유지해서는 안 되었기 때문이다. 설상가상으로 무장테러 단체의 암살 위협까지 받게 된 아부 자이드 부부는 결국 네덜란드로 망명을 떠났다.

　이후 가말과 아부 자이드는 네덜란드 대학에서 교편을 잡게 되었다. 2005년 아부 자이드는 베를린에서 사상의 자유를 수호하는 지식인에게 수여되는 이븐 루시드 상을 수상했다. 가말 알 반나는 자신이 감수해야 하는 위험을 충분히 인지하고 있음에도 불구하고 1996년 《이슬람의 각성을 촉구한다》를 출간했다. 그는 '코란을 혁신'해야 한다고 주장하며, 시대에 맞게 비판적으로 코란을 해석함으로써 수많은 주해와 전승에 가려져 있는 코란을 영적인 시각에서 다시 읽어야 한다고 했다. 그의 주장은 당연히 알 아자르 울라마들의 비판을 받았다. 그러나 그는 신학자와 법학자들의 코란 해석은 그들이 살았던 시대 상황과 그들의 당시 관심사 등을 고려하여 비판적으로 받아들여야 한다며 자신의 주장을 굽히지 않았다.

　2008년 가말 알 반나는 《이슬람, 자유, 그리고 세속주의L'Islam, la

Liberté, la aicité》를 출간했다. 이 책에서 그는 코란 대신 하디스를 내세우는 집단들을 가차 없이 비판했다. 여기서 그가 비판하는 '집단'이란 아바스 왕조 때부터 현재에 이르기까지 와하브파와 살라프파가 그런 것처럼 하니스를 꾸며내고, 거짓된 이스나드를 만들어내며, 거짓과 헛소리를 진리와 숭고함으로 둔갑시킨 하디스를 신성시하는 '죄악'을 저지른 모든 이들을 말한다. 가말 안 반나는 순나Sunna(예언자 무함마드의 모범을 따르는 것)를 배척하고 경시한다는 비난에 대해서는 이렇게 반박했다. "순나와 하디스는 절대 같은 것이 아니다. 순나는 기도하는 방식, 성지 순례하는 방식 등 예언자 무함마드가 보여준 삶의 방식이자 관습이다. 여전히 전 세계 모든 무슬림들이 순나를 본보기로 따른다. 그러나 순나는 9세기에 편찬된 하디스와는 아무런 관련이 없다. 하디스에도 아바스 왕조 시대의 도시 및 국제 사회에 관련된 예언자의 지침이 10만 개 이상 포함되어 있다고는 하나, 그것은 아바스 왕조 시대에 해당하는 것일 뿐 초기 이슬람의 메디나 무슬림 공동체와는 아무런 관련이 없다."

또한 가말 알 반나는 이 책에서 이슬람과 무슬림 사회에 특히 해로운 영향을 끼친 네 가지의 하디스를 예시로 들었다. 첫째, 배교자를 죽이라고 명령하는 하디스다. 이에 대한 근거는 코란 어디에서도 찾아볼 수 없으며, 이는 무함마드와 정통 칼리프 시대의 이슬람 정신에 완전히 위배된다. 그러나 이 하디스는 무슬림 독재자가 공포를 조장하고 모든 반대파를 억압하는 데 매우 유용하게 활용되기 때문에, 이슬람 사회의 진보와 지적 활동에 커다란 걸림돌이다. 쿠라이시 부족 출신만이 이슬람의 정치 지도자가 될 수 있다고 주장하는 퇴행적인 하디스도 있다. 이는 우마이야 왕조, 아바스 왕조, 그리고 알리 왕조(시아파) 칼리프들의 독재 권력을 정당화하기 위해 꾸며낸 이야기일 뿐이다. 이보다 훨씬 더 심각한 세 번째 하디스는 '여성에게 사업을 맡기는 민족은 성공하지 못할 것'이라고 말하는 하디스다. 이 하디스는 여성을 사회 활동에서 배제하고 여성들이 재능을 펼치지 못하게 했으며, 사회의 절반을 이루는 여성들을 억압해 권리를 박탈했다.[6] 마지막은 '왕이 너를 속이고 너의 돈을 훔쳐도 왕에게 복종하라'고 말하는 하디스다. 이는 모든 저항, 심지어 비폭력적인 저항마저도 불법화하면서 독재 권력을 공고히 하고 무슬림을 '노예의 백성'으로 만들어버린다.

또한 그는 성서의 백성들인 유대교인과 기독교인은 신학과 율법에만 몰두하며, 신이 그들에게 계시한 성서를 완전히 잊어버렸기 때문에 예언자 무함마드가 그들을 봤다면 비판했을 것이라고 주장했다. 가말 알 반나는 바로 이것이 하디스 편찬자에서부터 와하브파와 살라프파에 이르기까지 '이슬람을 왜곡하는' 집단이 저지른 죄악이라고 설명했다. 하디스를 숭배하는 무슬림들은 심지어 하디스가 코란에 우선한다고 주장하기도 한다. 가말 알 반나는 9세기에 편찬된 하디스가 당시 무슬림들이 새로운 사회에 적응하는 데 도움을 주었지만, 오늘날 이런 하디스를 맹목적으로 따르는 것은 이슬람 사회가 앞으로 나아가는 데 커다란 걸림돌이 된다며 다음과 같이 지적했다.

이 '집단'은 무슬림에게 해가 되는 틀에 박힌 관습을 강요한다. 그들의 시선은 앞이 아닌 뒤에, 미래가 아닌 과거에 머물러 있다. 무기력한 이 무슬림들은 망상을 한다거나 여자를 쳐다본다는 비난을 받지 않기 위해 고개를 푹 숙이고 걷는다. (……) 그들은 새로운 능력을 습득하는 방법, 즉 부족한 지식을 채우거나 곤궁한 처지의 이웃을 돕는 방법에 대해 '이슬람의 진리를 왜곡하는' 집단에서 아무것도 배운 것이 없다. 그들은 시민으로서 자신의 역할, 즉 아내를 어떻게 대해야 하는지, 자녀들을 자립시키려면 어떻게 가르쳐야 하는지에 대해 아무것도 알지 못한다. (……) 다시 말해, 이 '집단'은 무슬림이 현재의 삶을 살아가는 데 필요로 하는 모든 수단을 박탈해 도덕적, 직업적, 사회적 죽음을 선고했다.[7]

이성을 중요시했던 무타질라 학파의 정신을 되살리고자 한 또 다른 개혁적 이슬람 학자는 인도네시아의 하룬 나수티온Harun Nasution(1919~1998년)이다. 그는 1930년대에 카이로 알 아자르에서 수학하며 무타질라 학파의 이론을 접했고 캐나다에서 유학하며 무타질라 학파의 이론이 근대 개혁주의 이슬람을 대표하는 무함마드 압두의 사상에 미친 영향에 관한 논문을 썼다. 이후 그는 인도네시아로 돌아와 자카르타대학교에서 교편을 잡았으며, 스스로를 신실한 무슬림이자 근대적인 이성주의자라고 규정했다. 그가 무타질라 학파의 이성적 비판에 기초한 이슬람에 천착한 이유는, 그것이 인도네시아인들과 무슬림들에게 근대 사회에서 자신의 신앙을 실천하고 스스로 발전할 수 있는 토대를 마련해줄 것이라고 믿었기 때문이다.[8]

또 다른 인도네시아 이슬람 학자 누르콜리시 마지드Nurcholish Madjid(1939~2005년)는 이븐 타이미야의 사상이 살라프파의 주장과 달리 훨씬 온건하고 관용적이었다는 것을 보여주는 논문을 발표했다. 그는 다양한 종교 및 의견에 대한 수용과 관용이 이슬람 근대화의 원칙이 되어야 하며, 민주적이고 다원적인 사회 분위기에서 이슬람이 발전할 수 있다고 주장했다.

20~21세기 초 이슬람의 학자 중 가장 중요한 인물로 꼽히는 모하메드 아르쿤Mohammed Arkoun(1928~2010년)은 알제리 북부 카빌리 출신으로, 알제대학교에서 이슬람학을 공부한 후 1954년 프랑스 파리에서 학업을 이어갔다.[9] 그는 프랑스 여러 대학에서 강의했으며, 이슬람 사상의 역사에 관해 방대한 저작을 남겼다. 그는 특히 9세기와 10세기 이슬람 사상에 주목했다. 그의 이론은 무타질라 학파의 사상과 맥을 같이 하는데, 그가 무타질라 학파의 신학적 입장을 대변해서가 아니라 이성주의 방법론을 신학에 적용해야 한다고 주장했기 때문이다. '비판적이고 자유로운 이슬람 사상'을 추구했던 그는 《코란 읽기Lectures du Coran》에서 인문 사회과학 방법론을 적용한 코란 해석을 시도했다. 그는 이슬람 학자들이 샤리아가 확립된 중세 말엽 이후 모든 이성적 비판을 허용하지 않았으며, '이즈티하드Ijtihad(이성적 비판)의 문'을 폐쇄했음을 지적했다. 그리고 현대 이슬람 세계는 그 어느 때보다도 이성적 비판을 필요로 한다며, 2008년에 다음과 같이 주장했다.

> 필자는 여러 에세이에서 오늘날 이슬람이 많은 민족들과 자국에서 추방된 사람들에게 정체성의 피난처 역할을 해주고 있다고 지적했다. 오늘날 이슬람은 시민들에게 공격에 유리한 시기를 노리며 잠복해 있을 것을 강요하고, 시민의 자유가 바탕된 그곳에서 기성 질서를 비판하는 모든 이들

의 은거지 역할을 하고 있다. 또한 오늘날 이슬람은 사회적으로, 정치적으로, 또는 성직자 세계에서 성공하고자 하는 야망에 찬 이들에게 성공의 발판 역할을 하고 있다. 한편 위대한 종교적 영성을 보여준 성인들을 본받아 신과의 내밀한 경험에 충실히 몰입하는 신실한 신자들이 있다. 그들은 요란한 신앙생활을 하는 대신 각자의 영적이고 윤리적인 이유에서 시작된 자연스러운 휴머니즘의 실천을 선호한다. 그렇지만 주관적인 경험에만 의존하는 이런 신자들은 영적 지도자가 이끄는 어떤 공동체에 소속되고 싶어 한다. 그래서 그들은 '영적' 권위를 행사하는 데에만 골몰하는 종교 지도자의 확신에 찬 가르침과 공공장소에서 모든 무절제를 엄격하게 통제하는 공권력에 순응하며 견고하게 의례화된 이슬람을 충실하게 믿는다. 바로 이것이 정교일치 국가가 되는 전형적인 과정이다.[10]

이러한 신新무타질라 학파에 대해 인도네시아를 비롯해 알제리와 그외 아랍 국가의 성직자들은 격렬한 비판을 쏟아냈다. 무함마드 아르쿤이 1980년 이슬람 사상에 대한 강연을 위해 알제를 방문했을 때, 무슬림 형제단 계열의 한 단체는 그를 '카피르kafir(이교도, 불신자)'로 규정하며 그가 강연을 할 수 없도록 방해했고 그는 결국 강의실을 떠나야만 했다.

이슬람 페미니스트 역시 비난과 비판을 피해가지 못했다. 아프리카계 미국인 이슬람학 교수 아미나 와두드Amina Wadud의 경우가 그렇다. 1952년 메릴랜드의 기독교 가정(아버지가 목사)에서 태어난 그는 1972년 이슬람으로 개종한 뒤, 이집트로 건너가 알 아자르에서 신학을 공부했다. 그가 1992년 발표한《코란과 여성Le Coran et la

Femme》은 이후에도 수차례 개정판이 출간되었고 여러 국가에서 번역되어 출간되기도 했다.[11]

코란에서 평등주의와 자유주의 신학의 원칙을 발견한 아미나 와두드는 페미니스트적 시각으로 코란 읽기를 제안했다. 그는 무슬림의 모든 세대가 코란을 다시 읽고 자유롭게 재해석할 수 있어야 한다고 주장했다. 또한 그는 여성을 열등한 존재로 치부하는 샤리아의 가부장적 시각은 코란이 아닌, 세대를 거치며 오랜 세월 축적된 남성 우월주의 해석과 전승에서 비롯된 것이라고 지적했다. 2005년 아미나 와두드는 여성이 이맘의 역할을 할 수 없다는 법은 이슬람법 어디에도 명시되어 있지 않다고 주장하며, 뉴욕에서 무슬림 공동체를 위한 금요 예배를 인도했다. 미국에서 가장 큰 대도시인 뉴욕의 어떤 모스크도 그에게 문을 열어주지 않았지만, 한 성공회 교회가 그를 맞아주었다. 여성 이맘들은 중국, 남아프리카, 인도, 그 외 여러 유럽 국가(프랑스 포함) 출신의 무슬림들 앞에서 예배를 인도했으나, 무슬림이 다수를 차지하는 국가 출신의 무슬림 공동체는 이 예배에 참여하지 않았다. 또한 이에 대해 파렴치한 행위라고 비난하는 사람들도 있었지만, 여성 이맘 아미나 와두드와 카히나 발룰Kahina Bahloul은 여성이 예배를 인도해서는 안 된다고 금지하는 구절은 코란 어디에서도 찾아볼 수 없다고 항변했다.[12]

2017년 프랑스 이슬람 신학자 오메로 마론지우 페리아Omero Marongiu-Perria는 오늘날의 수니파 이슬람법을 다룬《이슬람의 문 다시 열기Rouvrir les portes de l'islam》를 발표했다. 제목에서 알 수 있듯이 그는 이 책에서 '이즈티하드의 문'을 다시 열어 이슬람법을 재해석한

371

때가 되었다고 주장했다. 그는 중세 시대에 편찬된 '피크흐'를 바탕으로 단 한 번도 개정되지 않은 법전을 겨냥해, 오늘날 무슬림이 대다수를 차지하는 국가에서 시행하기에는 타당하지 않은 내용임에도 불구하고 여전히 이슬람법 교본에 포함되어 교육되고 있는 현실을 개탄했다. 그는 이런 이유 때문에 수니파 종교 지도자들이 동일한 이슬람 법전을 가지고 자신들의 행위(특히 비무슬림 포로를 노예로 만들고 그들을 성적으로 착취하는 행위)를 정당화하는 이슬람 극단주의자들에게 효과적으로 대응하지 못한다고 지적했다. 그는 또한 이슬람 법학자들이 전통으로 인정된 관습(노예제 또는 돌 던지기 형벌, 손발 절단과 같은 신체적 형벌)이라면, 그것이 퇴행적이라 해도 시대에 맞지 않는다고 단호하게 말하지 못하는 현실을 꼬집으며 문제의 핵심을 이렇게 지적했다.

> 이슬람 종교 지도자들은 신화적 역사에 갇혀 있다. 오늘날 유대인 또는 기독교인 학자가 기독교나 유대교의 초창기에나 통용될 법한 담론을 늘어놓는 것을 본 적이 있는가? 그렇지만 무슬림들은 교조주의적 설교와 강연, 서적을 통해 예언자와 초기 무슬림 세대의 역사에 대한 장광설을 듣는 것에 너무나 익숙해져 있다.[13]

그리고 그는 유대교와 기독교 학자들은 이미 오래전부터 저마다 종교의 기원 신화를 해체하기 시작했다고 강조했다. 그는 무함마드 아르쿤을 비롯해 많은 이슬람 학자들이 지적한 것처럼 이슬람 학자들도 신화를 해체하는 작업을 진행하고 있으나, 이슬람 국가에서는 어려운 일이라고 토로했다. 수단의 종교 개혁가 마흐무드 타하나 이집트 인권운동가 파라그 포다처럼 목숨을 걸어야 하기 때문이다. 물론 레바논과 튀니지 같은 이슬람 국가에서는 이슬람에 대해 비판적인 이야기를 할 수 있을지도 모른다. 그러나 이슬람 국가보다는 그 밖에서 이런 개혁을 주도하는 편이 훨씬 수월할지도 모르겠다. 압델와하브 메데브가 지적한 것처럼 말이다.

> 분별력 있게 전승을 재해석하고, 허물어졌던 것을 복원하고, 예외를 규칙으로 정립하며, 종교를 시대 상황에 맞게 재정비하고, 관습을 타파하기 위해서는 일단 이슬람 영토 바깥으로 나가야 한다.[14]

나가며

무슬림과 서구의 이슬람

복잡한 정치적 상황과 이슬람의 이름으로 자행되는 테러가 증가하면서 유럽과 다른 서구권 국가에 거주하는 무슬림의 입지는 점점 더 좁아지고 있다. 그들은 이슬람주의자들과 인종차별적 민족주의자들 사이에서 이러지도 저러지도 못하는 상황에 처해있다. 그들은 이슬람주의자들이 보기에는 신실한 무슬림이 아니고 유럽의 민족주의자들이 보기에는 완벽한 유럽인이 아니기 때문이다.

20~21세기에 무슬림들은 대거 유럽으로 이주했다. 프랑스를 비롯해 여러 서구권 국가는 식민 지배를 끝내면서 경제적 호황기를 맞았다. 특히 프랑스는 제2차 세계 대전 이후 국가 재건을 통해 소위 '영광의 30년'이라 불리는 고성장 경제 부흥기를 누렸다. 이 시기의 여러 유럽 국가에서는 산업 분야가 급속히 성장하면서 부족한 노동

력을 보충해야 했고, 과거 자신들의 식민지였던 국가에서 온 수천 명의 이민자들을 수용하기 시작했다. 영국은 주로 인도, 파키스탄의 이민자들을, 프랑스는 마그레브 지역, 세네갈, 레바논의 이민자들을 받아들였다. 벨기에, 프랑스, 오스트리아, 독일로 향한 튀르키예인들의 이민도 있었다. 유럽 국가들은 이민자들의 임시 체류를 염두에 두고 특정한 제도를 만들어 분리정책을 실행하는 한편, 이민자들의 가족을 받아들이고 문화와 언어 적응 프로그램을 도입하는 등 이민자 통합정책을 펼치며 이중적 태도를 취했다.

유럽의 이슬람은 다양한 형태를 띠고 있는데 각 국가들이 자체적으로 종교 기관을 관리하고 있기 때문이다. 어떤 국가에서는 이슬람 종교 교육을 공교육에 통합했고 일부 모스크에 대해서는 국가가 재정을 지원해준다. 또 어떤 국가에서는 이슬람 종교 기관에 보조금 지급이 금지되어 있어 모스크 건축을 위해서는 신자들이나 외국의 정부, 또는 기관들이 자금을 조달해야 한다. 프랑스는 1905년에 법을 제정해 종교 시설에 대한 국가의 직접적 자금 지원 및 성직자에 대한 보수 지급을 금지하고 있다(단, 군대, 병원, 교정 시설에 파견된 성직자는 예외로 한다). 그러나 이 법은 알자스-모젤 지방과 일부 프랑스 해외 영토에는 적용되지 않는다. 프랑스의 모스크에 투입되는 막대한 지원금은 알제리, 모로코, 튀르키예, 그리고 최근에는 사우디아라비아를 비롯한 걸프 군주국 등 프랑스에 거주하는 무슬림들의 고국에서 지원된다. 그리고 많은 이맘들은 이슬람 국가들에서 교육을 받는다.

프랑스에서 '무슬림 공동체'라 불리는 집단은 사실 무척 다양해서 그들의 신념, 관행, 또는 관습은 서로 매우 다르다. 또한 무슬림 이민자들은 동포끼리 뭉치는 경향이 있어 알제리, 모로코, 튀르키예, 세네갈, 코모로 등 출신 국가에 따라 신자를 모으는 모스크도 있다. 이런 모스크들은 때로 본국에서 재정뿐만 아니라 이맘까지 지원받는다. 한편 프랑스의 무슬림들 중에는 세계화된 버전의 살라피즘을 신봉하는가 하면, 자신을 '이슬람 신앙을 가진 프랑스 시민'으로 여기는 사람도 있다. 그들은 종교 경전과 교리를 저마다의 방식으로 이해하면 된다고 생각하고 여성의 베일 착용 등에 있어서도 관습의 다양성을 용인하는 편이다. 프랑스인인 동시에 무슬림이라는 이중의 정체성을 가진 이들은 공화주의의 가치를 인정하고, 이슬람이 그 가치에 부합하는 종교라고 생각하기에 공화국에서 정당한 대우를 받고자 한다. 동시에 그들은 부모 세대의 전통주의와 살라피즘을 옹호하는 다른 무슬림들을 비판하면서(사실상 배척하면서), 자신들이 비판하는 무슬림들을 향한 프랑스 사회의 부정적인 시선을 강화하고 있다.[1]

가톨릭의 경우 프랑스 정부는 교계제도에 따라 고위 성직자(교황, 주교)와 교섭할 수 있다. 반면 다른 종교에는 특정한 교섭 상대가 없다. 나폴레옹 보나파르트는 단일한 프랑스 유대교 기관으로 종교회의 '콘시스토리'를 창설했다. 1905년 이후로 콘시스토리는 더 이상 제 역할을 하지 않지만 여전히 프랑스에서 유대교를 상징하는 기관으로 남아있다. 일부 프랑스 지도자들은 파리 모스크의 원장을 사실상 프랑스 무슬림들의 대변인으로 여겼다. 또 어떤 지도자들은 '프랑스적인 이슬람' 또는 '프랑스의 이슬람'을 대표하는 특정 기관을 설립하려 했다.

1989년 내무부 장관 피에르 족스Pierre Joxe는 다양한 프랑스 무슬림 공동체의 대표들이 참여하는 '프랑스 이슬람 성찰 위원회Conseil d'orientation et de réflexion sur l'islam de France, Corif'를 창설했다. 또한 2003년 프랑스 정부는 당시 내무부 장관 니콜라 사르코지Nicolas Sarkozy의 주도로 '프랑스 무슬림 평의회Conseil français du culte musulman, CFCM'를 창설했다. 이 기관은 프랑스의 이슬람을 대표하는 정부의 교섭 상대 역할을 했다. 그러나 CFCM은 세속주의 원칙을 위배해 집단주의를 부추긴다거나, 프랑스의 무슬림들을 대변하지 못한다는 등, 여러 이유로 비판을 받기도 했다. 실상 이 위원회는 7개의 무슬림 종교 단체 연합이었으며, 그중 대다수는 이슬람 국가(특히 알제리, 모로코, 튀르키예, 사우디아라비아)로부터 재정 지원을 받는 정부 연관 단체였다. 이단체들은 모두 보수적이고 원리주의적인 경향을 띠고 있었다. 프랑스에서 태어나 원리주의 사상을 매우 생경하게 느끼는 대다수 프랑스의 무슬림들은 이 연합이 자신들을 대변한다고 생각하지 않았다. 결국 2021년 12월 에마뉘엘 마크롱 행정부는 CFCM을 해체하고, 2022년 이를 대체하는 프랑스 이슬람 포럼Forum de l'islam de France, Forif을 신설했다.

프랑스는 정권이 바뀔 때마다 이슬람 정책을 두고 갈팡질팡해왔다. 정교분리원칙을 지킬 것인가, 정부가 개입해 이슬람을 통제할 것인가? 새로운 종교 시설에 재정 지원을 하지 않는다는 원칙을 고수할 것인가, 종교 시설에 공적 자금을 투입해 이슬람 국가의 자금 유입을 막을 것인가? 정부 주도하에 '프랑스적 이슬람'을 장려할 것인가, 이슬람의 다양성을 인정할 것인가?

　이란 혁명으로 시작된 정치적 이슬람의 등장 이후 1990년대부터 시작된 극단주의 테러리즘은 반이슬람, 반이민을 표방하는 유럽 극우 세력의 약진을 부추겼다. 네덜란드를 비롯해 독일, 헝가리, 프랑스와 다른 유럽 국가의 여러 정당은 이슬람과 이슬람주의 그리고 테러리즘을 뒤섞으면서 공포를 조장하고 문제의 본질을 호도했다. 한편 유럽 일부에서는 이슬람에 대한 공포스러운 고정관념을 타파하기 위해 이슬람은 '평화의 종교'이며, 종교적 광신과는 아무런 관련이 없다고 옹호한다. 이들에 대해 프랑스 저널리스트 장 번바움 Jean Birnbaum은 이슬람 문화를 제대로 알지도 못하면서 이슬람 극단주의를 옹호하는 좌파에 대해 '아무런 관련이 없다는 주의자'라는 멸칭을 붙이며 비판했다.[2] 폭력적인 이슬람 과격주의는 압델와하브 메데브가 발표한 책의 제목처럼 '이슬람의 질병'이다.[3] 이 질병은 필자가 되짚어 보려한 장구한 역사적 맥락 속에서만 이해할 수 있다. 우리는 이 질병을 직시해야 할뿐만 아니라, 이 질병의 치료를 위해 싸우고 있는 이슬람 내부의 자정 노력 역시 제대로 평가해야 한다.

　한편에서는 이슬람 원리주의가 발흥하고, 다른 한편에서는 극단적인 유럽 민족주의가 극성을 부리는 암울한 현 상황은 비관론을 부추긴다. 하지만 지금껏 되짚어 본 역사의 또 다른 면면들은 우리에게 희망을 주기도 한다. 무슬림의 유럽 이주를 극단적인 민족주의자들과 이슬람 원리주의자들이 문제로 삼는다면, 그 이주가 성공적이기 때문일 것이다. 이민자들과 그 후손들은 차별에 맞서야 했고 문화적 차이로 원주민과 마찰을 빚기도 했지만, 그럼에도 불구하고 수많은 무슬림을 포함한 수백만 명의 이민자들은 유럽 사회에 통합되어 저마다의 방식대로 삶을 꾸려가며 유럽 사회에 지대한 영향을 미쳤다. 양측의 극단주의자들이 못마땅하게 여기는 지점이 바로 이런 서구와 이슬람의 융화가 아닐까? 유대인, 기독교인 또는 무신론자와 결혼한 무슬림 여성, 이슬람이 아닌 현재 살고 있는 나라의 문화를 통해 자신을 인식하는 알제리인의 손자, 포도주를 마시는 무슬림 남성, 무슬림 페미니스트, 여성 이맘 등, 압델와하브가 지적한 것처럼 "우리는 서구와 분리된 순수한 이슬람만을 인정하려는, 이슬람 원리주의자들이 던져 놓은 과제에 직면해 있다."[4]

이미 수없이 예고된 문명의 충돌이 일어나지 않기를 감히 바라본다. 그리고 이제 이슬람 역사의 다음 장을 전 세계의 무슬림들이 써나가 주기를 바란다. 필자는 이 졸작을 통해 독자 여러분이 전 대륙에서 1400년 동안 펼쳐진 이슬람의 풍성한 역사와 다양한 면면을 발견할 수 있기를 바랄 뿐이다. 끝으로 이 책이 양 극단에 있는 이들을 비추는 작은 빛이 될 수 있기를 바란다.

감사의 글

이 책을 집필할 때 조언과 격려를 아끼지 않은 모든 이들에게 감사를 전한다. 먼저 이 책의 출간 계획을 세울 때 함께 고민해준 동료들이 있다. 해박한 지식으로 큰 도움을 준 메흐디 구이르가트, 초고를 읽고 응원을 보내준 하난느 르비하, 카디자 아조우각 라스리, 파라스카 톨란-즈킬닉, 비르지니 라루스에게 감사를 전한다. 원고를 꼼꼼히 읽고 수정할 부분과 명확하게 설명해야 할 부분을 지적해준 장 피에르 필리우, 뤽 샹트르, 파리드 무시바에게 감사를 전한다. 갑작스러운 부탁에도 흔쾌히 이 책의 뒷부분을 읽고 수정하는 데 도움을 준 아마르 마흐무드 아메르, 도미니크 아봉, 앙리 로랑스에게도 감사를 전한다.

마지막으로 탈랑디에 출판사 편집팀 모두에게, 특히 통찰력과 엄격함과 열정을 가지고 처음부터 이 프로젝트를 함께해준 주디트 시모니에게 진심으로 감사를 전한다.

주

들어가며

1 Reinhold Loeffler, *Islam in Practice : Religious Belief in a Persian Village*, Albany, State University of NewYork Press, 1988, p. 246.

2 Clifford Geertz, *Observer l'Islam. Changement religieux au Maroc et en Indonésie*, trad. par Jean-Baptiste Grasset, Paris, La Découverte, coll. 《Textes à l'appui》, 1992; Clifford Geertz, *Savoir local, savoir global. Les lieux du savoir*, trad. par Denise Paulme, Paris, PUF, coll. 《Quadrige》, 2012.

1장

1 코란 인용문은 달리 표시하지 않는 한 Denise Masson(trans.), Le Coran, Paris, Gallimard, 2008의 내용을 따릅니다. 참고로 코란 표기는 96:1-5와 같은 형식으로 콜론 앞에는 수라트(또는 장)의 번호를, 콜론 뒤에는 절 번호를 적습니다. (예를 들어 여기서는 코란 96장 1절부터 5절까지를 의미합니다).

2 Jacqueline Chabbi, 《Histoire et tradition sacrée : la biographie impossible de Mahomet》, *Arabica*, 43/1, 1996, p. 189-205.

3 Mohammad Ali Amir-Moezzi, Guillaume Dye (dir.), *Le Coran des historiens*, 3 vol., Paris, Cerf, 2019.

381

4   Voir l'explication à partir de Q 3 : 19 par Rachid Benzine, https://fragcoran.
    hypotheses.org/

5   Michael E. Pregill, *The Golden Calf between Bible and Qur'an Scripture, Polemic,
    and Exegesis from Late Antiquity to Islam*, Oxford, Oxford University Press, 2020.

6   B. K. Freamon, *Possessed by the Right Hand : The Problem of Slavery in Islamic Law
    and Muslim Cultures*, Leyde, Brill, 2019.

7   Kahina Bahloul, *Mon islam, ma liberté*, Paris, Albin Michel, 2021, p. 107-108. La
    traduction de Q 4 : 1 est celle de K. Bahloul.

8   Fred M. Donner, *Muhammad and the Believers : At the Origins of Islam*, Cambridge,
    Mass., Harvard University Press, 2010.

9   Juan Cole, ⟨"It was Made to Appear to them so" : the crucifixion, Jews and
    Sasanian war propaganda in the Qur'ān⟩, *Religion*, 9, 2021.

10 *Ibid.*, p. 5.

11 Reuven Firestone, ⟨The Failure of a Jewish Program of Public Satire in the squares
    of Medina⟩, *Judaism*, 46/4, 1997, p. 439.

12 Gabriel Said Reynolds, ⟨On the Qur'ān and the Theme of Jews as "Killers of the
    Prophets"⟩, *Al-Bayān : Journal of Qur'ān and Hadith Studies*, 10/2, 2012, p. 9-32.

13 *Ibid.*

14 Roberto Tottoli, *Leggere e studiare il Corano. Una guida*, Rome, Istituto per l'Oriente
    C.A. Nallino, 2021, p. 46.

15 Abd al-Malik Ibn Hisham, Muhammad Ibn Ishaq, La Vie du prophete Muhammad,
    l'Envoyé d'Allâh, trad. par Abd al-Rahman Badawi, Beyrouth, Albouraq, 2001, p.
    348-350.

16 Voir Mohammad Ali Amir-Moezzi, Guillaume Dye (dir.), Le Coran des historiens,
    op. cit., notamment les chapitres de Muriel Debié et de Frantz Grenet.

17 Stephen J. Shoemaker, The Death of a Prophet The End of Muhammad's Life and
    the Beginnings of Islam, Philadelphie, University of Pennsylvania Press, 2015 ;
    Hela Ouardi, Les Derniers Jours de Muhammad, Paris, Albin Michel, 2016.

18 Abd al-Malik Ibn Hisham, Muhammad Ibn Ishaq, *La Vie du prophete Muhammad*,
    op. cit., p. 567-568.

19 *Ibid.*, p. 581.

20 Krisztina Szilagyi, ⟨After the Prophet's Death : Christian-Muslim Polemic and the

Literary Images of Muhammad⟩ (PhD diss., Princeton University, 2014), p. 47-55.

21 Abd al-Malik Ibn Hisham, Muhammad Ibn Ishaq, *La Vie du prophete Muhammad,
op. cit.*, p. 589-591.

2장

1 Paule Charles-Dominique (trad.), *Voyageurs arabes*, Paris, Gallimard, 1995, p. 408.

2 John Tolan, ⟨Le pèlerin Arculfe et le roi Mavias : la circulation des informations
à propos des "Sarrasins" aux viie-viiie siècles, de Jérusalem à Iona et Yarrow⟩,
dans Patrick Henriet, Joëlle Ducos (dir.), *Passages. Déplacements des hommes,
circulations des textes et des identités dans l'Occident médiéval*, Toulouse,
Méridiennes, 2013, p. 175-185.

3 Jack Tannous, *The Making of the Medieval Middle East : Religion, Society, and
Simple Believers*, Princeton, Princeton University Press, 2020, p. 116, 162, 307, 369.

4 Je m'appuie ici sur trois études récentes : Mathieu Tillier, ⟨Abd al-Malik,
Muḥammad et le Jugement dernier : le dôme du Rocher comme expression d'une
orthodoxie islamique⟩, dans Didier Panfili, Julien Loiseau, Esther Dehoux (dir.), *Les
Vivants et les Morts dans les sociétés médiévales : XLVIIIe Congres de la SHMESP
(Jérusalem, 4-7 mai 2017)* , Paris, Éditions de la Sorbonne, coll. ⟨Histoire ancienne
et médiévale⟩, 158, 2018, p. 341-365 ; Marcus Milwright, The *Dome of the Rock and
Its Umayyad Mosaic Inscriptions*, Édimbourg, Edinburgh University Press, 2016 ;
Milka Levy-Rubin, ⟨Why was the Dome of the Rock built? A New Perspective on a
Long-Discussed Question⟩, *Bulletin of the School of Oriental and African Studies*,
80/3, 2017, p. 441-464.

5 On trouvera une édition du texte grec et sa traduction française dans B. Flusin,
⟨L'esplanade du Temple à l'arrivée des Arabes⟩, dans Julian Raby, Jeremy Johns
(dir.), Bayt al-Maqdis, Oxford, Oxford University Press, 2014, p. 17-31, ici p.
25-26; voir aussi Bernard Flusin, ⟨Démons et Sarrasins. L'auteur et le propos des
Diegemala steriktika d'Anastase le Sinaïte⟩, *Travaux et Mémoires*, 11, 1991, p.
381-409, ici p. 386, 393, 408. Voir Jack Tannous, *The Making of the Medieval Middle
East, op. cit.*, p. 354.

6 Muḥammad ibn Aḥmad al-Muqaddasi, *Aḥsan at-taqāsīm fī ma'rifat alaqālīm/ La
Meilleure Répartition pour la connaissance des provinces*, trad. Par André Miquel,
Damas, Institut français de Damas, 1963, p. 173-174.

7   JackTannous, *The Making of the Medieval Middle East, op. cit.* , p. 364-382.

8   Lev E. Weitz, *Between Christ and Caliph : Law, Marriage, and Christian Community in Early Islam*, Philadelphie, University of Pennsylvania Press, 2018, p. 201-202.

9   Ahmed Oulddali (2012), 《Pacte de "Umar"》, http: //www.cn-telma.fr/relmin/extrait1068/

10   JackTannous, *The Making of the Medieval Middle East, op. cit.*, p. 330-331.

11   Shlomo Goitein, *A Mediterranean Society : The Jewish Communities of the Arab World as Portrayed in the Documents of the Cairo Geniza*, 6 vol., Berkeley, University of California Press, 1966-1988, vol. 1, p. 97.

12   JackTannous, *The Making of the Medieval Middle East, op. cit.*, p. 327-328.

13   Sur le concept de djihad, voir Alfred Morabia, *Le Gihad dans l'islam médiéval*, Paris, Albin Michel, 1993 ; Reuven Firestone, *Djihad : The Origin of Holy War in Islam*, Oxford, Oxford University Press, 1999.

14   Claude Vibert-Guigue, Ghazi Bisheh, Frédéric Imbert, *Les Peintures de Qusayr 'Amra. Un bain omeyyade dans la Bâdiya jordanienne*, Amman/Beyrouth/Damas, Institut français du Proche-Orient, coll. 《Department of Antiquities of Jordan, Bibliothèque archéologique et historique》, t. 179, 2007.

15   EdgardWeber, 《Le vin dans la tradition arabo-musulmane》, dans François Clément (dir.), *Les Vins d'Orient. Quatre mille ans d'ivresse*, Nantes, Éd. duTemps, 2008, p. 59-60.

3장

1   Dimitri Gutas, *Pensée grecque, culture arabe. Le mouvement de traduction gréco-arabe a Bagdad et la société abbasside primitive*, Paris, Aubier, 2005, p. 91.

2   De nombreux textes et auteurs sont présentés dans DavidThomas, Barbara Roggema, *Christian Muslim Relations. A Bibliographical History*, vol. 1, 600-900, Leyde, Brill, 2009.

3   JackTannous, *The Making of the Medieval Middle East, op. cit.*, p. 469-470.

4   EdgardWeber, 《Le vin dans la tradition arabo-musulmane》, art. cité, p. 70.

5   Shahab Ahmed, *What Is Islam? The Importance of Being Islamic*, Princeton, Princeton University Press, 2017, p. 420-421.

6   Extrait d'un traité de médecine d'Ibn Jumay, cité par Dimitri Gutas, *Pensée grecque, culture arabe, op. cit.*, p. 148-151.

7   Christopher Melchert, 《The Ḥanābila and the Early Sufis》, *Arabica*, 48, 2001, p. 352-367.

8   Danielle Jacquart, Françoise Micheau, *La Médecine arabe et l'Occident médiéval*, Paris, Maisonneuve et Larose, 1990, p. 36-45, 236-39, 13-14, 229.

9   Paul B. Fenton, 《La civilisation des Juifs en pays d'Islam à l'époque Classique (viie-xie siècle)》, dans Shmuel Trigano (dir.), *La Civilisation du judaisme. De l'exil a la diaspora*, Paris, L'Éclat, coll. 《Bibliothèque des fondations》, 2012, p. 235-246.

10 Uriel I. Simonsohn, *A Common Justice : The Legal Allegiances of Christians and Jews under Early Islam*, Philadelphie, University of Pennsylvania Press, 2011.

11 Mathieu Tillier, *L'Invention du cadi. La justice des musulmans, des juifs et des chrétiens aux premiers siecles de l'islam*, Paris, Publications de la Sorbonne, 2017.

12 N. Calder, M. Hooker, 《Sharī ʿa》, dans *Encyclopédie de l'Islam*, Leyde, Brill, 1998, t. 9, 331a.

13 Jack Tannous, *The Making of the Medieval Middle East, op. cit.* , p. 218, 375.

14 Rabia al-Adawiya, *Rabia de feu et de larmes*, trad. par Salah Stétié, Paris, Albin Michel, 2015.

4장

1   Al-Muqaddasi, *Aḥsan at-taqāsīm fī maʿrifat al-aqālīm, op. cit.*, p. 81-82.

2   Shlomo Goitein, *A Mediterranean Society, op. cit.* , vol. 1, p. 61.

3   Traduction française dans María Rosa Menocal, *L'Andalousie arabe. Une culture de la tolérance, viiie-xve siecle*, trad. par Mélanie Marx, Paris, Autrement, coll. 《Mémoires》, 92, 2003.

4   *Risâlat adhawiyya fi amr al-maʿâd*, cité par Louis Gardet, 《Djanna》, dans Encyclopédie de l'Islam, op. cit., vol. 2.

5   Cité dans Louis Gardet, *Dieu et la destinée de l'homme*, Paris, Vrin, 1967, p. 17 et 281.

6   Shahab Ahmed, *What Is Islam ?, op. cit.*, p. 19.

5장

1 Ibn al-Athir, *L'Histoire complete, dans Recueil des historiens des croisades, historiens orientaux*, t. 1, Paris, Imprimerie nationale, 1872, p. 189-191.

2 Paule Charles-Dominique (trad.), *Voyageurs arabes, op. cit.*, p. 352.

3 Cité par François Clément, 《Vignes et vins dans l'Espagne musulmane》, dans François Clément (dir.), *Les Vins d'Orient, op. cit.*, p. 119-25.

4 Cité par Shahab Ahmed, *What Is Islam ?, op. cit.*, p. 278. Pour une courte biographie d'Ibn Arabi, voir Patricia Mons, *Ibn ʿArabī : le plus grand des maîtres al-shaykh al-akbar, 1165-1240*, Paris, Albouraq, 2020.

5 Muḥyī al-Dīn Abū ʿAbd Allāh Muḥammad ibn ʿAlī Ibn ʿArabī, *L'Interprete des désirs*, trad. par Maurice Gloton, Paris, Albin Michel, coll. 《Spiritualités vivantes》, 264, 2012, p. 147.

6장

1 Abd al-Raḥmân ibn Muḥammad Ibn Khaldūn, *Le Livre des exemples*, trad. par Abdesselam Cheddadi, Paris, Gallimard, coll. 《Bibliothèque de la Pléiade》, 490, 2002, p. 457-58.

2 Cité par Shahab Ahmed, *What Is Islam ?*, op. cit., p. 236.

3 Ḥāfeẓ, *Le Divân, oeuvre lyrique d'un spirituel en Perse au xive siecle*, trad. Par Charles Henri de Fouchécour, Lagrasse, Verdier, coll. 《Verdier poche》, 2006.

4 Paule Charles-Dominique (trad.), *Voyageurs arabes, op. cit.*, p. 643.

5 Shahab Ahmed, *What Is Islam ?, op. cit.*, p. 306-10.

6 Richard Foltz, 《Muslim "Orientalism" in Medieval Travel Accounts of India》, *Studies in Religion : Canadian Journal / Sciences religieuses. Revue canadienne*, 37/1, 2008, p. 81-95. Pour un 《orientalisme musulman》 par rapport à l'Afrique, voir Michael Angelo Gomez, *African Dominion : A New History of Empire in Early and Medieval West Africa*, Princeton, Princeton University Press, 2018, p. 54.

7장

1 Mahmud Kati et Ibn al-Mukhtar, *Tarikh el-fettach, ou Chronique du chercheur, pour servir a l'histoire des villes, des armées et des principaux personnages du Tekrour*,

éd. par Octave Houdas, trad. par Maurice Delafosse, Paris, Librairie d'Amérique et d'Orient Adrien-Maisonneuve, 1964, p. 132.

2 Ibn Khaldūn, *Le Livre des exemples*, p. 246-247.

3 Cité dans Esther Benbassa et Aron Rodrigue, *Histoire des Juifs sépharades. De Tolede a Salonique*, Paris, Seuil, 2002, 85.

4 Shahab Ahmed, *What Is Islam ?, op. cit.*, p. 288-289.

5 Jean-Pierre Filiu, *Le Milieu des mondes. Une histoire laique du Moyen-Orient de 395 a nos jours*, Paris, Seuil, 2021, p. 166.

6 Sanjay Subrahmanyam, 《Du Tage au Gange au xvie siècle : une conjuncture millénariste à l'échelle eurasiatique》, *Annales. Histoire, sciences sociales*, 56/1, 2001, p. 51-84.

7 Huan Ma, *Ying-yai Sheng-lan. Étude globale des rivages des océans*, trad. Par René Rossi, Nice, Au pays rêvé, coll. 《Histoires & destinées》, 2018, p. 82-83.

8 Romain Bertrand, *L'Histoire a parts égales. Récits d'une rencontre Orient-Occident, xvie-xviie siecle*, Paris, Seuil, 2011, p. 261-269.

9 Édition des 32 poèmes avec traductions anglaises dans Hamza Fansuri, *The Poems of Hamzah Fansuri*, éd. par Gerardus Willebrordus Joannes Drewes et L. F. Brakel, Dordrecht/Cinnaminson, Foris Publications, coll. 《Bibliotheca Indonesica》, 26, 1986.

10 Hamza Fansuri, *The Poems of Hamzah Fansuri, op. cit.*, p. 61-62.

11 *Ibid.*, p. 53.

12 Romain Bertrand, *L'Histoire a parts égales, op. cit.*, p. 89.

13 Traduction *Ibid.*, p. 284.

14 Ahmad S. Maqbul, 《Ibn Mādjid》, dans *Encyclopaedia of Islam, op. cit.*

15 Romain Bertrand, *L'Histoire a parts égales, op. cit.*, p. 83-85.

16 *Ibid.*, p. 250.

17 *Ibid.*, p. 254.

18 *Ibid.*, p. 172.

19 *Ibid.*, p. 273-277.

20 *Ibid.*, p. 311-312.

21 Mahmud Kati et Ibn al-Mukhtar, *Tarikh el-fettach*, op. cit., p. 10.

22 Michael Angelo Gomez, *African Dominion, op. cit.* , p. 193-218.

23 Mahmud Kati et Ibn al-Mukhtar, *Tarikh el-fettach*, 127.

24 Michael Angelo Gomez, African Dominion, op. cit., p. 236. Au xve siècle au Portugal, Gomes Eanes de Zurara affirme que les Portugais qui arrachaient des Africains à leurs terres et à leurs familles pour les réduire en esclavage méritent une récompense divine, car ils les ont amenés vers le christianisme ; voir Gomes Eanes de Zurara Bourdon, *Chronique de Guinée (1453)*, Paris, Chandeigne, 2011.

25 Mercedes García-Arenal, *Ahmad al-Mansur : the Beginnings of Modern Morocco*, Oxford, Oneworld, coll. 《Makers of the Muslim World》, 2009.

8장

1 Hamdam Khodja, *Le Miroir. Aperçu historique et statistique sur la régence d'Alger*, Paris, Sindbad, 1985, p. 37-38.

2 Marc Baer, *Ottomans : Sultans, Khans, and Caesars*, Londres, Basic Books, 2021, p. 317.

3 Lettre au cheikh El-Messiri, président du divan d'Alexandrie, 28 août 1798, dans *Correspondance de Napoléon Ier*, t. 4, Paris, Imprimerie impériale, 1860, p. 586.

4 Abd al-Rahman ibn Hasan al-Jabarti, *Sur l'expédition de Bonaparte en Égypte*, éd. par Mahmoud Hussein, Arles, Actes Sud, 1998, p. 151-55.

5 Cité par Hamadi Redissi, *Le Pacte de Nadjd ou Comment l'islam sectaire est devenu l'islam*, Paris, Seuil, coll. 《La Couleur des idées》, 2007, p. 99.

6 Cité *Ibid.*, p. 63.

7 Jean-Pierre Filiu, *Le Milieu des mondes, op. cit.*, p. 193.

8 Luc Chantre, *Pelerinages d'empire. Une histoire européenne du pelerinage a La Mecque*, Paris, Éditions de la Sorbonne, coll. 《Bibliothèque historique des pays d'Islam》, 12, 2018.

9 *Journal des Débats*, 18 mai 1883, disponible sur Gallica : https: //gallica.bnf.fr/ark: /12148/bpt6k462242j/f3.item.zoom

10 Muhammad Abduh, *Risâlat at-Tawhîd*, cité par Louis Gardet, Georges Anawati, Louis Massignon, *Introduction a la théologie musulmane. Essai de théologie*

comparée, Paris, J. Vrin, 1948, p. 86.

11 Muhammad Abduh, *al-A'mal al-kamila lil-imam al-shaykh Muhammad ⟪Abduh⟫*, Beyrouth, al-Qahirah, Dar al-Shuruq, 1993, p. 222-223. Cité par Ibrahim M. Abou-Rabi', ⟪Pope John Paul II and Islam⟫, *The Muslim World*, 88/3-4, 1998, p. 291.

12 Jean-Pierre Filiu, *Le Milieu des mondes, op. cit.*, p. 235-236.

13 Henry Laurens, Orientales, t. 2, *La IIIe République et l'Islam*, Paris, CNRS Éditions, 2004, p. 90-92.

9장

1 John Tolan, ⟪L'islam et la laïcité, un paradoxe français ?⟫, *Place publique*, 69, 2018, p. 111-119.

2 César Benattar, Abd al-Aziz Thaalbi et Hédi Sebaï, L'Esprit libéral du Coran, Paris, Ernest Leroux, 1905, p. 82, 6.

3 Jean-Pierre Filiu, *Le Milieu des mondes, op. cit.*, p. 256.

4 Luc Chantre, *Pelerinages d'empire. Une histoire européenne du pelerinage a La Mecque*, Paris, Éditions de la Sorbonne, coll. ⟪Bibliothèque historique des pays d'Islam⟫, 12, 2018.

5 Naomi Davidson, *Only Muslim : Embodying Islam in Twentieth-Century France*, Ithaca, Cornell University Press, 2012.

6 Hamadi Redissi, *Le Pacte de Nadjd, op. cit.*, p. 190-193.

7 Cité par Luc Chantre, ⟪Une menace venue d'Orient. Un siècle de pèlerinages à La Mecque dans l'Algérie coloniale (1840-1940)⟫, *Revue d'histoire moderne et contemporaine*, 63-2/2, 2016, p. 84-109.

8 http://www.pakistani.org/pakistan/constitution/annex.html

9 Voir https://www.youtube.com/watch?v=_ZIqdrFeFBk

10 Olivier Carré, *Le Coran des islamistes. Lecture critique de Sayyid Qutb, 1906-1966*, Paris, Cerf, 2021.

11 https : //www.elysee.fr/admin/upload/default/0001/09/0586b6b0ef1c2fc2540589c6d56a1ae63a65d97c.pdf

12 Franck Frégosi, ⟪Islam et État en Algérie. Du gallicanisme au fondamentalisme d'État⟫, *Revue des mondes musulmans et de la Méditerranée*, 1992, p. 61-76.

13 Dominique Avon, 《Les "hommes de religion" sunnites et l'autorité politique : une subordination à géométrie variable dans le monde arabe contemporain》, dans E. Pisani, éd. *La Formation des cadres religieux*, Montréal, Eurostudia, 2022.

14 Abdelwahab Meddeb, *Sortir de la malédiction. L'islam entre civilization et barbarie*, Paris, Seuil, 2008, p. 217-220.

10장

1 Voir https://fr.abna24.com/news//le-cheikh-d%E2%80%99alazhar-appelle-les-taliban-a-assurer-les-conditions-de-l%E2%80%99education-des-filles_1188799.html

2 Pour la traduction anglaise de la lettre, voir http://lettertobaghdadi.com/14/english-v14.pdf.

3 Mohamed-Ali Adraoui, *Comprendre le salafisme*, Paris, L'Harmattan, 2020.

4 Jamāl Banna, *L'Islam, la Liberté, la Laïcité. Le crime de la tribu des 《Il nous a été rapporté》*, trad. par Dominique Avon et Amin Elias, Paris, L'Harmattan, coll. 《Comprendre le Moyen-Orient》, 2013.

5 Cité dans Judith Miller, *God has Ninety-Nine Names*, New York, Simon and Schuster, 1996, p. 26.

6 Jamāl Banna, *L'Islam, la Liberté, la Laicité*, p. 182.

7 Ibid., p. 179-180.

8 Richard Martin, Mark Woodward, Dwi Atmaja, *Defenders of Reason in Islam : Mu'tazilism from Medieval School to Modern Symbol*, Oxford/Rockport, Oneworld Publications, 1997, p. 158-196.

9 Parmi ses nombreux ouvrages, on peut citer Mohammed Arkoun, *Pour une critique de la raison islamique*, Paris, Maisonneuve et Larose, 1984 ; Mohammed Arkoun, *ABC de l'islam. Pour sortir des clôtures dogmatiques*, Paris, Grancher, coll. 《ABC》, 2007 ; Mohammed Arkoun, *Lectures du Coran*, édition définitive, Paris, Albin Michel, 2016. Pour une introduction à sa pensée, voir Rachid Benzine, *Les Nouveaux Penseurs de l'islam*, Paris, Albin Michel, coll. 《L'islam des Lumières》, 2004, p. 87-118.

10 Mohammed Arkoun, *Humanisme et islam. Combats et propositions*, Paris, J. Vrin, 2008, p. 68-69.

11 Amina Wadud, *Le Coran et la Femme. Relire le Coran du point de vue de la femme*, Nabeul, Tarkiz, 2019.

12 Kahina Bahloul, *Mon islam, ma liberté, op. cit.*

13 Omero Marongiu-Perria, *Rouvrir les portes de l'islam*, Neuilly, Atlande, coll. 《Coup de gueule et engagement》, 2017, p. 174.

14 Abdelwahab Meddeb, *Contre-preches*, Paris, Seuil, coll. 《La Couleur des idées》, 2006, p. 337.

나가며

1 Mayanthi L. Fernando, *The Republic Unsettled : Islam, Secularism, and the Future of France*, Durham, Duke University Press, 2014.

2 Jean Birnbaum, *Un silence religieux. La gauche face au ddjihadisme*, Paris, Seuil, 2016.

3 Abdelwahab Meddeb, *La Maladie de l'islam*, Paris, Seuil, 2002

4 Abdelwahab Meddeb, *Contre-preches, op. cit.*, p. 19.

1400년 중동의 역사와 문화가 단숨에 이해되는

세상 친절한 이슬람 역사

초판 1쇄 발행 2024년 1월 30일
초판 3쇄 발행 2024년 9월 10일

지은이 존 톨란
옮긴이 박효은
펴낸이 성의현
펴낸곳 (주)미래의창

편집 최소혜·민승환
디자인 공미향

출판 신고 2019년 10월 28일 제2019-000291호
주소 서울시 마포구 잔다리로 62-1 미래의창빌딩(서교동 376-15, 5층)
전화 070-8693-1719 **팩스** 0507-0301-1585
홈페이지 www.miraebook.co.kr
ISBN 979-11-93638-04-0 03910

※ 책값은 뒤표지에 있습니다.